Bernd Dollinger

Jugendkriminalität als Kulturkonflikt

Bernd Dollinger

Jugendkriminalität als Kulturkonflikt

VS VERLAG FÜR SOZIALWISSENSCHAFTEN

Bibliografische Information der Deutschen Nationalbibliothek
Die Deutsche Nationalbibliothek verzeichnet diese Publikation in der
Deutschen Nationalbibliografie; detaillierte bibliografische Daten sind im Internet über
<http://dnb.d-nb.de> abrufbar.

1. Auflage 2010

Alle Rechte vorbehalten
© VS Verlag für Sozialwissenschaften | GWV Fachverlage GmbH, Wiesbaden 2010

Lektorat: Stefanie Laux

VS Verlag für Sozialwissenschaften ist Teil der Fachverlagsgruppe
Springer Science+Business Media.
www.vs-verlag.de

Umschlaggestaltung: KünkelLopka Medienentwicklung, Heidelberg
Druck und buchbinderische Verarbeitung: Ten Brink, Meppel
Gedruckt auf säurefreiem und chlorfrei gebleichtem Papier
Printed in the Netherlands

ISBN 978-3-531-17154-8

Inhalt

Vorwort 7

1 Jugend, Kriminalität, Kultur **11**
    1.1 „Jugendkriminalität" 11
    1.2 Jugend als kulturelle Erfindung 21
    1.3 Kultur 29
    1.4 Zwischenresümee 32

2 Vom „Wesen" der Kriminalität **35**
    2.1 Kriminalität als Objekt 35
    2.2 Kriminalität als Kriminalisierung 53
    2.3 Kriminalisierung als Dominanzverhältnis 64
    2.4 Zwischenresümee 70

3 Kulturtheoretische Grundlagen **73**
    3.1 Kultur und Kriminalität 73
    3.2 Subkulturen, „broken windows" und die „cultural criminology" 78
    3.3 Fragmentierte Symbolisierung und Hegemonie 99
    3.4 Zwischenresümee 121

4 Das Kriminelle: Kämpfe um „leere Signifikanten" **125**
    4.1 Kriminalpolitik und die Produktion von Kriminalität 125
    4.2 Komplexe Konstellationen und ihre Folgewirkungen 139
    4.3 „Criminality Work", Organisation und Prävention 161
    4.4 Zwischenresümee 170

5 Der Kriminelle: Wie Subjekte „Täter" werden........................ **173**
5.1 Gibt es eine Motivation zu kriminellen Handlungen? 177
5.2 Subjektivierung und Subjektivität.. 189
5.3 Kontexte und Spuren.. 206
5.4 Zwischenresümee.. 214

6 Über die Möglichkeit, Jugendkriminalität zu verstehen **219**
6.1 Warum man Jugendkriminalität nicht verstehen kann.............. 219
6.2 … man es aber trotzdem versuchen sollte 226

7 Literatur.. **231**

Vorwort

„I think a sense of clarity, a sense leveling off
and a sense of reality is needed."[1]

Dieser Satz mutet an wie ein sozialwissenschaftliches Bekenntnis. Er scheint den aktuellen Trend auf den Punkt zu bringen, nach Jahren der Diskussion um Prozesse der Pluralisierung, Individualisierung und Auflösung jeglicher Gewissheiten wieder zur nüchternen Realität zurückkommen zu wollen. Zu den „harten Fakten" struktureller Ungleichheit, zu vorenthaltenen Ressourcen und zu mehr oder weniger unüberwindlichen Ausschließungen, mit denen die Gesellschaft meist diejenigen konfrontiert, die ohnehin schon ausgegrenzt sind.

Formuliert wurde der Satz allerdings nicht von einem Sozialwissenschaftler. Er stammt von Anna Wintour in einem Interview mit dem *Wall Street Journal* am 20. Januar 2009. Es handelt sich um die Chefin der Amerikanischen Modezeitschrift *Vogue*, die in Modekreisen höchste Ehrfurcht erfährt. Und diese Anna Wintour warnt vor zu viel Konsum und fordert „Realitätssinn" – was nicht unähnlich einer Forderung des Papstes wäre, man möge den Glauben nicht allzu ernst nehmen, oder dem Statement eines neoliberalen Marktpropheten entspräche, man bräuchte einen starken Staat, der die Wirtschaft rigide lenkt. Wenn also dieser Satz in dieser Form fällt, so ist es ungewöhnlich. Er deutet auf einen Zeitgeist hin, der sich von scheinbar „oberflächlicher" (Konsum-) Kultur verabschiedet und sich „echten" Werten und Tatsachen zuwendet.

Jock Young (2004) legt eindrücklich dar, dass sich dies in der Kriminologie bereits seit einiger Zeit abspielt. Er diagnostiziert eine veritable Ablehnung kulturtheoretischer Argumentation bei gleichzeitiger Hin- bzw. Rückwendung zu einer simplen Methodologie kausal-ätiologischer Forschung. Sie blickt gebannt auf Zahlen und scheinbar objektive Zusammenhänge, ohne sich tiefgehende Fragen überhaupt noch zu stellen. Man muss nicht Youngs damit verbundene Ablehnung quantitativer Forschung teilen, um zu sehen, dass vor diesem Hintergrund tatsächlich großer Bedarf besteht, Theoriearbeit zu leisten, ansonsten gerät die theoretisch gehaltvolle Erforschung von Kriminalität (noch weiter) in die

---

[1] Nachzulesen auf: http://online.wsj.com/article/SB123457778831886993.html (Zugriff am 27.02. 2009).

Defensive; bereits jetzt ist sie nicht sehr ausgebaut, und insbesondere im deutschsprachigen Raum scheint sie nahezu vom Aussterben bedroht zu sein.

Es existiert aber auch eine andere Seite: Es gibt spannende Anknüpfungspunkte an eine lebendige Theoriediskussion und -reflexion sowie Traditionen, deren Wiederaufnahme lohnenswert ist. Und dies aufzugreifen ist, wie Youngs Hinweis zeigt, gerade jetzt von Bedeutung. Schließlich dürfte Anna Wintour – dies sei spekulativ eingebracht – nicht plötzlich in eine Krise geraten sein und ihr Lebenswerk in Frage stellen. Man kann begründet vermuten, dass das genannte Zitat nichts weniger als eine Marketingstrategie beinhaltet und der Profilierung der eigenen Haltung und der betreffenden Modezeitschrift dient, also letztlich auf Absatzförderung angelegt ist. Es wäre demnach fatal, dem Trend zur „Realität" einfach zu folgen, da es um *spezifische* Realitäten und *Vorschriften* der Wirklichkeitserfahrung geht. Man muss ihnen misstrauen und sie sind zuallererst zu analysieren. Hierauf ist das vorliegende Buch angelegt. Es untersucht Jugendkriminalität nicht als „Mode"-Erscheinung, sondern als „harte" Realität, aber als eine, die durch kulturelle Bedeutungszuschreibungen gemacht wird.

Das Vorgehen ist mit einem Warnhinweis zu versehen. Wer von einem Buch mit dem Wort „Jugendkriminalität" im Titel eine Zusammenstellung von Risikofaktoren erwartet, die Delinquenz verursachen, wer die Seiten voller Hoffnung aufschlägt, es werde im Folgenden über die „Kulturlosigkeit" Jugendlicher geklagt, oder wer sich Ratschläge für eine wirkungsvolle Intervention gegen das „Übel" Kriminalität erwartet, wird bei der Lektüre rasch ernüchtert. Er wird damit konfrontiert, dass das Ereignis „Jugendkriminalität" zur Reflexion aufruft. Es bedarf, so die Grundaussage, ernsthafter und basal angelegter Analyse, die Begriff und Semantik fraglich werden lässt. Erst auf der Grundlage dieser Verunsicherung kann eine Re-Orientierung stattfinden, in der ein veränderter Umgang mit Jugendkriminalität möglich wird.

Dazu muss Jugendkriminalität auf eine Weise ernst genommen werden, die sie nicht als schlichte Tatsache betrachtet, sondern als kontingente Zurechnung. Auf nähere Ausführungen zu rechtlichen Fragestellungen, auf Statistiken zu – je nach Perspektive (meist) steigender oder (seltener) abnehmender – Jugendkriminalität, auf dramatische Fallgeschichten u.a.m. wird deshalb verzichtet. Es handelt sich um eine analytisch angelegte Auseinandersetzung, die ältere und neuere Positionen kulturbezogener Kriminalitätstheorien zusammenbringt. Sie sollen in einem Umfeld, das sie zu wenig zur Kenntnis nimmt, zur Diskussion gestellt werden. In dieser Hinsicht kann die Darstellung als eine Übersicht gelesen werden, die eine vernachlässigte, gleichwohl aber attraktive Forschungsperspektive anschlussfähig machen möchte. Dies wird im Folgenden durch eine poststrukturalistisch getönte Haltung unternommen, die Jugendkriminalität als Artikulationspraxis erforscht. „Kultur" wird hierbei nicht als Beiwerk oder als in sich geschlossene Einheit betrachtet, sondern als grundlegende Referenz, durch die Jugendkriminalität „verstanden" werden kann und wird. Dieses Verstehen allerdings macht Mühe; es erfordert deutlich mehr Aufwand als die Aufforderung, sich einigen (vermeintlich) unglücklichen Jugendlichen zuzuwenden und den Versuch zu unternehmen, ihr irriges Tun zu akzeptieren und auf seinen subjektiven Sinn hin zu befragen. So einfach ist es nicht. Selbst die Aufforderung, Jugendkriminalität zu verstehen, beinhaltet Vorschriften „legitimen" Verstehens, die analysiert werden müssen, insofern sie von einem fixierten Begriffsgehalt „der" Delinquenz ausgehen. Auf ihn richten sich die folgenden Ausführungen und erst nach seiner Analyse kann ein ernsthafter Versuch des Verstehens unternommen werden.

Auch wenn dies sehr engagiert erscheinen mag, so ist der Anspruch doch bescheiden: Es geht um eine Analyse von Jugendkriminalität mit möglichst wenigen eigenen Vorannahmen, um verbreitete Vorannahmen sichtbar machen und als solche kennzeichnen zu können. Die Arbeit beginnt mit der bewusst unspektakulären Erkenntnis, dass der Begriff „Jugendkriminalität" eine Unterscheidung trifft: Sie „ist" eine Differenzbehauptung. Hierauf baut sich eine Darstellung von Kernfragen auf, die eine Beschäftigung mit Jugendkriminalität behandeln sollte: Es sind Antworten darauf zu geben, was gemeint ist, wenn von Jugendkriminalität gesprochen wird, und wie Subjekte in sie verstrickt sind. Diese Fragen sind bekanntlich komplex, und kulturanalytische Ausführungen neigen mitunter zu einem Abstraktionsniveau, das noch unkundigen Lesern Zugänge erschweren kann. Bevor auf die zentralen Fragen in den Kapiteln vier und fünf im Näheren eingegangen wird, bedarf es deshalb einführender Anmerkungen, die im Rekurs auf relevante Traditionslinien und frühere Auseinandersetzungen zeigen, woran der hier unternommene Zugang anknüpft. Kapitel eins und zwei übernehmen diese Funktion; wer mit Kriminalitätstheorien und Kriminalitätsforschung vertraut ist, kann sie u.U. übergehen, da sie sich gezielt an Einsteiger in die Thematik richten. Die näheren kulturtheoretischen Referenzen kommen dann insbesondere in Kapitel drei zur Sprache. Wer überlegt, ob er nicht doch lieber Statistiken sehen und (vermeintliche) Kausalfaktoren der Entstehung von Jugendkriminalität präsentiert bekommen möchte, dem sei dieser Abschnitt empfohlen, um sich ein Bild zu machen. Aber gerade auch diesen Lesern sei eine anregende Lektüre gewünscht. Wenn sie sich nicht einstellt, sei dies dem Autor angelastet. Wenn es doch zutrifft, so kann und muss er darauf hinweisen, unterstützt worden zu sein. Besonderer Dank für sehr hilfreiche Hinweise gilt Henning Schmidt-Semisch und Reinhard Kreissl. Unterstützung bei der Fertigstellung des Manuskripts leisteten Matthias Rudolph und Vanessa Baer, besten Dank dafür.

Freiburg, im Oktober 2009   Bernd Dollinger

1 Jugend, Kriminalität, Kultur

1.1 „Jugendkriminalität"

Nicht wenige Veröffentlichungen über Jugendkriminalität beginnen mit Klagen. Genauer gesagt beginnen sie mit Klagen über Klagen, da Wissenschaftler sich darüber beschweren, es würde nicht oder zu wenig auf sie gehört. Sie monieren eine kaum „rational" argumentierende, zu wenig auf wissenschaftliche Befunde hörende Öffentlichkeit, die immer wieder über eine vermeintliche Verrohung und Entsittlichung Jugendlicher zu Felde zieht. Die akademischen Klagen teilen – völlig zu Recht – mit, dass dies unzureichend ist, schließlich sei schon im Altertum über hedonistische, subversive oder anderweitig unliebsam werdende Jugendliche geklagt worden (vgl. Kreuzer 2008, 128). Wer hieran anschließe und Aussagen über immer kriminellere, gewalttätigere oder verrohtere Jugendliche verbreite, folge eher Vorurteilen und negativ gewendeten Idealen, als dass er Aussagen über „die" Jugend treffen könne. Diese stehe, wie Mansel und Klocke (1996) schreiben, „zwischen Stigma, Wirklichkeit, Selbstanspruch und Ideal".

Es ist nahe liegend, den öffentlichen und kriminalpolitischen Zerrbildern von Jugend und Jugendlichen die Nüchternheit und Objektivität wissenschaftlicher Erkenntnisse entgegenzusetzen. Aber sehr nüchtern und objektiv sind diese Erkenntnisse nicht immer und nicht zwingend. Schließlich nimmt der Forschungsgegenstand „Jugendkriminalität" gleich zwei Kategorisierungen in sich auf: Er unterstellt, es gebe „Jugend" als eine mehr oder weniger einheitliche Statusklassifikation, und übernimmt aus kriminalpolitischen Diskursen die Referenz „Kriminalität". Beides zusammen führt zu einem komplexen Begriff, der gerade nicht wissenschaftlichen Prägungen entstammt. Er kommt im Rahmen von wissenschaftlichen Diskursen zum Einsatz, aber was Jugendkriminalität „ist", wird nur z.T. durch diese Diskurse bestimmt.

Auf einen ersten Eindruck mag man dies nicht besonders problematisch finden, schließlich sind die (Sozial-) Wissenschaften permanent mit Wissensformen und Klassifikationen von Ereignissen befasst, die alltäglichen bzw. nichtakademischen Zusammenhängen entstammen. Im Falle von Jugendkriminalität gilt es allerdings zu bedenken, dass sich mit der begrifflichen Homogenisierung, die der Begriff „Jugendkriminalität" leistet, Unwerturteile verbinden und Sinnbezüge fixiert werden, die keineswegs alternativlos sind. Schließlich erlaubt erst

11

„der jeweilige Bezugsrahmen, sei es ein strafrechtlicher, ein pädagogischer, ein soziologischer, ein kriminologischer usw., (...) die – raumzeitlich begrenzte – Festlegung" (Heinz 2006, 15) dessen, was mit „Jugendkriminalität" gemeint ist.

In Deutschland bezieht sich dies auf strafrechtlich missbilligte Handlungsformen, die von Personen im Alter von 14 bis 18 bzw. 21 Jahren gezeigt werden. Allerdings ist, was als „kriminell" und wer als „Jugendlicher" gilt, nicht überdauernd festgelegt, sondern variiert beträchtlich. Insofern sich diese Bedingungen *historisch* wandeln und es auch *zu einem gegebenen Zeitpunkt* unterschiedliche Möglichkeiten gibt, das Handeln von Personen als „kriminell" zu bezeichnen (oder nicht), ist es eine Herausforderung für die Forschung, den Fallstricken einer statischen und essentialistischen Betrachtung zu entgehen. Sie zeigt sich, wo nicht anerkannt wird, dass es immer auch *andere* Möglichkeiten der Interpretation und Klassifikation gibt. Es müssen Theoriearchitekturen und Forschungsdesigns gefunden werden, die es erlauben, diese Offenheit anzuerkennen, und die eine eigenständige Positionierung zu öffentlichen und kriminalpolitischen Diskursen zulassen. Die Erforschung von Kriminalität – nachfolgend bewusst weit im Rahmen von *Kriminalitätswissenschaften* situiert, da es sich nicht nur um die Kriminologie handelt – geht meist von einem scheinbaren Konsens aus: Man spricht von Kriminalität, übernimmt dadurch präjustierte Klassifikationsleistungen und Semantiken und folgt ihnen in der Forschungspraxis. Entscheidende Grundfragen werden dadurch gar nicht erst sichtbar, und um diese soll es hier gehen. Vorrangig betrifft dies das Problem, wie Jugendkriminalität als Sinnkategorie bestimmt wird, obwohl sie sich dauerhaft ändert und keine eindeutige Bezeichnung eines gegebenen Sachverhaltes darstellt. Um dieser Offenheit Rechnung zu tragen, wird Jugendkriminalität nachfolgend durch einen analytischen Zugang gewissermaßen „entkernt". Es verliert an Relevanz, Ursachen oder Präventionsmöglichkeiten zu erkunden; Jugendkriminalität wird stattdessen *als Bezeichnung* in den Blick genommen: Jugendliche werden „kriminell" genannt, aber ob dies notwendig, richtig oder sinnvoll ist, kann nicht entschieden werden. Zunächst muss man zu erschließen und genauer zu analysieren suchen, dass Jugendkriminalität *eine artikulatorische Praxis ist, der sprachliche Versuch einer Sinnzuweisung.*

Sie verbindet sich mit einer Abwertung, denn Jugendkriminalität ist per se negativ bewertet, ansonsten würde der Begriff keinen Sinn ergeben. An ihrem Beispiel zeigt sich eindrücklich, dass Sprache weder deskriptiv noch folgenlos ist (vgl. Butler 1998). Oft sind es gerade neutral erscheinende Terminologien, die von Diskriminierungen und mehr oder weniger versteckten Hierarchisierungen begleitet sind, und um so deutlicher werden Bewertungen im Falle von Ereignissen bzw. Handlungen, die als „kriminell" bezeichnet werden. „Jugendkriminalität" ist eine sprachliche Kampfformel, mit der Lebensstile diskriminiert, Menschen ausgegrenzt, Wahlkämpfe bestritten, Weltanschauungen durchgesetzt, Disziplingrenzen gezogen, Forschungsmittel akquiriert werden u.a.m. Wer sie benutzt, artikuliert durch die getroffene Unterscheidung *ein Unwerturteil* und unternimmt dies durch *eine Homogenisierung.* Betrachten wir die beiden Punkte, um auf dieser Grundlage gezielter nach dem Zusammenhang von „Jugend" und „Kriminalität" fragen zu können.

a) (Ab-) Wertungen

Wenn festgestellt wird, das Wort „Jugendkriminalität" beinhalte eine *pejorative Bewertung,* so könnte man darauf Wert legen, dass es zumindest in der Wissenschaft möglich ist, sich vor Vorurteilen und normativen Zugängen zu schützen. Auch in der vorliegenden Analyse wird angestrebt, sich vielleicht nicht völlig, aber soweit möglich von Unterstellungen an bestimmte Wesensarten von Jugendkriminalität zu lösen. Dies erfordert allerdings die Einlösung einer analytischen Haltung, die die Bezeichnung „Jugendkriminalität" erst einmal in Frage stellt, denn Vergleiche kriminalitätswissenschaftlicher Theorien und Semantiken zeigen, dass wissenschaftliche Darstellungen von einem jeweils gegebenen Zeitgeist abhängen, in dem Kriminalität als eine Erscheinung bestimmter Eigenart vorweggenommen wird (vgl. Hess 1999a; Quensel 1986; s. Kap. 2). Kulturellen Vorgaben gegenüber sind sie in der Regel nicht autonom, sondern sie nehmen diese in sich auf; sie wirken zu bestimmten Zeiten plausibel, da sie verbreiteten Vorstellungen über Kriminalität mehr oder weniger stark entsprechen. Eine „wechselseitige ‚Durchdringung' von Wissenschaft und Gesellschaft" (Böschen 2007, 759) ist bei einer Beschäftigung mit Kriminalität nahezu selbstverständlich, da sich Wissenschaft mit Kriminalität beschäftigt, ohne dass sie diese – weder als Kategorie noch in ihren jeweiligen inhaltlichen Ausformungen – selbst konstituiert. Wissenschaften, die sich mit Kriminalität auseinandersetzen, d.h. etwa die Kriminologie, die Sozialpädagogik, die Kriminalsoziologie oder -psychologie, zehren gleichsam von der kulturellen Definition von Ereignissen als „Kriminalität", wobei sie nicht immer in analytische Distanz zu den damit unterstellten Werturteilen gehen. Eine Abgrenzung fehlt insbesondere, wenn die Kriminalität Jugendlicher als Problem anerkannt und vorausgesetzt wird, um von dieser Haltung aus nach Ursachen, Auslösern, Bedingungsfaktoren oder ähnlichen ätiologischen Hinweisen zu forschen. Ob dies durch multifaktorielle, explizit theoretische oder andere Annäherungen erfolgt, ist unerheblich, denn es gilt nach wie vor das Diktum Matzas (1964, 13): „All schools of modern criminology believe in the positive delinquent." Das „alle" wäre gegenwärtig etwas abzuschwächen, aber die Aussage wird dadurch nicht falsch. Die vorherrschenden

Kriminalitätswissenschaften bestätigen kulturelle Unwerturteile, ohne dass die Art und Weise der mit ihnen verbundenen Wirklichkeitskonstruktionen durchdacht und als kontingente, d.h. als prinzipiell *anders* mögliche, Zurechung dekliniert würde.

Obwohl die Ausführungen dieses Buches zeigen werden, dass die Kritik an einem derart erkenntnistheoretisch verengten Blick auf Kriminalität nun schon einige Jahrzehnte andauert und zu anschlussfähigen Positionen geführt hat, ist einzugestehen, dass sie gegenüber einem „Mainstream" der Kriminalitätsforschung allenfalls von peripherer Relevanz geblieben ist. Die Verlockung, sich nicht mühsam mit Grundfragen auseinanderzusetzen, ist offensichtlich groß, wenn die Möglichkeit gegeben ist, direkt an vorherrschende Meinungsklimas anzuschließen – und dass Kriminalität etwas Schlechtes ist, wird schließlich kaum jemand in Frage stellen. Wer demgegenüber die „wissenschaftliche Zugänglichkeit von Kriminalität" (Kunz 2008) in Zweifel zieht und dabei feststellt, die Hoffnung, Kriminalität als gegebene Tatsache aufnehmen und quantifizieren zu können, sei *„auf Treibsand"* (ebd., 20) gebaut, steht unter Rechtfertigungsdruck. Ihn hatte vermutlich auch Durkheim empfunden, als er die Beobachtung machte, dass Kriminalität in einer Gesellschaft „normal" sei, da sie jeweils von vorherrschenden Moralvorstellungen aus definiert werde und damit zuallererst etwas über die Definierenden und nicht über die als „kriminell" Bezeichneten aussage. Sonst hätte er kaum seinem Hinweis, der Verbrecher sei „nicht mehr als schlechthin unsozial" zu betrachten, in einer Fußnote unmittelbar beigefügt, dies bedeute nicht, dass man das Verbrechen „nicht verabscheuen soll" (Durkheim 1895/1984, 161, Fn.). Wer die kulturelle Abwertung von Kriminalität nicht reproduziert, sondern sie zunächst nüchtern als Definition und soziales Ereignis rekonstruiert, macht sich scheinbar verdächtig, selbst und gerade in den Kriminalitätswissenschaften.

Es ist demnach nicht sehr überraschend, wenn in den letzten Jahren „in virtually all fields of the human sciences" (Sewell 1999, 35) auf die permanente Verschiebung vermeintlich fixierter Bedeutungen, auf die fragile Basis eindeutig erscheinender Orientierungen und die Zumutungen, die sich mit Vorschriften der Wahrnehmung von Realität verbinden, aufmerksam gemacht wurde – aber kaum im Bereich der Erforschung von Kriminalität. Dass „im Prozeß des Denkens und Forschens (…) eine eigene Aktivität" (Cassirer 1961, 51) zum Ausdruck kommt, nämlich eine Verarbeitung kultureller Deutungsvorgaben, wird kaum sichtbar. Man verbleibt weitgehend bei vorherrschenden Bewertungen und stützt sie durch wissenschaftliche Arbeit. Wie Ferrell (2004, 290) ausführt, realisiere dies eine „politics and criminology of boredom", da eine grundlegende Berechen- und Messbarkeit, Rationalität und Wiederholbarkeit von Ereignissen unterstellt wird, während Überraschungen ausgeschlossen bleiben. Die breit dokumentierten

Veränderungen (sozial-) wissenschaftlichen Selbstverständnisses, die im Zuge von „linguistic" und „cultural turns" aufgetreten sind und von denen im Folgenden die Rede sein wird, verharren bei der Auseinandersetzung mit (Jugend-) Kriminalität in einem marginalen Status. Man könnte sogar sagen: Sie werden noch zunehmend marginalisiert, wenn Hoffnungen auf eine „evidence-based" und auf wissenschaftliche Erkenntnisse gestützte Interventionspraxis tatsächlich vertieft werden. Dies dürfte zwar kaum der Fall sein, da diese Vorgaben besondere Widersprüche generieren (s. Kap. 4.1). Aber alleine die Erwartung, man könne sich in der Praxis auf eindeutige und konsistente wissenschaftliche Befunde stützen, illustriert, dass die Komplexität und Widersprüchlichkeit der – nicht nur, allerdings auch wissenschaftlichen – Rede von Kriminalität teilweise nicht bewusst ist und kaum bewusst gemacht werden soll. Es geht darum, dem „Übel" der Kriminalität mit wissenschaftlichen Mitteln beizukommen. Eine „Krise des epistemologischen Feldes", das nach Butler (2009, 226) die Frage „nach den Grenzen von Erkenntnisweisen" aufwirft, kann dadurch kaum kenntlich werden. Über Kriminalität, so scheint es, kann kaum gestritten werden, da man sich in ihrer Bewertung einig ist, ihre Verhinderung prinzipiell wünschenswert ist und eine rational agierende Wissenschaft Auskunft über ihre „wahren" Hintergründe geben kann. Dass auf diese Weise kulturelle Wahrnehmungsvorschriften und Lebensstilvorgaben reproduziert werden, muss erst verdeutlicht werden. Es wird deshalb hier im Anschluss an die seit mehreren Jahrzehnten geübte Kritik an der Unterstellung einer voraussetzungslosen Kriminalitätsforschung – sie ließe sich allgemein als „Kritik der Repräsentation" (Sandkühler 2009) zusammenfassen – ein besonderer Zugang gewählt. Er richtet sich gegen einen unbefangenen Gebrauch des Wortes „Jugendkriminalität" und sucht zu analysieren, welche Wesensannahmen Ereignissen attestiert werden, wenn sie als *Kriminalität Jugendlicher* klassifiziert werden. Dies führt zu dem zweiten Aspekt.

b) Homogenisierungen

Der Terminus „Jugendkriminalität" teilt mit, es gebe Jugendliche, die kriminell sind, und solche, die es nicht sind; Jugendliche werden als „kriminell"/„nicht-kriminell" klassifiziert. Durch die Unterscheidung werden die Zweitgenannten mit dem Status der „Normalität" ausgezeichnet, wodurch die jeweiligen Maßstäbe der Konstruktion von Normalitätserwartungen reproduziert werden. Gleichzeitig werden die Erstgenannten auf eine besondere Art und Weise qualifiziert und behandelt – mitunter so, dass sich für die Betreffenden schwerwiegende Folgen ergeben.[2]

Auf welcher Grundlage wird diese Klassifikationsleistung erbracht? Schon ein oberflächlicher Blick zeigt, dass der Begriff „Jugendkriminalität" prinzipiell klärungsbedürftig ist. Denn „Jugend" existiert nur im Plural. Sie umfasst unterschiedlichste Lebensformen und die Grenzen dieser Lebensphase sind nicht klar zu bestimmen (vgl. Scherr 2006a; Schröer 2009). Entsprechend uneinheitlich ist der wissenschaftliche Umgang mit dem Terminus (vgl. Schäfers 2001, 17). Ebenso heterogen sind die mit „Kriminalität" angesprochenen Ereignisse; sie reichen von Diebstahl oder Betrug bis hin zum Konsum illegaler Substanzen, Beleidigung oder Falschaussage über Körperverletzung bis hin zu Hehlerei, Begünstigung, Wirtschaftskriminalität und vielem mehr. Dies alles auf einen Nenner bringen zu wollen, kann den einzelnen Ereignissen nicht gerecht werden. Bei genauerer Betrachtung gibt es weder „die" Jugend noch „die" Kriminalität. Wissenschaftliche Auseinandersetzungen müssen deshalb in der Lage sein, zu differenzieren und ungerechtfertigte Pauschalisierungen zurückzuweisen. Wo diese auftreten, ist bewusst zu machen, dass sie einer anzuerkennenden Vielfalt und Komplexität nicht entsprechen – wobei allerdings Pauschalisierungen ihrerseits zum Forschungsgegenstand gemacht werden können, denn dass „Jugendkriminalität" eine in Alltag, Öffentlichkeit, Massenmedien, Politik, Wissenschaft und in verschiedenen institutionellen Zusammenhängen eine weit verbreitete Kategorisierung darstellt, ist nicht zu bestreiten. Man kann nicht leugnen, dass sie überaus wirkmächtig zur Bezeichnung von Ereignissen eingesetzt wird. Und um genau dies geht in der vorliegenden Auseinandersetzung: Man muss davon ausgehen, dass „Jugendkriminalität" als Bezeichnung den dynamischen und vielschichtigen Lebensverhältnissen Jugendlicher *nicht* gerecht wird, aber gerade dies ist für die Forschung erkenntnisreich. Jugendliche mögen „kriminell" handeln und als „Kriminelle" wahrgenommen werden. Aber welche Erkenntnis ist mit dieser Aussage verbunden? Zunächst nur, dass höchst unterschiedliche Personen und Ereignisse unter ein inkonsistentes Label subsumiert werden. „Jugendkriminalität" simuliert nur eine Einheitlichkeit. Indem analysiert wird, auf welche Weise dies praktiziert wird, werden Aussagen über das Funktionieren kultureller Symbolisierung und Kommunikation möglich. Wer das öffentliche und wissenschaftliche Sprechen über Kriminalität analysiert, leistet einen „Bei-

---

[2] Bei Jugendlichen wurden die Optionen einer dauerhaften Unterbringung in totalen Institutionen jüngst extensiviert. Die Höchstdauer einer Inhaftierung beträgt für sie gemäß § 18 (1) JGG zehn Jahre. Die Einführung der Möglichkeit einer nachträglichen Sicherheitsverwahrung erlaubt unter der Voraussetzung einer Gefährdung der Allgemeinheit und einer Verurteilung zu mindestens sieben Jahren Jugendstrafe bei schweren Delikten eine längerfristige Einschließung (vgl. hierzu Graebsch 2008).

trag zur Erkenntnistheorie der Sozialwissenschaften", wie Kunz (2008) mit Recht festhält. Man muss folglich bei der Frage ansetzen, wie Jugendkriminalität zum Erkenntnisgegenstand erhoben wird, und bei der Analyse dieses Problems gelangt man zu historisch spezifischen Formen der Konstitution von Vorherrschaften kultureller Selbstverständlichkeiten und des durch sie Ausgeschlossenen. Festzustellen, „Jugendkriminalität" werde weder der Vielfalt von „Jugenden" noch den zahlreichen, als „kriminell" bezeichneten Ereignisse gerecht, ist demnach nur eine Seite. Die andere besteht in der analytisch einzuholenden Tatsache, dass die homogenisierende Symbolisierung einer Wahrnehmungskategorie „Jugendkriminalität" faktisch existiert, sie jeden Umgang mit und jede Rede von Delinquenz durchdringt und durch sie perspektivische Vorgaben „legitimer" Existenz verbindlich gemacht werden sollen.[3]

Indem dies nachfolgend analysiert wird, wird Grundlagenarbeit verrichtet. Sie tritt mit dem Anspruch an, auf eigene Vorannahmen zu verzichten, soweit dies möglich ist, um Jugendkriminalität wieder als das vor Augen zu führen, was sie – ganz positiv formuliert – „ist": Eine Bedeutungszuschreibung an Ereignisse, die unterstellt, diese seien von anderen Ereignissen zu unterscheiden. Im Ausgang von der eingangs erwähnten Forderung, Jugendkriminalität als artikulatorische Praxis zu identifizieren, kann sie bewusst schlicht als eine *Differenzbehauptung* bezeichnet werden. Mit viel mehr muss man nicht auskommen. Man sollte darauf achten, nicht Sinnfundamente und homogenisierte Ordnungen zu unterstellen, wo (und weil) diese nicht existieren. Stößt man auf sie, so ist Skepsis angeraten, und jeder Anschein einer an sich gegebenen Einheitlichkeit muss erst in seinen Möglichkeitsbedingungen aufgesucht werden. Zu beherzigen ist demnach Latours (2007, 49) Ratschlag, auf die zu unternehmende Erkenntnisreise „so wenig Gepäck wie möglich mitzunehmen", d.h. auf Vorannahmen zu verzichten, soweit dies machbar ist.[4]

Nimmt man dies ernst und erkennt an, dass Kriminalität „keine Naturkonstante" (Cremer-Schäfer/Steinert 1998, 242) ist, so kommen die durch sie vorgenommenen kulturellen Grenzziehungen in den Blick. Jugendkriminalität als Differenzbehauptung besitzt keinen Sinn in sich; sie identifiziert nicht eine bestimmte Klasse von Erscheinungen, die durch die Bezeichnung gewissermaßen „auf den Punkt" gebracht werden. Der „Sinn" der begrifflichen Bedeutungszuweisung entstammt Verwendungs- und Verweisungszusammenhängen; „Jugend-

---

[3] Kriminalität ist per se symbolisiert. Eine Differenzierung zwischen einem symbolischen und einem „normalen" oder „echten" Strafrecht und/oder Kriminalitätsbegriff macht keinen Sinn. Fritz Sack (2010) zeigt dies in einer Auseinandersetzung mit Thesen, die Gegenteiliges behaupten.
[4] Damit sei eingestanden, dass Vorannahmen nicht völlig auszuschließen sind. Dass sie zudem nicht im Sinne der von Latour vertretenen Akteur-Netzwerk-Theorie zu konzipieren sind, zeigen die nachfolgenden Ausführungen.

kriminalität" ist als Begriff in Relationen von Bezeichnungen eingebunden, die ihn ausfüllen, ihm bestimmte Gehalte zuschreiben und ihn dadurch als Klassifikationsmuster verständlich und plausibel machen. Wenn man etwas über Jugendkriminalität erfahren will, muss man diese Relationen und ihre Wirkmechanismen erforschen, denn nur in ihrem Rahmen ergibt sie „Sinn". Sie ist eine Sprachpraxis; man befindet sich unmittelbar in einer Untersuchung der Justierung von Bedeutungen, wie sie durch diskursive Beziehungen und Bezeichnungen vorgenommen wird.

Auf diese Weise als Differenzbehauptung verstanden, verliert Jugendkriminalität ihr Substrat. Sie ist kein Datum mehr, das bezeichnet wird. Man fügt einen Riss ein, denn die Repräsentation von Jugendkriminalität folgt nicht mehr einer Logik der Sache und möglicherweise ist es nicht einmal mehr eine Sache der Logik, von ihr zu sprechen. Sie wird als Bezeichnung im Rahmen anderer Bezeichnungen verortet. Ein direkter Weg von Benanntem, einem Signifikat, zur Bezeichnung, einem Signifikant, besteht nicht – was nicht als Verlust zu deuten ist. Im Gegenteil führt dies zu der Option, gleichzeitig Differenz anerkennen und Versuche zum Forschungsgegenstand machen zu können, sie zu negieren. Kategorisierungen – wie eben „Jugendkriminalität" – erscheinen nicht länger als schlicht gegeben und in sich konsistent; sie treten jedoch auch nicht als bloße Fiktionen auf, sondern sie sind Bestrebungen, hegemoniale Sichtweisen zu etablieren. Gerade als „unbrauchbar große Begriffe" (Cremer-Schäfer/Steinert 1998, 243) sind sie aussagekräftig, da sie Botschaften über die kommunizieren, die sie verwenden und als sinnvoll betrachten.

Im Unterschied zu Cremer-Schäfer und Steinert wird dies hier aus einer Perspektive dekliniert, die man als „poststrukuralistisch" kennzeichnen könnte. Es wird davon ausgegangen, dass die betreffenden Bezeichnungen als „expressions or repesentations" (Bonnell/Hunt 1999b, 9) fungieren, denen kein gegebenes Fundament unterstellt ist. Genauer handelt es sich, vorsichtiger formuliert, um Repräsentations*versuche*. Wenn der Begriff „Jugendkriminalität" eine Homogenisierung vornimmt, muss er Ereignissen Gewalt antun, indem er sie auf einen Begriff zu bringen versucht und ihnen eine spezifische Bedeutung einschreibt; er schließt andere Bezeichnungsoptionen aus und negiert den Charakter des Ereignishaften. Allgemein ausgedrückt, zeigt sich „in der Darstellung des Anderen immer auch eine mehr oder weniger versteckte Gewaltsamkeit" (Bachmann-Medick 2007, 145), d.h. in der Bezeichnung eines jugendlichen „Kriminellen" wird er nicht charakterisiert, obwohl dies wirkmächtig unternommen werden kann. Jugendkriminalität erweist sich als homogenisierende Zuschreibung auf der Grundlage einer pejorativen Deutungsfolie; dass mit ihr Ereignisse oder gar Personen zutreffend benannt werden könnten, bleibt jedoch unbewiesen. Es ist einzukalkulieren, dass gerade die Gewalttätigkeit und die Homogenisierungsleistung der Bezeichnung eine spezifische, kriminalpolitisch zu einem bestimmten Zeitpunkt vorherrschende Interpretation von Jugendkriminalität durchsetzt, die aufgrund ihrer Perspektivität alternative Zugänge höchstens kurzfristig unterdrücken kann. Würde man nicht eingestehen, dass *andere* Bezeichnungen möglich sind und jederzeit möglich bleiben, würde eine aktuell dominierende Kriminalpolitik durch die wissenschaftliche Analyse schlicht reproduziert. Eine eigenständige kriminalitätswissenschaftliche Positionierung zu Jugendkriminalität bliebe relativiert. Es ist deshalb hilfreich, sich „gegen die Unterstellung einer restlosen Berechenbarkeit des sprachlichen Geschehens" (Münker/Roesler 2000, 31) zu wehren. Zu identifizieren sind *Versuche* einer eindeutigen Bestimmung, während die Sprache unkontrolliert bleibt. Wird ein Ereignis als „Jugendkriminalität" bezeichnet, so erfolgt dies nicht, weil es sich um die Kriminalität Jugendlicher handelt. In der Namensgebung ist das Ereignis nicht mit sich identisch; die Beziehung von Ereignis und Begriff bleibt lose und offen. Die vorzunehmende Analyse muss sich deshalb stets gegen Homogenisierungen richten, die versuchen, Kriminalisierung als notwendig, konsequent und in einer Natur der Sache liegend zu essentialisieren.

Die Annahme, die Bezeichnung würde ein bestimmtes Ereignis repräsentieren, ist demnach klärungsbedürftig. Sprechen wir also von einem bloßen Versuch der Repräsentation. Anstrengungen, eine Wahrheit der repräsentierenden Bezeichnung zu markieren, sind „disputable and unstable" (Sewell 1999, 50). Die Rede von „Jugendkriminalität" anzuerkennen, bedeutet deshalb nicht, sie als legitim oder zutreffend auszuweisen. Sie ist im Gegenteil grundlos. Zu konstatieren sind Absichten, Homogenitäten oder Kohärenzen zu etablieren, denen nicht die Auszeichnung angeheftet werden kann, sie seien in einer Objektivität begründet notwendig, denn:

„when authoritative actors distinguish between high and low cultural practices or between those of the majority ethnicity and minorities or between the legal and the criminal or between the normal and the abnormal, they bring widely varying practices into semiotic relationship – that is, into definition in terms of contrasts with one another. Authoritative cultural action, launched from the centers of power has the effect of turning what otherwise might be a babble of cultural voices into a semiotically and politically ordered field of differences. Such action creates a map of the ,culture' and its variants, one that tells people where they and their practices fit in the official scheme of things" (ebd., 56).

Man mag darüber streiten, ob die Rede von „maßgeblichen Akteuren" oder von „Zentren der Macht" nicht ihrerseits klärungsbedürftig ist. Gleichwohl wird von Sewell treffend betont, dass Unterscheidungen von Nicht-/Kriminalität und A-/Normalität bestrebt sind, ein „geordnetes Feld von Differenzen" herzustellen, das Plätze und Legitimitäten zuweist, ohne dass dies auf eine feste Basis Bezug nehmen könnte. Die einzige Grundlage ist ein Spiel von Differenzen, ein „babble of cultural voices".

Fassen wir diese Punkte zusammen, so geht es in der vorliegenden Studie in Bezug auf Jugendkriminalität um die Analyse dieses Spiels und der Versuche, es zu negieren. Das Gewirr kultureller Stimmen wird, wie vorläufig und brüchig auch immer, zum Anschein eines geordneten Bildes zusammengefügt, um Kriminalisierung den Eindruck alternativloser Logik und Konsistenz zu geben. Dies gilt es zu rekonstruieren. Die (wissenschafts-) theoretischen Referenzen dieser Sichtweise werden in Kapitel drei vorgestellt. Dies erfolgt gewissermaßen verspätet, da zuvor in Kapitel zwei zu klären ist, wie die „Wesenhaftigkeit" von Jugendkriminalität bislang meist verstanden wird und wie sie im hier beschriebenen Sinne zu konzipieren ist. Schließlich macht es der Versuch, auf „starke" Vorannahmen zu verzichten und im Kern bei der Unterstellung von Jugendkriminalität als einer Differenzbehauptung zu verbleiben, notwendig, bislang vorherrschende Wesenskonstruktionen in den Blick zu nehmen. Daran anschließend ist zu beschreiben, welche Richtungen kulturtheoretische Perspektiven einzuschlagen erlauben, so dass im dritten Abschnitt die näheren Spezifizierungen dieses argumentativen Weges unternommen werden.

Die Ausführungen in Kapitel zwei und drei zeigen, dass die Beschäftigung mit Jugendkriminalität zwei besondere Themenkomplexe aufwirft. Es handelt sich sicherlich nicht um die einzigen relevanten Aspekte, aber um zwei, die von entscheidender Bedeutung sind: Dies betrifft zum einen die Frage, wie die Differenzbehauptung stabilisiert wird, denn man muss analysieren, dass und wie Jugendkriminalität auf besondere Art und Weise mit spezifischen Bedeutungen gefüllt und ihr „Sinn" gegeben wird. Dies wird in Kapitel vier ausgeführt. Zum anderen wird die Frage aufgeworfen, wie Subjekte hieran beteiligt sind und was dies für diejenigen bedeutet, die durch den Signifikanten „Jugendkriminalität" bezeichnet werden. Hiervon handeln zahlreiche Theorien, Bekämpfungsstrategien, präventive Ansätze und politische Maßnahmen, und insbesondere der strafrechtliche Umgang mit Jugendkriminalität ist zentral davon beeinflusst, in welchem Maße Jugendliche als Subjekte für „ihre" Kriminalität verantwortlich gemacht werden. Die Rede von „Kriminalität" trifft deshalb immer auch Aussagen über Subjektivität, denn ohne eine Auseinandersetzung mit subjektiver Selbstbestimmung und Entschlussfähigkeit würde die Kategorie „Kriminalität" nicht sinnvoll verwendet werden können. Als „kriminell" wird nur ein Handeln identifiziert, das vom Subjekt beeinflusst werden kann. Es bedarf deshalb in Kapitel fünf der Auseinandersetzung mit der Frage, wie Subjekte „Täter" werden.

1.2 Jugend als kulturelle Erfindung

Was bisher zu Jugendkriminalität gesagt wurde, ließe sich ohne Weiteres auf die Kriminalität Erwachsener übertragen. Die beschriebenen Aspekte der Bezeichnung „Kriminalität" treffen natürlich unabhängig davon zu, ob ihr eine besondere Lebensphasenkategorie an die Seite gestellt wird oder nicht. Zudem gibt es in Deutschland keine ausschließlich für Jugendliche geltenden strafrechtlich geschützten Rechtsgüter. Es ist vor diesem Hintergrund im Folgenden nicht intendiert, Aussagen exklusiv zu Jugendkriminalität zu treffen. Man kann sie stattdessen als ein eindrückliches Beispiel für das Thema Kriminalität insgesamt und für die Möglichkeiten seiner wissenschaftlichen Analyse anführen. Der Bezug auf Jugendliche ist dafür besonders geeignet, da die Vorstellung, es gebe eine einheitliche Lebensphase der „Jugend", nicht unwesentlich geprägt wurde, indem sie mit „Kriminalität" assoziiert wurde. Obwohl die Beschäftigung mit „Jugend" von einer „Konkurrenz der Bilder und Modelle" (Zinnecker 2004, 490) geprägt ist, ist „Kriminalität" eine ihrer hervorstechenden Konnotationen.

Historisch wurde der Kollektivsingular „Jugendlicher" am Ende des 19. Jahrhunderts als allgemeine Referenz etabliert. Gemünzt war er vorrangig auf Jugendliche aus unteren Schichten[5]; wer „vor dem Jahr 1911 vom ‚Jugendlichen' sprach, meinte für jedermann verständlich eine kriminelle oder verwahrloste Person jugendlichen Alters" (Roth 1983, 114). Erst danach bildete sich eine auch positive Konzeption des „Jugendlichen" heraus. Er wurde – man denke an die Energie und das Potential zu kultureller Erneuerung, die spezifischen Teilen der Jugendbewegung attestiert wurden (vgl. Dollinger 2006a, 347ff) – zum Hoffnungsträger. Schließlich liege, wie beispielsweise der Pädagoge Aloys Fischer (1923/1954, 362) mitteilte, „die Jugend als solche in ihrer inneren Gestalt noch *vor* den Zerklüftungen und Gliederungen" der Erwachsenen. Jugendlichkeit verwies demnach auf entscheidende Veränderungsmöglichkeiten der Merkmale, die jeweilige Beobachter der zeitgenössischen Kultur für verbesserungsbedürftig

---

[5] Diskreditierungen „der" Jugendlichen betrafen allerdings nicht nur Heranwachsende aus unteren Schichten, sie gingen in verschiedene Richtungen: Jugendliche aus oberen Schichten wurden u.a. der „Blasiertheit", der eitlen und genusssüchtigen Absehung von sozialen Pflichten, verdächtigt; demgegenüber drohte bei ihrem Gegenpart aus unteren Schichten die stärker mit Kriminalität und Gewalttätigkeit in Verbindung gebrachte „Verrohung" (vgl. im Einzelnen Dollinger 2006a, 342ff; Herrmann 1982; Hornstein 1989; Mitterauer 1986).

hielten. Aber als Teil dieser Kultur waren die Jugendlichen von der unterstellten kulturellen Krise möglicherweise betroffen und konnten zu ihrem Abbild werden. Dergestalt wurden Jugendliche nicht nur zum potentiellen Motor kultureller Verbesserung, sondern zur Projektionsfläche und zum „Beleg" einer angemahnten Kulturkrise.

Seit Ende des 19. Jahrhunderts wurden diese Projektionen und Hoffnungs- wie Krisenbilder an einen homogenisierten „Jugendlichen" adressiert. Die sprachliche Konstitution einer Phase der Jugend – gestützt durch Beiträge aus Literatur, Pädagogik, Politik, Medizin usw. (vgl. Andresen 2005, 31ff) – generierte einen prototypischen Jugendlichen, und dieser „Modell-Jugendliche' ist nun zugleich der Maßstab zur Definition des ‚Modell-Jugendkriminellen', der seinerseits für all das steht, was in den gedachten Reifungsprozessen falsch läuft. Das heißt, das Konzept von Jugend definiert das Modell von Jugendkriminalität und umgekehrt definiert der jugendliche Kriminelle all das, was nicht mit dem ‚Modell-Jugendlichen' vereinbar ist" (Trotha 1982, 262). Die Bedeutungsfelder der Begriffe „Jugend" und „Kriminalität" überschneiden sich deshalb nicht zufällig und nicht unwesentlich. Die „gesellschaftlichen Interessen", die Jugendkriminalität als Kategorie hervorbringen, müssen, so Walter (2005, 96), angesichts der Assoziation von „Jugend" mit kriminellem Verhalten „zugleich im maßgeblichen Jugendverständnis nachweisbar sein." Dies bedeutet für die Konzeption von „Jugend", dass ihr Status mit riskantem Verhalten, mit Gewaltneigungen, mit der Bereitschaft, Regeln zu übertreten, mit Hedonismus, mit fehlender Selbstkontrolle, mit Normunsicherheiten verbunden wird.

„Jugend" erscheint einerseits in besonderer Weise gefährlich; sie wirkt bedrohlich, zumal ihr zugeschrieben wird, die Gesellschaft prägen zu können – möglicherweise auf eine unerwünschte Art. Andererseits jedoch gelten Jugendliche als gefährdet (vgl. Heinz 2006; Wilmers u.a. 2002): Sie bedürfen speziellen Schutzes, da sie zwar nicht derart sozial abhängig sind wie Kinder, aber gesellschaftlichen Ungleichheiten, Benachteiligungen, vorenthaltenen Integrationsmöglichkeiten und anderen Zumutungen ausgeliefert sind. In dieser Sicht sind sie weniger gefährlich als unterstützungsbedürftig, was nicht bedeutet, dass aus der Gefährdung nicht eine mindestens zu antizipierende Gefährlichkeit abgeleitet werden könnte: Wenn Jugendlichen nicht geholfen wird, so wird teilweise insbesondere in sozialpolitischer und sozialpädagogischer Absicht unterstellt, wenden sie sich „antisozial" gegen die Gesellschaft (vgl. hierzu kritisch Kappeler 2007).

Bilder von Kriminalität zeigen hierzu Entsprechungen. Sie schwanken zwischen einer auf Resozialisierung abstellenden – gleichwohl aber von Stigmatisierungen und Ausschließungen begleiteten – Zuwendung und einer auf Antipathie beruhenden Straflust (vgl. Melossi 2000). „Kriminelle" erscheinen im einen Fall als Opfer äußerer Umstände, deren Normverletzung das Kunststück einer helfenden oder erzieherisch wirkenden Strafe verlangt. Verantwortlich für Kriminalität sind nicht primär die Handelnden selbst, sondern die Umstände, denen sie ausgeliefert sind und die sie zu Devianz prädisponieren. Dem steht der „gefährliche Kriminelle" gegenüber, der aus Eigeninteresse, Hedonismus oder wie auch immer begründeter Böswilligkeit kriminell ist und dessen antisoziale Tendenz harter Interventionen bedarf.

Neben diesen beiden stehen weitere Bilder von Kriminalität (s. Kap. 5.2), aber gerade in diesen Extrempositionen werden Überschneidungen mit Zuschreibungen an Jugendliche deutlich. Sie gründen, wie oben angedeutet, historisch in der Qualifizierung von „Jugend" durch Semantiken der Bedrohtheit und der Bedrohlichkeit. Jean-Jacques Rousseau lieferte 1762 Stichworte für die in dieser Richtung folgenden, späteren Auslassungen über Jugendliche. Er bestimmte in seiner Phaseneinteilung des Heranwachsens nicht nur die Jugend als eine eigenständige Lebensphase, indem er mit dem Eintritt der Pubertät eine „zweite Geburt" (Rousseau 1762/1971, 211) identifizierte. Er konnotierte dies darüber hinaus mit einer in diese Phase eingelassenen Problematik, denn Jugend war eine „Krise" (ebd., 210). Mit dem Ende der Kindheit erwachten die Leidenschaften und der möglicherweise mit viel erzieherischer Energie bedachte Zögling drohte, (zu) eigensinnig zu werden und der pädagogischen Zielbestimmung und Kontrolle zu entgleiten. In den dramatischen, an den Erzieher gerichteten Worten Rousseaus (ebd., 211): „Die Winde sind schon entfesselt. Verlaß keinen Augenblick das Steuer, oder alles ist verloren!"

Auch aus diesem Grunde ersann Rousseau in seinem Erziehungsroman „Émile" ein ausgeklügeltes System kontextualisierter Einwirkung und Überwachung. Es ließ den Zögling den Anschein der Freiheit spüren und verschaffte sich dadurch – da die direkte Disziplinierung zurücktrat und pädagogische Arrangements an ihre Stelle traten – erst grundlegende Wirkmächtigkeit, die einer totalen Kontrolle gleichkam (vgl. Oelkers 2001a, 64f). Ganz offen führte Rousseau (1762/1971, 105) aus, es gehe ihm um den bloßen „Schein der Freiheit", im Vergleich zu dem er „keine vollkommenere Unterwerfung" für möglich hielt. Jugend, so könnte man dies reformulieren, wurde als Kontrollproblem chiffriert. Für den Kulturkritiker Rousseau und weit über ihn hinaus war sie zur Überwindung der Krisen der Gegenwart berufen. Mit dieser Bürde beladen, durfte sie der pädagogischen, politischen oder anderweitigen Kontrolle nicht entgehen, denn sie war labil und offen für Fehlentwicklungen. Man musste sie zu ihrem Besten beschützen. Selbst wo ihr Freiheit und Eigenständigkeit attestiert wurden, war dies keine laissez-faire-Haltung, sondern eine sich liberal gebende Präjustierung von Möglichkeiten des Aufwachsens (vgl. Anhorn 2010).

Ein eindrückliches Beispiel liefert der Pädagoge Gustav Wyneken (1919; 1928), der den Terminus „Jugendkultur" populär machte.[6] Wyneken stieß auf nachhaltige Kritik angesichts der Autonomie, die er Jugendlichen mit ihrer distinkten Kultur zuzugestehen schien. Jugend, so ließ er wissen, stehe im „Kampf um Freiheit und Wahrheit in Schule und Elternhaus, in Religion und Erotik" (Wyneken 1914a). Wo andere gegen Ende des 19. und zu Beginn des 20. Jahrhunderts eine „Kontrolllücke" diagnostizierten, da insbesondere schulentlassene Jugendliche nicht mehr umfassend in familiale, pädagogische, militärische und berufliche Institutionen integriert waren und sie durch zu viel Eigenständigkeit sittlich bedroht zu sein schienen (vgl. Peukert 1986, 54ff; Hering/Münchmeier 2003, 66), ging Wyneken in der Zuschreibung einer eigenständigen „Jugendkultur" relativ weit. Jugend, so ließ er wissen, sei „nicht lediglich eine Vorbereitungszeit", sondern sie besitze „in der geistigen Ökonomie der Menschheit ihren eigenen Wert und ihr eigene Schönheit", sie habe folglich „auch das Recht auf eine eigene Lebenshaltung. Das ist es, was wir Jugendkultur nennen" (Wyneken 1919, 13). Dies brachte ihm erwartungsgemäß Unbill anderer Pädagogen ein, die, wie etwa Alice Salomon (1908; 1916/2000), im Gegenteil die soziale Verpflichtung Jugendlicher stärken wollten. Nicht jugendliche Autonomie, sondern die Suche nach „*richtigen Führern*" (Salomon 1916/2000, 450) der Jugendlichen schien ihr das entscheidende Problem zu sein. Nicht zu tolerieren war für sie deshalb die unerhörte Tendenz, „die Jugend zu ermutigen, über ihre eigene Erziehung und über die Fähigkeit ihrer Erzieher mitzusprechen und in der Öffentlichkeit zu verhandeln", was zu „einer anarchistischen Haltung" (ebd., 445) führen konnte, wie sie zu berichten wusste.

Aber auch hier ist Vorsicht anzumahnen, was die Referenz auf Wyneken betrifft. Es ging ihm keineswegs um eine Entlassung der Jugend aus gesellschaftlicher Verantwortung und aus für sie zurechtgelegten pädagogischen Plänen. Es greift die Anmerkung Foucaults (1968, 123), wonach sich „eine Gesellschaft in ihrer Pädagogik ihr Goldenes Zeitalter träumt", denn, wie Wyneken anlässlich des großen Festes der deutschen Jugendbewegung auf dem „Hohen Meißner" im Oktober 1913 mitteilte, war für ihn die dort versammelte Jugend keine Jugend, wie er sie im Blick hatte. Es waren u.a. die Brillenträger und die Tanzenden, die sein Missfallen erregten und ihn motivierten klarzustellen, dass die gleichsam empirischen Jugendlichen auf dem Fest nicht zu seinem Projekt kultureller Erneuerung geeignet seien. Es handle sich um „mehr oder weniger Krüppel und Ruinen", so dass „diese Jugend noch keine Jugend ist, sondern erst nach Jugend strebt" (Wyneken 1914b, 37). Die von ihm gemeinte Jugend war der „Inbegriff

---

[6] Zu neueren Entwicklungen und Erscheinungsformen von Jugendkulturen (und -szenen) vgl. Ferchhoff (2005); Ferchhoff (2007); Hitzler u.a. (2005); Hitzler u.a. (2008).

einer gewissen inneren Unverbogenheit, eines Bedürfnisses nach Ehrlichkeit und Ritterlichkeit, Jugend, kurz gesagt, als eine besondere und unersetzbare Art menschlicher Schönheit" (Wyneken 1919, 12). Diese idealisierten Jugendlichen waren es, denen er eine Jugendkultur gewährte und die er mit der Aufgabe gesamtkultureller Erneuerung bedachte, während die „realen" Jugendlichen zu den ihnen zugedachten Pflichten keineswegs per se in der Lage waren.[7]

Gestützt wurde die Einschätzung einer besonderen Problematik der Jugend durch die seit 1882 veröffentlichte Reichskriminalstatistik.[8] Die absolute Zahl der dort verzeichneten jugendlichen Täter war, gemessen in absoluten Zahlen, „im Zeitraum von 1882 bis 1912 stetig gestiegen, insgesamt um 78,9 %. Nimmt man allerdings die Kriminalitätsziffer, das heißt das Verhältnis der Verurteilten zum entsprechenden Anteil der Bevölkerung, so ergibt sich ein differenziertes Bild. Die Kriminalitätsziffer stieg von 568 auf 745 in den zehn Jahren bis 1892, ging dann etwas zurück, um danach wieder anzusteigen auf den höchsten Wert vor dem Ersten Weltkrieg im Jahre 1906" (Roth 1991, 27f). Sensibilität bei der Interpretation mit Kriminalstatistiken wurde allerdings nicht immer gezeigt. Teilweise wurde explizit dazu aufgerufen, von ihnen Gebrauch im eigenen Sinne zu machen, da dies ansonsten von jeweiligen „Gegnern" (Rosin 1902, 22) getan werde. Kriminalstatistiken waren nützliche Hilfsmittel, um die eigene Haltung zu untermauern und um Gegenpositionen anzugreifen. Sie bildeten keine neutralen Medien zur Beschreibung der Realität, sondern sie waren – und sind (vgl. z.B. Albrecht/Lamnek 1979; Cremer-Schäfer 2010) – Elemente der kulturellen Konstruktion von Jugendbildern (vgl. Dollinger 2006a, 342ff). Wer die Statistiken benutzte, setzte Bilder von Jugend und Kriminalität voraus; eine deskriptive Repräsentation des auf Devianz bezogenen Teilbereichs jugendlichen Lebens war und ist mit ihnen nicht zu erreichen.

„Jugend" ist folglich eine Projektionsfläche derjenigen, die von ihr sprechen (vgl. Herrmann 1982, 19f; Schröder/Leonhardt 1998, 24ff). Sie schreiben dieser Formel Kodes, etwa kulturellen Fortschritts und/oder kultureller Entartung, ein,

---

[7] Auch Siegfried Bernfeld, zeitweilig Mitstreiter Wynekens, war von Forderungen einer Indienstnahme Jugendlicher nicht frei. Bernfeld gilt einerseits zu Recht als Klassiker der Jugendforschung, da er u.a. anregte, sich durch qualitative Analysen und multimethodische Erhebungen auf die Jugendlichen einzulassen und sie auch selbst zu Wort kommen zu lassen (vgl. Bernfeld 1994; s.a. Andresen 2005, 77ff). Er kritisierte die Jugendforschung seiner Zeit, da sie normativ geprägt sei und wesentliche Bereiche jugendlichen Lebens, etwa die Sexualität, ausspare. Andererseits jedoch verfolgte er im marxistischen Sinne Forderungen nach einem Klassenkampf, in den Jugendliche einmünden sollten (vgl. Niemeyer 2005, 200ff).

[8] Zur hier nicht näher auszuführenden Geschichte des Jugendstrafrechts bzw. des Erziehungsgedankens im Strafrecht vgl. Cornel (2010); Kreuzer (2008); Laubenthal/Baier (2006, 11ff); Oberwittler (2000); Roth (1991).

kreieren dadurch eine Jugend in ihrem Sinne und postulieren Interventionsforderungen, die eine spezifische, je nach Standpunkt unterschiedlich geartete
„Dienstbarmachung" (Trotha 1982, 258) mit sich bringen. Relativ unabhängig
davon, durch welche Semantiken sie im Einzelnen konzipiert wird, beschreibt
„Jugend" einen für verschiedenste Interpretationen offenen Status des Noch-
Nicht. Er wird selbst dann mit kulturell vermittelten Erwartungen und Normierungen gefüllt, wenn dies auf einen ersten Blick kaum sichtbar ist: Wenn Jugend
primär etwas *nicht* ist (erwachsen, verantwortungsbewusst, beruflich integriert,
ökonomisch selbständig o.a.m.), so macht diese Aussage nur Sinn, wenn von
antizipierten Normalzuständen ausgegangen wird. Sie fungieren als Normierungen, von denen aus auf „Jugend" geblickt wird, und zwar entweder sorgenvoll in
Richtung eines unterstellten Schutzbedürfnisses oder kritisch in Richtung eines
besonderen Kontrollbedarfs.

Die bis heute andauernden Idealisierungen und Krisenzuschreibungen an
Jugendliche zeigen eine gemeinsame Schnittstelle: Als Hoffnungsformel soll
„Jugend" Krisen der Gegenwart lösen, aber sie steht in unmittelbarer Gefahr, von
diesen affiziert zu werden, wenn sie nicht im für notwendig gehaltenen Maße
überwacht und beeinflusst wird. Umgekehrt wirken Problematisierungen einer
entratenen, kriminellen bzw. antisozialen Jugend plausibel, da Jugendliche noch
relativ offen für äußere Einflüsse sind und sie *an sich* die nötige Energie und das
Potential in sich zu tragen scheinen, kulturelle Erneuerung zu leisten. Wie oben
angedeutet, gehen Motive des Schutzes und der Kontrolle in diesen Projektionen
ineinander über. Selbst Kriminalisierungen von Jugendlichen können – wie im
Falle von Drogenkonsum – legitimiert werden, da sie (vermeintlich) dem Wohl
des Kriminalisierten dienten, der einer psychoaktiven Substanz mehr oder weniger ausgeliefert sei und deshalb des strafrechtlich verordneten Schutzes bedürfe.[9]
Eine Amalgamierung von Schutz und Kontrolle wird ebenfalls deutlich bei den
häufig mit „Jugend" assoziierten Gewaltdelikten, denn auch hier dient die ange-
mahnte Kontrolle dem Schutz (anderer) Jugendlicher und der Allgemeinheit.
Selbst gut gemeinte Hinweise, die vor einer Dramatisierung von Jugendgewalt
warnen, da Jugendliche häufig nicht nur Täter, sondern Opfer jugendlicher Ge-
waltanwendung seien, assoziieren Jugendlichkeit mit Normverletzungen und
Gewalt, so dass implizit zum Zwecke des Schutzes der einen zur Kontrolle der
anderen aufgerufen wird. Schließlich ließen sich „innerhalb der Gesamtheit der
Cliquen (…) deutlich solche mit abweichender Gruppenkultur von der Mehrheit
unproblematischer Cliquen unterscheiden" (Oswald 2008, 323). Einer „von früh
an geschädigten Minderheit" (Silbereisen 1999, 225) wird diesbezüglich attestiert, der „Mehrheit der Jugendlichen" kriminogene Modelle zu liefern, so dass

---

[9] Zu einer aktuellen Kritik vgl. Quensel (2009).

eine repressive Kontrolle mindestens der gefährlichen, „geschädigten" Minderheit unmittelbar nahe gelegt wird.[10]

„Jugend" war und ist demnach mit einem Kontrollproblem verbunden. Wird sie nicht ausreichend überwacht und wird nicht gegen frühe Tendenzen devianten Verhaltens eingeschritten, so könne eine „lebensalterstypische antisoziale Rücksichtslosigkeit der Jugend" (Böhnisch 1999, 190) zum Tragen kommen. Es drohe Kriminalität, verstanden als Gefährdung der eigenen Person oder anderer. Aufgrund einer ihr attribuierten Unkontrolliertheit scheint Jugend in ihrer „Eigenart", ihrem „Wesen", kontrollierende Aufmerksamkeit zu verlangen.

Es wird deutlich, dass sich wissenschaftliche Ausführungen zur Lebensphase „Jugend" nicht unabhängig von kulturellen Bedeutungszuschreibungen positionieren. Sie partizipieren auf unterschiedliche Weise an der kulturellen Hervorbringung von (wechselnden) Jugend-Verständnissen, wobei primär eine hohe Risikobehaftung jugendlicher Entwicklung dargestellt wird: Es wird auf hormonell bedingte Restrukturierungen körperlicher Prozesse; auf mit ihnen verbundene Entwicklungsaufgaben, die zu bewältigen sind und Jugendliche mit der Möglichkeit des Scheiterns an prädefinierten Erwartungen konfrontieren (vgl. Oerter/Dreher 2008); auf Bildungsprozesse und/oder Bewältigungskompetenzen, durch die individuelle Entfaltungsmöglichkeiten und soziale Erwartungen relationiert werden müssen (vgl. Böhnisch 2008; Sting/Sturzenhecker 2005); auf die modernisierungsbedingte Freisetzung Jugendlicher aus tradierten Bindungsformen mit der Konsequenz einer offenen, immer weniger antizipierbaren und möglicherweise kriminogenen biographischen Entwicklung (vgl. Fuchs 1983; Heitmeyer u.a. 1995; Hitzler/Honer 1994) u.a.m. verwiesen. Gemeinsamkeiten dieser sehr unterschiedlichen Jugendbegriffe (vgl. im Überblick Hurrelmann u.a. 2008; Krüger/Grunert 2002; Schröer u.a. 2002) zeigen sich in dem Bezug auf eine hohe Riskiertheit von Jugend. Das Misslingen, vorgegebenen Konformitätserwartungen gerecht zu werden, wird mitgedacht, wenn von „Jugend" die Rede ist. Eindrücklich wird dies im kriminologischen Kontext bei kontrolltheoretischen Annäherungen, denen zufolge Jugendkriminalität aus einer prinzipiellen Tendenz Jugendlicher resultiere, sich deviant zu verhalten. Damit wird weniger Kriminali-

---

[10] Die Kriminalität der persistenten „Problemjugendlichen" wird dabei anders erklärt, als die der nur vorübergehend devianten „Mehrheit". Die Erstgenannten scheinen per se zu Kriminalität und Antisozialität determiniert zu sein, die Zweitgenannten hingegen nicht, da sie durch Modellwirkungen gleichsam zu Kriminalität verführt würden. Entsprechend unterschiedlich müsste „persistente und jugendtypische Devianz" (Greve/Montada 2008) behandelt werden; sie scheint von differenten Arten von Jugendlichen gezeigt zu werden. Als zentrale Referenz derartiger Ausführungen fungiert eine Studie von Terry Moffitt (1993). Zu einer empirisch und theoretisch instruktiven Kritik vgl. Schumann (2010). Man kann Moffitts Ausführungen als eine ausschließungsfreundliche Pathologisierung sozial auffälliger Jugendlicher interpretieren, die ohne überzeugende empirische Basis auskommt.

tät als vielmehr Konformität erklärungsbedürftig, da Jugendlichkeit – wenn nicht geeignete informelle Kontrollen, tragfähige Bindungen und subjektive Verpflichtungen entgegen wirken – mit Delinquenz assoziiert wird (vgl. Kunz 2004, 163ff; Vold u.a. 2002, 177ff; Walter 2005, 58ff).

Diese pointierten Notizen zu jeweils ausdifferenzierten Auseinandersetzungen werden der Vielfalt der interdisziplinären Beschäftigung mit „Jugend" nicht voll gerecht. Allerdings wird sichtbar, dass in den Verweisen auf sie jeweils Unkontrolliertheiten, Risiken des Scheiterns an Normalitätserwartungen und Begründungen für erwartbare Normverletzungen thematisch werden. Sie werden je nach disziplinärer Perspektive auf besondere Art und Weise ausgeformt. Die kulturelle Konstruktion einer „kontrollbedürftigen" und „kriminogenen" Jugendphase wird dadurch gestützt. Für regelmäßig aufkommende Entrüstungen über jugendliche Kriminalität werden wissenschaftliche Deutungsmuster angeboten; Cremer-Schäfer (2010) spricht von der wiederkehrenden Hypostasierung einer „Jugendkriminalitätswelle", die kaum etwas über Jugendliche, aber deutlich mehr über die sich über sie Erregenden aussagt.

Die betreffenden Auslassungen über Jugendliche und ihre vermeintlich der Kontrolle entgleitenden Lebensstile reichen bis zur Identifizierung besonderer „Typen von ‚folk-devils', von den allgemeineren Etiketten der ‚jugendlichen Gewalttäter' über die ‚jugendlichen Intensiv- und Mehrfachtäter' (als besonders problematische Gruppe) bis hin zu den ‚ausländischen Jugendbanden' und ‚gewalttätigen Aussiedlercliquen' – allesamt so genannte ‚Modernisierungsverlierer'" (Stehr 2005, 277). Dass Jugendliche selbst dann, wenn sie mehrfach mit Kriminalität in Erscheinung treten, diese Phase meist ohne besondere externe Interventionen beenden (vgl. Heinz 2006, 85; Schumann 2003), wird auch im Rahmen wissenschaftlicher Analysen nicht immer bedacht. Zwar gehen einige, insbesondere neuere Theorien dezidiert der Einbindung von Kriminalität in den Lebenslauf nach (vgl. Stelly/Thomas 2005, 45ff); allerdings wird, wie oben beschrieben, teilweise eine biographisch frühzeitige Disponiertheit bzw. sogar Bestimmung zu normverletzendem Verhalten unterstellt. Es scheint eine lebenslang andauernde und möglicherweise biologisch bedingte Tendenz zu Auffälligkeit und Kriminalität zu geben.

Derartige Thesen werden der Komplexität und Dynamik jugendlicher Entwicklung nicht gerecht. Sie tendieren zur Essentialisierung von Kriminalität, durch die sie nicht nur die aktuelle empirische Befundlage, sondern grundlegender die Perspektivität jedes Blicks auf Jugendliche und Kriminalität ausblenden. Eine kulturtheoretische Annäherung setzt hier an und bringt, im Kontrast zu Essentialisierungen und zur Ausblendung komplexer Entwicklungsverläufe, die Kontingenz jeder Rede von Kriminalität zu Bewusstsein. Um dies zu begründen, ist nun zu klären, was mit „Kultur" gemeint ist.

1.3 Kultur

Beginnen wir mit Abgrenzungen. Es geht im Folgenden weder um einen wertenden noch um einen totalisierenden Kulturbegriff.[11] Beide gerieten in den vergangenen Jahren mit Recht in die Kritik (vgl. Casale 2009).

Erstens kann Jugendlichen, die als „kriminell" bezeichnet werden, Kultur nicht abgesprochen werden. Sie können weder als nicht-kulturell noch als kulturell in einem abwertenden Sinne identifiziert werden, denn dies verlangte nach der Perspektive einer überlegenen, „höheren" Kultur. Es würden axiomatische Wertungen vertreten. Wer Jugendlichen nicht zugesteht, kultur- und sinnorientiert zu handeln und ihnen eine Unkultiviertheit attestiert, normiert, was er unter einer „legitimen" Kultur versteht. Im Rahmen einer Beschäftigung mit Kriminalität würde die Differenzbehauptung, es existierten „Kriminelle" und „Nicht-Kriminelle", dadurch reproduziert und unterstützt. Eine kulturtheoretische Analyse von Jugendkriminalität muss unabhängig von dieser Unterscheidung operieren. Sie kann sie untersuchen und erforschen, aber um dies zu leisten, darf sie sie nicht einfach wiederholen. An die Stelle eines wertenden Kulturbegriffs muss ein analytischer, möglichst wertneutraler treten (vgl. zu dieser Unterscheidung Gebhardt 2006; Treptow 2001, 1115f), der sich die Frage stellt, wie Differenzbehauptungen „real" gemacht werden und wie mit ihnen gearbeitet wird. Es geht um die Erschließung der Prozesse, durch die eine Differenz identifiziert wird, wobei prinzipiell gilt, dass Differenzen in Geltung gesetzt werden, indem sie in diskursiven Zusammenhängen mit Wirklichkeitsgeltung versehen werden. Ihnen wird der Anschein des „Echten" und „Authentischen" verliehen, während sie im Rahmen kontingenter Relationen von Aussagen und Bezeichnungen prozessiert werden. Die Rede von „Kultur" ist folglich ein „Kontingenzmarker und Ent-Universalisierungsinstrument: Die Wissensordnungen werden als historisch und lokal spezifisch rekonstruiert" (Reckwitz 2008b, 18). Gegen die Annahme einer an sich gegebenen Ordnung (des Wissens, der Bedeutungen, der Praxisformen) tritt die Anerkennung des Werdens entsprechender Gewissheiten und Bewertungen.

---

[11] Definitionsversuche und Typisierungen von Kulturbegriffen stehen überaus zahlreich zur Verfügung. Die hier verfolgten Darstellungen sind unmittelbar auf eine Analyse von Jugendkriminalität bezogen; zur weitergehenden Auseinandersetzung mit dem Kulturbegriff seien empfohlen: Gebhardt (2006); Hofmann u.a. (2004); Hofmann u.a. (2006); Moebius (2009); Reckwitz (2008a); Rehberg (2007); Sewell (1999); Wirth (2008a); speziell zum „cultural turn" vgl. Bachmann-Medick (2007); Bonnell/Hunt (1999a); Musner u.a. (2001); Nash (2001); Reckwitz (2006a). Einschränkend zur These einer kulturwissenschaftlichen und -theoretischen Transformation der Sozialwissenschaften vgl. Marchart (2008, 17ff).

Zweitens ist ebenfalls von der Unterstellung einer eigenständigen „Jugendkultur" als distinkte, von anderen (Jugend-) Kulturen unterscheidbare Eigenwelt abzusehen. Dieser totalisierende Kulturbegriff würde auch in der Annahme zum Tragen kommen, Jugendkriminalität sei mit einem spezifischen Lebensstil verbunden, der sich von anderen Lebensstilen unterscheiden lässt. Kultur erschiene dadurch eindeutig gegeben und diagnostizierbar. Es wird von pluralen, in sich mehr oder weniger geschlossenen Kulturen ausgegangen, die sich als Subkulturen, eigenständige Jugendkulturen oder Lebensstile voneinander unterscheiden lassen. Diese Konzeptionen beinhalten einen „vorkonstruktivistischen Charakter", denn es „sind für die Totalitätskulturalisten nicht unterschiedliche Zeichen- und Symbolsysteme, verschiedene Sinnhorizonte oder Sprachspiele, zwischen denen Differenzen bestehen, sondern gesamte Lebensformen (…), die hier unterschieden werden und die scheinbar untrennbar an bestimmte Gemeinschaften gebunden sind. Aus dieser Sicht gibt es zwar radikal unterschiedliche Lebensformen (…), aber für das einzelne Kollektiv (oder gar das einzelne Individuum) sind diese keineswegs austauschbar oder kombinierbar, vielmehr erscheint eine bestimmte Lebensweise idealerweise nach innen homogen und nach außen geschlossen" (Reckwitz 2008a, 23). Diese Unterstellung einer in sich abgrenzbaren Kultur widerspricht der Kontingenz und Vielschichtigkeit kultureller Symbolisierungen und Bedeutungsprozessierungen. Dass diese eine Einheit ergäben, ist durch nichts gewährleistet. Beinhaltet „Kultur" einen Verweis auf „die symbolische Dimension der Dinge, Institutionen, Handlungen oder gesellschaftlichen Beziehungen" (Moebius 2009, 7), so stellt es eine Herausforderung für die Analyse dar, ihre Zusammenstellung zu einer homogen erscheinenden Ordnung zu erforschen. Eine Geschlossenheit vorauszusetzen, würde dem widersprechen, da die prinzipielle Fraglichkeit kultureller Sinnzuweisungen negiert würde. Man würde der Analyse eine geordnete Welt als Ausgangspunkt vorschreiben, wo erst zu untersuchen ist, wie Ordnungen tentativ stabilisiert werden. Schließlich sind es gerade die „Sprachzeichen und Bilder", die Welten schaffen und sie „verfügbar" (Rehberg 2008, 35) halten. Wer von Kultur spricht, so ließe sich dies mit einem auf die Kultursoziologie bezogenen Titel von Andreas Reckwitz (2008a) bezeichnen, behandelt folglich „unscharfe Grenzen".

Wertende und totalitätsorientierte Kulturbegriffe sind also zu problematisieren. Ein weiterer ist zu hinterfragen, der Kultur nur als Rand- und Nebenbereich anderer Dimensionen kennt. Kulturelle Symbolisierungen stehen nicht neben z.B. sozialen, ökonomischen oder politischen Aspekten des Lebens, sondern sie durchdringen dieses insgesamt und vermitteln erst die Möglichkeit, Wirklichkeit auf eine besondere Art und Weise zu erfahren. Von Kultur zu sprechen, zielt auf die basale Frage nach der symbolisch und sprachlich vermittelten Strukturierung von Optionen, Realität als solche zu identifizieren, indem sie mit Bedeutungen ausgestattet wird, die nicht per se gegeben sind. Eine kulturbezogene Perspektive wird so „zu einer *allgemeinen* Betrachtungsweise des Sozialen" (Moebius 2009, 8), zumal jeder Versuch, eine soziale Ordnung in einem So-Sein zu bestimmen, Bedeutungszuweisungen und Wissensjustierungen vornimmt, die ohne kulturelle Sinnjustierungen nicht verstanden werden können. Ein sozialwissenschaftlicher Kulturbegriff (vgl. im Einzelnen Reckwitz 2006a) macht auf die Abhängigkeit jeder Sinnzuweisung von kontingenten, dynamischen und in sich brüchigen Relationen aufmerksam, innerhalb derer Wirklichkeitserfahrungen ermöglicht werden.

Allerdings geht es nicht nur um Kontingenz. Indem Jugendkriminalität als Differenzbehauptung identifiziert wird, stehen einerseits Bedeutungszuweisungen, die jeweils auch anders möglich wären, am Ausgangspunkt der Betrachtung. Es geht andererseits jedoch nicht lediglich um ein postmodernes Spiel an Beliebigkeiten, sondern gerade die Rede von Kriminalität konfrontiert mit folgewirksamen und wirkmächtigen Sinn*bestimmungen,* mit hartnäckigen Versuchen, jeglichen Anschein von Kontingenz auszumerzen und ihn durch Naturalisierungen und Essentialisierungen zu ersetzen. Besonders gegenwärtig gewinnen mit Aussonderungskategorien operierende Diskurse an Relevanz, die z.B. „Unerziehbarkeit" als eine objektiv gegebene, deutungsunabhängige Größe festzuschreiben suchen (vgl. Oelkers u.a. 2008). Die massenmediale, kriminalistische und kriminalpolitische Rede von „Intensiv-" und „Mehrfachtätern" sowie biologistische, entwicklungspsychologische und z.T. sozialwissenschaftliche Unterstellungen einer persistent kriminellen „Persönlichkeit" fixieren als „kriminell" bezeichnete Personen als „Andere", „Fremde". Es scheint überflüssig, sie verstehen zu wollen. Und umso unnützer wirkt es, auf die Perspektivität der Wahrnehmung (und Praxis) aufmerksam zu machen, wenn Menschen auf diese Weise ausgegrenzt werden.

Eine kulturtheoretische Annäherung ist gegen derartige Bedeutungsfixierungen gerichtet, da sie Kontingenzen und alternative Optionen der Wirklichkeitskonstitution akzentuiert. „Kriminalität" ist eine mögliche Bezeichnung für vielfältige Ereignisse des sozialen Lebens. Erkenntnisreich ist diesbezüglich weniger die Frage, ob die Bezeichnung wahr oder falsch ist, sondern die Analyse der mit ihr verbundenen Klassifikationen und Wertungen. Unnötig erscheint diese nur, wenn eine „natürliche", „objektive" Kriminalitätswirklichkeit simuliert wird, deren Konstitutionsbedingungen unklar bleiben. Wo ein hegemonialisiertes Verständnis von Kriminalität den Anschein unterdrückt, Kriminalisierung könnte inkonsistent sein und sich mehr oder weniger beliebigen Diskriminierungen einzelner Ereignisse und Handlungsformen verdanken, muss dieses Bewusstsein geschärft werden. Dies gelingt nur, wenn die Herstellung einer Kriminalitätswirklichkeit als hegemoniales Projekt ernst genommen wird, so dass Kontingenzen *und* hegemonialisierte Kriminalitätsbedeutungen ernst zu nehmen sind. Indem im Folgenden ein kulturtheoretisch informierter Zugang zu Jugendkriminalität gesucht wird, geht es demnach im Ausgang von Differenzbehauptungen um ein Wechselspiel von Veränderung und Stabilisierung, von brüchigen Symbolisierungen und Hegemonialisierungen spezifischer Vorstellungen von Kriminalität. Dabei sollte, wo eine Selbstverständlichkeit der Kriminalitätswirklichkeit gedacht wird, sie in ihren Grundlagen hinterfragt werden. Denn Hegemonie bedeutet nicht eine per se fest gefügte Ordnung; sie verweist auf eine „systematische Selbstdestabilisierung kultureller Gebilde" (Reckwitz 2008b, 69; bezogen auf Laclau), die permanent von Versuchen einer Re-Stabilisierung begleitet ist. Es zeigt sich ein Ringen darum, partikulare Sichtweisen auf Kriminalität als einzig mögliche auszuzeichnen, alternative Sichtweisen auszuschließen und deren stetiges Wiederauftreten zu unterdrücken. Und dies ist zu analysieren. In diesem Sinne wird hier von „Kultur" gesprochen. Es wird eine Position der „Kulturreflexion" (Baecker u.a. 2008) eingenommen, die – selbst Teil einer kulturabhängigen Rede von Kriminalität – symbolisierte Differenzziehungen betrachtet und untersucht, wie sie zu Vorherrschaften organisiert werden. Dies gilt es im Weiteren zu konkretisieren, wobei in Kapitel drei die kulturtheoretische Referenz näher bestimmt wird.

1.4 Zwischenresümee

Der Begriff „Jugendkriminalität" ist nicht so eindeutig, wie er einem ersten Eindruck nach zu sein scheint. Jugendliche, so suggeriert er, sind kriminell, und die entsprechende begriffliche Fixierung bringt dies auf den Punkt. Jugendkriminalität wird so zur essentialistischen Kategorie. Dass weder „Jugend" noch „Kriminalität" einfach gegeben sind, wird leicht vergessen, womit entscheidende Ansatzpunkte für eine Weiterentwicklung von Optionen der Kriminalitätsforschung entfallen. Aktuell stehen zwar zahlreiche empirische Studien und theoretische Ausführungen zu Jugendkriminalität zur Verfügung. Aber für sie gilt, was Lautmann (2005) für die (sozialwissenschaftliche) Erforschung von Kriminalität insgesamt formuliert: Die Forschung wirkt zuweilen wie das Kaninchen vor der Schlange. Eine befriedigende Erklärung, Prognostik und Praxistauglichkeit bezüglich Kriminalität und ihrer Bearbeitung haben die Sozialwissenschaften bisher nicht geleistet. Gründe, auf die Lautmann hinweist, sind u.a. eine Fokussierung auf scheinbar eindeutige Kausalitäten und ein „Verwendungsdrang" (ebd., 258). Insofern diese eine Weiterentwicklung der Kriminalitätsforschung behindern, kann es angezeigt sein, das eingefahrene Programm zu modifizieren. Als Gegenmaßnahmen empfiehlt er im Rekurs auf sozialwissenschaftliche Traditionen, Kriminalität als ein bedeutungshaltiges soziales Ereignis zu konzipieren. Sie sei im Rahmen von Interaktionen zu verorten und könne nicht ätiologisch erklärt werden, da sie „serendipitär" (ebd., 262) sei, d.h. ihr komme ein Moment der Überraschung und des Unerwarteten zu, das es zumindest für den Einzelfall unmöglich mache, sie zu prognostizieren. Und, besonders wichtig für unseren Zusammenhang, sie sei nicht primär ein instrumentelles Verhalten, sondern ein expressiver Akt. Dieser folge einem Sinnbezug, der mit der Subjektivität und Emotionalität des Einzelnen verbunden sei und nicht ätiologisch abgeleitet werden könne. Zwar verfolgten Verbrechen „auch Zwecke" (ebd., 266), dies aber nur z.t., und es gehen entscheidende Dimensionen von Kriminalität verloren, wenn ihre symbolischen und expressiven Qualitäten ausgeblendet werden.

Dies muss in hohem Maße für Jugendliche gelten, deren Delinquenz kaum als unmittelbar zweckbezogen angesehen wird. Jugendkriminalität ist meist mit geringen Schadenshöhen verbunden, sie ist ein passageres Phänomen, sie tritt ubiquitär auf, d.h. beinahe alle Jugendlichen übertreten einmal oder öfter strafrechtliche Tatbestände, und nur vergleichsweise wenige Jugendliche geraten mehrfach in das strafrechtliche Hellfeld (vgl. etwa Boers/Reinecke 2007; Dölling 2007; Heinz 2006; Kirton 2005; Kreuzer 1993; Schumann 2003). Zudem sind zwei Aspekte in Rechnung zu stellen: Delinquenz ist oftmals gruppenbezogen (vgl. z.B. Othold 2003) und sie wird „häufig in der Öffentlichkeit und ohne Verschleierung begangen (…) – etwa Demolierungen von Telefonzellen, Graffiti-Malereien oder körperliche Auseinandersetzungen" (Walter 2005, 34). Nimmt man diese Hinweise zusammen, insbesondere die letzten beiden, so zeigt sich, dass Kriminalität als „Expression" (Lautmann 2005, 265) besonders bei Jugendlichen ernst zu nehmen ist. Sie trifft Aussagen über Akteure und ihr (vermeintliches) „Wesen", wobei weniger eine kriminelle Handlung oder gar Persönlichkeit als solche von Interesse ist, sondern eine *Bedeutung,* die ihr diskursiv attestiert wird. Was Kriminalität „ist", ergibt sich aus Diskurszusammenhängen, in denen der Begriff mit bestimmten Bedeutungen aufgeladen wird. Und diese Sinnrelationen weisen über eine einzelne Handlung hinaus, da beansprucht wird, mit Hilfe dieses Terminus Subjektzustände und Entwicklungen des Einzelnen bestimmen zu können.

Man kann Jugendkriminalität deshalb auf einer symbolischen Ebene betrachten: Der Begriff zieht eine diskursiv gesetzte Grenze der Il-/Legalität, die dem Akteur ebenso einen „Distinktionsgewinn" (Koenen 1999, 246) ermöglichen, wie auch formelle Stigmatisierung einbringen kann. Entscheidend ist dabei vorrangig nicht die objektive Qualität einer Handlung, sondern die Zuweisung von Sinnmöglichkeiten. Sie wird als artikulatorische Praxis eingesetzt, und dies kann man rekonstruieren. Der hier vorgeschlagene Weg einer Re-Orientierung der Erforschung von Jugendkriminalität weist in diese Richtung. Es geht dabei um grundlagentheoretische Arbeit. Man muss sich auf basaler, epistemologischer Ebene neu vergewissern, was Jugendkriminalität „ist", wie sie als Kategorisierung zustande kommt und was es *bedeutet*, von ihr zu sprechen, denn „Jugendkriminalität" wird *faktisch* als Sinnbezug artikuliert und es wird permanent versucht, sie in einem spezifischen Sinngehalt zu fixieren; dies muss als Forschungsfrage in das Zentrum der Aufmerksamkeit rücken. Wenn Kriminalität keinen prädiskursiven Sinn aufweist, sondern ihr Sinn eingeschrieben wird, müssen die Prozesse der Sinnkonstitution, der Hegemonialisierung spezifischer Bedeutungen und ebenso ihre Veränderungen und Brüchigkeiten thematisiert werden. Dies verlangt nach einem kulturtheoretischen Zugang, da das Bewusstsein um die Dynamik und Offenheit kultureller Erscheinungen zur Reflexion zwingt und nach dem Umgang mit Kontingenz fragen lässt: Die „Beobachtung der Kultur", so Baecker (2008, 140), geht von einem Differenzbewusstsein aus, das sich „als Einwand gegen sich selbst (artikuliert; B.D.), motiviert aus der Reflexion auf ihre eigene Kontingenz."

Dies gilt freilich nicht für alle Kulturbegriffe, aber in hohem Maße für Positionen, die unter dem Rubrum des „Poststrukturalismus" firmieren. Als kulturwissenschaftliche Projekte verweisen die – ihrerseits sehr heterogen ausgerichteten (vgl. Moebius 2003; Moebius/Reckwitz 2008; Münker/Roesler 2000; Stäheli 2000) – poststrukturalistischen Analysen darauf, dass die „kulturellen Codes in der Moderne selbst durchaus nicht fix sind, sondern (…) zu bestimmten Zeitpunkten und an bestimmten Orten in besonderem Maße sich als grundsätzlich instabil, als unkontrollierbar herausstellen. Sie sind Gegenstand von Kulturkonflikten, sie sind heterogen oder hybride zusammengesetzt, sie sind von Brüchen durchzogen, die Transformationen bewirken, sie sind mehrdeutig und damit offen für Subversionen und ungeplante Umdeutungen" (Reckwitz 2008a, 295). Diese Richtung der Analyse ist, wie zu zeigen sein wird, gerade vor dem Hintergrund der derzeit wirkmächtigen Strategien einer Essentialisierung und Naturalisierung von Delinquenz geeignet, einen veränderten und konstruktiven Blick auf sie zu werfen. Mit ihm wird an ältere, gegen-essentialistische Kriminalitätstheorien angeschlossen, die sinnvoll weiterentwickelt werden können.

2 Vom „Wesen" der Kriminalität

> *„Es gibt nicht die eine Idee und das eine Ideal, das Konsens verbürgen*
> *könnte; es gibt nicht die Wahrheit einer von uns allen geteilten Wirklich-*
> *keitswahrnehmung und einer von allen anerkannten Theorie, es gibt nicht*
> *das richtige Mittel zu einer humanen Praxis, es gibt keinen Konsens über*
> *das richtige Leben, Wissen und Handeln"* *(Sandkühler 2009, 224).*

2.1 Kriminalität als Objekt

Die Frage, was Kriminalität „ist", beinhaltet einem ersten Eindruck nach kein
besonderes Problem. Es existieren juristische und kriminologische Bestimmungen, die dies regeln. Allgemein beschreibt Kaiser (1993a, 238) Kriminalität als
„die Summe der strafrechtlich mißbilligten Handlungen." Zudem ist in der Öffentlichkeit bekannt, dass Kriminalität existiert. Beides spricht dafür, dass es
nicht besonders schwierig sein kann, sich über das „Wesen" von Kriminalität zu
verständigen. Dem ist aber nicht so. Dissens bezieht sich nicht nur auf Detailfra-
gen, sondern auf grundlegende epistemologische Aspekte. Es konfligieren unterschiedliche „Realitäten" von Kriminalität, die nicht auf einen Nenner gebracht
werden können. Ob sie als Tatsache existiert, und wenn ja, in welcher Form,
oder ob sie etwas ganz anderes ist, ist umstritten. Betrachten wir also einige
charakteristische Arten kriminalitätsbezogener Wirklichkeitsbehauptungen. Die
hier, in Kapitel 2.1, behandelten Positionen sind sich darin einig, dass Kriminalität als eine gegebene Objektivität betrachtet und behandelt werden kann. Die in
den beiden folgenden Abschnitten thematisierten Annäherungen bezweifeln dies.
Sehen wir also zunächst auf die erste Haltung, an der sich die anderen Positionen
abmühen.

a) Juristische Realitäten

Aus juristischer Sicht verweist Kriminalität auf Verhalten, das insbesondere im
Strafgesetzbuch kodifizierte Rechtsgüter verletzt. Ein Verhalten wird auf eine
zur Selbstbestimmung fähige Person rückgerechnet, als deren Entschluss (oder
Unterlassung) gewertet und in Beziehung zur schuldhaften Verletzung eines

Rechtsgutes gesetzt. Die Konstruktion von Rechtsgütern übernimmt prinzipiell die Funktion, die im Strafgesetzbuch verzeichneten Tatbestände zu ordnen und die auf sie bezogenen Verfahrensweisen zu regulieren bzw. zu reglementieren (vgl. Hassemer 2009, 147). Als Rechtsgüter gelten dabei „die vom Recht zu gewährleistenden Bedingungen für eine gleichberechtigte Persönlichkeitsentfaltung der Menschen" (Frister 2008, 31). Sie konkret zu bestimmen, ist nicht unproblematisch; sie sind häufig umstritten und es bedarf der Auseinandersetzung, welches Rechtsgut als solches anzusehen ist und des Schutzes durch die Sanktionswirkung einer Strafe „bedarf".[12]

Wird eine Strafe ausgesprochen, so wird ein Verhalten als Verletzung eines Rechtsgutes identifiziert, wozu eine *Verantwortlichkeit* nachgewiesen werden muss. Sie „ist der zentrale Ansatz des Jugendstrafrechts, aus dem sich Zwecke und Instrumente erst entwickeln und rechtfertigen" (Hassemer 2009, 265). Der Gesetzgeber bestimmt diese Grundlage in § 3 JGG folgendermaßen: „Ein Jugendlicher ist strafrechtlich verantwortlich, wenn er zur Zeit der Tat nach seiner sittlichen und geistigen Entwicklung reif genug ist, das Unrecht der Tat einzusehen und nach dieser Einsicht zu handeln." Bei Jugendlichen sei Verantwortlichkeit nicht insgesamt gegeben, sondern man geht von einer sich erst sukzessive entwickelnden, verminderten – und daher Erziehung verlangenden – Verantwortlichkeit für das eigene Handeln aus. Für die Beurteilung der im Einzelfall oder insgesamt für bestimmte Altersphasen vorliegenden Möglichkeiten selbstverantwortlichen und damit schuldhaften Handelns ist empirisches Wissen einzufordern. Gleichwohl kommen hier Vorstellungen und Bilder über Jugendliche zum Tragen, wie sie im vorausgehenden Kapitel besprochen wurden. „Jugend" ist eine kulturelle Erfindung, und der strafrechtliche und kriminalitätswissenschaftliche Umgang mit Jugendlichen ist nachhaltig durch diese Bilder beeinflusst. Hassemer (ebd., 210) spricht in diesem Rahmen bezüglich der zwischen Ereignis und handelndem Subjekt hergestellten Verbindung in allgemeinem Sinne treffend von einer „Zurechnungskultur". Wer auf welche Art und Weise für etwas verantwortlich gemacht wird, ist abhängig von kulturellen Voraussetzungen. Es liegt nicht in einer Natur der Sache, dass Menschen für negativ bewertete Ereignisse Schuld zuerkannt, dies als „Kriminalität" bezeichnet wird und die Betreffenden negativ sanktioniert werden (s. Kap. 4.1). Dennoch ist anzuerkennen, dass entsprechende Interpretationen angestellt werden und Jugendlichen regelhaft eine nicht voll ausgeprägte Verantwortlichkeit und Strafmündigkeit unterstellt wird (vgl. im Einzelnen Laubenthal/Baier 2006, 29ff).

Dabei stellt sich auch bei Jugendlichen das prinzipielle Problem der *Subsumtion*. Mit Hilfe von Interpretationen wird ein konkretes Verhalten auf einen

---

[12] Zu prinzipiellen Erwägungen und neueren (Fehl-) Entwicklungen vgl. Neubacher (2006).

zwingend abstrakt formulierten, strafrechtlichen Tatbestand bezogen: Aus der Konkretion eines Verhaltens und der hohen Abstraktion eines Strafgesetzes resultiert die „Subsumtionsfrage" (vgl. Frister 2008, 74ff). Ein Diebstahl etwa liegt nach § 242 StGB vor, wenn jemand „eine fremde bewegliche Sache einem anderen in der Absicht wegnimmt, die Sache sich oder einem Dritten rechtswidrig zuzueignen". Betrachten wir das Beispiel kurz, um zu sehen, was den Diebstahl als solchen qualifiziert. Persönliches Eigentum wird als schützenswertes Rechtsgut definiert. Dabei wird von einer „Sache" ausgegangen, die als Erkenntnisobjekt gegeben ist. Relevant wird sie durch ihre Eigenschaft, „beweglich" zu sein, da dies zu der Möglichkeit führt, dass sie – als „fremde" Sache – weggenommen werden kann. Unterstellt wird folglich ein Zustand der Ordnung und der geklärten Besitzverhältnisse, den eine Handlung durcheinander bringt: Die Sache wird weggenommen. Das Wegnehmen als solches ist allerdings relativ unerheblich, da Sachen permanent von einem Ort entfernt und wieder an einen anderen (oder ihren alten Platz) zurückgestellt werden. Es muss als spezifische Differenz gegenüber Nicht-Diebstählen hinzukommen, dass etwas vorliegt, was im Unterschied zu einem Ereignis auf der Verhaltensebene nicht direkt beobachtet werden kann: eine *Absicht*. Ein Täter bzw. ein Dieb, so ist zu folgern, ist eine willentlich handelnde Person, die ohne besondere Not und Rechtfertigungsgründe bestehende Besitzverhältnisse durcheinander bringt. Sie handelt absichtlich widerrechtlich, ansonsten läge kein Diebstahl im juristischen Sinne vor.

Brechen wir die kurze Betrachtung an dieser Stelle ab.[13] Es genügt festzuhalten, womit die strafrechtliche Subsumtionsarbeit konfrontiert ist: Es gibt beinahe unendlich viele Handlungen, die für sie relevant sein können, und so muss sie herausfinden, welche zu Recht als „strafwürdig" zu klassifizieren sind. Menschen entfernen z.B. andauernd etwas von einem Platz und stellen es an einen anderen; „Sachen" werden unablässig bewegt. Es muss eine differentia specifica geben, einen besonderen Indikator, der einer Handlung ein kriminelles Wesen zuschreibt, so dass aus einer Wegnahme ein Diebstahl werden kann. Folgt man dieser Sicht, so besitzt Kriminalität zwei Seiten:

Erstens eine objektive: Es gibt eine „wirkliche" Qualität einer Handlung, die beobachtbar bzw. identifizierbar ist, im Falle von Diebstahl etwa die Wegnahme einer Sache. In Auseinandersetzung mit Etikettierungsansätzen (s. Kap. 2.2) legt Opp (1972, 34) in diesem Sinne Wert auf „die realen Ereignisse, die durch einen sprachlichen Ausdruck bezeichnet werden"; er spricht von „Designata". Als essentieller Kern von kriminellem Verhalten geben sie Aufschluss darüber, dass

---

[13] Die juristische Betrachtung muss hier nicht vertieft werden (vgl. hierzu Freund 2009; Frister 2008; Roxin 2006; speziell zum Jugendstrafrecht Laubenthal/Baier 2006; allgemein zudem Hassemer 2009).

ein solches überhaupt vorliegt. Ist es strittig, ob Kriminalität gegeben ist oder nicht, so kann das Designatum wichtige Hinweise liefern, denn ohne eine weggenommene Sache könnte es keinen Diebstahl geben, ohne die Inkorporierung einer Substanz, die in den Anlagen des Betäubungsmittelgesetzes (BtMG) aufgeführt ist, keinen illegalen Drogenkonsum, ohne Leiche keinen Mord usw. Ob diese Sachverhalte vorliegen oder nicht, kann beobachtet werden, und ihre Eigenart kann Hinweise zu Tätern geben. Kriminalität scheint folglich „objektiv" zu existieren.

Zweitens muss zu Designata etwas hinzutreten, denn alleine sind sie nicht aussagekräftig. Eine „unsichtbare" Qualität wie die Absicht der widerrechtlichen Aneignung einer beweglichen Sache, die Konsummotivation oder die Tötung „aus niedrigen Beweggründen" (§ 211 Abs. 2 StGB) gibt der sichtbaren Wirklichkeit erst einen bestimmen, eben „kriminellen" Sinn. Zur objektiven Bezugnahme muss ein subjektiver Tatbestand hinzutreten (vgl. Frister 2008, 86ff). Erst durch die Re-/Konstruktion dieses subjektiven Aspekts wird die Handlung subsumierbar und als Verletzung eines Rechtsgutes bewertet, so dass ihre Bezeichnung als „kriminell" resultiert. Offenkundig liegen hier besondere Streitpunkte, denn Absichten und andere subjektive Belange sind nicht direkt zugänglich und müssen über Umwege erschlossen werden. Bei der Strafverfolgung können sich mehr oder weniger versteckte Interessen und Zuschreibungsneigungen auswirken, durch die Kriminalität vor allem bestimmten Personen zugerechnet wird (anderen hingegen nicht).

Zurechnungskulturen und besondere Interessenslagen kommen allerdings nicht nur beim direkten Umgang mit (potentiellen) Delinquenten in Betracht, sondern sie sind grundlegend in Rechnung zu stellen. Sie kommen insbesondere bereits bei der Definition von Rechtsgütern zum Tragen. Strengt man historische und interkulturelle Vergleiche an, so wird deutlich, dass Designata höchst unterschiedlich interpretiert werden können. Eingängig wies Karl Marx darauf hin, dass Handlungen, die traditionell von bestimmten Kreisen gezeigt werden, etwa das Sammeln von Fallholz, bei entsprechenden Interessenskonstellationen zu einem „Diebstahl" umdefiniert und strafrechtlich verankert werden können, um (Eigentums-) Monopole und Vorrechte abzusichern (vgl. Blankenburg 1974). Schon mit der Benennung beginne, so Blankenburg (ebd., 314) in Bezug auf Marx, die Kriminalisierung, da mit ihr das Sammeln von Holz zum „Diebstahl" mutiert. Derartige Kriminalisierungsprozesse können, worauf Thompson (1985) näher hinwies, instrumentalisiert werden, um Macht- und Herrschaftsverhältnisse zu stabilisieren.

Dies sei hier nicht in Richtung einer Diskussion marxistischer Theorien weitergeführt, sondern es wird in den betreffenden Ausführungen mit Recht auf die Tatsache aufmerksam gemacht, dass Strafgesetze kulturabhängig sind und Kriminalität nicht verstanden werden kann ohne – in welcher theoretischen Form auch immer – Mechanismen der Ausübung von Herrschaft zu berücksichtigen. Der *„Widerspruch zwischen Herrschenden und Beherrschten"* fungierte als zentraler Motor für die „ursprüngliche Erfindung der Kategorie Kriminalität" (Hess/Scheerer 2004, 72). Bis heute verweisen Kriminalpolitik, Kriminalität und deren institutionalisierte Bearbeitung auf Ungleichverteilungen von Macht (vgl. z.B. Cremer-Schäfer 2002; Hitzler/Peters 1998; Narr 2004). Die grundlegenden Prozesse sind allerdings nicht im marxistischen Sinne durch ökonomische Logiken bestimmt, sondern sie folgen komplexeren Mustern, in die verschiedenartige institutionelle Strukturen und Interessenskonstellationen eingehen (vgl., am Beispiel der Kriminalpolitik, Kaiser 1993b; Lange 2008; Putzke 2006; Schöch 2007; s. Kap. 4). Somit ist es wenig verwunderlich, dass Strafgesetze sehr variabel sind. Geht man – was im Folgenden nicht getan wird – davon aus, dass es Designata gibt, also objektiv und prädiskursiv bestimmbare Erkenntnisgegenstände oder Verhaltensweisen, so ist durch vergleichende Studien festzustellen, dass sie „in unterschiedlichen normativen Ordnungen verschieden beurteilt werden", und dies „zeigt eine *kulturspezifische Relativität* (um nicht zu sagen: Beliebigkeit) *der Normsetzung und der inhaltlichen Ausgestaltung der Normen"* (Lamnek 2007, 34). Die Wegnahme einer fremden Sache kann beispielsweise höchst unterschiedlich beurteilt werden; dies gilt auch für den Konsum bestimmter Substanzen, die Tötung anderer Menschen usw. Ohne Bezug auf wertende Regulierungen kann Kriminalität nicht wahrgenommen werden.

Auch von Seiten der juristischen Kriminologie wird betont, dass eine „Relativität dessen (vorherrsche; B.D.), was als Verbrechen normiert wird" (Göppinger/Bock 2008, 4). Wolle man Kriminalität bestimmen, müsse folglich auf „normative Wertungen" (ebd., 3) Bezug genommen werden, wobei jedoch daran festgehalten wird, es sei „von einem gewissermaßen zeitlosen Kern des Verbrechens, der so genannten klassischen Kriminalität" (ebd., 4), auszugehen. Worin dieser allerdings bestehen könnte, bleibt fraglich.

Wie komplex und variabel die Bestimmung von Kriminalität auch immer sein mag: Gemäß der juristischen Perspektive ist von in einer Kultur oder Gesellschaft gegebenen normativen Regelungen auszugehen. Von ihnen aus wird auf objektive (Handlungs-) Qualitäten geblickt – „objektiv" in dem Sinne, dass Designata und subjektive Zurechungen eine zweifelsfrei identifizierbare Einheit bilden.[14] Durch Subsumtion könne deshalb eine Handlung durch einen strafrechtlichen Tatbestand bezeichnet werden. Zwar wird anerkannt, dass die normativen Regelungen zumindest in größerem Ausmaß variieren und Kriminalität im historischen und interkulturellen Vergleich jeweils anders definiert wird. Aber – und hier sind sich die juristische Perspektive und herrschaftskritische Positionen meist einig – es kann unter Bezug auf gegebene normative Kodes *richtig* klassifiziert werden. Es besteht ein direktes Korrespondenzverhältnis zwischen einer spezifischen (objektiven und subjektiven) Handlungsqualität und einer gegebenen strafrechtlichen Normierung. Sie fügen sich ineinander; Handlung und Norm „passen" gleichsam zusammen. Dies kann unterstellt werden, wenn die Abstraktheit der Tatbestände nicht als eigenständige Qualität gelesen wird, die von konkreten Handlungen prinzipiell unterschiedlich ist, sondern wenn ein strafrechtlicher Kode als legitimer Oberbegriff, als genus proximum, gedeutet wird. So kann der juristische Terminus „Diebstahl" als Bezeichnung angesehen werden, die geeignet ist, eine spezifische Klasse von lebensweltlich verhafteten Handlungen begrifflich in ihrer Wesenhaftigkeit zu identifizieren. Er *repräsentiert*, was im Alltag vorgefallen ist. Ein möglicher Unterschied zwischen der strafrechtlichen Bezeichnung und der individuellen Handlungslogik wird damit negiert bzw. gar nicht erst sichtbar, da eine immanente Entsprechung vorausgesetzt wird. Ein urteilender Richter stellt sie nicht *her,* sondern er stellt sie *fest.*[15] Es ist seine Aufgabe bzw. die der strafverfolgenden Instanzen, die „echte" Qualität von Handlungen zu dechiffrieren und die „richtige" strafrechtliche Subsumtion vorzunehmen (vgl. hierzu Sandkühler 2009, 130ff).

---

[14] Weswegen der strafrechtliche Lehrsatz „nullum crimen sine lege" nicht konstruktivistisch missverstanden werden kann; er verweist lediglich auf die Normierung als „Voraussetzung der Strafbarkeit" (Müller-Tuckfeld 1997, 461).

[15] Zum Vergleich: Wie unten näher ausgeführt wird, wird auch in den meisten Kriminalitätstheorien eine einfache Repräsentationsmöglichkeit unterstellt. Dies gilt insbesondere, wenn ein Täter – wie in den vorherrschenden Kriminalitätstheorien (vgl. im Überblick Eifler 2002; Göppinger/Bock 2008, 119ff; Hayward/Morrison 2005; Lamnek 2007; 2008; Lilly u.a. 2007; Luedtke 2008; McLaughlin u.a. 2004; Vold u.a. 2002) – als durch soziale, biologische und/oder psychische Faktoren getriebenes Wesen vorgestellt wird. Der „Sinn" von Kriminalität kann demzufolge objektiv bestimmt werden, er liegt in entsprechenden Handlungen und kann bewusst gemacht werden. Wissenschaft und Strafrecht scheinen sich hierbei weitgehend einig zu sein; beide sorgen sich um Handlungen, die objektiv gegebene Normen verletzen. Etwas anders gelagert ist die in Kapitel fünf vorgestellte Sicht, derzufolge mitunter Handlungen gezeigt werden, nicht obwohl, sondern *weil* sie strafrechtliche Normen verletzen, um beispielsweise eine individuelle Stilisierung zu erreichen. Dadurch wird nur annäherungsweise ein Korrespondenzverhältnis unterstellt. Eine Normierung und eine gegen sie verstoßende Handlung sind zwar aufeinander bezogen; aber Subjekte deuten strafrechtliche Bestimmungen sehr unterschiedlich und diese Bestimmungen sind nicht in sich konsistent, sie bezeugen kein genus proximum.

b) Statistiken

Die betreffenden Subsumtionen können als „Fälle" statistisch aggregiert werden. Als Statistiken zu Ermittlungsverfahren (Polizeiliche Kriminalstatistik, Staatsanwaltschaftsstatistik), zu Hauptverfahren (Justizgeschäftsstatistik in Strafsachen, Strafverfolgungsstatistik) und zu Strafvollstreckung und -vollzug (Bewährungshilfestatistik, Strafvollzugsstatistik) (vgl. Heinz 2003, 12) spiegeln sie Bilder der Kriminalität wider, die von den betreffenden Instanzen entdeckt, bekannt gemacht, verarbeitet und/oder sanktioniert wurde. Es resultiert der Anschein eines selektiv wirkenden „Trichters": An seinem Anfang steht eine relativ große Anzahl krimineller Handlungen, die von der Polizei – inklusive „Tatverdächtigter" – sichtbar gemacht wurde, und an seinem Ende findet sich eine deutlich kleinere Zahl an verurteilten Personen. Im Jahr 2006 wurden nach Aussage des Statistischen Bundesamtes (2008, 6) im früheren Bundesgebiet inkl. Berlin etwa 5.255.000 Fälle polizeilich registriert. In den Stufen der Strafverfolgung wird diese Menge jeweils kleiner. Bereits die Zahl der ermittelten Tatverdächtigen lag „nur" bei 1.881.000. Und zu einer unbedingten Freiheitsstrafe nach Erwachsenen- oder Jugendstrafrecht (ohne Bewährung) wurden 2006 etwa 41.000 Personen verurteilt.

Zu beachten ist, dass die Zahlen nicht direkt vergleichbar sind. Die Tätigkeit von Instanzen der Strafverfolgung und -justiz weist jeweils eine unterschiedliche Dauer auf und die Statistiken werden nicht auf gleiche Art und Weise geführt. Eingeschränkte Aussagekraft besitzen im Vergleich etwa die Staatsanwaltschaftsstatistik und die Justizgeschäftsstatistik in Strafsachen, die nicht nach einzelnen Tätergruppen oder nach Delikten differenzieren (vgl. Schwind 2007, 21). Eine weitere Einschränkung der Möglichkeit, die Befunde der Statistiken miteinander in Beziehung zu setzen, folgt aus den unterschiedlichen Arbeitsweisen der Instanzen. So handelt es sich bei der in den Massenmedien häufig dargestellten Polizeilichen Kriminalstatik (PKS) seit 1971 um eine „Ausgangsstatistik", die im Wesentlichen den Umfang polizeilicher Arbeit wiedergibt. Diese Arbeit erfolgt entweder „proaktiv", also initiiert durch polizeiliche Ermittlungstätigkeit, oder „reaktiv", als Antwort auf Anzeigen aus der Bevölkerung. Gemäß dem in Deutschland herrschenden „Legalitätsprinzip" müssen Polizisten – zumindest per Gesetz, das faktische Verhalten ist tendenziell anders gelagert (ebd., 22) – ihnen bekannt werdende Rechtsverstöße verfolgen und ermittelte „Fälle" an Staatsanwaltschaft oder Gericht weitergeben. Es kommt der Polizei nicht das Recht zu, nach eigenem Ermessen einzelnen Delikten, selbst wenn ihnen z.B. augenscheinlich keine große Relevanz zukommt („Bagatellkriminalität"), von sich aus nicht nachzugehen. Delikte müssen verfolgt und Tatverdächtige ausfindig gemacht werden. Anders z.B. die Staatsanwaltschaft, die nach dem „Opportunitätsprinzip" handeln kann, d.h. sie kann erwägen, ob gegen Tatverdächtige ein Verfahren eingeleitet werden soll oder ob davon abzusehen ist. Allerdings handelt ein Staatsanwalt hierbei nicht eigenmächtig, sondern er ist weisungsgebunden, d.h. Vorgesetzte können seine Entscheidungspraxis beeinflussen – dies wiederum im Unterschied zu Richtern, die qua Grundgesetz (Art. 97 (1) GG) „unabhängig und nur dem Gesetze unterworfen" sind, in der Entscheidungsfindung also eigenständig agieren (vgl. im Einzelnen Albrecht 2005, 185ff, 229ff). Im Verlauf der Verfolgung und Ahndung eines Delikts kommt es folglich zu Umdeutungen der zunächst von der Polizei vorgenommenen Tateinschätzung, die lediglich einen „Tatverdacht" erschließt. Richter beurteilen Delikte häufig als weniger schwerwiegend als die polizeilichen Ermittler (polizeiliche „Überbewertungstendenz"; vgl. Schwind 2007, 23). Eine „Tat" wird demnach sehr unterschiedlich beurteilt, wobei es zuletzt der Richter ist, der mit seinem Urteil darüber befindet, ob eine Straftat „wirklich" vorliegt, wie sie zu beurteilen und gegebenenfalls zu ahnden ist.

Der in Statistiken repräsentierte Interpretationsprozess einer „Tat" bzw. eines „Täters" illustriert die hohe Variabilität von Möglichkeiten, sie bzw. ihn einzuschätzen. Das Bild eines Trichters oder einer Filterung in dem eben beschriebenen Verlauf ist deshalb missverständlich. Es setzt voraus, dass eine Tat objektiv gegeben ist und die Stufen von Strafverfolgung und -ahndung in Abhängigkeit von ihrer Schwere und Eigenart durchlaufen werden. Missverständlich ist dies, da suggeriert wird, eine Tat bleibe in ihrem Kern identisch, so dass die besonders „schweren Fälle" am Ende des Filterungsprozesses übrig seien und zu einer richterlichen Verurteilung führten. Dies gilt es zu hinterfragen, denn in Statistiken werden Ereignisse nicht einfach abgebildet, sondern je nach den Interessen der sich statistisch artikulierenden Instanzen „verfremdet" (Albrecht 1983, 23). Bevor die Kritik hieran näher thematisiert wird (s. Kap. 2.2), sei festgehalten, dass durch das Bild des Trichters unterstellt wird, die Polizei registriere eine kriminelle Handlung, die im weiteren Verlauf zwar unterschiedlich gedeutet werde, aber als „Tat" mit sich identisch bleibe. Es existiert dieser Deutung entsprechend eine „Kriminalitätswirklichkeit", die möglicherweise *verzerrt* dargestellt wird, die aber nicht an sich undarstellbar ist.

Betrachten wir dies näher am Beispiel der PKS. Es wird immer wieder darauf hingewiesen, dass es nicht möglich ist, auf ihrer Grundlage Aussagen über die „wirkliche" Häufigkeit von Kriminalität zu treffen. Im Kern betrifft dies die Beziehung von Hell- und Dunkelfeld. Selbst in den Darstellungen des Bundeskriminalamtes (BKA), die die statistischen Ausführungen der PKS rahmen, wird nicht davon ausgegangen, sie erlaube eine Wiedergabe der faktisch verübten Kriminalität. Vielmehr handle es sich bei ihr um „eine je nach Deliktsart mehr oder weniger starke Annäherung an die Realität" (BKA 2008, 7). Wenn Schwankungen von Kriminalitätsraten zu bemerken seien, könne dies auf das Anzeige-verhalten der Bevölkerung, auf die Praxis polizeilicher Kontrolle, auf Besonder-heiten der statistischen Erfassung, auf Änderungen des Strafrechts oder eben auf Veränderungen der *tatsächlich* verübten Kriminalität zurückgeführt werden. Diese Aspekte sind, bis auf den letzten Punkt, Verzerrungen, deren Relevanz im Zeitverlauf variieren kann, so dass die Relation von bekanntem Hell- und unbe-kanntem Dunkelfeld unterschiedlich ausfalle.

Dies zeigt zwei wichtige Annahmen: Zum einen wird zugestanden, dass Statistiken eine Einschätzung der „echten" Kriminalitätslage nur bedingt zulas-sen (vgl. hierzu Sack 1993; s.a. Popitz 1968). Zum anderen wird, dennoch, an einer Realität der Kriminalität festgehalten, denn gemäß der impliziten erkennt-nistheoretischen Grundannahme wäre es hypothetisch möglich, sie durch Statis-tiken abzubilden. Würde man das Anzeigeverhalten bei einzelnen Delikten ken-nen, könnte man zudem die Effekte veränderte polizeilicher Kontrollaktivitäten genau taxieren und wüsste man außerdem, wie sich Veränderungen von statisti-schen Verfahrensweisen und von strafgesetzlichen Änderungen auf die Erhe-bungsquoten auswirken, dann *könnte* die Kriminalitätshäufigkeit exakt angege-ben werden. Dieses Ziel ist zwar de facto unerreichbar, es bildet aber die zentrale Referenz statistischer Erhebungen, wie sie die PKS repräsentiert. Und es wird nicht unerheblicher Argumentationsaufwand unternommen, um diesen Anspruch – im Zusammenhang mit politischen und auch wissenschaftlichen Verwertungs-interessen und Legitimationsfunktionen der Statistiken (vgl. Albrecht 1983) – aufrecht zu erhalten. So treten neben die bekannte Unterscheidung eines Hell- und Dunkelfeldes, durch die offiziell registrierte und nicht registrierte Kriminali-tät benannt werden, weitere Differenzierungen. Das BKA (2008, 8) beispielswei-se benennt ein „relatives" und „absolutes" Dunkelfeld: Ein „relatives" Dunkel-feld sei durch geeignete Erhebungen – etwa durch repräsentative Befragungen von Personen, ob sie in ihrem Leben bzw. in einem bestimmten zurückliegenden Zeitraum Taten begangen oder erlitten haben – zu erhellen. Anders ein „absolu-tes" Dunkelfeld, das selbst der Forschung nicht zugänglich sei, da es sich um Delikte handelt, die z.B. keine direkten Opfer aufweisen, die sehr komplex struk-turiert sind (etwa Wirtschaftskriminalität) oder die als besonders schwerwiegend oder beschämend gelten, so dass die betreffenden Handlungen von Tätern und auch Opfern kaum eingeräumt werden. Im Zweiten Periodischen Sicherheitsbe-richt (BMI/BMJ 2006, 17) wird in der Konsequenz konstatiert: „Über Umfang, Struktur und Entwicklung der Kriminalität in ihrer Gesamtheit ist deshalb – empirisch belegt (…) – nichts bekannt." Gleichwohl wird an den Statistiken festgehalten, insoweit ihnen attestiert wird, zumindest *näherungsweise* eine Kri-minalitätswirklichkeit repräsentieren zu können, wenn auch eingeschränkt durch die geschilderten Problematiken der statistischen Erfassung und Erfassbarkeit.

Zu fragen bleibt: Wird mit Recht auf einer Kriminalitätswirklichkeit insistiert? Im Mittelpunkt steht jeweils die Sichtbarkeit von „Taten", wie dies die Metapher von Helligkeit und Dunkelheit nahe legt. Manche Taten werden offiziell bekannt und damit „hell", andere bleiben unbelichtet, also „dunkel". Wie aber ist es zu bewerten, wenn niemand eine Tat sieht, wie beim absoluten Dunkelfeld? Ist es dann überhaupt eine „Tat"? Wer entscheidet darüber? Wer ist der theologisch anmutende All-Sehende, der hier unterstellt wird? Bevor hierauf eingegangen wird, ist zunächst auf die Ebene wissenschaftlicher Theorien zu wechseln, insoweit sie die repräsentationstheoretischen Voraussetzungen der juristischen Kriminalitätsbegriffe und der Kriminalitätsstatistiken weitgehend teilen.

c) Positivistische Theorietraditionen

Kriminalität existiert als Tatsache, die beschrieben und identifiziert werden kann, soweit herrscht bei den bisher vorgestellten Annäherungen Einigkeit. Die meisten Kriminalitätstheorien stimmen dem zu. Sie untersuchen Kriminalität als Faktum, das sich von anderen Fakten an sich unterscheidet, und von diesem Unterschied ausgehend werden Theorien aufgestellt, Forschungsstrategien implementiert und Kriminalitätsursachen gesucht. Allerdings ist eine breite Ausdifferenzierung zu beachten; die Beschäftigung mit Kriminalität verweist auf divergente Positionen und tief greifende Auseinandersetzungen. Ein kurzer Blick in die Geschichte lässt dies erkennen.

Schulenstreit

Die Anfänge der Kriminologie sind weit verstreut. Zentrale Ansatzpunkte positivistischer Kriminologie[16], die zudem mit empirischer – wenn auch aus heutiger

---

[16] „Positivismus" fungiert als relativ vage Sammelkategorie, unter die differente Zugänge subsumiert werden. Sie steht in der Gefahr, als Worthülse zu dienen, die zur Konstruktion „unliebsamer" Gegenpositionen genutzt wird. Dies ist zu bedenken und eine allzu unbedachte Verwendung des Begriffs ist zu vermeiden. Gleichwohl kann er nützlich sein, um die kriminologische Tendenz und Gegenwart zu bezeichnen, insoweit in ihnen die Komplexität und Dynamik sozialen Handelns und der *konstitutive* Charakter kultureller Subsumtion und Kodierung negiert wird. Damit wird – ohne deren Argumentation im Einzelnen zu übernehmen – an die Kritik angeschlossen, die im Rahmen der „Radikalen" oder „Kritischen Kriminologie" seit den 1960er Jahren an positivistischen Unterstellungen kriminologischer Argumentation geübt wird (vgl. Boogaart/Seus 1991, 11ff; Lamnek 2008, 16ff). Es sei hinzugefügt, dass mit der Bezeichnung „Positivismus" nicht lediglich die anthropologisch-positive Schule um und im Anschluss an Lombroso angesprochen ist. Immerhin aber resultierten aus den

Sicht nicht unbedingt wissenschaftlich gehaltvoller – Forschung verbunden sind, liegen bei der so genannten *„Italienischen Schule"* der Kriminologie. Diese heterogene Lehre verweist auf Namen wie Cesare Lombroso, Enrico Ferri oder Raffaele Garofalo (vgl. Lamnek 2007, 70ff; Kunz 2004, 90ff; Schneider 2007, 130ff; Schwind 2007, 91ff). Gegen Ende des 19. Jahrhunderts wurde mit Lombroso die These bestärkt, Kriminalität sei auf „eine natürliche Andersartigkeit" (Krasmann 2003, 23) zurückzuführen, die sich an in einer Person angelegten bzw. an der Physis sichtbaren (Charakter-) Eigenschaften zeige. Lombroso machte z.b. auf äußerlich sichtbare Merkmale der Gesichtszüge, der Hände oder des Schädels aufmerksam. Sie bezeugen, folgt man ihm, einen in der Gegenwart hervorbrechenden Atavismus der Kriminalität. Verbrechen wird zum „Einbruch animalischer Triebhaftigkeit in das zivilisierte Leben" (Strasser 2005, 43).

Einen Gegenpol bildete die *„Französische Schule"* um Alexandre Lacassagne und Gabriel Tarde. Vor der ersten „großen" sozialwissenschaftlichen Kriminalitätstheorie durch Emile Durkheim legte sie Wert auf gesellschaftliche und milieubezogene Ursachen der Genese von Kriminalität. Kriminell würden Individuen nicht aus sich heraus, sondern aufgrund einer kriminogenen Umwelt. Tarde wies empirisch die Unzulänglichkeit der Ausführungen Lombrosos zurück, indem er belegte, dass „bei Nichtverbrechern die gleichen Merkmale vorkommen wie bei den von Lombroso untersuchten Straftätern" (Schwind 2007, 99). Er führte Kriminalität im Gegenzug auf Nachahmung zurück. Als mikrosoziales Prinzip verwies sie auf interpersonelle Relationen, nicht bzw. nicht primär auf persönliche, möglicherweise kriminogene Dispositionen, aber auch nicht auf gegebene Gesellschaftsformen. Tardes Sozialtheorie basierte auf „the regular repetition, opposition, and adaption that he perceived in all social action" (Beirne 1987b, 786).

Vermittlungsversuche zwischen den beiden Schulen unternahm Franz von Liszt seit den 1880er Jahren; man spricht von der *„Marburger Schule"*. Ähnlich, wie dies z.B. Ferri unternahm, beanspruchte sie, soziale und biologische Bedingungsfaktoren integriert zu betrachten, so dass eine „multifaktorielle Betrachtungsweise in der Ursachenfrage" (Schwind 2007, 99) fokussiert wurde. Gegen

---

Auseinandersetzung um diese Schule – ergänzend ist auf statistische Studien Adolphe Quételets hinzuweisen (vgl. Beirne 1987a; Krasmann 2003, 99ff) – die hier gemeinten positivistischen Traditionen (vgl. Bock 1995, 10ff; Sack 2002; Vold/Bernard 1980, 46ff). Ferri (1901/2004) beschreibt sie durch seinen Anspruch, die verschiedenen Faktoren zu erschließen, die Kriminalität verursachen. Kriminalität, so der Lombroso-Schüler Ferri, sei kein primär juristisches Problem, sondern sie verlange nach der Aufklärung ätiologischer Determinanten, wobei er auch an soziale Aspekte dachte. Der positivistischen Forschung geht es um die Isolierung spezifischer Ursachen bzw. Bedingungs- oder Risikofaktoren von Kriminalität, d.h. es wird kausaltheoretisch argumentiert und ein objektiv bestehender Unterschied von Kriminalität und Nicht-Kriminalität angenommen.

die einseitige Betonung einzelner Determinanten sollten verschiedene Einflüsse in Betracht gezogen werden.

Bereits mit Ferri oder Liszt – und natürlich umso mehr mit Bezug auf die Kritik aus Frankreich – wurden biologistische Modelle zurückgewiesen. In modifizierter Form allerdings existieren sie bis heute weiter. Schneider (2007, 132) macht auf „erhebliche theoretische Defizite und methodologische Unzulänglichkeiten und Begrenzungen" kriminalbiologischer Ansätze aufmerksam, konstatiert aber gleichzeitig, dass etwa Theorien einer konstitutionellen Prädisposition „auch heute noch mit zäher Beharrlichkeit aufgrund von Familien-, Zwillings- und Adoptionsstudien" (ebd., 131) verfolgt werden (vgl. auch Strasser 2005, 233ff). Vor allem in massenmedialen Zusammenhängen werden noch immer Positionen kommuniziert, die den Vorgaben Lombrosos ähneln und die Ressentiments gegenüber vermeintlich „andersartigen" Kriminellen bedienen. Demgegenüber argumentiert die biologisch fundierte Kriminalitätsforschung differenzierter (vgl. Göppinger/Bock 2008, 85ff; Kreissl 2005; 2010). Beispielsweise werden Annahmen einer genetischen Veranlagung von Kriminalität vertreten, die im Zeitverlauf in komplexer Interaktion mit Einflüssen der Umwelt zum Tragen kämen und kriminelles Verhalten prädisponierten (es aber nicht determinierten). Verschiedene Ursachenfaktoren wirken demnach dynamisch aufeinander und erhöhen die Wahrscheinlichkeit von Kriminalität. In Fortsetzung dieser Ausdifferenzierung von Kausalitätsunterstellungen können biologistische Ansätze in Sammlungen von Risikofaktoren münden. Es wird beansprucht, multifaktorielle Zusammenhänge anzugeben. Entsprechende Hoffnungen fanden sich nach den genannten Vorläufen in den Arbeiten von Glueck und Glueck in den 1950er Jahren oder von Hans Göppinger seit den 1960er Jahren ausgedrückt.

Blickt man auf die „Schulen" zurück, so wird ihnen noch nicht der Status wissenschaftlicher Theorien attestiert (vgl. Kunz 2004, 90). Erst nach dem „Schulenstreit im 19. Jahrhundert" (Schwind 2007, 97) etablierten sich Kriminalitätstheorien. Bei dieser Unterscheidung ist jedoch Vorsicht angeraten. Theoretische Vorannahmen sind *prinzipiell* bedeutsam, wenn von Kriminalität gesprochen wird. Dies gilt auch für multifaktorielle Ansätze, denn eine voraussetzungslose Wissenschaft existiert nicht. Zwar wird gegen multifaktorielle Modelle mit Recht der Einwand erhoben, es handle sich um „Antitheorie" (Lamnek 2007, 80; s.a. Cohen 1968), da entscheidende Vorannahmen nicht expliziert werden. Gleichwohl kommen in ihnen stets mindestens implizit theoretische Annahmen zum Tragen. Von Protagonisten multifaktorieller Annäherungen wie Göppinger (1980, 84) wurde dies eingeräumt.

Dies muss gegen die Hoffnung gewendet werden, man könne bei der Erforschung von Kriminalität induktiv-empiristisch vorgehen. Letztlich ist jeder Blick auf Faktoren ebenso theoriehaltig wie eine empirische Annäherung, so dass mit Recht höchstens eine „theoretische Empirie" (Kalthoff u.a. 2008) begründet werden kann, aber keine rein induktive Forschungspraxis oder Theoriebildung der Kriminalität. Multifaktorielle Ansätze müssen deshalb scheitern, wenn sie nicht anerkennen, dass sie mindestens implizite Theorieperspektiven unterstellen. Ohne die Explikation ihrer theoretischen Fundierung unterliegen sie der Gefahr, empirisch erschlossene Korrelationen als Kausalitäten fehlzudeuten (vgl. Eifler 2002, 36). Noch gravierender und grundlegender ist die Verkennung der Tatsache, dass, wie Cassirer (1980, 313) bemerkte, jede Tatsache „bereits im Hinblick auf ein hypothetisches Gesetz festgestellt" wird und „durch diese Rücksicht erst ihre Bestimmtheit" erhält. Wer auf Kriminalität blickt, folgt demnach, ob er will oder nicht, einer vorgeprägten Sichtweise. Selbst was als bloße Tatsache auftritt, beinhaltet kulturell ausgerichtete Möglichkeiten und Vorschriften, sie als solche identifizieren zu können. Erst eine Hypothese ermöglicht die Bestimmung einer Objektivität als solcher. „Die Beobachtung von etwas", so Nassehi (2008, 91) in Bezug auf Cassirer, „ist dann, mathematisch gesprochen, stets eine Funktion dieser Beobachtung". Eine auf einzelne (oder mehrere) Faktoren abstellende Kriminalitätsforschung blendet dies aus, indem sie unmittelbar auf Fakten abzielt und die Ausrichtung ihrer Beobachtungsperspektive und die durch sie implementierten konstruktiven Erkenntnisleistungen nicht ausreichend zur Kenntnis nimmt. Um demgegenüber zu „erkennen, dass alles Faktische schon Theorie ist" (Sandkühler 2009, 44), bedarf es erkenntniskritisch gehaltvoller Theoriearbeit. Erkenntnis ist als kulturell abhängige Leistung in den Blick zu nehmen, weshalb nun zu explizit theoretisch ausgerichteter kriminalitätswissenschaftlicher Forschung überzugehen ist, um zu sehen, welche Perspektivenerweiterung sie mit sich bringt.

Theoriestreit

Bei der Beschäftigung mit Kriminalitätstheorien zeigt sich eine entscheidende Differenzlinie. Sie verläuft nicht zwischen den zahlreichen Theorievarianten, zwischen Faktensammlung und theoriegeleiteter Forschung oder zwischen „nur" implizitem oder explizit artikuliertem und elaboriertem Theorieanspruch. Der eigentliche Punkt ist nicht, ab wann in der Kriminologie von einer „Theorie" im streng wissenschaftlichen Sinne auszugehen ist.[17] Sehr viel ertragreicher ist es zu fragen, ob ein Bewusstsein dafür vorhanden ist, dass die Konstitution des Er-

---

[17] Dies würde ohnehin nicht zu einem Konsens führen. Zu einem Überblick wissenschaftlicher Theorieverständnisse vgl. Zima (2004); s.a. Schützeichel (2007).

kenntnisgegenstandes „Kriminalität" sehr voraussetzungsvoll ist. Und wenn es gegeben ist, ist zu erschließen, wie mit ihm verfahren wird, zu welchen reflexiven, gegenstands*kritischen* Anschlusspositionen dies führt.

Diesbezüglich muss eingestanden werden, dass die Differenz zwischen „Schulen" der Kriminologie und weiterführenden „Kriminalitätstheorien" wenn nicht hinfällig, so doch immerhin wenig relevant erscheint. Letztlich können die meisten Theorien der Kriminalität als Theorien *über* Kriminalität bezeichnet werden und weniger als eine Theoretisierung *der* Kriminalität im Sinne einer ernsthaften Erörterung der Möglichkeit ihrer Konstituierung als Wissensform (vgl. Lautmann 2005). Nicht zwischen „Schulen" und „Theorien" verläuft eine markante und symptomatische Grenzlinie, sondern es gibt Hinweise darauf, dass *an der Differenz zwischen Tarde und Durkheim anzusetzen ist.*

Dies bedarf einer Erläuterung. Durkheims frühe Beschäftigung mit Kriminalität und „sozialen Tatsachen" vermag recht gut als Beispiel für eine Theorieanlage zu dienen, die – etwas pauschalisierend – als „positivistisch" anzusehen ist. Als soziale Tatsache[18] interpretierte Durkheim (1895/1984, 89) den Gegenstand soziologischen Arbeitens schlechthin und sah in ihrer Behandlung als „Dinge" die Möglichkeit der Ausarbeitung einer genuin sozialwissenschaftlichen Methode (vgl. Münch 2002a). Die Besonderheit dieser den Sozialwissenschaften als Forschungsgegenstand aufgegebenen Tatsachen liegt in ihrer äußerlichen Einwirkung auf den Einzelnen mit der Macht des Zwangs. Mit seiner Hilfe sollte das Problem der Integration von Individualität und Gesellschaft durch eine allgemeingültige, außerindividuelle Potenz gelöst werden. Sie blieb nicht völlig außerindividuell, denn entscheidend zur Aufarbeitung der in der Moderne aufgebrochenen Integrationsaufgabe war gerade die – u.a. durch Erziehung oder umfassender durch Sozialisation zu leistende – Beeinflussung des Individuums durch ihm vorausgehende soziale Mechanismen. Ohne Individualität konnte eine Gesellschaft nicht bestehen. Gleichwohl wurde damit ein deutlicher Fokus auf überindividuelle Aspekte gelegt: Das sich selbstbestimmt wähnende Individuum unterlag „Illusionen" (Durkheim 1895/1984, 108), denn es wurde zum Individuum nur angesichts und mit Hilfe eines Zwangs, der freiheitliches Handeln lediglich insoweit ermöglichte, als der Zwang als Handlungsgrundlage inkorporiert wurde.

---

[18] Zu denken ist etwa an Anomie, also soziale Krisen, die die tradierten Integrationsmechanismen und Regulierungsbezüge einer Gesellschaft durcheinander bringen, weshalb Subjekte überfordert seien und in hohem Maße zu Devianz neigten (vgl. Durkheim 1897/1983; zur Diskussion etwa Dollinger 2002, 94ff; Münch 2002a, 53ff; Pope 1976).

Tarde widersprach und kritisierte die „substantialisierende Position *Durkheims*" (König 1984, 22).[19] In dieser Kritik zeigt sich eine Differenz, die Durkheims Theoriebildung und seine Auffassung von Kriminalität nicht lediglich als eine Weiterentwicklung von Positionen der „Französischen Schule" im Sinne Tardes verständlich werden lässt. Tarde betonte, wie Deleuze ausarbeitet, in besonderer Weise die Problematik der Vermittlung von Differenz und Wiederholung im Zuge der dauerhaften, mikrosozial angelegten Herstellung sozialer Beziehungen. Durkheim hingegen, so die Zurückweisung Tardes, gebe vor, „was zu erklären ist, nämlich ‚die Gleichartigkeit von Millionen von Menschen'" (Deleuze 2007, 107, Fn. 4). Im Vergleich zu Durkheim wird Tarde deshalb als ein „alternativer Vorläufer für eine alternative Sozialtheorie" (Latour 2007, 32) in den Blick genommen. Er habe, so Latour, in besonderem Maße die Fluidität des Sozialen und seine relationale Einbindung in andere Lebensbereiche betont. Dadurch wurde er zum, wenn auch nicht sehr erfolgreichen, Gegenspieler Durkheims, der das Soziale im beschriebenen Sinne als eigenständige, machtvolle Entität konzipierte. Ihm gegenüber wird Tarde zugute gehalten, Ansatzpunkte für ein Kriminalitätsverständnis geschaffen zu haben, das sich von dichotomem Denken löst und komplexen Konstellationen des Umgangs mit Kriminalität gerecht zu werden vermag (vgl. Brown 2006).[20]

Dieser Anforderung, Komplexität zu genügen, wird im Folgenden nachzugehen sein. Halten wir zunächst fest, dass Durkheim eine Theorievariante vorlegte, die einen gegebenen Erkenntnisgegenstand unterstellte. Kriminalität sei eine durch ein Kollektivbewusstsein gewährleistete „Tatsache", die objektiver wissenschaftlicher Analyse zugänglich und in ihrer Funktionalität analysierbar sei. Dies macht allerdings eine zusätzliche Bemerkung nötig, denn gerade Kriminalität bezeugte für Durkheim die Notwendigkeit, Dynamiken und sozialen Wandel zu beachten. Die Neigung zu kriminellem Verhalten sei keine festgelegte Eigenschaft, wie dies z.B. (frühe) biologistische Thesen voraussetzen. Kriminalität als Kategorie sei eine soziale Tatsache, die sich mit der Gesellschaft ändere, denn es werde jeweils Unterschiedliches als „Kriminalität" definiert, je nach dem Stand der sozialen Entwicklung.

Dies erklärt das bekannte Bild einer *Gesellschaft von Heiligen* (vgl. Durkheim 1895/1984, 159): Im Vergleich zu einer „normalen" Gesellschaft zeige ein Kollektiv von Heiligen eine große Sensibilität gegenüber Normverstößen, denen

---

[19] Gemäß König eine „vermeintliche" Substantialisierung, der Tarde keine bessere Alternative habe entgegensetzen können.
[20] Nicht der Streit mit Durkheim, aber die Innovationskraft der Vorgaben Tardes und ihre Tragfähigkeit bezüglich einer „neuen" und alternativen Grundlegung der Soziologie sind umstritten (zur Auseinandersetzung vgl. Alliez 2004; Barry/Thrift 2007; Toews 2003; Toscano 2007).

wenig tolerant begegnet werde. Erwartungsgemäß wäre Devianz recht selten; sie würde – was bei Heiligen anzunehmen wäre – in wenig schwerwiegender Form auftreten. Dennoch würde sie wegen der gesteigerten Empfindsamkeit ebenso negativ bewertet wie die dramatischere Devianz der anderen Gesellschaft. Obwohl Devianz in der Heiligengesellschaft in vergleichsweise milder Form auftrete, würde sie mindestens ebenso negativ, wenn nicht sogar rigider, sanktioniert.

Kriminalität existiert demnach nur als kulturelle Bewertung; eine Handlung ist kriminell, insofern ihr ein bestimmter „Charakter" zugeschrieben wird. Und „dieser Charakter entspringt nicht ihrer inneren Bedeutung, sondern wird (...) vom Gemeinwesen zuerkannt" (ebd., 160). Kriminalität, so Durkheims bekannte Folgerung, ist eine „normale" Erscheinung des sozialen Lebens, die weder verhindert werden kann noch verhindert werden soll. Ihre Wahrnehmung entstammt einem zur sozialen Integration erforderlichen Moralempfinden und kann als Indikator möglicherweise notwendigen Wandels dienen, da sie auf neuartige, alternative Formen normativer Orientierung hinweist.

Kriminalität ist somit als Bezeichnung zwar kulturell definiert und entstammt als Handlungsform sozialen Lebensverhältnissen, so dass der von Durkheim wiederholt explizierte Widerspruch gegen die „Italienische Schule" nachvollziehbar wird. Die inhaltlichen Unterschiede zu Positionen wie der eines Cesare Lombroso könnten kaum deutlicher sein, weder mit Blick auf die Verursachung noch mit Blick auf den Umgang mit Kriminalität. Dennoch bleibt es bei der *Objektivität* der Kriminalität als einer – bei Durkheim im Rahmen einer spezifischen Gesellschaft – gegebenen Positivität. Und hier liegt ein entscheidendes Problem, das anhand der Heiligengesellschaft verdeutlicht werden kann: Die Gesellschaften der Heiligen und der „normalen" Menschen werden von Durkheim verglichen, so dass konstatiert wird, gleiche Handlungen würden unterschiedlich betrachtet und behandelt. Woher aber weiß der sozialwissenschaftliche Betrachter dies? Er kann es nur wissen, wenn ihm Objektivität attestiert wird und er außerhalb der jeweiligen Gesellschaft stehend auf die „Heiligen" und die „normalen" Menschen zu blicken vermag. Als Mitglied der Heiligengesellschaft wäre für ihn etwa die Ausübung physischer Gewalt ein untragbarer Skandal, als Mitglied der „normalen" Gesellschaft ein eventuell betrübliches, aber hinzunehmendes und relativ verbreitetes Phänomen. Weshalb sollte es aber die *gleiche* Handlung sein? Oder wenn jeweils andere Formen von Kriminalität als solche definiert werden: Wie kann gesagt werden, dass das moralische Empfinden ihnen gegenüber gleich ist? Wären die Kriminalität und/oder ihre Bewertung angesichts der differenten kulturellen Einschätzung nicht jeweils etwas anderes? Vergleicht man mit der Metapher der Heiligengesellschaft nicht Verschiedenes, das nur durch einen als objektiv unterstellten Maßstab vergleichbar gemacht wird? Aber wie legitimiert sich der Maßstab?

Durkheims Annahme, in differenten Kulturen würde Gleiches unterschiedlich bewertet und Unterschiedliches gleich, deckt sich mit der Annahme, eine soziale Tatsache sei der Forschung und Theoriebildung relativ frei zugänglich. Die Kontingenzen von Normanwendungen und die Perspektivenabhängigkeit der Wahrnehmung von Kriminalität werden nicht ausreichend erschlossen (vgl. Hanak 1986). Gleichwohl ist das Festhalten an einem positiven Begriff von Kriminalität durchaus charakteristisch; es bestimmt im Wesentlichen die wissenschaftliche Auseinandersetzung mit Kriminalität.

Auch im Rahmen neo-konservativer Kriminalitätstheorie wurde dies bemerkt, da bemängelt wird, die Beschäftigung mit Kriminalität sei nicht nur durch soziologische, sondern auch durch biologische, ökonomische oder psychologische Positivismen charakterisiert (vgl. Gottfredson/Hirschi 1990). Ohne dass Gottfredsons und Hirschis Ansatz einer „General Theory of Crime" geeignet wäre, dies zu korrigieren, machen sie auf einen wichtigen Punkt aufmerksam: Die meisten Kriminalitätstheorien nehmen Setzungen vor, die eine apriorische Qualität von Kriminalität in ihrem Sinne festlegen. Sie benennen auf diese Weise mehr oder weniger wichtige Punkte, und sie können hoffen, durch entsprechende Forschungsdesigns in gewissem Maße relevante Verhaltenstendenzen bzw. Varianzen aufzuklären. Aber dies steht in Abhängigkeit von axiomatischen Setzungen, die jeweils blinde Flecken generieren, indem Kriminalität in Abhängigkeit von disziplinären Vorgaben als spezifische Entität festgeschrieben wird. Sie gibt als potentielle Erkenntnis vor, was der Perspektive des disziplinären Wissen als Möglichkeit bereits eingeschrieben ist: Man kann nur sehen, was man sehen will.

Somit ist es z.B. aus *biologischer* Sicht konsequent, auf Anomalien von Chromosomen, genetische Veranlagungen oder neurobiologische Besonderheiten zu sehen; es ist für die *Ökonomie* rational, kriminelles Verhalten als Kalkulation von erwartetem Nutzen einer kriminellen Handlung in Abhängigkeit von Kosten, wie sie durch Sanktionshöhen und -wahrscheinlichkeiten drohen, zu verorten; aus *psychologischer* Sicht ist es nahe liegend, Kriminalität mit Lernprozessen, frühkindlichen Entwicklungsschädigungen, Frustrationserlebnissen o.ä. zu begründen; für die *Soziologie* ist es plausibel, Delinquenz mit Identitätssuche, Sozialisationsschäden, anomischen gesellschaftlichen Bedingungen, Gruppenprozessen usw. zu assoziieren; aus *sozialpädagogischer* Sicht ist es ratsam, ätiologische Bedingungen zu unterstellen, die nach Erziehung und Bildung in einer krisenhaft gestörten Gesellschaft verlangen. Und so könnte die Reihe fortgesetzt werden. Jede Disziplin und jede disziplininterne Annäherung hat ihren positiven Begriff von Kriminalität.[21]

---

[21] Auch ein interdisziplinärer Ansatz ist nicht per se anders gelagert. Er steht in der Gefahr, als Addition disziplinärer Axiomatiken zu enden und/oder eine Einigung auf relativ abstrakte, konsensuelle Vorannahmen zu verkörpern, die angesichts ihrer überdisziplinären Plausibilität drohen, mit zeitge-

Es gibt vor dem gezeigten Hintergrund im Grunde zwei Möglichkeiten der Theoretisierung von Kriminalität: Einerseits kann man die Suche nach Kausal-, Bedingungs- oder Stabilisierungsfaktoren fortsetzen, indem weiterhin spezifische Positivitäten unterstellt werden. Oder, andererseits, man hinterfragt die Konstruktion einer Positivität als solcher. Gottfredson und Hirschi wählen den erstgenannten Weg, indem sie ein universelles Wesen „der" Kriminalität annehmen: Sie sei gekennzeichnet durch die Möglichkeit spontaner Bedürfnisbefriedigung und die risikobetonte Suche nach Aufregung (vgl. zur Diskussion Kunz 2004, 201ff; Lamnek 2008, 95ff; Lilly u.a. 2007, 99ff; Tittle u.a. 2004; Vold u.a. 2002, 189ff).[22] Es lässt sich relativ leicht nachweisen, dass damit weniger eine allgemeine Qualität von Kriminalität als eine partikulare Sichtweise von Kriminalitätsforschern illustriert wird. Kriminalitätsformen, die lange Planungen erfordern (etwa der Raub eines gut bewachten Gegenstandes), die geradezu langweilig anmuten (beispielsweise komplexe Formen der Wirtschaftskriminalität) und die deshalb kaum einen Mangel, sondern eher ein sehr hohes Maß an Selbstkontrolle erwarten lassen, können schwerlich mit den von Gottfredson und Hirschi angeführten Charakteristika von Kriminalität in Einklang gebracht werden. Der Anspruch einer Allgemeinen Kriminalitätstheorie ist deshalb fragwürdig (zu einer empirischen Kritik vgl. etwa Bornewasser u.a. 2007).

Die Fragwürdigkeit bezieht sich auch auf andere Formen positiver Kriminalitätsdarstellung. Werden einzelne dieser Annäherungen verglichen, so wird die Kontingenz der jeweils eingenommenen Perspektive unmittelbar kenntlich: Es widersprechen sich dann Begriffe von Jugendkriminalität zwischen den Disziplinen und auch innerhalb von Disziplinen, die meist kein konsistentes, „paradigmatisch" einheitliches Kriminalitätsbild verfolgen. Es stehen z.B. lerntheoretische gegen psychoanalytische, diese wiederum gegen sozialpsychologische oder entwicklungspsychologische Begriffe von Kriminalität usw. Ein einheitliches Verständnis selbst innerhalb einer Disziplin, hier der Psychologie, steht nicht in Aussicht. Somit führt letztlich jeder positivistische Versuch, ein „Wesen" von Kriminalität zu bestimmen, zu einer normativen und epistemologischen Präjustierung der wissenschaftlichen Beschäftigung mit ihr und zur Negation ihrer Vielschichtigkeit und Dynamik.

---

nössisch plausiblen Alltagszurechnungen identisch zu werden. Die disziplinübergreifende Beschäftigung mit „Antisozialem Verhalten" oder mit „Risikoverhalten" tendiert auffallend in diese Richtung (vgl. Groenemeyer 2008).

[22] Bescheidener sind integrative Ansätze, die anerkennen, man könne keine allgemeine Kriminalitätstheorie formulieren, da Kriminalität differente Phänomene umfasse (vgl. Schwind 2007, 155). Ebenfalls bescheidener angelegt sind die zahlreichen Einzelstudien, die spezifische Kriminalitätsformen (Gewalt, Drogenkonsum, Graffiti usw.) analysieren und sie dabei als objektiven Erkenntnisgegenstand voraussetzen. Die Prämisse, Kriminalität sei als Erfahrungsgegenstand ohne Weiteres erkenn- und erforschbar, wird dadurch nicht in Zweifel gezogen.

Es wird deshalb im Folgenden ein anderer Weg eingeschlagen. Er kann mit einer kulturtheoretischen Heuristik gefunden werden. Insofern die durch sie angebahnte Orientierung nicht neu, sondern vorgezeichnet ist, muss begründet werden, welche Richtung sie anzeigt und an welche Traditionen sie anschließt. Es sei betont, dass es sich um einen reflexiven Forschungsstatus handeln muss, da er *die Kontingenz* von Möglichkeiten einer Theoretisierung von Kriminalität nicht auszublenden, sondern in Rechnung zu stellen hat (vgl. grundlegend Dollinger 2008a). Es kann nicht darum gehen, ein bestimmtes „Wesen" von Kriminalität – oder einzelner Kriminalitätsformen – vorauszusetzen, da derartige Konstruktionen stets mit dem Problem konfrontiert sind, die in der Wesensschau eingenommene Perspektivität nicht mehr thematisierungsfähig halten zu können. Kriminalität muss, konkret ausgedrückt, *als Ereignis* betrachtet werden, das nicht in sich mit spezifischen Bedeutungen und Gehalten aufgeladen ist, sondern dem spezifische Qualitäten – im Mannheimschen (1929/1995) Sinne wäre zu sagen: *standortabhängig* – zugewiesen werden. Betrachten wir deshalb die kriminalitätstheoretische Tradition reflexiver Auseinandersetzungen.

2.2 Kriminalität als Kriminalisierung

Die Fokussierung von Kriminalität als Nicht-Positivität weist auf verschiedene Diskurslinien zurück. Bevor dies näher in den Blick genommen wird, sei zunächst pointiert, was sie zu erklären suchen. Es handelt sich um nichts weniger als die Frage, ob Kriminalität „wirklich" existiert. Dieses große Problem des Status von „Kriminalität" und des mit ihr verbundenen Themas, wie sie erkannt und erfasst werden kann, ist recht gut am Beispiel des *Dunkelfeldes* zu erörtern. Es dient im Folgenden als Einstieg in die Diskussion, wie bereits mit der eingenommenen Erkenntnisperspektive besondere ontische Qualitäten festgeschrieben werden.

a) Das Dunkelfeldproblem

Es wurde oben festgestellt, dass die Thematik eines Hell- oder Dunkelfeldes und die Differenzierungen mehr oder weniger heller Formen von Kriminalität durch die Unterstellung von Blicken begründet werden. Das Hellfeld der PKS verweist auf polizeiliche Ermittlungstätigkeiten, durch die Tatverdächtige und Vergehen sichtbar gemacht werden. Andere Instanzen blicken anders und produzieren ihre eigenen Statistiken, etwa der staatsanwaltschaftlichen Strafverfolgungs- oder der gerichtlichen Urteilspraxis. Es gibt nicht „das" Hellfeld, sondern verschiedene

Hellfelder, je nachdem, wessen Blick man betrachtet. Besondere Bedeutung kommt dabei dem richterlichen Blick zu, dem in einem Rechtsstaat eine herausgehobene Bedeutung bei der Artikulation eines Unwerturteils und der Ahndung eines Vergehens bzw. Verbrechens zukommt. Richter haben, so Frister (2008, 52), qua ihrer Unabhängigkeit in der Urteilsfindung „die besten Voraussetzungen, um Entscheidungen ohne Rücksicht auf die Erwartungen Dritter allein nach dem Gesetz treffen zu können." Nimmt man dies ernst, so ist es nur konsequent zu schließen, dass letztlich ein Richter der Täter ist, denn mit seinem Urteilsspruch produziert er Kriminalität. Wer Kriminalität erforschen will, muss demnach, wie Peters (1997, 270) festhält, primär richterliches Handeln analysieren bzw., gemäß Sack (1972, 25), die spezifischen Funktionsträger in den Blick nehmen, zu deren Disposition es gestellt ist, auf der Grundlage ihres professionellen Mandats Kriminalität festzuschreiben.

Es ist allerdings offensichtlich, dass Richter und andere Verantwortliche der Strafverfolgung zwar wichtige Entscheidungen treffen, sie aber nicht die Einzigen sind, die Kriminalität feststellen. Auch wenn ihre Bewertungen besondere Relevanz und Folgewirkungen besitzen, sind sie Teil einer „continual construction and reconstruction of deviance meaning" (Dotter 2002, 430). Dunkelfeldstudien verdeutlichen die permanente, auch alltägliche Thematisierung und Beurteilung von Ereignissen als „Kriminalität". Sie verlangen von Befragten Werturteile über und Klassifikationen von Handlungen, die Alltagsbildern, d.h. verbreiteten Vorurteilen und Stereotypisierungen, folgen.

Die Bevölkerung besitzt dabei freilich nicht die gleichen juristischen Vorkenntnisse wie Strafrichter und sie folgt anderen Interpretationsschemata, so dass die in Dunkelfeldstudien erhobenen Daten anderen Interpretationsmustern verpflichtet sind, als sie z.B. Richter zeigen. Im Konkreten führt dies beispielsweise dazu, dass in der Öffentlichkeit die richterliche Urteilspraxis häufig als zu wenig rigide interpretiert wird, während gleichzeitig die favorisierten Urteile zu vorgelegten Deliktsfällen weniger hart ausfallen als die tatsächlich ausgesprochenen der Justiz (vgl. Heinz 2006, 14f). Über richterliche Strenge herrscht in der Öffentlichkeit folglich Unwissenheit, gleichwohl werden Kriminalitätsdiskurse weit über den Kreis juristischer Sachverständiger hinaus geführt. Dies zeigt die Notwendigkeit, verschiedene Formen der Interpretation von Kriminalität zu unterscheiden. Sie verweisen nicht direkt aufeinander, sondern gehorchen – obwohl es sich in allen Fällen um sprachliche Konstruktionen von Kriminalitätsbedeutungen, d.h. um Kriminalisierung, handelt – unterschiedlichen (Diskurs-) Logiken (vgl. Stehr 1997). Dies gilt für die Einschätzung von „rationalen" Interventionsformen ebenso wie für die Frage, wann Kriminalität vorliegt und wann nicht. Es ist dabei unerheblich, ob man sich im Bereich des Dunkel- oder Hellfeldes bewegt; in jedem Fall resultiert Kriminalität ausschließlich aus der Bewertung, sie liege vor.

Es bleibt zu fragen, was mit Kriminalität ist, die nicht als solche bezeichnet wird. Immerhin musste oben eingeräumt werden, dass bei Dunkelfeldstudien große Deliktbereiche wegfallen („absolutes Dunkelfeld"), insbesondere so genannte „opferlose" Delikte. Aber mit welcher Berechtigung ist auszusagen, dass Delikte vorliegen, wenn sie nicht wahrgenommen werden? Die Annahme, es handle sich um unentdeckte Vergehen, unterstellt eine nicht-interpretierte Realität und einen von jeder Perspektivität befreiten Beobachter, und dies ist unrealistisch. In diesem Sinne konstatiert Kunz (2004, 281):

„Das Interesse der Dunkelfeldforschung, den unter Wasser befindlichen Teil des Eisbergs Kriminalität zu beleuchten, ist erkenntnistheoretisch unvertretbar. (…) Jede Beobachtung von Wirklichkeit erschließt diese mit Beobachtungsmitteln, die das Ergebnis des Beobachtungsvorgangs prägen."

In Dunkelfeldstudien wird demnach nicht eine uninterpretierte Wirklichkeit zum Sprechen gebracht, sondern es werden alltägliche Wirklichkeitskonstruktionen unter forschungsmethodischer Anleitung gedeutet. Alfred Schütz (1971, 7) hatte dies auf die Formel gebracht, Forschung generiere „Konstruktionen zweiten Grades: es sind Konstruktionen jener Konstruktionen, die im Sozialfeld von den Handelnden gebildet werden, deren Verhalten der Wissenschaftler beobachtet und in Übereinstimmung mit den Verfahrensregeln seiner Wissenschaft zu erklären versucht". Dies ist prinzipiell zutreffend, verbindet sich im Falle von Dunkelfeldstudien allerdings mit einer besonderen Pointe: der Nicht-Existenz nichtinterpretierter Kriminalität. Selbst wenn eine Person zugibt, delinquentes Verhalten verübt zu haben, handelt es sich um eine Bewertung und Klassifikation (vgl. Young 2004, 21f), die mit kulturellen Interpretationsschemata verwoben ist und ohne sie nicht denkbar wäre. Jede Rede von Kriminalität leistet solche Deutungen. Die richterliche Rede mag hierbei besondere Beachtung verdienen, aber letztlich bleibt sie eine Rede neben anderen.

Das Dunkelfeldproblem ist demnach nicht so zu verstehen, als ginge es um eine verzerrte Darstellung der Kriminalitätswirklichkeit, wenn nur auf das Hellfeld (oder mehrere Hellfelder) geblickt wird. Hell- und Dunkelfelder können, wie auch immer sie erhoben werden, nicht zu einem Gesamtbild „der" Kriminalität addiert werden. Ihre Erhebung folgt jeweils unterschiedlichen Regeln und sie „enthalten nicht Verhaltensweisen mit der gemeinsamen Eigenschaft ‚kriminell'" (Kunz 2008, 67), denn eine Gemeinsamkeit dieser „Eigenschaft" verbleibt eine bloße Unterstellung.

Gegen die Annahme einer komplementären Logik, derzufolge Hell- und Dunkelfeld (-er) integriert und zu einer „Gesamtkriminalitätswirklichkeit" zusammengefasst werden könnten, sind folglich prinzipielle Bedenken geltend zu machen. Sie lassen das Dunkelfeldfeldproblem zu einem Symptom von Fehlannahmen über Kriminalität werden, die in der These kulminieren, man könnte „wirkliche", d.h. kulturell unverfälschte, Aussagen über Kriminalitätshäufigkeiten treffen. Dies ist nicht der Fall. Wird dies anerkannt, dann steht einem veränderten Umgang mit Kriminalstatistiken nichts im Wege: Sie können als spannendes Forschungsfeld in den Blick genommen werden, um die vielfältigen Prozesse zu erschließen, die zu ihrer Konstitution führen und die Auskunft geben über das Verhältnis von Bürger und Staat, von Forschern und Erforschten, von selektiven und aggregierten Qualifizierungen einzelner Ereignisse als „Kriminalität" (vgl. Hope 2005, 56).

b) Die Aushandlung von Kriminalität

Auf der Ebene von Kriminalitätstheorien wurde die Erkenntnis, dass Kriminalität *gemacht* wird, durch Etikettierungspositionen („labeling approach") akzentuiert. Gegen Ende der 1960er und in den 1970er Jahren wurden sie in der deutschsprachigen Kriminologie rezipiert. Sie speisen sich aus phänomenologischen, symbolisch-interaktionistischen, ethnomethodologischen, wissenssoziologischen und sprachtheoretischen Quellen (vgl. Boogaart/Seus 1991, 18) und kulminieren in einer ebenso einfachen wie gegenüber der positivistischen Tradition der Kriminalitätsforschung provozierenden Sichtweise: Kriminalität, so ließen Anhänger von Etikettierungsthesen wissen, sei nicht gegeben, v.a. nicht durch in sich kriminelle Handlungen, sondern sie werde durch besondere Leistungen hergestellt. Bereits Durkheim (1895/1984, 159) war zwar, wie oben beschrieben, in den „Regeln der soziologischen Methode" zu dem Schluss gekommen, „verbrecherisch" sei ein Verhalten nur in Relation zu einem solidarmoralischen Kollektivbewusstsein. Der Unterschied zu Durkheim lag allerdings nicht nur in dem kritischen Impuls, den die Etikettierungsperspektive gegenüber Prozessen der Kriminalisierung verfolgt. Er zeigt sich ebenso in der theoretisch differenten Konzentration auf mikrosoziale Prozesse, in denen die Qualität „kriminell" jeweils einzelnen Personen angeheftet wird, ohne dass eine handlungsimmanente Eigenschaft dies legitimieren könnte. Qualitäten von Handlungen, etwa die, „kriminell" zu sein, resultierten aus „Zuschreibungen des subjektiven Sinns", die sich „an Kontexten orientieren, in denen das zu definierende Handeln verankert gesehen wird" (Peters 1996, 110). Es sei folglich unzureichend, Kriminalität als eine objektive Eigenschaft zu betrachten, die einer Handlung oder gar einer Person zukomme. Noch viel unzureichender sei es folgerichtig, mit gutem Gewissen zu strafen. Denn gemäß den Etikettierungsansätzen partizipieren Bestrafungen an der Zurechung und Reproduktion von Degradierungskategorien, durch die Menschen erst zu „Kriminellen" werden. Wer von Kriminalität spricht, beschreibt Handlungen nicht, sondern er konstituiert eine sprachliche Realität: *Kriminalität wird dadurch ausschließlich als Kriminalisierung thematisierbar, d.h. als Zuweisung der spezifischen Bedeutung „Kriminalität".*

Als wichtigste Vertreter von Etikettierungsansätzen werden Edwin M. Lemert und Howard S. Becker gesehen. *Lemert (1982)* pointierte die Relevanz von Prozessen der Etikettierung durch die Unterscheidung einer *primären* und einer *sekundären* Devianz. Die erstgenannte ist als mehr oder weniger normale, alltägliche Erscheinung zu sehen. Sie ist mit gewöhnlich erwartbaren Rollenhandlungen eines Individuums vereinbar und erfährt keine besondere soziale Aufmerksamkeit. Anders die sekundäre Abweichung, die Lemert als Folge wiederholter sozialer Reaktionen auf primäre Devianz interpretiert. In einem längeren Prozess stellt sich aufgrund einfacher (oder wiederholter) primärer Devianz eine besondere Aufmerksamkeit für den Delinquenten ein. Es kommt zu moralischer Missbilligung und zu Bestrafungen, die sukzessive rigider werden und den Betreffenden stigmatisieren. Er internalisiert schließlich die ihm attestierte Rolle eines Abweichlers und richtet sich in ihr ein (vgl. Lemert 1951/1981, 408).

Becker (1981) verfolgte die Vorstellung einer kriminellen Karriere, die sich durch die Wahrnehmung und moralisierende Behandlung von Devianten ergebe. Entscheidend war dabei für ihn, dass Devianz keine Qualität einer Handlung sei, sondern durch interaktive Aushandlung entschieden werde, ob Kriminalität vorliegt oder nicht. Von abweichendem Verhalten sei zu sprechen, wenn und weil Zuschreibungen der Devianz erfolgen (ebd., 8). Es wird damit von ihm nicht geleugnet, dass Menschen Regeln verletzen. Zudem wird nicht bestritten, dass sich im Zeitverlauf eine Karriere bildet, in der Menschen sich immer tiefer in Regelverletzungen verstricken. Allerdings wird dies mit der Annahme verbunden, dies erfolge nicht aufgrund von in einer Person liegenden intrinsischen Motivlagen oder als Folge psychischer Dispositionen und Auffälligkeiten. Vielmehr werde eine Motivation zu Normverletzung durchaus entwickelt, allerdings in Folge von sozialen Interaktionen und Feedbacks über ein gezeigtes Verhalten. In den Worten Beckers (ebd., 36): „Nicht abweichende Motive führen zu abweichendem Verhalten, sondern genau umgekehrt: das abweichende Verhalten erzeugt mit der Zeit die abweichenden Motive." Die Wahrnehmung von Marihuanakonsum, mit dem sich Becker näher beschäftigte, könne sehr unterschiedlich erfolgen: Wird er als Devianz interpretiert, so besteht die Möglichkeit, dass durch die selektive Durchsetzung entsprechender Regeln ihre Internalisierung erfolgt; der Akteur erlebt sich aufgrund der Regeldurchsetzung als deviante Person mit entsprechenden Motivlagen.

Von Becker wie von Lemert werden objektive Regelverletzungen anerkannt, denn nur so ist auszusagen, dass deviantes Verhalten eine Folge von Etikettierungen ist. Man kann dies als eine Inkonsistenz bewerten, da der Annahme widersprochen wird, Devianz bestehe ausschließlich in Zuschreibungen. Es scheint an sich bestehende Abweichungen zu geben. Als soziale Realität aber werden sie nur erkennbar und kommunizierbar, wenn Zuschreibungen erfolgen. Kriminalität existiert lediglich als Kriminalisierung, mit der sich die Etikettierten aktiv auseinandersetzen. Im Fokus steht demnach nicht die lineare Prägung einer abweichenden Identität, wie mitunter behauptet wurde (vgl. Trotha 1977). Zentral ist zum einen *die Aushandlung* von Kriminalität als sozial konstruierte Tatsache und zum anderen die Zurückweisung ihrer *prinzipiellen Legitimität*. So beschreibt Lemert (1982, 435, 448) die Paradoxie von Maßnahmen sozialer Kontrolle, die „Kriminelle" zugleich fördert und sanktioniert: Durch Etikettierung werden Personen Integrationschancen genommen, so dass weitere Devianz wahrscheinlich wird. Dies kann eine für die Identitätsentwicklung entscheidende Involvierung in deviante Gruppen ebenso zur Folgen haben wie die Möglichkeit besteht, dass helfende, rehabilitative Zuwendungen implementiert werden. Grundlage sind jeweils negative Zuschreibungen. Becker insistierte diesbezüglich auf der Mehrdeutigkeit von Regelanwendungen und -durchsetzungen. Es existierten in einer Gesellschaft Gruppierungen mit unterschiedlichen Interessen und Verhaltensvorschriften, so dass es nicht durch einen Moralkonsens gerechtfertigt sein kann, Regelverletzungen als Devianz zu skandalisieren, da die Heterogenität moralischer Orientierungen und Regulierungen damit verschleiert werde.

Normen, so buchstabierte dies in deutlich konsequenterer Form *Fritz Sack (1972)* aus, sind grundsätzlich strittig. Die Annahme einer Regelverletzung, die vor oder auch nach einer Etikettierung erfolgt, ist dadurch nicht mehr haltbar. Subsumtionen, durch die qua Etikettierung Verhalten kriminalisiert wird, können nicht daraufhin untersucht werden, ob sie dies zu Recht oder zu Unrecht realisieren. Vielmehr finden in jedem Fall, in dem von Kriminalität gesprochen wird, „Transformationen von Verhalten in soziales Handeln" (ebd., 19) statt, d.h. ein Verhaltensakt wird mit spezifischen Motiven und Eigenschaften unterlegt, die juristisch prädefinierten Tatbeständen entsprechen bzw. entlehnt sind. Die hierbei zur Geltung kommenden Normen seien im Unterschied zur juristischen Rationalität fragil, da sie nicht „bruchlos" auf Verhalten anwendbar sind und „Spielraum für Variationsmöglichkeiten" (ebd., 17) beinhalteten. Eine Subsumtion ist demnach in Wirklichkeit eine askriptive Konstitution. Indem Sack dies ausarbeitet, wird die Erforschung von Kriminalität zur Auseinandersetzung mit Kriminalisierungsweisen, die nicht mehr auf Regelverletzungen rückbezogen werden können.

Die geschilderten Positionen verdeutlichen die Breite des Spektrums von Etikettierungsansätzen. Sie erfuhren insgesamt hohe Resonanz und wurden in verschiedene Richtungen ausdifferenziert (vgl. Lamnek 2007, 223ff; Lilly u.a. 2007, 23ff; Matsueda 2001; Vold u.a. 2002, 209ff). Die Nachfrage nach entsprechendem Wissen hat sich allerdings vermindert. Die Befassung mit Etikettierung ist „aus dem Zentrum der Aufmerksamkeit gerückt" (Kunz 2004, 188). Strasser (2005, 231) resümiert die aktuelle Bedeutung entsprechender Positionen mit den Worten: „Heute ist das alles bereits Geschichte." Das relative fachliche Desinteresse an der Perspektive der Etikettierung kann je nach Standpunkt als Erfolg oder Niederlage betrachtet werden. Als Erfolg könnte es gesehen werden, dass etikettierungsbezogene Wissenselemente und Forschungsstrategien in den „Mainstream" der Kriminologie transferiert wurden. Hinweise auf Etikettierungen hätten, wie eine einschlägige Grundlegung und Übersicht der Kriminologie festhält, zu einer „durchaus fruchtbaren Erweiterung der kriminologischen Themen beitragen" (Göppinger/Bock 2008, 162). Wo Etikettierungsansätze aber als eigenständige Perspektive vertreten werden, führten sie, wie es recht deutlich heißt, in die „Wüste" (ebd., 187). Diese Meinung ist charakteristisch, denn als kritische Perspektive auf Kriminalisierungsprozeduren und als Abkehr von einer positivistischen Kriminologie waren Etikettierungspositionen für diese stets störend.[23] Indem konstatiert wird, es handle sich lediglich um „eine Abwandlung oder *Ergänzung der traditionellen Theorieansätze*" (Schwind 2007, 147), wird Etikettierungsansätzen ihr Innovationsimpuls genommen; sie werden in positivistische Theoriedesigns integriert, gegen die sie eigentlich angetreten waren. Die Zuschreibung von Kriminalität durch formelle Instanzen der Strafverfolgung wird als ein kausaler Faktor neben anderen betrachtet, der zu (weiterer) Kriminalität führe.

Tatsächlich kann dies insbesondere an Lemerts Konzept „sekundärer Devianz" anschließen, durch das Etikettierungen als Ursachen für an sich deviantes Verhalten vor Augen geführt werden. Soziale Kontrolle wird „im ureigenen ätiologischen Sinn" (Brusten 1999, 532) als Kriminalitätsursache identifiziert, während die Etikettierungsperspektive, so sie ernst genommen wird, postuliert, dass Kriminalität *immer* zugeschrieben wird. Die Differenz zu positivistischen

---

[23] Es verwundert nicht, dass der Bedeutungsverlust von Etikettierungsansätzen durch die arrivierte Kriminologie unter Hinweis auf empirische und/oder theoretische Defizite begründet wird (vgl. entsprechend Schneider 2007, 143ff; Schwind 2007, 146ff), wobei offen bleibt, ob und in welchem Ausmaß andere Ansätze bzw. Theorien bessere Erfolge vorzuweisen haben oder überzeugender argumentieren.

Ansätzen ist im Falle Lemerts und tendenziell auch Beckers gering – ausgenommen, dass die Betrachtung konsequent auf Instanzen sozialer Kontrolle gerichtet wird. Dies erfolgt allerdings unter der Voraussetzung, dass sie Kriminalität *verursachen*, so dass diese Devianz ätiologisch rekonstruierbar und objektiv zugänglich zu sein scheint. Wie Cremer-Schäfer (1985) betont, ist diese Problematik jeder Etikettierungshaltung eingeschrieben, die von einer Verfestigung krimineller Verhaltenstendenzen im zeitlichen Verlauf der Herausbildung einer kriminellen Karriere ausgeht, so dass auch Beckers – letztlich inkonsistente (vgl. Dollinger 2002, 30ff) – Etikettierungsperspektive hinterfragt werden muss. Es komme, so Cremer-Schäfer (1985, 48), im Rahmen der Modellvorstellung einer Kriminalitätskarriere zu einer Verdinglichung von Devianz. Die Absage an ätiologische Forschung und die Aufforderung, *an ihre Stelle* die Analyse von Prozessen der Kriminalisierung zu setzen (vgl. Sack 1972; Keckeisen 1974), wird damit negiert.

Wo demgegenüber Empfehlungen ausgesprochen werden, „an einer definitionstheoretisch orientierten Kriminalsoziologie festzuhalten" (Peters 1997), wird zwar ebenfalls eine Integration von Elementen der Etikettierungsansätze in positivistische Forschung diagnostiziert. Dies wird jedoch als „ein zweifelhafter Erfolg" (Krasmann 2003, 52) gewertet, als eine Abwendung von Kernpunkten, die letztlich eine Niederlage zeige. Schließlich komme Definitions- bzw. Etikettierungsansätzen an sich ein „Innovationspotential" (Peters 1997, 269) zu, da sie gegen eine Verdinglichung von Kriminalität angehen, was im Zuge ihrer Integration in die kriminalitätstheoretische „Normalwissenschaft" negiert werde. Ein konsequenter Etikettierungsansatz kann nicht ätiologisch gewendet werden, denn er verkörpert eine grundlegende Skepsis gegenüber der Legitimität von Zuschreibungen. Im Prozess einer Etikettierung vorgenommene Askriptionen verweisen ihm zufolge auf *Kontingenz*, nicht auf die Anwendung einer Regel auf „primäre" Devianz. Zuschreibungen bleiben grundlos.

Fragt man nach den Ursachen des derzeit relativ geringen Interesses, so sind weniger (vermeintliche) Unzulänglichkeiten dieser Perspektive zu nennen. Mit einiger Plausibilität werden etwa Interessen von Professionen benannt, die – wie die Sozialpädagogik – an der Bekämpfung von Kriminalität interessiert sind und deshalb vorrangig ätiologisch argumentierten (vgl. Peters 1996, 113; s.a. Brumlik 1989). Zudem wird auf Devianzformen wie Rechtsextremismus und/oder Gewalthandlungen hingewiesen, die den Etikettierungspositionen in ihrer Kritik an Maßnahmen sozialer Kontrolle wenig Gegenliebe einbrächten (vgl. Menzel 1997; Peters 1996; 1997). Andere Arten von Kriminalität hingegen würden laut Garland (2001a) zunehmend als „normal" bewertet. Sie erscheinen als situativ bedingte Ärgernisse, die durch technologische Vorkehrungen, durch eigenverantwortliches Handeln potentieller Opfer oder andere präventive Strategien bearbeitet werden könnten. Die Kriminalitätsforschung passe sich einem Umfeld an, das durch eine kulturelle und kriminalpolitische Skandalisierung einiger und eine „Normalisierung" anderer Delikte gekennzeichnet ist. Sie gewöhne sich an hohe Kriminalitätsraten und betrachte Kriminalität verstärkt als „a normal, routine, commonplace aspect of modern society, committed by individuals who are, to all intents and purposes, perfectly normal" (ebd., 15).

Die für die Etikettierungsansätze zentrale Forderung, „Kriminelle" nicht zu pathologisieren und sie nicht als fremdartige Wesen zu hypostasieren (vgl. Boogaart/Seus 1991), wurde umgesetzt, allerdings nicht im intendierten Sinne. Die Kehrseite der gegenwärtigen „Normalisierung" von Devianz trifft zum einen, wie Garland (1996; 2001a) ausführt, nur auf spezifische Deliktbereiche zu, so dass etwa Gewalt- oder Sexualtaten repressive und stigmatisierende Interpretationen erfahren. Zum anderen habe sich eine „culture of control" (Garland 2001a) eingestellt, die erfolgreich auf eine Expansion präventiver Sicherungsmaßnahmen und situativ angelegter Modi der Verhaltenssteuerung abstelle (vgl. Singelnstein/Stolle 2008). Dieses „governing through crime" (Simon 2007) ermögliche es Regierungen, wie Simon am Beispiel der USA im Einzelnen ausführt, sich durch eine punitiv getönte Politik der Sicherheitsdarstellung zu behaupten. Der „war on poverty" sei in einen „war on crime" transformiert worden (vgl. Beckett/Sasson 2000), der auf die Inszenierung Innerer Sicherheit zum Zwecke der Aufrechterhaltung einer gegebenen Ordnung und ihrer herrschaftlichen Gewährleistung hin orientiert sei. Die resultierende „surveillance society" (ebd., 188) konfrontiere Minderheiten mit einer deutlich erhöhten Kriminalisierungs- und Inhaftierungswahrscheinlichkeit, während die Gesamtbevölkerung zunehmend verdachtsunabhängig überwacht werde.

Auswirkungen auf den Umgang mit Jugendkriminalität ergeben sich insofern, als eine wachsende Punitivität auch im Rahmen der Gestaltung des JGG und der seit dem Jahr 2008 in ganz Deutschland geltenden Jugendstrafvollzugsgesetze diagnostiziert wird. Feest und Bammann (2010, 539) konstatieren, die neuere kriminalpolitische Entwicklung habe den Jugendstrafvollzug zum „Einfallstor repressiver Regelungen" gemacht. Boers und Schaerff (2008, 323) verweisen auf einen „Paradigmenwechsel" zu wachsender Punitivität und Ostendorf (2010, 93) benennt zusätzlich zu den viel diskutierten Verschärfungen jugendstrafrechtlicher Bestimmungen eine Reihe eher unscheinbarer Neuerungen, die er zu „strafverschärfungsgeneigten Rechtsänderungen" zusammenfasst. Diese und weitere Diagnosen verdeutlichen die Wahrnehmung einer zunehmend punitiv getönten Kriminalpolitik und Strafrechtspraxis insgesamt und vor allem im Bereich der auf Jugendliche bezogenen Kontrollformen (vgl. zur Diskussion Lautmann u.a. 2004; Kury/Obergfell-Fuchs 2006; s. Kap. 4.2). Wenn man demnach der Annahme Garlands folgt, es habe sich eine „Normalisierung" der Taxierung von Kriminalität und Kriminellen eingestellt, so besitzt dies die beschriebene Kehrseite. Eine (tendenzielle) Normalisierung wird nicht durch die Reduktion von Maßnahmen sozialer Kontrolle und faktisch praktizierter Überwachungs- und Sanktionierungsanstrengungen begleitet, wie dies im Sinne der normativen Grundierung von Etikettierungsansätzen wäre. Vielmehr scheint es, als drängten Typisierungen von Devianz gleichsam durch ihre Normalisierung hindurch und konstituierten Kriminalitätswirklichkeiten, die ein Mehr an Kontrolle und Überwachung legitimieren. So beschreibt Wehrheim (2006, 127f) am Beispiel urbaner Kontrolle, pointiert an der Videoüberwachung, wie sich der Anschein normalisierter Objektivität und typisierende Ausgrenzungen vermischen:

> „Kameras sind in der Regel fest installiert, d.h. sie haben klar definierte Orte im Blick und sie überwachen alle Personen, die sich vor den Objektiven bewegen. Technik scheint unbestechlich, sie diskriminiert nicht nach Schichtzugehörigkeit oder ethnischer Herkunft.
>
> Auch wenn Videoüberwachung in seiner Wirkung derzeit stark überschätzt wird, so lässt sich doch erkennen, dass sie keineswegs eine neutrale Kontrolltechnik ist: Im Fokus stehen (…) sehr konkrete Gruppen: Männer, nicht Frauen; Individuen mit dunkler, nicht mit heller Hautfarbe; Junge, nicht Alte; auffällig nicht durchschnittlich Gekleidete... Dies ist auch wenig überraschend: Kameras liefern unendlich viel Datenmaterial und die ganz überwiegende Zeit passiert vor ihren elektronischen Augen nichts, was auch nur irgendwie für den Beobachter interessant sein könnte, d.h. diese müssen zwangsläufig selegieren und dafür orientieren sie sich an ihren Vorstellungen von Devianz. Zudem sind Vorgaben beobachtungsleitend, die ihnen je nach den spezifischen politischen und ökonomischen Interessen, die in den jeweiligen observierten Räumen vorherrschen, gemacht werden."

Devianz erscheint folglich zwar in Teilbereichen normalisiert. Videokameras und vergleichbare Kontrollformen operieren unabhängig von spezifischen Kausalitätsannahmen, so dass der Eindruck einer Pathologisierung oder moralisierenden Abwertung vermieden wird (vgl. Lindenberg/Schmidt-Semisch 1995). Forderungen, auf eine letztlich stigmabehaftete Suche nach kriminogenen Ursachenfaktoren zu verzichten, scheinen beinahe realisiert zu sein. Aber Moralisierungen treten letztlich doch hervor und die putative ätiologische Abstinenz (techno-) präventiver Kontrollformen weist als Kehrseite eine Ausweitung von Kontrollpotentialen auf. Der Labeling Approach wird, obwohl von zumindest expliziten Kausalkonstruktionen abgesehen wird, konterkariert.

Betrachtet man den derzeitigen Stellenwert von Etikettierungsansätzen, so besteht folglich Einigkeit: Sie sind, insoweit sie auf der brüchigen und fragilen Aushandlung von Devianzkategorien beharren, in eine Defensive geraten und konnten die wichtige Position, die sie seit Ende der 1960er Jahre einnahmen, nur vorübergehend behaupten. Selbst wo Devianz derzeit normalisiert erscheint und von (expliziten) Ätiologien Abstand genommen wird, tendiert dies in eine Richtung, die kaum als durch Labelingpositionen informiert wahrgenommen werden kann. Einzelne, durch sie angeregte Erkenntnisse finden in der Kriminalitätsforschung zwar weitgehend Anerkennung. Dies betrifft etwa die Ubiquität jugendlicher Kriminalität, die schicht-, geschlecht- und ethnienabhängige Selektivität formeller Strafverfolgung und die Notwendigkeit, die Tätigkeit von Instanzen der Strafverfolgung bei der Erforschung von Kriminalität zu berücksichtigen. Auch die zumindest in den Kriminalitätswissenschaften (noch) weitgehende Anerkennung der Schädlichkeit rigider Reaktionen auf Delinquenz für die Chancen der Legalbewährung und die Identitätsgestaltung der Kriminalisierten weisen zurück auf Labelingansätze. Kriminalpolitische Reformen, die auf Diversion und möglichst informelle Sanktionierungen von Delinquenten abstellen, wurden dadurch gestützt und befördert (vgl. im Näheren Lamnek 2008, 287ff). Allerdings sind *diese* Erkenntnisse und Postulate mit positivistischen Forschungslogiken und Kriminalitätsbegriffen vereinbar. Sofern in deren Rahmen von einer Perspektive der Etikettierung gesprochen wird, handelt es sich um eine ätiologische Reinterpretation, die Zuschreibungen als einen kriminogenen Faktor neben anderen unterstellt.

Abseits des Konsenses, es habe sich ein Bedeutungsverlust der Etikettierungsperspektive eingestellt, zeigen sich in der wissenschaftstheoretischen Einschätzung dieser Diagnose erhebliche Differenzen. Positivistische Haltungen begrüßen die ätiologische Vereinnahmung. (Ehemalige) Anhänger der Etikettierungsposition insistieren hingegen auf einer Differenz und legen Wert auf die Feststellung, Kriminalisierung könne nicht durch eine objektive Handlungsqualität legitimiert werden. Auch von dieser Seite aus wird allerdings kaum noch an „klassischen" Etikettierungsthesen festgehalten. Es wirkt sich neben der Integration einzelner Aspekte von Etikettierungsansätzen in die „Normalwissenschaft" und neben einer verstärkten Betonung von Gewalt und Rechtsextremismus, die Etikettierungspositionen unattraktiv erscheinen lassen, eine dritte Entwicklungslinie aus, die im Folgenden näher zu betrachten ist. Sie entstammt der sozialtheoretischen Kritik am Labeling Approach bei gleichzeitiger Sympathie für seine analytische und normative Stoßrichtung. In diesem Rahmen wird festgestellt, dass die Rede von Etikettierung keine Theorie vergegenwärtigt, sondern dieser Anspruch in der Regel von Gegenpositionen erhoben wird, um Defizite und Unzulänglichkeiten anzumahnen, die Labelingansätzen an sich nicht innewohnen (vgl. Peters 1996). Kriminalisierung als kontingenten Aushandlungsprozess zu verstehen, verweist auf wissenschaftstheoretische Grundhaltungen, die die Konstitution einer sozialen Wirklichkeit unter Referenz auf ethnomethodologische, wissenssoziologische, sozial-phänomenologische, sprachtheoretische u.a. Positionen deuten und auf Kriminalität anwenden. Eine elaborierte Theorie ist damit noch nicht formuliert. Es handelt sich um eine Sichtweise, die keine näheren inhaltlichen Aussagen etwa über Ursachen von Kriminalisierung, über Selektionskriterien von Kontrollinstanzen oder über Folgewirkungen von Inhaftierungen für die Identitätsentwicklung trifft – auch wenn derartige Feststellungen sich mit Etikettierungsprozessen leicht in Verbindung bringen lassen und dies auch oftmals getan wurde. Es ist deshalb hinfällig, sich näher mit der Kritik zu befassen, die Kunz (2004, 184) mit den Worten resümiert: „Als Kriminalisierungstheorie überzeugend, *als Kriminalitätstheorie enttäuschend"*, denn um Etikettierungs*theorien* zu bewerten, sind die jeweiligen Theorien in den Blick zu nehmen, die Perspektiven einer Etikettierung aufnehmen und verarbeiten. Dies erfolgte in der Regel durch spezifische gesellschaftstheoretische Fundierungen. Es kann mit deren Diskussion aber keine Aussage über Etikettierungsansätze verbunden werden, die lediglich konstatieren, dass „Kriminalität" als Label fungiert, das einzelnen Handlungen und/oder Ereignissen in Aushandlungsprozessen zugewiesen wird, indem subjektive Motivlagen und Sinnbezüge zugeschrieben werden. Sehen wir deshalb nun auf Versuche einer gesellschaftstheoretischen Fundierung von Etikettierungen, da sie näher an die Begründung der hier verfolgten Position führen.

2.3 Kriminalisierung als Dominanzverhältnis

Es wurde oben festgehalten, Kriminalität sei, um Aporien einer positivistischen Setzung zu vermeiden, als Kriminalisierung zu verstehen. Etikettierungsansätze machen dies deutlich. Sie belegen eine für die Erforschung von Jugendkriminalität zentrale Notwendigkeit, nämlich eine Perspektive einzunehmen, „die als solche *konsequent als ein analytisches Prinzip zu begreifen ist"* (Krasmann 2003, 47; Hervorhebung B.D.). Es handle sich, wie Krasmann ausführt, im Falle des Labelingansatzes um eine solche analytische Sichtweise, die „eine wissenschaftstheoretische Reflexivität" (ebd.) erzwingt.

Dies muss hervorgehoben werden, denn insbesondere von herrschaftskritischer Seite aus wurden Etikettierungspositionen mit einem „Idealismusvorwurf" (Kunz 2004, 188) konfrontiert. Nach Boogaart und Seus (1991, 25) handelten sich interaktionistische Varianten des Labeling Approach die Kritik eines „Subjektivismus und Relativismus" ein. Die Betonung der mikrosozialen Aushandlung von Kriminalitätsbedeutungen wurde ihnen als „Suggestion der Beliebigkeit" (Peters 1996, 108) zum Vorwurf gemacht, womit die konsequent analytische Stoßrichtung entweder übersehen oder abgelehnt wurde. Zwar wies Becker (1981) explizit auf die ungleich verteilten Möglichkeiten zur Durchsetzung von Labels hin. Er begründete die Abhängigkeit dieser Chancen von rekursiven Prozessen der Konstruktion sozialer Probleme durch moralisches Unternehmertum und die Etablierung einer „Durchsetzungs-Maschinerie" (ebd., 138) von Problemdeutungen. Angesichts des Schwerpunkts der interaktionistischen Ansätze wurden allerdings v.a. interpersonelle Prozesse und Dynamiken bedacht, während abstraktere gesellschaftliche Züge ausgeblendet blieben (vgl. Matsueda 2001, 231f). Es resultierte der Eindruck einer mehr oder weniger beliebigen Aushandlung von Labels.

In der Folge kam es bei der Auseinandersetzung mit dem Labeling Approach zu Versuchen z.B. von Sack (1972), Smaus (1986) oder Blankenburg (1974), eine – meist im Speziellen marxistische – gesellschafts- und konflikttheoretische Erweiterung zu erreichen (vgl. Krasmann 2003, 36ff). Damit wurden Theoriebestände zusammengebracht, die den Prinzipien der oben dargestellten Perspektive der Etikettierung widersprechen. So forderte Smaus in ihrem als prototypisch zu betrachtenden Integrationsversuch dazu auf, auf der Grundlage der marxistischen Theorie die interaktionistisch gedachte Etikettierung zu diskutieren (und nicht vice versa). Am Marxismus bemängelte sie eine fehlende Aufmerksamkeit für Kriminalisierungsprozesse und am Interaktionismus die „Vernachlässigung der ‚objektiven' Wirklichkeit" (Smaus 1986, 185). Letzterer zeige eine ahistorische, subjektivistische und idealistische Schieflage, die durch den Marxismus zu korrigieren sei. Die beiden Annäherungen seien „kompatibel" (ebd., 185), da im Interaktionismus Hinweise auf eine objektive Tatsächlichkeit der Welt angelegt seien. Zur Vermittlung griff Smaus auf Giddens' Theorie der Strukturierung zurück, so dass eine des Idealismus bezichtigte Theorie des Interaktionismus neben dem historischen Materialismus steht, die durch eine – wie Smaus (ebd., 187f) selbst anerkennt – in hohem Maße subjektorientiert-intentionalistische Theorie verbunden werden sollen. Es werden unterschiedlich begründete Theorieelemente zu integrieren beansprucht, womit mindestens zwei Fragen aufgeworfen werden:

Die eine lautet, ob die Integrationsversuche nicht letztlich unvereinbare Theoriebestände ineinander zwingen. Schon früh war an Versuchen einer Bezugnahme von Interaktionismus und Marxismus genau dies kritisiert worden (vgl. Krasmann 2003, 48, Fn. 41). Von (neo-) marxistischer Seite aus wurde Kriminalität z.T. genuin ätiologisch als Folge sozialen Elends interpretiert: Durch die Industrialisierung etwa seien „immer größere Teile der verarmten Massen (…) zum Verbrechen getrieben" (Rusche/Kirchheimer 1981, 133) worden. Umgekehrt legt der Symbolische Interaktionismus eine voraussetzungslose Aushandlung zumindest nahe: Etikettierung hänge, wie Blankenburg (1974, 317) unterstellte, „immer ‚in der Luft (…)'". Und Goffman (1980, 9) kritisierte am Symbolischen Interaktionismus, Menschen handelten nicht frei nach situativen Gegebenheiten, sondern meist so, wie es von ihnen erwartet wird (vgl. auch Scherr 2006b, 145f). Es ist folglich alles andere als bruchlos, eine Vereinigung symbolisch-interaktionistischer Etikettierungsperspektiven mit marxistischen Theorien zu unternehmen. Die Erörterung von Kriminalisierungsprozessen wird „zu den überzeugendsten Anwendungen des symbolischen Interaktionismus" (Münch 2002b, 358) gezählt, so dass offensichtlich dessen Kernbereich berührt wird. Ihn im Sinne von Smaus in die Priorität einer marxistischen Gesellschaftstheorie und damit in einen naturalistisch-evolutiven (vgl. Münch 2002a, 125ff) bzw. „eschatologischen" (Dahrendorf 2002, 70) Rahmen einzupassen, verengt eines seiner Grundanliegen: die interaktionistische Aushandlung von Wirklichkeitsdeutungen.

Hieran schließt die zweite, essentiellere Frage an. Mit ihr ist zu ergründen, ob nicht ein spezifischer Kontrastpunkt des Etikettierungsansatzes gegenüber positivistischen Theorien durch seine marxistische Reformulierung aufgegeben wird: *die Kontingenz*. Durch die historisch-materialistische Stoßrichtung erodiert sie in Hinweisen auf sozialökonomistisch konzipierte Letztbegründungen, die Etikettierungen auf die Aufrechterhaltung sozialer Ungleichheit, auf die Reproduktion von Herrschaft oder die Aufzwingung einer besonderen Arbeitsmoral beziehen (vgl. hierzu, weiter ausholend, Müller-Tuckfeld 1997).

Die entsprechenden Ansätze firmieren meist unter der Referenz einer „Kritischen" bzw. „Radikalen" Kriminologie (vgl. Anhorn/Bettinger 2002; Boogaart/Seus 1991; Bussmann/Kreissl 1996; Carrington/Hogg 2002; Janssen u.a. 1988; Kriminologisches Journal 1986; Lamnek 2008, 15ff; Schwartz/Hatty 2003). Es handelt sich um überaus vielschichtige und differenzierte Theorieanlagen, die hier weder dargestellt werden können noch müssen. Lediglich kursorisch sei benannt, dass der Versuch unternommen wird, Kriminalität nicht als frei ausgehandeltes Label zu betrachten, sondern breitere gesellschaftliche Rahmenbedingungen von Kriminalisierungsprozessen in den Blick zu nehmen. Neben genuin wissenschaftlicher Arbeit ist damit die Zurückweisung einer kriminalpolitischen Indienstnahme kriminologischen Wissens für Zwecke der Kriminalitätskontrolle intendiert. Es geht nicht um die Aufdeckung und Bekämpfung von Ursachen der Kriminalität, sondern um die Erschließung von Kriminalisierungsgründen und zumeist auch um die „humanere" Ausgestaltung von Maßnahmen sozialer Kontrolle als den Bedingungen, durch die Kriminalität erst als solche konstituiert wird. Etikettierungsperspektiven legten diesbezüglich wichtige Grundlagen, aber sie sollten gesellschaftstheoretisch erweitert werden, was, wie beschrieben, häufig durch eine „dezidiert marxistische Auffassung" (Lamnek 2008, 36) erfolgen sollte. Im Kontrast zu einer symbolisch-interaktionistischen Haltung wurde Kriminalisierung dadurch als Akt politischer Herrschaftssicherung repräsentiert, so dass Quinney (1970, 15) ausführen konnte: „Crime is a definition of human conduct that is created by authorized agents in a politically organized society". Im Sinne dieses Kriminalitätsverständnisses pointiert Sack (2002, 45): „Es geht der kritischen Kriminologie darum, Kriminalität und deren gesellschaftliche und staatliche Verarbeitung als Teil und Funktion von Gesellschaft zu begreifen und zu analysieren."

Beziehen wir diese Absicht auf das Thema Kontingenz: Interaktionistische Etikettierungsansätze gehen davon aus, das Label „Kriminalität" werde im Kontakt eines Akteurs mit einer zuschreibenden Instanz bzw. Person ausgehandelt. Abweichendes Verhalten ist demnach „die Konsequenz eines Interaktionsprozesses zwischen Menschen" (Becker 1981, 148), und zwar solchen, die zuvor aufgestellte Regeln durchsetzen, und solchen, denen eine Regelverletzung angelastet wird. Die Aushandlung erfolgt je nach situativen Bedingungen; sie ist gemäß Sacks (1978, 678) Rekonstruktion des interaktionistischen Etikettierungsverständnisses „prinzipiell prekär, offen, alternativ möglich". Einflussfaktoren wie Macht, professionelle Interessen oder rechtliche Handlungsvorgaben gehen in den Labelingprozess ein. Eine weitergehende Theoretisierung der antezedenten und in einer Aushandlung wirksam werdenden Bedingungen kann im Rahmen des Interaktionismus jedoch kaum realisiert werden. Der Fokus seiner Betrachtung liegt auf dem subjektiven Sinn und der sprachlichen Aushandlung von Wirklichkeitsdefinitionen. Deshalb wird auf die beschriebene Weise auf Gesellschaftstheorien wie den Marxismus zurückgegriffen, der eine umfassendere Erschließung sozialer Zusammenhänge erlauben soll. Der Fokus verschiebt sich damit auf soziale und ökonomische Strukturen. Die Prekarität und Dynamik sozialer Ordnungsbildung, wie sie im Interaktionismus nahe gelegt wird, wird zwar nicht völlig aufgehoben. In einer spezifischen Formation der Gesellschaft allerdings werden Kriminalisierungen zu Resultaten der Konstitutionsbedingungen des Sozialen und der Logiken der Herrschaftssicherung erklärt. Kriminalität werde, wie Sack (1968, 469) ausdrückte, einzelnen Milieus wie ein „negatives Gut" zugewiesen: „Es vorenthält Rechte, beschneidet Chancen, es verteilt die in einer Gesellschaft vorhandenen Ressourcen".

Zwar wird auch im Rahmen marxistischer Etikettierungstheorien auf die Aushandlung von Kriminalität Wert gelegt; sie wird nicht als bloßes Verhalten beschrieben, sondern als Zurechnung identifiziert. Allerdings erfolge sie im rekursiven Bezug auf Strukturbedingungen der Gesellschaft. Dadurch wird in den Interaktionismus ein wissenschaftstheoretisches Grundlagenmodell eingebracht, das im Gegenzug zur vorrangig situativ orientierten, sinnbezogenen Aushandlung von Wirklichkeit auf deren strukturelle Bestimmtheit Wert legt. Es sind nun v.a. ökonomische Strukturfaktoren, die gleichsam „handeln" und Etikettierungen anleiten. Kriminalisierung erscheint rational, denn durch sozialstrukturelle Dominanz- und Herrschaftsverhältnisse werde festgelegt, was Kriminalität „ist".

Aber auf wen trifft sie? Interaktionistische Ansätze betonen die Kontingenz interpersoneller Zuschreibungen; ob jemand kriminell „ist" oder nicht, wird auf mikrosozialer Ebene im Rückgriff auf kulturelle Deutungsoptionen bestimmt. Die Stärke dieser Annäherung liegt in der Betonung der Offenheit und Grundlosigkeit von Etikettierungen. Es ist allerdings unklar, welche Rolle den abstrakteren Einflüsse – Macht, Klassifikationsvorgaben, Institutionen der Problembearbeitung – zukommt. Dass sich in Etikettierungen überindividuelle Ungleichheiten und Dominanzverhältnisse abbilden, kann kaum erschlossen werden, und so bleibt bei einem konsequent ausformulierten Labelingansatz offen, warum bestimmte Personen zum Objekt von Kriminalisierung werden.

In der gesellschaftstheoretischen Erweiterung stellt sich dies anders dar. Der Adressatenkreis von Kriminalisierung ist hier bereits durch die Gesellschaftsanalyse vorbestimmt. Gegebene Strukturen zeichnen für Kriminalisierung verantwortlich und leiten situative Aushandlungen an. Deren Kontingenz und Offenheit wird konterkariert, denn zu Kriminalisierung führten Bedingungen wie Armut, soziale Benachteiligung, Arbeitslosigkeit, männliches Geschlecht u.a.m. Wie Befunde zu polizeilichen Kontrollstrategien und zu Inhaftierungspraxen bestätigen, betreffen diese mit erhöhter Wahrscheinlichkeit männliche Angehörige statusniedriger Milieus (vgl. Beckett u.a. 2006; Wacquant 2000; Western 2006; Uggen u.a. 2006). Die Einblendung von Strukturdeterminanten ist wichtig, da sie diese Befunde zu integrieren vermag und systematische Ungleichverteilungen von Kriminalisierungen sichtbar macht. Aber dies wird erkauft durch eine implizite ätiologische Tendenz. Denn kriminalisiert werden diesen Theorien zufolge spezifische Gruppen. Insofern allerdings nicht alle ihre Angehörigen betroffen sind, müssen Aussagen auf der Verhaltensebene in die Betrachtung eingeführt werden. So wird angenommen, dass zwar in allen Schichten kriminelles Verhalten auftritt, jedoch nur bestimmte Personen, die tatsächlich abweichendes Verhalten zeigen, von Strafverfolgung tangiert werden. Die Faktizität von Kriminalität wird dadurch nicht in Frage gestellt. Es gibt normverletzendes Verhalten und entsprechende Normierungen, mit denen sich Handelnde auseinandersetzen und die sie auch selbst auf ihr Handeln anwenden. Am Beispiel von Smaus' materialistisch-interaktionistischer Theorie merkt Lamnek (2008, 159) deshalb an, es gebe ihr zufolge „‚objektives' deviantes Verhalten. Somit macht es aber durchaus Sinn, nach den Ursachen eines ‚objektiv' abweichenden Verhaltens zu fragen, wie es die ätiologischen Ansätze versuchen." Wenn bestimmte Personen Delinquenz zeigen, so werden sie mit hoher Wahrscheinlichkeit – in einem selektiven Prozess der Strafverfolgung – kriminalisiert, da entsprechende Voraussagen aufgrund der objektiven Handlungsqualität und aufgrund der objektivierbaren Statusmerkmale der Akteure möglich sind. Die interaktionistisch betonte Kontingenz von Kriminalisierungen ist dadurch einer scheinbar konsistenten Logik gewichen.

Spitzt man die beiden Begriffe von Kriminalisierung zu, so ergibt sich ein bislang nicht überbrückter Gegensatz: Etikettierung ist entweder arbiträr oder objektiv bestimmt. Beides bleibt unbefriedigend. Insbesondere Versuche, Zuschreibungen gesellschaftstheoretisch aufzuklären, erweisen sich – auch außerhalb (neo-) marxistischer Positionen – als problematisch (vgl. insgesamt Peters 2009, 118ff). Sie tendieren dazu, Kriminalisierung mit einer strukturdeterminierten Gewissheit auszustatten, die den erkenntniskritischen Impuls des Labeling Approach erdrückt. Er macht der Kriminalisierung ihre Legitimität streitig, da es keinen sicheren Begriff vom „Wesen" krimineller Handlungen gibt. Die gesellschaftstheoretische Fundierung von Etikettierungen hingegen führt diese Wesens-Konstitution unvermittelt wieder ein.

Als Desiderat verbleibt ein theoretisches Kunststück: Ohne von Strukturunterstellungen ausgehen zu können, müssen Strukturbezüge von Kriminalisierungsprozessen auf eine Weise reflektiert werden, welche die Dynamik und Komplexität der betreffenden Bezeichnungen anerkennt. Dominanzverhältnisse und überindividuelle Aspekte der Kriminalisierung müssen dem theoretischen Zugriff geöffnet werden, ohne die gezeigten Widersprüche zu generieren. Es ist nicht die analytische Etikettierungsperspektive in ihrer Referenz auf Kultur durch ein komplementäres Prinzip der sozialen Struktur zu ergänzen – oder genauer: zu konterkarieren. Stattdessen hat eine Theoretisierung zu erfolgen, die konzeptionelle Brüche vermeidet, indem sie den Gedanken zu Ende führt, dass Kriminalisierung eine kontingente Praxis darstellt. Kriminalität „ist" Kriminalisierung ohne legitimatorische Basis; Zuschreibungen bleiben arbiträr. Angesichts dieses Ausgangspunktes, der in der Etikettierungsperspektive zu Recht gewählt wurde, kann eine theoretische Auseinandersetzung Bezug auf neuere kulturbezogene Positionen nehmen, die diese Kontingenz in zentraler Weise betonen.

2.4 Zwischenresümee

Fassen wir die bisher rekonstruierte Problematik zusammen, um die Aufgabe der folgenden Ausführungen zu illustrieren: Kriminalität verweist auf Kriminalisierung. Sie vergegenwärtigt die Aushandlung von Sinn- und Wirklichkeitsgeltungen. Etikettierungspositionen machen diesen wichtigen Aspekt deutlich, indem sie Kriminalität als Sinnzuweisung beschreiben. Allerdings werden entsprechende Bedeutungen nicht nur situativ voraussetzungslos ausgehandelt, sondern es zeigen sich Versuche einer Sinn-Bestimmung (s. Kap. 4). Kriminalisierung ist demnach mit der Konstitution von Dominanz verbunden. Diesbezüglich muss ein Zugang zu Dominanzverhältnissen gefunden werden, der Kontingenzen nicht zurückweist, sondern als ihre Möglichkeitsbedingungen ernst nimmt. Es ist unzureichend, situative Aushandlungen gesellschaftstheoretisch anzureichern, wie dies insbesondere marxistische Etikettierungsansätze realisieren. Eine sozialstrukturelle Fundierung von Etikettierungsprozessen unterstellt spezifische Ordnungsvorstellungen, die an sich – zumal angesichts der Heterogenität sozialwissenschaftlicher Integrations- und Ordnungskonzepte (vgl. etwa Münch 2004; Morel u.a. 2007; Stark/Lahusen 2002) – nicht alternativlos sind. Es konkurrieren unterschiedliche gesellschaftstheoretische Zugangsoptionen, was den theorieinternen Kontingenzausschluss noch fraglicher werden lässt. Durch ihn wird eine Besonderheit von Kriminalisierung, ihre Offenheit, durch axiomatisch gesetzte Ordnungsvorstellungen negiert. Um dem zu entgehen, muss anerkannt werden, dass ein vorgegebenes „Wesen" der Kriminalität nicht existiert, weder ätiologisch als Folge einer Determination individuellen Handelns noch sozialstrukturell-etikettierungsbezogen als Funktion der Aufrechterhaltung von sozialen Ungleichheiten und Herrschaftsverhältnissen.

So liegt denn auch dem Begriff „Kriminalität" eine Differenzbestimmung zugrunde. Er verweist zurück auf das lateinische Verb „cernere" (vgl. Kunz 2004, 3), das soviel bedeutet wie „unterscheiden", „wahrnehmen", aber auch „entscheiden" oder „beschließen". Ein „crimen" als eine Anklage oder ein Vorwurf setzt demnach konstitutiv eine Unterscheidung voraus, die einen Sachverhalt als solchen klassifiziert und die weitere Beschäftigung mit ihm abhängig von Entscheidungen macht. „Kriminalität' *ist*", so stellt Bussmann (2000, 236) fest, „die Differenz zu allen anderen Beobachtungen. Kurz: ,Kriminalität' ist Definition als Folge einer *Selektion*." Erst durch Differenzbestimmung wird sie als Erfahrungs-„Gegenstand" besonderer Eigenart hervorgebracht und in einem Beziehungs- und Bedeutungsnetz verortet, das sich durch die Thematisierung von „Kriminalität" verändert und das ständig in Bewegung begriffen ist.[24]

Die Provokation dieser Sicht besteht in einem bewusst relationalen Ausgangspunkt, der Kriminalisierung nicht als Notwendigkeit betrachtet, sondern schlicht als klärungsbedürftige Setzung einer Differenz (vgl. Dollinger 2010a). Das einzige „Wesen" von Kriminalität besteht zunächst darin, als Differenz zu fungieren, da unterstellt wird, es sei sinnhaft zwischen Kriminalität und Nicht-Kriminalität zu unterscheiden. Insofern dieses „Wesen" als Differenz gefasst wird, ist es kein Wesen im positiven Sinne, sondern es kann nicht ohne Beziehung zu anderen Sinnzuweisungen verstanden werden. Kriminalität ist eine Äquivokation: In ihrem Zentrum liegt die Tatsache, dass es kein Zentrum gibt, sondern nur unterschiedliche, höchst widersprüchliche Ereignisse, die in keiner Weise auf einen gemeinsamen Nenner gebracht werden können. Als Polysem hat sie keinen einheitlichen Sinn und keinen (mehr oder weniger) verborgenen Grund, von dem aus sie erklärt werden könnte. Es gibt nur eine einzige Ausnahme, die als Gemeinsamkeit der als „kriminell" bezeichneten Ereignisse zu betrachten ist: eben die Bezeichnung, es handle sich um „Kriminalität".

Ein prädiskursives Wesen von Kriminalität gibt es demnach nicht – aber es gibt sehr wohl Versuche, ihr ein Wesen einzuschreiben, und diese können analytisch verfolgt und erforscht werden, während es unzureichend bleibt, im Prozess der Theoretisierung und Erforschung ein solches Wesen vorwegzunehmen. Eine konsequent analytische Zugangsweise muss in Rechnung stellen, dass „die Wahl des angemessenen Standpunktes selbst das Problem" (Kunz/Besozzi 2003, 87) ist, das der wissenschaftlichen (und professionellen) Beschäftigung mit Kriminalität bedarf. Insofern eine Befassung mit „Kultur" per se eine reflexive Haltung nahe legt (vgl. Luhmann 1995/2008, 554), dürfte ein kulturtheoretischer Ausgangspunkt dabei eine gute Wahl sein.

---

[24] Es wird im Folgenden nicht der systemtheoretischen Position Bussmanns gefolgt, obschon sie wichtige Ansatzpunkte enthält. Dies sei hier nicht im Einzelnen diskutiert. Als zentraler Einwand gegen eine an der Luhmannschen Systemtheorie geschulte Perspektive der Beobachtung und Beobachtungsreflexion sei allerdings festgehalten, dass sie eine „starke" Gesellschaftstheorie mit sich führt, die Analyseoptionen durchdringt und präjustiert. Trotz der Zurückweisung einer Einheit der Gesellschaft „schlägt der Systembegriff in der Theorie der Gesellschaft doch immer wieder um in eine Metapher der Totalität, die Gesellschaft als das ‚umfassende Sozialsystem' hypostasiert und reifiziert – und dies sogar bei Luhmann selbst" (Lüdemann 2004, 17). Dass dies bei einer Analyse wissenschaftlicher Praxis zu Verzerrungen führt, beschreibt Knorr Cetina (1992) eindrücklich. Letztlich müssen gesellschaftstheoretische Vorgaben und die eingenommene Reflexionsperspektive grundlegend auseinander gehalten werden.

3 Kulturtheoretische Grundlagen

„Words are not empty folders, hanging in the air. They move audiences to responses and move the speakers to define and redefine their contexts"
(Gusfield 1989, 11).

3.1 Kultur und Kriminalität

Kultur spielt nicht erst seit kurzer Zeit eine wichtige Rolle bei der Beschäftigung mit Kriminalität. Mit Hilfe von zwei Überblickstexten kann geschildert werden, wie diese Rolle derzeit wahrgenommen wird. Die beiden Beiträge entstammen sehr unterschiedlichen Perspektiven, sie geben also einen kontrastreichen Überblick. Der eine thematisiert „Kultur und Kriminalität" (Göppinger/Bock 2008, 144ff) und findet sich in dem zunächst von Hans Göppinger, später durch Michael Bock und Mitarbeiter (mit-) verfassten, in Deutschland einflussreichen Lehrbuch „Kriminalität". Der zweite stammt von David Garland (2006), einem international führenden Kriminalsoziologen, dessen Beitrag in einer Fachzeitschrift erschien.

a.   Betrachten wir zunächst den ersten Text. Er findet sich unter der Referenz „Gesellschaftsbezogene Theorien und Ansätze". Kultur wird folglich als eine Subkategorie gesellschaftstheoretischer Ausführungen betrachtet, so dass kulturelle Betrachtungen neben sozialstrukturellen, etikettierungsbezogenen, macht- und statusorientierten und ökonomischen zu finden sind. Gesellschaftstheorien und -ansätze ihrerseits finden sich neben anderen Theorieentwürfen (personenbezogenen, opferorientierten usw.), wobei interessanterweise „medizinisch-psychiatrische Befunde und Zusammenhänge" nicht als Theorien systematisiert sind. Es scheint sich um „Befunde" zu handeln, während ansonsten – man ist geneigt hinzuzufügen: *nur* – „Theorien" verfolgt würden, u.a. kulturbezogene. Die neuere Kulturtheorie kehrte derartige Systematisierungslogiken um, und z.B. durch Marcel Mauss, Michel Foucault, Pierre Bourdieu, Judith Butler u.a. wurde die kulturelle Prägung und Konstitution von Körperlichkeit erforscht; demgegenüber vermittelt die „Kriminologie" von Göppinger und Bock das Bild einer relativ theorielosen medizinisch-psychiatrischen Forschung, die unumstößliche Fakten hervorbringt. Kultur hingegen erscheint als eine optionale Denkrichtung neben anderen.

Im Speziellen werden in dem Beitrag zum Zusammenhang von Kultur und Kriminalität vorrangig „klassische" Ansätze referiert. Als ihre Gemeinsamkeit wird ausgeführt, dass die einschlägigen Theorien Inkonsistenzen von Verhaltensanforderungen unterstellen; Menschen gehören im Verlauf ihres Lebens verschiedenen Gruppen mit je besonderen kulturellen Orientierungen an und eine mögliche Folge hiervon sei deviantes Verhalten (vgl. Göppinger/Bock 2008, 144). Dies werde etwa durch Sellins Theorie des Kulturkonflikts begründet, die auf die Zugehörigkeit eines Menschen zu unterschiedlichen Gruppen eingeht. So können sich Menschen mit differenten Anforderungen und Erwartungen von Gruppierungen konfrontiert sehen; was in der einen Gruppe konform sei, könne anderweitig als deviant und im Falle eines Konflikts mit strafrechtlich kodierten Verhaltensanforderungen sogar kriminell sein. Von Göppinger und Bock (ebd., 145f) wird dies auf den – theoretisch und empirisch hoch umstrittenen[25] – Befund angewendet, Migranten zeigten höhere Delinquenzneigungen als Nicht-Migranten. Neben Sellin werden Theorien der Subkultur eingebracht, wie sie in kriminalökologischen Ansätzen verfolgt werden und am prominentesten durch Albert Cohen und Walter Miller vertreten wurden. Ergänzend wird auf die zuerst 1982 veröffentlichte und ebenso breit wie kontrovers rezipierte „broken windows"-These von James Q. Wilson und George L. Kelling hingewiesen (s. zu diesen Ansätzen Kap. 3.2).

b. Die Übersicht des britischen und amerikanischen Kriminalsoziologen David Garland (2006) richtet sich auf „concepts of culture in the sociology of punishment". Garland verweist auf eine lange Tradition kulturtheoretischer Arbeiten in der Kriminologie, die durch den „cultural turn" vertieft worden sei. Insbesondere sei Kultur jüngst im Zuge der Expansion von Kulturtheorien als eine relativ eigenständige Dimension zur Analyse und Deutung von

---

[25] Beziehen wir das Thema der Migration auf nichtdeutsche Staatsangehörige. Dass diese krimineller seien als Deutsche, gibt zwar etwa die PKS wieder. Demgegenüber lässt sich allerdings nachweisen, dass es sich um ein statistisches Artefakt handelt (vgl. Albrecht 2005, 3337ff; Geißler 1995; Scherr 2010). Nichtdeutsche sind häufiger sozial benachteiligt, ihre Altersstruktur ist anders als die durchschnittliche der deutschen Staatsangehörigen, sie geraten häufiger in den Fokus polizeilicher Ermittlungen, es sind Personen zu bedenken, die sich z.B. als Touristen nur vorübergehend in Deutschland aufhalten und deshalb statistische Befunde verzerren können; außerdem können von Nichtdeutschen Verstöße gegen ausländer- und asylrechtliche Bestimmungen gezeigt werden, die bei deutschen Staatsangehörigen ausgeschlossen sind. Diese Faktoren wirken jeweils zum Nachteil Nichtdeutscher. Die These einer Höherbelastung ist deshalb zurückzuweisen, zumal sie eine problematische Homogenisierung von Migranten impliziert und eine Diffamierung leistet.

Kriminalität und Bestrafung eingesetzt worden. Garland legt dabei zur Systematisierung zwei unterschiedliche, wenn auch nicht unmittelbar trennscharfe, Kulturbegriffe zugrunde: Einerseits werde Kultur als Analysekategorie sozialer Beziehungen und andererseits als kollektive Ganzheit verstanden. Die erste Bedeutung sei darauf ausgerichtet, Hintergründe von Handlungen zu erschließen, indem z.B. veränderte Bestrafungspraxen auf neuartige kulturelle Orientierungen und Sensibilitäten zurückgeführt werden. Kultur wird dabei als eine Einflussgröße neben anderen angeführt. Sie zeitigt Effekte auf soziale Verhaltensweisen, auf ökonomische Belange oder politische Entscheidungen. Die zweite Bedeutung sucht Kultur nicht als Wirkfaktor auf nicht-kulturelle Aspekte des Lebens zu beziehen, sondern setzt sie in Zusammenhang mit anderen Kulturen, so dass sie als eigenständige, mehr oder weniger geschlossene Einheit konzipiert wird. Sie erscheint als „distinctive universe of meaning, a distinctive form of life, or a distinctive ‚world'" (ebd., 423). Kriminalität wird somit eigentümlich verschmolzen mit Lebensweisen von Gruppen, wie dies Subkulturtheorien unterstellen, denen gemäß kriminelles Handeln per se mit der Zugehörigkeit zu einzelnen Kulturen assoziiert zu sein scheint. Nach Verweisen auf Probleme und Aporien der beiden Kulturkonzepte und auf die Notwendigkeit, Kultur als komplexes, plurales Phänomen zu untersuchen, kommt Garland zu der Forderung einer integrierenden Forschungsstrategie. Kultur stehe nicht für sich, sondern werde nur im Verbund mit anderen Dimensionen sozialen Lebens wirksam, so dass Analysen von sozialer Kontrolle und Bestrafung kulturelle Bedeutungen zwar ernst nehmen müssten, sie aber in eine umfassende Sozialtheorie einzubinden hätten. So wirkten kulturelle Bedeutungen nicht an sich, sondern benötigten gleichsam Trägerstrukturen, die sie zur Wirksamkeit bringen. Ein Anspruch der Erklärung ließe sich erst dann formulieren und aufrecht erhalten, wenn kulturbezogene Analysen nicht für sich stünden, sondern mit sozialen Praxisformen zusammengedacht werden, die nicht-kulturellen Logiken folgten und Auskunft darüber ermöglichten, wie Kultur realitätsmächtig wird.

Die beiden Überblicke zeigen die großen Unterschiede innerhalb der kriminologischen bzw. kriminalsoziologischen Beschäftigung mit Kultur. Kulturbezüge fungieren als zentrale Analysekategorien bei der Erforschung von Kriminalität und sozialer Kontrolle. Allerdings wird sehr different konzipiert, welche Relevanz ihnen zukommen könnte, und Kultur wird nicht einheitlich theoretisiert, insbesondere was ihre Verbindung mit anderen Lebensbereichen betrifft. Deutlich wird außerdem nicht nur, dass verschiedene Optionen bestehen, Übersichten zum Thema anzulegen – etwa eher als Beschreibung oder als Analyse –, sondern, dass die Art und Weise der Darstellung von spezifischen Standpunkten und Haltungen geprägt ist. Die Zusammenstellung in Göppinger und Bock (2008) ist im Rahmen einer lehrbuchhaften Vorgabe um eine deskriptive Wiedergabe bemüht, in der Wertungen explizit als solche gekennzeichnet sein sollten. Faktisch sind sie in der Darstellung nicht zu vermeiden und schon bei der Auswahl der in Betracht gezogenen Ansätze und, noch grundlegender, bereits im Aufbau des Lehrbuchs und der entsprechenden Platzanweisung für kulturorientierte Theorien werden sie kenntlich.

Garland kann sich demgegenüber in seinem Beitrag in der Fachzeitschrift „Theoretical Criminology" analytisch mit kriminalsoziologischen Kulturkonzepten befassen. Dies macht seine Darstellung für die hier verfolgten Ausführungen besonders ertragreich, denn auch und gerade in diesem Rahmen werden Standpunkte sichtbar, die auf Bedeutungszuweisungen – mithin auf kulturelle Orientierungen – schließen lassen. So schildert Garland im beschriebenen Sinne die Notwendigkeit, Kultur in sozialtheoretischem Kontext zu verorten, denn, so Garland (2006, 439): „Cultural forms never exist outside their social context of use and the practices of interpretation that are brought to bear upon them." Derartige Kontextualisierungen aber sind stets fragil (s. Kap. 5.3). Sie sollen Kausalitäten begründen, die für relevant gehalten werden, während die ausgewählten Kontexte selbst nicht weitergehend hinterfragt werden. Die von Garland geforderte sozialtheoretische Rahmung setzt demnach eine Stoppregel, die angibt, an welcher Stelle mit Erklärungen aufgehört werden soll. Während dieses Prinzip jede wissenschaftliche Theoretisierung kennzeichnet, ist es für explizite Kontextualisierungen besonders folgenschwer, denn sie beanspruchen, erklärende Zusammenhänge einzubringen. So wird zwar zu Recht konstatiert, dass ein Ereignis kontextualisiert werden kann (und muss), aber es ist unmöglich, diesem Anspruch gemäß alle relevanten Aspekte einzubringen; Kontextualisierung verbleibt als eine unendliche, unlösbare Aufgabe (vgl. Bennington/Derrida 1994, 92ff). Sie wird in der Theoriebildung zwingend pragmatisch abgehandelt, indem nur *bestimmte* Kontexte eingebracht werden, die gemäß (disziplin-) *kultureller* Plausibilität wichtig zu sein scheinen. Im Falle Garlands wird in dieser Richtung ein „social context" benannt. Die Bedeutungszuweisung an ihn kann nur als Signifikation verstanden werden, als perspektivische Markierung einer exponierten Relevanz im Rahmen eines kriminalitätstheoretischen Bedeutungsnetzes. Man kann nur durch Kulturreflexion, hier im Besonderen als Reflexion einer wissenschaftlichen Bedeutungsattribution durch den Forscher Garland, erschließen, dass eine Sozialtheorie wichtig sein soll. Es wird eine Differenz gesetzt, der kausale Bedeutung zugeschrieben wird, während eine objektive Begründung für diese Argumentation zwingend ausgeschlossen und aufgeschoben bleibt (vgl. hierzu Wirth 2008b). Einfacher ausgedrückt: Garlands Argumentation ist kontingent, und dies kann nur analysiert werden, indem sein enger Kulturbegriff erweitert bzw. durch einen umfassenderen ersetzt wird.

Um eine Reflexion *kultureller* Bedeutungszuweisungen handelt es sich dabei insofern, als nicht theorieintern und „rein" wissenschaftlich begründet werden kann, dass und warum eine Sozialtheorie – und keine politische, ökonomische, theologische oder andere Theorie – als kontextuelle Referenz des Zusammenhangs von „culture" und „punishment" fungieren soll. Es handelt sich um eine Relationierung, die aufgrund einer vermuteten, kulturell anschlussfähigen Plausibilität unternommen wird. In diesem Sinne ist bei einer Analyse sozialwissenschaftlicher und speziell kriminalitätsbezogener Wissensbestände in Betracht zu ziehen, dass wissenschaftliches Arbeiten zuletzt auf Wertentscheidungen rekurriert (vgl. Weber 1904/2008) und damit kulturabhängig ist. Im Falle von Garlands Kulturbegriff führt dies zu einer Relativierung von Kultur gegenüber der Favorisierung einer sozialtheoretischen Basis, die Kultur – tendenziell im Sinne eine Überbaus – erst zur Geltung bringe. Kultur stehe in Wechselwirkung zu politischen, ökonomischen oder sozialen Prozessen (vgl. Garland 2007), so dass etwa die Herausbildung neuartiger Umgangsweisen mit Kriminalität auf komplexe Einflussfaktoren zurückzuführen sei, in denen unterschiedliche Kausalfaktoren zusammenwirkten.[26]

Im oben beschriebenen Sinne ist in Abhebung von diesem Kulturbegriff eine gleichsam radikalere Kulturanalyse zu betreiben. Im Rahmen neuerer Kulturtheorien wird sie insofern begründet, als Kultur nicht mehr als residuale oder partikulare Sicht und Forschungsorientierung gehandhabt wird. „Vielmehr ist die kultursoziologische Perspektive in den letzten Jahrzehnten (wieder) zu einer allgemeinen Betrachtungsweise des Sozialen avanciert" (Moebius 2009, 8). Es wird damit natürlich nicht negiert, dass es andere Bereiche des Lebens gibt, wie Politik, Wirtschaft oder Soziales. Aber sie können nur im Rahmen und auf der Basis kultureller Bedeutungszurechnungen und insbesondere sprachlich kodierter Adressierungen wirksam und einer Analyse zugänglich gemacht werden. Kultur durchdringt das gesamte Leben und etabliert symbolisierte Sinngehalte, die von verschiedenen Akteuren und Instanzen verarbeitet werden. Wie Garland (2006, 438f) zutreffend feststellt, kann Kultur nur analytisch isoliert werden, aber anders als er nahe legt, handelt es sich nicht um eine zusätzliche, anderen

---

[26] Die Rede Garlands (2001a; 2004; 2007) von „high crime societies", die jüngst veränderte soziale, politische und kulturelle Anpassungsleistungen illustrierten und neue „Kontrollkulturen" mit sich brächten, kann diesbezüglich missverständlich sein, da nicht klar ist, ob sich – wie objektivierbare? – „wirklich" hohe Kriminalitätsraten auswirken oder ob es sich vorrangig um „den *Eindruck* einer zunehmenden Kriminalität" (Christie 2005, 26) handelt. Garland (2007, 245ff) betont sowohl „echte" Veränderungen wie auch kulturelle Wahrnehmungen von hohen Kriminalitätsraten, wobei er insgesamt historisch etablierten, strukturellen und in seinem Sinne außer-kulturellen Entwicklungen besondere Relevanz zuschreibt (vgl. Hess 2007, 9; s. Kap. 4.2).

Logiken anhaftende Bedeutungszuschreibung, sondern um eine grundlegende Möglichkeitsbedingung der Erkenntnis und Forschungspraxis: Kultur befähigt zur Identifizierung eines distinkten Gegenstandsbereichs „Kriminalität" und in diese Wahrnehmung sind Präjustierungen von Verständnismöglichkeiten eingelassen. Wer sich also aus einer erkenntniskritischen Perspektive mit Kriminalität befassen will, tut gut daran, Kulturreflexion zu betreiben und wissenschaftliche Arbeiten zu Kriminalität als Teilbereich kultureller Bedeutungskonstruktion zu betrachten.

3.2 Subkulturen, „broken windows" und die „cultural criminology"

Vorausgehend wurde über kriminalitätswissenschaftliche Interpretationen kulturbezogener Kriminalitätstheorien gesprochen. Es soll im Folgenden inhaltlich genauer spezifiziert werden, wie Kultur im Rahmen einschlägiger Theorien eingesetzt und verstanden wird. Man muss dazu „ad fontes" gehen, also einzelne Theorieentwürfe diskutieren. Dies erfolgt nicht, um „der Wahrheit" näher zu rücken, sondern um die eigene, im bisherigen Argumentationsverlauf herausgearbeitete und unten (s. Kap. 3.3) weiter zu entwickelnde Sicht vorbereiten zu können. Wie die eben geschilderten Übersichtsbeiträge verdeutlichen, wird man bei Kriminalitätstheorien schnell fündig, wenn man sich auf die Suche nach Kultur begibt. Die Beispiele von drei zentralen Theorieentwürfen können dies belegen.

a) Subkulturtheorien

Von „klassischer" Bedeutung sind die in kaum einem kriminologischen und kriminalsoziologischen Lehrbuch fehlenden Theorien des Kulturkonflikts und der Subkultur, die in Weiterentwicklung von und Auseinandersetzung mit Ansätzen der „Chicago school" entwickelt wurden. Chicago erlebte in der zweiten Hälfte des 19. und zu Beginn des 20. Jahrhunderts eine migrationsbedingte Bevölkerungsexpansion. Es stellten sich verschiedenartige soziale Probleme ein, die z.T. dramatisch erlebt wurden und die es angeraten sein ließen, wissenschaftliches Wissen zu gewinnen und es mit sozialreformerischen Handlungsoptionen zu verbinden (vgl. Fischer-Rosenthal 1995, 115; Hayward/Morrison 2005, 71ff; Lamnek 2008, 212f; Münch 2002a, 270ff). Entscheidende Wirkungen gingen von hier aus neben Impulsen für die allgemeine sozialwissenschaftliche Theoriebildung insbesondere in die Richtung qualitativer Forschung, der Problemsoziologie und Devianzforschung (etwa Subkultur- und Etikettierungsansätze, sozialräumliche und Desorganisationsthesen). In ihrem Hintergrund liegt die Erfahrung einer multiethnischen Gesellschaft, die durch hohe Einwanderungsquoten gekennzeichnet war und in der Kriminalität häufig mit (Jugend-) Banden in Verbindung stand. Es wurden Forschungsprogramme entwickelt, die es erlaubten, Innensichten der Gruppen zu gewinnen und subjektive Sichtweisen der Betroffenen im Zusammenhang mit sozialräumlichen, kulturbezogen konzipierten Problemlagen zu erschließen.

Den Ausgangspunkt der Subkulturansätze bildet die Wahrnehmung spezifischer Kulturen in einer Gesellschaft, die gegenüber der vorherrschenden Dominanzkultur gleichzeitig konform und abweichend sind; Subkulturen sind in umfassendere Kulturen integriert, aber es zeigt sich ein „contrast of two or more normative systems, at least one of which implies strong adherence to a set of moral values that are often codified" (Wolfgang/Ferracuti 1967, 101). Yinger (1960) betonte angesichts der Parallelität von Konformität und Abweichung die Notwendigkeit einer klaren terminologischen Unterscheidung und forderte von Subkulturen solche Figurationen abzuheben, die als „Kontrakulturen" primär konflikthaft gegenüber der dominanten Kultur orientiert seien. „Subkulturen" weisen größere Überschneidungen mit ihr auf und unterscheiden sich lediglich in spezifischen, wenn auch zentralen, Bezügen. Entsprechende Ansätze legten u.a. Cohen (Cohen/Short 1968) und Miller (1968) vor, die sich beide mit der Kriminalität Jugendlicher im Rahmen subkultureller Bindungen befassen.

Cohen interpretierte Subkulturen als kollektive, adaptive Reaktionen vor allem von Unterschichtjugendlichen auf vorenthaltene Integrationschancen und defizitäre Möglichkeiten des Statuserwerbs z.B. durch schulische – in hohem Maße mittelschichtorientierte – Zertifikate. Eine Subkultur sei „ein System von Überzeugungen und Werten, das sich in einem Prozeß kommunikativer Interaktion unter Kindern bildet, die durch ihre Position in der Sozialstruktur in einer ähnlichen Lage sind, als Lösung von Anpassungsproblemen, für die die bestehende Kultur keine befriedigenden Lösungen bereitstellt" (Cohen/Short 1968, 372f). Subkulturen ermöglichten ihren Mitgliedern alternative Zugänge zu Status und Selbstachtung, indem Aggressionen bewusst gegen die Quelle der Frustration, die Mittelschicht mit ihren Normen, gerichtet würden. Als Reaktion auf verletzte Statuserwartungen erscheine Delinquenz gerechtfertigt, obwohl sie einen negativistischen, bösartigen Charakter aufweise. Im Falle einer männlichen „Basis-Subkultur" etwa zeige sich eine Tendenz zu Hedonismus und Feindseligkeit (ebd., 378). Indem die Abweichungen dieser (und anderer) Subkulturen die Mittelschicht adressierten, werden sie nur als Auseinandersetzung mit deren Normen verständlich, die ursprünglich von den Akteuren internalisiert wurden. Sub- und Dominanzkulturen bleiben in der Delinquenz verbunden.

Miller hingegen verstand Subkulturen als eigenständige Entitäten, die sich um besondere Kristallisationspunkte bildeten und Jugendlichen den Erwerb von Status erlaubten. Devianz ergebe sich durch Konformität mit der Unterschichtkultur und den durch sie bedingten Bruch anderweitiger Normbezüge. Delinquenz resultiere also nicht aus der Negation von Mittelschichtnormen, sondern es sei – so der bezeichnende Titel von Millers einschlägiger Studie – auf die „Lower Class Culture as a Generating Milieu of Gang Delinquency" (Miller 1968) zu blicken. Auch hier bleiben Bezüge zur dominierenden Kultur erhalten, denn die Unterschichtkultur sei in Auseinandersetzung mit ihr in einem langen Prozess entstanden und Delinquenz könne sich gegen sie richten (ebd., 340). Allerdings wird sie vorrangig nicht als Ablehnung anderer Werte und Normen gesehen, sondern Miller bestimmt sie als „Bemühen zur Erreichung bestimmter Zustände, Bedingungen oder Eigenschaften (...), die in dem für den Handelnden bedeutsamsten kulturellen Milieu geschätzt werden" (ebd., 358), mithin bei delinquenten Jugendlichen also im Rahmen einer Unterschichtkultur. Wird eine derartige Handlung als kriminell oder negativistisch interpretiert, so kommen (Mittelschicht-) Normen zur Anwendung, die der positiven Orientierung der Jugendlichen nicht gerecht werden. Damit werden divergente Kulturen nicht nur als Bedingungen von Deliktbegehung deutlich, sondern es wird auf die kulturelle Relativität der Wahrnehmung von Delikten aufmerksam gemacht. Der Status des Beobachters wird in die Erforschung von Kriminalitätskulturen einbezogen (zur näheren Auseinandersetzung mit der Tradition der Subkulturtheorien vgl. Förtig 2002; Göppinger/Bock 2008, 147ff; Kunz 2004, 148ff; Lamnek 2007, 147ff; Vold u.a. 2002, 154ff).

Subkulturtheorien spielten in den USA eine wichtige Rolle als Orientierungen der sozialwissenschaftlichen Erforschung von Devianz.[27] Sie wiesen die Erschließung subjektiver Sinnbezüge und kollektiver Praxen als *„sine qua non"* (Ferrell u.a. 2008, 35) der Erforschung von Delinquenz nach. Verbindungen zu Etikettierungsansätzen ergeben sich insofern, als zumindest in Teilen der Subkulturansätze die Identifizierung von Abweichungen als kulturelle Interpretationsleistung kenntlich wird, die auf partikularen Vorrechten beruht. Sie wird auf eine Kulturhoheit zurückgeführt, die mit anderen kulturellen Bezügen in Konflikt steht. Kriminalisierung setzt demnach Dominanzverhältnisse voraus, die mit alternativen Deutungsmöglichkeiten sozialer Ereignisse und mit Kontingenzen konfrontiert sind und diese negieren. Sie erweist sich als Teil einer *„offiziellen Benennung* oder Nomination", als „ein Akt symbolischer Durchsetzung" (Bour-

---

[27] Zu beachten ist ferner die englische Tradition der Subkulturforschung (vgl. im Überblick Lutter/Reisenleitner 2008; Marchart 2008, 95ff). Sie wird nachfolgend durch die „cultural criminology" rezipiert, die eng an diese gebunden ist.

dieu 1985, 23), der auf symbolische Ordnungen rekurriert und diese performativ im Akt einer Benennung reproduziert. Dadurch blenden Akteure formeller Kriminalisierung aus, dass Delinquenz für die Mitglieder einer Subkultur „Sinn" ergibt und ihnen Chancen der Identitätsentwicklung und der Integration in Anerkennungsbezüge selbst und gerade dann erlaubt, wenn sie anderweitig nicht erreichbar sind. Devianzforschung muss sich folglich nachhaltig auf kulturelle Komplexität und differentielle Sinnzuweisungen einlassen und ihre eigene Perspektive auf und Begrifflichkeit von Devianz reflektieren.

Hierbei zeigen Subkulturtheorien allerdings Defizite, da dieses Programm nicht konsequent dekliniert wird – und dies mit dem entsprechenden Ansatz auch kaum möglich ist. So monierte Matza (1964, 33ff; s.a. Garland 2006, 429) an den Theorien frühzeitig eine Vereinheitlichung des faktisch heterogenen Lebens innerhalb von Subkulturen und die Tendenz, Subkulturen als nach außen abgegrenzte Einheiten zu konzipieren, die starken Einfluss auf ihre Mitglieder ausüben. Die Beziehung von Sub- und Hauptkultur „cannot be neatly summarized in the term opposition" (Matza 1964, 37), denn es werde zwar von divergenten kulturellen „Welten" in einer Gesellschaft ausgegangen, aber diese werden – eben wie „Welten" – vereinfachend als relativ homogene Einheiten repräsentiert.

Dabei deutet schon die definitorische Bestimmung von Subkulturen als gleichzeitig abweichend und konform gegenüber den Normen vor allem der Mittelschichtkultur die dadurch aufgeworfenen Schwierigkeiten an. Schließlich bestehen Gesellschaften aus einer Vielzahl kultureller Kodierungen, Sprachpraxen und Regulierungen. Ab wann wäre festzustellen, dass eine Subkultur vorliegt, d.h. welche kulturellen Aspekte müssten wie stark kristallisiert sein und in welchem Verhältnis müssen sie zur Dominanzkultur stehen? Die Erkenntnis, dass Kulturen „complex and many-sided" (ebd.) sind, macht es unmöglich, distinkte Kulturen abzugrenzen und ihnen eigenständige, umfassende Sozialisations- und Identifikationseffekte zuzuschreiben. Wird eine solche Unterstellung realisiert, so „erwächst die Problematik der Legitimität" (Bourdieu 1985, 28), denn der Forscher nimmt Teil an Konflikten um eine symbolische Ordnung und ihre „richtige" Objektivierung. Soll und kann sie nicht, im Unterschied zu Bourdieus Anliegen, auf objektiv gegebene soziale Konfliktlagen gegründet werden, so ist diese Problematik noch verschärft und es ist grundlegend zu fragen, wie und mit welcher Ambition entsprechende Klassifikationen und Ordnungsbezüge hergestellt werden. Es besteht die Gefahr, dass Kategorien gebildet werden, die normativ unterlegt sind und durch ihre Perspektivität Homogenisierungen und Pauschalisierungen vornehmen. Im Falle der Subkulturtheorien trifft dies zu. Subkulturen werden nicht nur als relativ einheitliche Entitäten vergegenwärtigt, sondern ihnen wird zudem deviantes Verhalten zugeschrieben. Dass die Mitglieder einer Subkultur ein spezifisches Verhalten zeigen, das gemessen an den Werten der Dominanzkultur deviant ist, steht für sie außer Frage. Damit wird nicht nur die Subkultur als Lebensform, sondern auch Devianz essentialisiert. Die normative Unterfütterung dieses Vorgehens zeigt sich deutlich an der Subkulturtheorie Cohens bezüglich der Annahme, Subkulturen würden als kollektive Reaktionen auf Anpassungs*probleme* gebildet. Den Betreffenden wird demnach bereits durch die terminologische Konstruktion einer „Subkultur" ein Defizit zugesprochen, das sich aus sozialstrukturellen Prozessen ergibt und sich letztlich in Kriminalität äußere. Sieht man von dem kollektiven Charakter der adaptiven Bewältigungsversuche ab, so ist der Unterschied zur „klassischen" Anomietheorie mit ihrer Unterstellung objektiv bestimmbarer sozialer Krisen und gesellschaftsweit gültiger Moralvorstellungen gering. Subkulturtheorien verbreitern deren kulturtheoretische Argumentationsbasis, verändern aber nicht per se deren Argumentationsstruktur.[28]

Das Argument der „Kultur" kann unter der Hand zur Diskreditierung vor allem von Unterschichtangehörigen geraten, denen unzureichende Integrationsfähigkeiten und deviante Verhaltensaspirationen attestiert werden. So kann sich Deckungsgleichheit mit neueren neokonservativen Kulturtheorien ergeben, die von kulturellen Differenzen im Rahmen kulturalistischer Klassentheorien ausgehen. Sie assoziieren gleichfalls Klassenlagen mit unzureichenden Integrationsmöglichkeiten und ferner insbesondere mit vermeintlich ungenügenden Integrationsbereitschaften, hypostasieren eine relativ homogene „underclass", der sie Neigungen zu Devianz unterstellen, und betrachten die Abwertung der betreffenden Kultur als legitime Diskreditierung aus der Position einer übergeordneten Kultiviertheit (vgl. etwa Murray 1990/2004; Nolte 2004; 2006; hierzu Kessl u.a. 2007; Wacquant 2000, 10ff, 32ff).[29]

Bei zusammenfassender Betrachtung wirkt sich bei Subkulturtheorien negativ aus, dass sie totalitätsorientierte Kulturbegriffe unterstellen. Kulturen erscheinen als relativ geschlossene Einheiten, die sich von anderen Kulturen substantiell unterscheiden, ihre Mitglieder mit spezifischen Qualitäten und Dispositionen ausstatten und zu Devianz disponieren. Es verbleibt dadurch der Eindruck einer Dichotomisierung von „normaler" – mehr oder weniger devianzfreier –

---

[28] Wurde in Kapitel 2.1 bereits auf Durkheims Anomie- und Kulturtheorie hingewiesen, so spielt Kultur auch in Robert K. Mertons Anomieansatz eine besondere Rolle. Kriminalität wird als mögliche Anpassungsleistung an eine anomische Diskrepanz der Sozialstruktur und der Kultur einer Gesellschaft beschrieben. Kultur wird dabei definiert als „strukturierte Menge der allen Mitgliedern einer bestimmten Gesellschaft oder sozialen Gruppe gemeinsamen normative Werte" (Merton 1995, 156; zur näheren Auseinandersetzung vgl. Albrecht 1981; Adler/Laufer 1995; Besnard 1988; Bohle 1975; Dollinger 2002, 94ff; Lamnek 2007, 110ff; Orrù 1987; Ortmann 2000; Thome 2003).

[29] Mischt sich dies mit der Assoziierung von subkulturellem Leben mit Migration, so wird verständlich, dass Subkulturtheorien mitunter in die Nähe rassistischer Tendenzen gerieten (vgl. Hayward/Morrison 2005, 70).

Gesamtkultur und krimineller Subkultur. Kulturelle Komplexitäten werden dadurch nur teilweise anerkannt. Zudem werden Kulturen als zwar wichtige Aspekte des Lebens beschrieben, aber sie erscheinen mitunter als Derivate anderer, insbesondere sozialstruktureller Vorgaben, die zu besonderen Anpassungsleistungen zwingen und deshalb mindestens ebenso relevant sind wie kulturelle Belange. Die Bedeutung von Kultur bleibt demnach ambivalent. Es kommt hinzu, dass die Ansätze der Auseinandersetzung mit einer spezifischen gesellschaftlichen und historischen Situation, dem großstädtischen Leben der USA in den 1920er und 1930er sowie den 1950er und 1960er Jahren, entstammen. Inwieweit die Ansätze generalisierbar sind, ist mithin fraglich (vgl. Göppinger/Bock 2008, 150; Lamnek 2007, 258). Es scheint zweifelhaft, die Zugehörigkeit zu nicht trennscharf und wertungsfrei identifizierbaren Subkulturen per se mit Kriminalität zu assoziieren und hieraus Folgerungen für (Jugend-) Kriminalität im Allgemeinen zu ziehen. Offensichtlich sind weder alle Mitglieder von – wie auch immer bestimmbaren – Subkulturen delinquent, denn Subkulturen können informelle Sozialkontrolle leisten und dadurch Devianz verhindern oder begrenzen; noch sind Dominanzkulturen frei von Normverletzungen.

Trotz der wichtigen theoretischen und empirischen Befunde, die Ansätze der Subkultur zur Komplexität von Kulturen, zu ihrer Bedeutung für eine Analyse von Kriminalität und zur Fragwürdigkeit von Kriminalisierungsprozessen liefern, weisen sie demnach Schwachstellen auf. Der Anspruch der Subkulturtheorien ist letztlich zu groß. Jugendkriminalität kann nicht mit Gruppen und mit ihnen assoziierten, in sich geschlossenen Kultursystemen identifiziert werden. Kulturen sind komplexer und differenzierter.

Es seien deshalb im Folgenden zwei neuere Ansätze diskutiert, die aktuell von besonderer Relevanz sind und die verdeutlichen können, wie Kriminalität derzeit aus kulturtheoretischer Sicht erörtert wird. Um die Spannbreite zu verdeutlichen, wurden mit dem Ansatz der „broken windows" und mit der „cultural criminology" zwei bewusst sehr unterschiedliche Vorgaben gewählt, die sich in ihrer kriminalpolitischen Stoßrichtung ebenso wie in ihren weltanschaulichen Gehalten und insbesondere in dem jeweils implementierten Kulturbegriff in zentraler Weise unterscheiden. Die Ansätze werden jeweils kurz vorgestellt, um anschließend durch einen Vergleich herausarbeiten zu können, welche Charakteristika sichtbar werden. Hierauf aufbauend kann die Suche nach einer tragfähigen kulturtheoretischen Analyseperspektive fortgesetzt werden.

b) „Broken Windows"

James W. Wilson und George L. Kelling (1996) erregten mit dem Aufsatz, den sie zuerst 1982 in „The Atlantic Monthly" unter dem Titel „The police and neighborhood safety: Broken Windows" veröffentlichen, breites Interesse und sie wurden Teil eines kriminalpolitischen Großprogramms, das den US-amerikanischen und internationalen Umgang mit Kriminalität merklich veränderte. Man sollte den Einfluss der beiden Autoren nicht überschätzen, aber sie lieferten Argumente und konzeptionelle Orientierungen, die in die entsprechenden Restrukturierungen „passten".

Ihr Modell der Entstehung von Kriminalität ist recht einfach aufgebaut. Es besteht im Wesentlichen aus der Unterstellung zweier kausal verbundener Steigerungsverhältnisse: Sozialräumlich sichtbare Unordnung führe zu einer Reduktion informeller Kontrolle; gleichzeitig und damit verbunden entwickle sich aus unscheinbaren Auffälligkeiten ernsthafte Kriminalität. Mit diesen knappen Sätzen ist die so genannte „broken windows"-These hinreichend beschrieben. Ihren Namen erhält sie von der Symbolisierung sichtbarer Defizite der in einem lokalen Raum gegeben Funktionsfähigkeit der informellen sozialen Kontrolle. Gibt es dort z.B. zerbrochene Fensterscheiben, so deute dies auf eine nur geringe Sorge der Bewohner für eine „ordentliche" Wohnumgebung hin. Sie achteten wenig auf „ihr" Viertel. Es würden dadurch die beiden bezeichneten Spiralen in Gang gesetzt: Es fehle an informeller Sozialkontrolle, woraus eine weitere Verschlechterung erwachse, da die Bewohner ihr Verhalten an die Umstände anpassten, hohe Kriminalitätsfurcht zeigten und sich zurückzögen. Problematisches Verhalten werde immer seltener unterbunden und es könne sich eine sukzessive Verschlimmerung von Unordentlichkeit zu auffälligem Verhalten bis hin zu schwerer Gewalt abspielen; es komme schließlich „zum Einzug von Schwerkriminalität in eine Gegend" (Laue 1999, 278). In diesem Sinne können die Autoren feststellen: „Sozialpsychologen und Polizeibeamte stimmen darin überein, daß ein zerbrochenes Fenster in einem Gebäude, das nicht repariert wird, die Zerstörung der restlichen Fenster des Gebäudes innerhalb kürzester Zeit nach sich zieht" (Wilson/Kelling 1996, 124).

Das zugrunde liegende Menschenbild verweist auf eine im Einzelnen angelegte Tendenz zu Straftaten. Werden Neigungen zu rücksichtslosem Verhalten und Respektlosigkeit nicht diszipliniert, so komme es zu einer Extremisierung, denn Subjekte orientierten sich an den Kosten von (potentieller) Devianz, denen sie durch gut funktionierende Mechanismen sozialer Kontrolle ausgesetzt sind (vgl. Lüdemann/Ohlemacher 2002, 145). Antizipierten Menschen, dass sie relativ risikolos abweichendes Verhalten zeigen können, so würden sie dies unternehmen, und zwar in wachsendem Ausmaß bis hin zur völligen Zerstörung einer bestehenden Ordnung. Die demolierten Fenster eines Gebäudes symbolisieren diese Drohung einer umfassenden Ordnungsgefahr.

Die aus solchen Unterstellungen resultierenden kriminalpolitischen und -präventiven Konsequenzen sind eindeutig. Sie verweisen prototypisch auf in New York im Zuge des Amtsantritts des Bürgermeisters Rudolph Giuliani im Jahre 1993 und der Ernennung von William Bratton zum Leiter der New Yorker Polizeibehörde 1994 implementierte, so genannte „zero tolerance"-Strategien (vgl. Wacquant 2000).[30] Die sukzessive auch in anderen Großstädten angewandten Maßnahmen stehen in einem größeren Zusammenhang der Restrukturierung polizeilicher Kontrollarbeit und interner Organisationsformen der Polizei (vgl. im Einzelnen Ortner u.a. 1998; Young 1999, 121ff; Wacquant 2000; 2009). Hier sei nur die Affinität zur These der „broken windows" betont. Gemäß der Forderungen dieser These wird mit „Null Toleranz" gegen relativ geringfügige Formen sozialer Auffälligkeit vorgegangen, auch wenn sie an sich keine Kriminalität darstellen, allerdings als Anzeichen von „Unordnung" erscheinen und als Vorformen späterer Kriminalität gedeutet werden. Repressive Polizeistrategien wurden in der Folge „vor allem bei kleineren Verfehlungen wie Trunkenheit, Ruhestörung, Bettelei, sittenwidrigem Verhalten" (Wacquant 2000, 17) u.ä. eingesetzt. Im Mittelpunkt stehen dabei „sofortige rücksichtslose Eingriffe gegen jedwede ‚Störer'" (Walter 2005, 128), weshalb insbesondere Randgruppen und sozial Benachteiligte – die bereits zuvor als „störend" wahrgenommen wurden – von dieser verschärften Interventionspraxis betroffen sind. Wilson und Kelling (1996, 122) zielten explizit auf „Bettler, Betrunkene, Süchtige, randalierende Jugendliche, Prostituierte, Herumhängende und psychisch Kranke". Sie räumten ein, dass die Forderung nach Härte diesen Personen gegenüber polizeiliche Übergriffe und rassistische Tendenzen befördern könne (ebd., 132), nahmen sie allerdings in Kauf, denn im Vordergrund stehe die toleranzlos durchzusetzende „Erhaltung von intakten Gemeinschaften ohne zerbrochene Fenster" (ebd., 137).

Man kann die zugrunde liegende Devianzthese auf einen ersten Blick als Ästhetisierung deuten. Es geht um Sichtbarkeiten von Unordentlichkeit, Armut und sozialer Kontrolle sowie um ihre symbolische Kristallisation. Graffiti, z.B. in U-Bahnen angebracht, signalisierten kontrollose Räume und wirkten dadurch als öffentliche Markierungen von Optionen kriminellen Verhaltens (ebd., 126). Devianz wird dadurch in hohem Maße auf Sichtbarkeiten und Wahrnehmungen bezogen. Im konsequenten Gegenzug müsse Kontrolle eindeutig erkennbar sein, etwa durch Fußstreifen und bürgernahe Polizeiarbeit, die im Verbund mit der Stärkung informeller Sozialkontrolle jegliches Anzeichen von bevorstehender

---

[30] Die in New York eingeführte Strategie der „Nulltoleranz" wurde allerdings nicht der „broken windows"-These entnommen. Die Bezugnahme erfolgte nachträglich, um, so Wacquant (2009, 269), der Nulltoleranz „einen rationalen Anstrich zu geben" und ihr „eine innovative Aura zu verleihen."

Devianz, jede „Unordnung" als Signal an „Konforme" und „Kriminelle" unterdrücken müsse. Graffiti müssten unmittelbar abgewaschen werden, um Anerkennung für das Sprayen zu unterbinden und um eine hohe Kontrolldichte sowie unnachgiebige Kontrollaktivitäten zu demonstrieren (vgl. Halsey/Young 2006, 275; Lüdemann/Ohlemacher 2002, 149). Kriminalitätsbegehung und Kriminalisierung werden dergestalt zum Kampf um die Besetzung öffentlicher Räume und um die sichtbaren Zeichen von Raumhoheit.

Aber Sichtbarkeit ist nicht der einzige und entscheidende Punkt. Sie muss aus kulturanalytischer Sicht in einen breiteren Rahmen gestellt werden, denn im Hintergrund der entsprechenden Ausführungen liegt der Versuch der Restitution eines moralischen Konsenses, der unerwünschtes Verhalten und entsprechende Personenkreise ausgrenzt. „Unordnung" symbolisiert, der These zufolge, Amoralität, die der Disziplinierung bedarf. Graffiti erscheinen nicht als Ausdruck kultureller Orientierungen, sondern als Unkultiviertheit, die durch einen hochgradig normativen Kulturbegriff desavouiert wird. Artikuliert sich in einem öffentlichen Raum eine andere Art von Kultur als die vorherrschende und von jedem Einzelnen einzufordernde, so handelt es sich nicht um anzuerkennende Diversität, sondern um ein Ordnungsproblem. Insbesondere auf Jugendliche wird deshalb ein genuin ordnungspolitischer Blick gelenkt (vgl. Bittscheidt/Lindenberg 1998). Kulturelle Grundlagen von Delinquenz und an ihr orientierte Sinnbezüge werden negiert; die Kultur der Devianz wird zur „Unkultur" erklärt. Kriminalität erscheint, gemäß Kelling (2001, 124), als Arena von „culture wars", in denen eine explizit neo-konservative Kriminologie Rechte einer konventionellen Gemeinschaft gegen einen „shift towards unfettered individualism" einfordert.

Die „broken windows"-These ist durch diese deutliche weltanschauliche Diktion kaum mit dem Anspruch einer wissenschaftlichen Theorie vereinbar. Es handelt sich um eine kriminalpolitisch motivierte Zusammenstellung von Thesen, die in sich sehr komplex sind und die zu recht einfachen, alltagsplausiblen Kausalvorstellungen zusammengefügt werden[31]; entsprechend unklar ist die empirische Befundlage. Es ist nicht überraschend, dass die Kritik an dem Ansatz und den kriminalpolitischen Folgerungen einer Politik der „Nulltoleranz" meist recht deutlich ausfällt (vgl. etwa Albrecht 2005, 336f; Feltes 2008a; Hess 1999b; Kunz 2004, 370ff; Lüdemann/Ohlemacher 2002, 149f; Volkmann 1999; Walter 1998; 2005, 77f; zur problematischen empirischen Befundlage vgl. Belina 2009; Klimke 2008, 45ff).

---

[31] Alleine der Aspekt der Kriminalitätsfurcht – in der „broken windows"-These ein Zwischenschritt von ungebührlichem Verhalten, reduzierter informeller Sozialkontrolle und der Begünstigung „schwerer" Kriminalität – ist bislang trotz extensiver Bemühungen nicht hinreichend erforscht. In welchem Zusammenhang er mit der Wahrnehmung von Kriminalität oder „incivilities" steht, ist ungeklärt (s. Kap. 4.2).

Aus analytischer Sicht ist anzumerken, dass die These in zwar pointierter und widersprüchlicher, allerdings symptomatischer Form Kriminalisierung als „Ort" kultureller Auseinandersetzung vor Augen führt. Kriminalisierung kann nicht ohne kulturelle Kodierungen und Differenzbestimmungen gedacht werden. Die These zeigt dies auf eine zugespitzte und exponierte Weise, die in latenter Form auch in anderen ätiologischen Theorien der Kriminalität angelegt ist. Ohne dass sie mit den Inhalten oder Folgerungen der These übereinstimmen müssen, verweisen Kriminalitätstheorien auf Prozesse der Qualifizierung „legitimen" Verhaltens und der Etablierung kultureller Dominanzverhältnisse bei gleichzeitiger Abwertung alternativer (Lebens-) Entwürfe. Dies kann nur durch eine reflexive Auseinandersetzung mit kulturellen und weltanschaulichen Theoriegehalten aufgearbeitet werden.

c) „Cultural Criminology"

In den vergangenen Jahren wurde eine kriminologische Perspektive populär, die Kriminalität und ihre Kontrolle genuin kulturtheoretisch zu interpretieren beansprucht, und dies in einem Zugang, der sich von der These der „broken windows" nachhaltiger kaum unterscheiden könnte. Es sei dabei dahingestellt, ob es tatsächlich gerechtfertigt ist, die „cultural criminology" als eine neuartige Sicht zu verstehen, wie führende Vertreter wie Jeff Ferrell, Keith Hayward und Jock Young (2008, 5ff) behaupten, oder ob nicht doch eher an vorhandene kulturtheoretische Traditionen der Kriminologie angeschlossen wird, wie O'Brien (2005) nahe legt. Immerhin hat die „cultural criminology" mittlerweile als eigenständige Strömung Eingang in englischsprachige kriminologische Handbücher und Sammelbände gefunden, so dass sie international als etabliert anzusehen ist.

In ihrem Zentrum steht eine Verknüpfung: Kriminalität wird ausschließlich als Kriminalisierung konzipiert und diese wiederum wird auf Kriminalitätsdarstellungen bezogen. Diese drei Bereiche fließen ineinander; sie werden bewusst nicht getrennt, denn – so die grundlegende Annahme – kriminelles Handeln setzt Kriminalisierung voraus, und zwar verstanden als Bestimmung von Ereignissen gemäß der Bedeutung „Kriminalität". Die Möglichkeit von Kriminalisierung wiederum fußt auf einer spezifischen, diskursiv konstituierten Inszenierung, wie sie in Massenmedien und (Kriminal-) Politik vermittelt wird. Erst die entsprechende kulturelle Kodierung von Ereignissen und Verhaltensweisen erlaubt Anschlüsse an die durch sie geöffneten Bedeutungsbezüge in alltäglichen und öffentlichen Handlungszusammenhängen; in ihnen können an Kriminalität orientierte Askriptionen zum Tragen kommen. So kann beispielsweise die weiße Wand eines Gebäudes geradezu als Einladung verstanden werden, Graffiti anzubringen: „A uni-coloured wall is considered ‚boring' – as ‚negative space' – and therefore as something to be filled out or brought to life" (Halsey/Young 2006, 288). Das Sprayen erfolgt dann im Bewusstsein, dass es sich um eine Normverletzung handelt. Formal werden Regeln gebrochen, die den Akteuren bekannt sind. Aber sie werden nicht nur gebrochen, sondern gemäß der „cultural criminology" stilistisch unterlaufen, und zwar als Ausdruck einer individuellen Selbstinszenierung und kulturellen Praxis. Sie nimmt die Kenntnis normativer Regulierungen in Anspruch, um sich kunstvoll von ihnen zu distanzieren und ihnen eine distinkte Bedeutung einzuschreiben. Kriminalität wird zur transgressiven Auseinandersetzung um Normgeltungen und Vorherrschaften kulturell-ästhetischer Legitimitäten.

Den Ausgangspunkt der Betrachtung bildet somit die symbolisierende Inszenierung von Kriminalität, die zu verschiedenen Zwecken und von unterschiedlichen Instanzen unternommen wird und dadurch jeweils modifiziert wird: „Highlighting the importance of image, style, and representation in the construction of crime and crime control, cultural criminology explores the complex process through which illicit subcultures, the mass media, political authorities, criminal justice professionals, and others contest the meaning of crime and criminality" (Ferrell 2005a, 358). Es gehe etwa in Bezug auf Jugendkriminalität nicht um Verhalten als solches, sondern um „mediated representations and contested meanings" (ebd., 359) der betrachteten Phänomene.

Insoweit besteht Deckungsgleichheit mit der Forderung, Etikettierungsprozesse zu analysieren. Kriminalität existiert ausschließlich als Kriminalisierung, da sie als nicht-interpretiertes Verhalten nicht gegeben ist. In Referenz auf subkulturtheoretische Fragestellungen wird die Begehung von Delinquenz dennoch nicht negiert, wie in zumindest manchen Spielarten von Labelingpositionen. Es wird auf die intersubjektive Anschlussfähigkeit faktisch realisierter Devianz in Gruppenzusammenhängen abgestellt: Delikte werden *begangen*. Die Möglichkeit, Normverletzungen als Mittel der Selbstdarstellung und Statuskommunikation einzusetzen, ergibt sich dabei nicht aus instrumentellem Kalkül, sondern aus expressiven Handlungslogiken, aus Möglichkeiten, in konkreten Situationen als Subjekt zu agieren, so dass die symbolische Qualität von Abweichungen im Vordergrund steht. Durch deviantes Verhalten können vom einzelnen Akteur – im durchaus ätiologischen Sinne – Anerkennung, Spaß oder Abenteuer gesucht werden; es ergebe subjektiv Sinn, ein Verhalten nicht trotz, sondern wegen seiner Qualität der Normverletzung zu zeigen (vgl. Lyng 2004).

Etikettierungsansätze und in der englischen Tradition stehende Subkulturtheorien bilden zentrale Bezugspunkte der „cultural criminology" (vgl. Hayward/Young 2004, 260). In sie gehen verschiedene weitere Referenzen, u.a. der Phänomenologie und des Poststrukturalismus, ein, die geeignet erscheinen, die transgressiv-expressive Qualität der Deliktbegehung, die symbolische Vermittlung von Kriminalitätsbedeutungen und die *konflikthafte* Relation von Arten der Bedeutungszuschreibung zu erhellen. Es wird eine interdisziplinäre Position angestrebt, in der unterschiedliche Theorien nachgefragt werden, insoweit sie als nicht-positivistische Wissensbestände zur Analyse der gebrochenen kulturellen Praxis der Kriminalisierung geeignet zu sein scheinen (vgl. Ferrell 1997a, 36).

Kulturtheoretische Traditionen werden abgelehnt, wenn sie funktionalistisch auf die Konstitution sozialer Ordnung bezogen sind, wenn sie auf Mechanismen der Routinisierung und der Herstellung von Kontinuitäten abstellen. Gegen sie wird ein emphatisches Verständnis von Kultur eingebracht, das die Kreativität von Akteuren und die mindestens potentiell subversiven Eigenschaften ihrer Handlungen hervorhebt. Diese beiden Verständnisse von Kultur werden als „culture as the consensual cement of society" und als „culture as a font of creativity, a source of creative challenges to reifications, social order, and acceptability" (Ferrell u.a. 2008, 32) unterschieden. In Ablehnung der erstgenannten Bedeutung und im Bezug auf die zweitgenannte symbolisiert Kriminalität eine Praxis von Subjekten, mit der sie vorgegebene Bedeutungen in Anspruch nehmen, sie verändern, in situativen und sozialen Kontexten zur Selbststilisierung und emotionalen Anregung einsetzen und dabei gleichzeitig in umfassendere Bedeutungsnetze eingewoben sind. Der Einzelne handelt demnach, aber nicht rational, instrumentell oder normativ gesteuert, sondern gemäß einer kulturtheoretischen Logik, die ihn als „homo significans", als Bedeutung verarbeitendes, sinnorientiertes Wesen unterstellt (vgl. Reckwitz 2006a, 129ff).

Im Unterschied zu „klassischen" Subkulturtheorien wird Kultur nicht mit der Zugehörigkeit zu einer sozialen Gruppe identifiziert. Die Akteure „haben" keine Kultur, sondern sie bringen sie situationsabhängig hervor, wobei der Sinn nicht gewissermaßen ihr Eigentum ist oder bleibt. Bestimmend sind Sinn*bezüge,* die als Relationen und *Versuche* von Repräsentationen zu verstehen sind. Der so konzipierte Sinn geht von Bedeutungs-Vorgaben aus, an die situativ angeknüpft wird, die transformiert werden nach einer prinzipiell nicht vorhersehbaren, offenen Logik und die den Einzelnen zum Spielball kultureller Zurechungen werden lassen. Klare Abgrenzungen einer Dominanz- versus einer Subkultur werden zurückgewiesen zugunsten der „often confounded possibilities of agency, subversion, and control" (Ferrell 2007, 91), die Kriminalität als permanente Kriminalisierung kennzeichnen. Kriminalisierung vergegenwärtigt in diesem Prozess die arbiträre Einziehung von Grenzen, die zwischen „Kulturen" zu unterscheiden suchen und „legitime" von „illegitimen" Kulturen zu differenzieren suchen. Es handelt sich nicht – wie im Falle der „broken windows"-These – um Unterstellungen konsistenter Kulturen, die mehr oder weniger wertvoll oder bedrohlich, mehr oder weniger kultiviert seien. Entscheidend und als Analyseobjekt von besonderer Relevanz sind vielmehr die *Anstrengungen*, solche Grenzziehungen gegen die vielfältigen, stets unklaren und widerspenstigen Sinnbezüge von Subjekten und Gruppen durchzusetzen (vgl. Presdee 2004, 278f). Kriminalisierung symbolisiert damit, wie Kulturen generell strukturiert sind und sich in agonalen Beziehungsmustern konstituieren. Zum zentralen Ansatzpunkt, zum „fundamental subject matter of criminology", wird deshalb kulturelles „recast" (Ferrell u.a. 2008, 63), die andauernde Umschmelzung kultureller Bedeutungen.

Um Kriminalität als kulturell-symbolisches Phänomen zu erörtern, unterscheidet Ferrell (1995; s.a. Kretschmann 2008, 204) zwei Analyserichtungen: „crime as culture" und „culture as crime". Ohne dass die beiden Dimensionen trennscharf wären, bezeugen sie zwei Schwerpunkte der kulturtheoretischen Blickrichtung: *„crime as culture"* beschreibt Kriminalität als ausschließlich kulturelle Praxis. Sie wird häufig im Rahmen von Gruppierungen gezeigt, die als deviant etikettiert werden und sich durch Stilbildung an den damit artikulierten Grenzziehrungen ausrichten. In der Dimension *„culture as crime"* werden Repräsentationen von Kriminalität thematisiert, die – ohne sie als Praxis de facto abbilden zu können – ihre Bedeutung in Anspruch nehmen und sie in modifizierter Form, etwa durch massenmediale Darstellung, kommunikationsfähig halten.

Es ist entscheidend für die „cultural criminology", nicht von einer Trennung auszugehen, denn Kriminalität als Praxis und Kriminalisierung als Darstellung fließen ineinander, sie sind wechselseitig abhängig. Im Falle von „culture as crime" handelt es sich lediglich um eine Fokussierung besonderer Gruppen, die die geschilderten Repräsentationsaufgaben wahrnehmen: „artists, musicians, photographers, film makers, and television directors, for example" (Ferrell 2005b, 145). Kriminalität wird deshalb sowohl auf ihre (öffentliche) Darstellung wie auch auf die Bereitschaft von Subjekten bezogen, in Orientierung an der durch sie konstituierten Bedeutung zu handeln.

Eine Suche nach objektiv gegebenen Kausalfaktoren wird damit bewusst nicht verbunden. Im Gegenteil werden die vorherrschende kriminologische Forschung und ihre ätiologische Denkrichtung zurückgewiesen und mitunter rüde kritisiert. Die arrivierte Kriminologie impliziere eine „vast collectivity of boredom buttressed by rationalized methodologies and analytic abstraction", so die eindeutige Aussage von Ferrell (2004, 287). Diese Kriminologie sei nicht in der Lage oder gewillt, den Symbolqualitäten von Kriminalität nachzugehen und ihnen gerecht zu werden. Die kriminologische Institutionalisierung von Langeweile sei allerdings kein intradisziplinäres Problem, sondern sie sei systematisch mit Versuchen einer technologischen und rationalisierten Kriminalitäts- und Lebensstilkontrolle verbunden, die eine Neutralisierung anstreben: Es gehe um eine objektivistische Beruhigung und Ausschaltung von Spontaneität und Ambiguität. Indem Kriminalität auf diese Weise konzipiert und bearbeitet wird, werde sie Teil von Bestrebungen der Rationalisierung und Kontrolle; im Dienst der Ordnungserhaltung werden Zugänge zu subjektiven und subkulturellen Sinndimensionen verschlossen. Dies könnten Forschungsstrategien, die sich – wie insbesondere ethnographisches Arbeiten – engagiert auf die Komplexität, Bedeutungshaftigkeit, Riskiertheit und situative Verhaftung von kriminellen Handlungen einlassen, überwinden (vgl. Kane 2004). Ferrell (1997a; 2005b, 143ff) spricht in Referenz u.a. auf Max Webers Soziologie von einer als „criminological *verstehen*" bezeichneten Forschungshaltung. Im Unterschied zum Weberschen Wissenschaftsverständnis wird dies mit einer Parteilichkeit für Kriminalisierte verbunden, wie sie im kriminologischen „Mainstream" zugunsten von Kontrollinteressen unterdrückt werde. Es wird deshalb auf die politische Qualität von Kriminalität Wert gelegt.

Diese politische Dimension durchdringe das gesamte Leben. Die „cultural criminology" zielt thematisch nicht lediglich auf Formen von Kriminalität ab, die in ihrer expressiven Qualität besonders hervorstechen, wie die von Vertretern häufig angesprochenen Graffiti oder ähnliches. Diese dienen lediglich als Beispiele für eine im Alltag verankerte, alltägliche Form des Umgangs mit Kriminalität. Es wird als Kennzeichen des Lebens in – bewusst als solchen beschriebenen (vgl. Ferrell u.a. 2008) – spätkapitalistischen Gesellschaften bezeichnet, dass Kriminalisierung und soziale Kontrolle unscheinbar vollzogen werden und untrennbar mit Alltagspraxen verwoben sind:

„From our view, the essential subject matter of criminology – the manufacture of meaning around issues of crime, transgression, and control – remains an ongoing enterprise, an often unnoticed process that seeps into commonplace perceptions and saturates day-to-day interactions" (ebd., 85).

Dies erklärt sowohl den zugrunde gelegten Devianz- wie auch Kulturbegriff. Kultur ist eine Praxis der Grenzziehung ohne Boden, an der sinnorientiert handelnde Subjekte – auch als „Kriminelle" – beteiligt sind und die dadurch an einem Spiel der kriminalitätsbezogenen Sinnkonstitution teilhaben. Kultur wird andauernd performativ realisiert, aber nicht im Sinne einer *gemeinsamen* Kultur: Zu konstatieren seien lediglich Auseinandersetzung um Bedeutungsbezüge durch verschiedene Akteure, wobei gerade im Alltag Versuche spürbar werden, Bedeutungen zu installieren und festzusetzen. Kultur ist deshalb stets politisch.

Ähnlich wie bei der „broken windows"-These wird auch hier auf einen „cultural war" (Ferrell 1997a, 31) bzw. auf „culture wars" (Ferrell 2005b, 146) Bezug genommen; dies aber auf ganz andere Weise. Vertreter des „broken windows"-Ansatzes haben in ihrem kriminalpolitischen Anspruch über die Legitimität von Kulturen bereits a priori eine Entscheidung getroffen. In normativer Axiomatik hypostasieren sie eine Kultur der Kriminalität als sozialräumlich verortete Bedrohung für Sicherheit und Ordnung. Demgegenüber wird die Herstellung von Legitimität in der „cultural criminology" als eine stets gewalttätige, nicht objektiv begründungsfähige Grenzziehung verstanden, durch die Räume als „cultural space" (Ferrell 1997b) konstituiert und besetzt werden. Durch den Akt der Grenzziehung werde die Infragestellung von Grenzen bereits mitgeführt, da sie von „Kriminellen" subversiv in Anspruch genommen und dadurch gleichzeitig reproduziert wie auch – da die Akteure sie als Handlungsregulationen negieren – verschoben werden. Wiederholung und Verschiebung der Grenzziehung gehen ineinander auf.

Die „cultural criminology" fordert dazu auf, diese Kulturpraxis zu analysieren. An der „broken windows"-These wird u.a. kritisiert, dass sie Kultur aus einer Außenperspektive wahrnehme und abwerte, während es darum gehe, kulturelle Äußerungen zu verstehen, in ihrer Komplexität und Offenheit zur Geltung kommen zu lassen und sie als Versuche der Konstitution spezifischer Kulturen zu analysieren (vgl. Ferrell 2005b, 148f; Ferrell u.a. 2008, 104f).

d) Kulturtheoretische Kriminologien im Vergleich

Es wird deutlich, wie unterschiedlich Kultur bei näherer Betrachtung in den einzelnen Entwürfen konzipiert wird. Und es wird erkennbar, wie sie in Abhängigkeit von weltanschaulichen Haltungen eingesetzt wird, um Kriminalität und Kriminalisierung zu erklären bzw. zu deuten. Instruktiv ist hierbei die Differenz zwischen den Ausgangspunkten der „broken windows" und der „cultural criminology". Die „zerbrochenen Fenster" dienen als Motivation für eine ordnungspolitische Antwort auf selbst unscheinbare Formen von Unordnung und Auffälligkeit. Intendiert ist die repressive Disziplinierung von Kriminalität bereits dort, wo sie auch nur als Option wählbar und attraktiv zu sein scheint. Demgegenüber beabsichtigt die „cultural criminology" Gegenteiliges: Kriminalität wird als Produkt und Folgewirkung von Kriminalisierung interpretiert, die durch Maßnahmen sozialer Kontrolle diskreditiert und verfolgt, was sie selbst hervorgerufen hat. Die Analyse von Kriminalität fordere dazu auf, diesen Kreislauf bewusst zu machen und ihn als „making trouble" (Ferrell/Websdale 1999), als – in bewusster Referenz auf Marx geforderter – „ruthless cultural criticism of everything existing" (Ferrell 2007) zu durchbrechen.

Offensichtlich unterscheiden sich die Kulturbegriffe erheblich. Betrachten wir dies systematischer, indem die drei gezeigten Zugänge entlang einzelner Argumentationsebenen differenziert werden. Dabei ist zu beachten, dass Theorien – ob zu Kriminalität oder anderen Sachverhalten – nicht nur danach beurteilt werden können, ob sie „richtig" sind oder nicht. Bei nüchterner Betrachtung wird das Kriterium „Wahrheit" auf eine Theorie häufig angewendet, „weil sie irgendwie gut passt" (Hess 1999a, 171). Und die Frage, ob sie passt oder nicht, verweist auf Antworten, die in kulturellen und disziplinären Diskursvorgaben liegen, in die eine Theorie sich scheinbar bruchlos einfügt, so dass sie sich aufgrund ihrer Inhalte, Methoden und v.a. ihrer impliziten normativen Gehalte als „wahr" darstellt (vgl. Foucault 1991). Eine Theorie ist demnach nicht wahr, sondern für eine gewisse Zeit und für eine gewisse Personengruppe plausibel und nützlich. Im Falle von Kriminalitätstheorien zeigt sich durch historische und kulturelle Vergleiche, dass sehr unterschiedliche Theorien mit verschiedenen, häufig konträren Kriminalitätsbegriffen und -begründungen verfolgt wurden und werden (vgl. Hess 1999a; Hess/Scheerer 2004). „Kriminalität" wird sehr unterschiedlich konzipiert und Kriterien für eine objektive Vergleichbarkeit von Kriminalitätstheorien stehen nicht zur Verfügung (vgl. Beirne 1983; s. Kap. 2). Komparative Theoriestudien stehen deshalb vor dem Problem, dass sie nur heuristisch wertvoll sind, indem sie Aspekte in Relation setzen, die als relevant betrachtet werden, ohne dass die Relevanzkriterien vollständig objektivierbar wären. Dies wurde in Kapitel 3.1 bereits angeführt und angesichts des Befundes, dass die beiden dort referierten Vergleiche perspektivisch ausgerichtet waren, wird es notwendig, die eben betrachteten Entwürfe mit der hier verfolgten kulturtheoretischen Absicht in Beziehung zu setzen.

Dabei ist zu beachten, dass bei Vergleichen stets Differenziertheiten einzelner Ansätze zurücktreten müssen, um idealtypisierend einzelne Charakteristika zu betonen. In diesem Sinne und Anspruch gibt die folgende Tabelle einen Überblick.

Tab.: Kulturbezogene Kriminologien im Vergleich

	Subkulturtheorien	„broken windows"	„cultural criminology"
Wissenschaftstheoretische/disziplinäre Referenz	Interpretatives Paradigma	Sozialpsychologie; Sozialraumforschung	Performative und expressive Kulturtheorien
Forschungsprogramm	Ethnographische Teilnahme	Sozialräumliche Forschung	Ethnographische Teilnahme
Menschenbild	Adaptives Subjekt; Anerkennungssuche	Disziplinierungsbedürftiges, hedonistisches Subjekt	Subjektivität als Selbstdarstellung
Normalitätsmodus	Kulturelle Vielfalt im Konflikt	Einheitliche Ordnung	Agonale Kulturpraxen
Kontrollmodus	Minderung sozialstruktureller Ungleichheiten	Repression jeglicher Auffälligkeit	Öffnung von Artikulationschancen
Kriminalität als...	Folge subkultureller Integration	Konsequenz defizitärer sozialräumlicher Bindung und Disziplinierung	Kulturelle Praxis
Kriminologie als ...	Sozialwissenschaftliche, reformorientierte Forschungspraxis	Anleitung repressiver Kriminalpolitik	Aufklärung über Sinnbezüge; Parteilichkeit für Kriminalisierte
Kulturverständnis	Totalität	Un-/Kultiviertheit in kulturellen Kämpfen	Kreativität vs. Dominanz

Betrachten wir die Ansätze nochmals unter Betonung des jeweiligen Verständnisses von Kultur:

- *Subkulturtheorien* verweisen auf die Tradition der „Chicago school" und das durch Ethnomethodologie und symbolischen Interaktionismus gebildete „interpretative Paradigma" (vgl. Lamnek 2005, 34f; Kunz 2008, 77ff; Meuser 2006). Kriminalitätsforschung hat durch vornehmlich qualitative Ansätze den Innensichten subkultureller Gruppierungen nachzugehen, um Erkenntnisse durch Teilnahme zu gewinnen. Es geht in hohem Maße um den Erwerb von Wissen über Subkulturen, um Vorurteile einer Kultur- oder Strukturlosigkeit der betreffenden Gruppen widerlegen und ihre Funktionalität für den Einzelnen nachweisen zu können. Er erweist sich als anpassungsfähig und sucht, falls Optionen „legitimen" Statuserwerbs nicht realisierungsfähig gangbar sind, alternative Wege bis hin zur Kriminalität. Die Gesellschaft ist deshalb mit kultureller Heterogenität konfrontiert, die allerdings relativiert wird durch die Existenz einer gemeinsamen, hegemonialen Kulturhoheit, die sich im Falle von Kriminalisierung gegen subkulturelle Praxen und Sinnentwürfe behauptet. Die Kriminologie analysiert dies und sucht – soweit dies möglich zu sein scheint – Wege zur Minderung strukturell bedingter Ungleichheiten oder zumindest zur palliativen Behebung ihrer Folgeschäden aufzuzeigen. Kultur wird als eine von vorrangig sozialstrukturellen Faktoren abhängige und durch sie geprägte Lebensform erkennbar. Sie existiert als relativ geschlossene, homogene Sinnwelt einer Sozialgruppe. Ihr stehen andere Kulturen gegenüber, und Kriminalität kann in ihnen eine herausragende Rolle zur Identifikationsstiftung einnehmen.

- *Die „broken windows"-These* argumentiert aus der Perspektive „legitimer" Kultur. Sozialräumlich und sozialpsychologisch angelegtes Wissen soll ihr die Möglichkeit geben, Kriminalität als Erscheinung in einem lokalen Raum zu thematisieren, die bei besonderen Rahmenbedingungen mit einem Zusammenbruch von Kontrollfunktionen konvergiert und einer Steigerungslogik folgt: Aus Unordnung resultieren sozialer Rückzug, Kriminalitätsfurcht und fehlende Kontrolle, aus auffälligem Verhalten ergibt sich schwere Kriminalität. Potentiell Kriminelle kalkulieren der These zufolge subjektiv rational: Können sie von geringer Entdeckungswahrscheinlichkeit und insgesamt von wenig schwerwiegenden Folgekosten einer Deliktbegehung ausgehen, handeln sie kriminell. Sie folgen einem hedonistischen Impuls. Um ihn einzuschränken, bedürfe es der unnachsichtigen Disziplinierung der Menschen, damit entsprechende Verhaltenstendenzen im Keim erstickt werden. So könne im Idealfall durch koordinierte informelle und formelle Kontrolle eine einheitliche, klar strukturierte Ordnung aufrecht erhalten werden, in der selbst nicht-kriminelles, aber irgendwie „störendes" Verhalten restriktiv geahndet wird. Tritt Kriminalität auf, so waren die Disziplinierungsmaßnahmen nicht sichtbar oder nicht funktionsfähig. Deviantes Verhalten erscheint dadurch nicht als Kultur eigener Art, wie in den Subkulturtheorien. Sie wird als Unkultur vorgestellt, die die Kultiviertheit der gegebenen Ordnung bedroht und erschüttert. Kulturelle Vielfalt ist Anzeichen eines Kulturkrieges, der im Dienste der bestehenden Ordnung gewonnen werden muss und an dem die Kriminologie zu beteiligen ist. Es bleibt die Botschaft einer „Tugend der Ordentlichkeit" (Kunz 2004, 371), die autoritär durchgesetzt werden soll.

- *Die „cultural criminology"* kehrt dies um. Ihr Kulturbegriff ist im Gegensatz zu den beiden anderen Annäherungen nicht essentialistisch konzipiert als eine gegebene, wenn auch konflikthafte, kulturelle Ordnung. Kultur verweist – ohne dass sie in den einschlägigen Ausführungen klar bestimmt wäre (vgl. Garland 2006, 426; O'Brien 2005; Webber 2007, 154) – auf Sinnentwürfe und Praxisformen, die nicht anders als agonal gedacht werden können. Kultur existiert nur als plurales Feld von Auseinandersetzungen um Vorherrschaft, Regulierung und Subversion, wobei die kontingenten Grenzziehungen die Konflikte nicht dauerhaft zu beruhigen vermögen. Kultur wird situativ realisiert in ästhetisierten, stilisierten Handlungspraxen, an denen Subjekte auch emotional beteiligt sind. Kriminalitätsforschung hat sich hierauf in maximaler Weise einzulassen, selbst wenn dies im Einzelfall die Begehung von Delikten durch Forscher einschließen sollte, denn die situative Rahmung und Erfahrungsabhängigkeit von Kriminalität muss in actu erschlossen werden, um annäherungsweise nachvollzogen werden zu können (vgl. kritisch Kretschmann 2008, 207). Dies erfolgt insbesondere, um die Ungerechtigkeit formeller Kriminalisierung anprangern, das Eigenrecht der kriminalisierten Subjekte bewusst machen und die politische Qualität des Geschehens um Kriminalität, Kriminalisierung und Kontrolle darstellen zu können. Die Kriminologie klärt über kriminalitätsbezogene Bedeutungstransfers auf und stellt sich in den Dienst der Kriminalisierten. Sie ist damit selbst Teil des permanenten Ringens um kulturelle Vorherrschaften und Subversionen und muss dies reflexiv thematisieren, um nicht – wie der „Mainstream"-Kriminologie vorgeworfen wird – zur affirmativen kriminalpolitischen Legitimationsbeschafferin zu werden.

Offensichtlich handelt es sich um drei disparate Entwürfe, die kaum Ähnlichkeiten aufweisen. Insbesondere die „broken windows"-These differiert angesichts ihres spezifischen kriminalpolitischen Ansatzpunktes erheblich von den beiden anderen Perspektiven.

Gleichwohl gibt es Überschneidungen. Kultur, so wird insgesamt deutlich, existiert als Konflikt. Er besitzt ranghohen Wert, denn Kriminalität ergibt sich aus der agonalen Beziehung verschiedener Kulturen bzw. Kulturbereiche. Damit wird zum einen eine komplexe Kulturlandschaft vorausgesetzt, in der Widersprüche und Dissonanzen zutage treten. Zum anderen wird die Pluralität nur teilweise zugelassen und sie wird sehr unterschiedlich bewertet. Wer „zerbrochene Fenster" als Bedrohung von Sicherheit und Ordnung wahrnimmt, ist nicht an kultureller Vielfalt interessiert, sondern sucht diese einzuschränken. In den Subkulturtheorien wird Vielfalt als Problem deutlich, das der Bearbeitung bedarf, selbst wenn soziale Ungleichheit als eigentliche Ursache kultureller Diskrepanzen kaum aufhebbar zu sein scheint. Lediglich die „cultural criminology" sucht in hohem Maße, Kultur als komplexes Arrangement von Bedeutungen und Sinnbezügen zu erfassen und sich einer Negativwertung der Kriminalisierten zu enthalten. Im Gegenteil: Kriminalität wird, wie Ferrell, Hayward und Young (2008, 21) in Zustimmung zu ursprünglich kritisch gemeinten Hinweisen anmerken, „romantisiert". Kretschmann (2008, 210) etwa spricht bezüglich der „cultural criminology" von einer „z.T. (…) unreflektierten Zelebrierung oder gar Romantisierung des (nicht immer vorhandenen) subversiven Potentials der (illegalen) Untersuchungsgegenstände" (vgl. ähnlich Hall/Winlow 2007). Sie bezeichnet damit zutreffend die Parteilichkeit für Kriminalisierte und die ihren Handlungen attestierte Widerständigkeit gegenüber mächtigen Kontrollinstanzen.

Allerdings ist anzuerkennen, dass in der „cultural criminology" Kriminalität nicht in jedem Fall als gegen Kriminalisierung gerichteter Widerstand konzipiert wird. Er ist eine mögliche Bedeutung, die kriminalisierten Ereignissen zugewiesen werden kann, während dem Geschehen um Kriminalität und Kriminalitätskontrolle eine per se gegebene Rationalität abgesprochen wird. Vorrangig ist, dass Kriminalpolitik als ambivalente Praxis betrachtet werden muss, da sie selbst Optionen ihrer Widerlegung generiert: Kriminalisierung wird nicht als direkte Folge kultureller Gegensätze theoretisiert, sondern als Versuch, Konflikte zu steuern und zu unterbinden, indem subkulturelle Praxen diskriminiert – und dadurch konstituiert – werden. Kriminalisierung sei deshalb ein „ongoing battleground of meaning", ein Versuch des „policing the crisis" (Ferrell 2007, 96). Kulturell kommunizierte Grenzziehungen beinhalten Anschlusschancen zur Distinktion und Gegen-Stilisierung, die bewusste und expressive Regelverletzungen ermöglichen und dabei einen Kreislauf der Inszenierung von Identitäten und Stilen in Bewegung halten, in dem eindeutige Festlegungen immer wieder unterlaufen werden. Dass es sich hierbei um eine Romantisierung handelt, gestehen Ferrell u.a. zu, da es ihnen darum geht, diesen Prozess unter Referenz auf prinzipiell mögliche Grenzverschiebungen zu analysieren. Kriminalisierung wird als nie ganz abschließbare Zumutung interpretiert, die Raum für Widerstand und Subversion lässt, sie jedoch nicht erzwingt.

Entscheidend ist bei einer Diskussion der „cultural criminology" letztlich etwas anderes, nämlich die Frage, wie mit strukturellen Hintergründen von Prozessen der Kriminalisierung und Subjektivierung umgegangen wird. Es wäre genau aufzuklären, wer unter welchen Bedingungen Kriminalisierung Widerstand entgegenbringen kann und woher er die hierzu nötigen Mittel nimmt; bei der Aufklärung dieser Fragen besitzt die „cultural criminology" Entwicklungspotential (s. hierzu Kap. 3.3), während etwa die Subkulturtheorie in ihrem Argumentationsgehalt strukturelle Faktoren explizit betont. Sie erklären die Bildung von Subkulturen und die Definitionsmöglichkeiten von Abweichungen, so dass die Beziehung von Sozialstruktur und Kultur – insbesondere in der Cohenschen Tradition – klarer geregelt ist. Dies erfolgt allerdings um den Preis, Kultur im Grunde als Derivat und Anpassungsleistung an nicht-kulturelle Bezüge in den Blick zu nehmen. Während die „cultural criminology" ebenfalls Strukturbedingungen benennt – etwa durch Hinweise auf eine „late modernity" (vgl. Ferrell u.a. 2008) oder auf strukturelle Veränderungen in Gesellschaft und Politik, die kriminologisches Wissen beeinflussten (vgl. Hayward/Young 2004, 261) –, weisen Kulturen ihr zufolge Eigenlogiken auf; sie sind nicht strukturell determiniert, sondern Erscheinungen eigener Art, die eine genuin kulturtheoretische Zugangsweise erforderlich machen.

Dies wirkt sich auf die Forschungspraxis und die Haltung gegenüber beforschten Subjekten aus, wobei hier Ähnlichkeiten der „cultural criminology" und der Subkulturtheorien bestehen. Beide weisen eine expertokratische oder moralisierende Annäherung an Devianz zurück. Selbst wenn Partei für Kriminalisierte ergriffen werden soll und die „cultural criminology" in diesem Sinne normativ ausgerichtet ist, verweist sie konsequent auf die Notwendigkeit, sich im Forschungsprozess auf die Perspektive der Kriminalisierten einzulassen. Forschung hat mit einer – natürlich ihrerseits theoriehaltigen und voraussetzungsvollen – Erfassung subjektiver Erfahrungen und situativ verorteter Relevanzstrukturen zu beginnen (vgl. hierzu Katz 2002), während externe Klassifikationen und Zuschreibungen zurückgehalten werden müssen. Der Unterschied zwischen der „cultural criminology" und der These der „broken windows" könnte diesbezüglich kaum größer sein, auch mit Blick auf die kriminalpolitischen und professionsbezogenen Folgerungen, die jeweils abzuleiten sind.

Betrachten wir dies, um diesen Punkt abzuschließen, am Beispiel von *Graffiti,* die angesichts ihrer Sichtbarkeit und ihrer ästhetischen Qualität aus kulturreflexiver Sicht aufschlussreich sind. In der „klassischen" Subkulturtheorie erscheinen sie als Ausdruck einer subkulturellen Identität, die sich von einer Dominanzkultur unterscheidet. Dies deutet entweder auf eine bewusste Negation als Versuch, eigenständige Werte und Normen zu definieren und integrativ wirksam werden zu lassen, oder auf in sich autonome, von einer „Dominanzkultur" zu unterscheidende Ästhetiken. Gemäß der „broken windows"-These sind Graffiti etwas anderes. Sie treten als Symbol einer Unkultur auf, die Kontrolldefizite und bevorstehende schwerwiegende Ausprägungen von Kriminalität erahnen lässt. Demgegenüber ist man mit der „cultural criminology" aufgerufen, sich unmittelbar auf ihren Sinngehalt aus Sicht der Akteure einzulassen. Diese bezeugen Distinktionsversuche und potentiell subversive Praxen, die mit alternativen Ästhetiken und entsprechenden Kontrollpraktiken konfligieren und interagieren. Es kommt zu flexiblen Abgrenzungen. Dies kann beispielsweise dazu führen, dass inkriminierte Graffiti-Stile von dominierenden Kulturformen aufgegriffen und kommodifiziert werden, so dass ihr „Sinn" verändert und in modifizierter Qualität wieder als Anschlussoptionen an Jugendliche zurückgespiegelt wird usw. So kann z.B. der Kleidungsstil von Graffiti-Sprayern als „Streetwear" kopiert und kommerziell umgesetzt werden, oder Graffiti-Events können in kontrollierten Räumen organisiert, mit Werbung versehen und so ebenfalls zum Nutzen der Industrie eingesetzt werden (vgl. Ferrell 1997b; Reinecke 2007, 157ff). Dies wiederum kann alternative Formen von Graffiti attraktiv machen, durch die sich Jugendliche hiervon absetzen. Man muss, um dies zu verstehen, jeweils im konkreten Fall den Kreislauf von Regelsetzung, Regelinterpretation und entsprechenden Anschlusshandlungen analysieren.

3.3 Fragmentierte Symbolisierung und Hegemonie

Offensichtlich besteht über Kultur keine Einigkeit, weder in den Kulturwissenschaften noch in der Kriminalitätsforschung. Dieser Dissens sei hier nicht als Problem, sondern als Chance interpretiert. Allerdings werden zwei Schwierigkeiten aufgeworfen, die nun anzusprechen sind, bevor in den nachfolgenden Kapiteln eine Vertiefung der Argumentationsperspektive erfolgen kann. Erstens ist zu diskutieren, wie damit umzugehen ist, dass Kulturen nicht als geschlossene, klar abgrenzbare „Welten" interpretiert werden können, in die Kriminalität verstrickt ist. Kriminalität ist kein Problem einer mehr oder weniger großen Kultiviertheit, sondern ein *Ereignis*. Jeder Versuch, es zu repräsentieren, muss sich nach seiner Legitimation befragen lassen, denn Bezeichnungen von Kriminalität verwenden symbolische Zurechnungen, die ihrerseits Bedeutungen in den Bezeichnungsakt einbringen und ihn damit verändern. Wird Kriminalität in diesem Sinne als eine stets dynamische und widersprüchliche Bezeichnungspraxis gedeutet, so schließt sich, zweitens, die Frage an, wie diese Praxis beruhigt und vereinheitlicht werden kann, d.h. wie sich Vorherrschaften von Kriminalitätsvorstellungen und -bildern herauskristallisieren können. Steht also zuerst der Charakter der Ereignishaftigkeit von Kriminalität im Mittelpunkt, so ist nachfolgend das Verhältnis von Ereignis und hegemonialer Repräsentation zu klären.

3.3.1 Kriminalität als Ereignis: Fragmentierte Symbolisierung

Kulturtheorien konfrontieren mit Kontingenz; Kulturen und Kulturbedeutungen existieren nur im Plural (vgl. Garland 2006, 435). Wie der Überblick in Kapitel 3.2 ergeben hat, werden, wenn Kultur als zentrale Referenz der Erforschung von Kriminalität angeführt wird, Konflikte und Divergenzen sichtbar. Kultur zeigt sich nicht als Einheit oder Totalität, denn wo diese thematisiert werden, handelt es sich um implizite oder explizite Postulate, die kontrafaktisch aufgestellt werden, um einen aktuellen Zustand kultureller Komplexität als Krise oder Problem zu markieren. De facto macht „Kultur" eine basale Unsicherheit deutlich; es gibt keinen letzten Grund, auf den sie sich berufen könnte. Kulturanalyse erfordert den Umgang mit Kontingenz und hybriden Konstellationen (vgl. Reckwitz 2006a). Wer von Kultur spricht, muss deshalb besondere Anstrengungen aufwenden, möglichst unparteilich zu argumentieren. Ansonsten würden Formen von Kultur favorisiert, deren Relevanz und Geltungsansprüche erst analysiert werden müssen. Es geht folglich um Analyse, nicht um Bewertung. Kulturelle Kontingenz darf nicht unterdrückt, sondern muss anerkannt und als Mittel der Analyse eingesetzt werden, indem Versuche, einen einheitlichen Begriff von Kriminalität zu legitimieren, hinterfragt und auf ihre Sinnhaftigkeit hin untersucht werden. Betrachten wir diese Punkte genauer.

- **Parteilichkeit und verdeckte Normativität**

Kontingenzarbeit erfolgt in Kriminalitätstheorien auf sehr unterschiedliche Weise. In der Regel wird eine normative Orientierung verfolgt, indem einzelne Kulturformen als höherwertig interpretiert und andere abgewertet werden. Die These der „broken windows" realisiert dies recht offen durch eine rüde Diskreditierung aller Artikulationen von Lebensstilen, die einem als legitim betrachteten Mittelschichtbegriff von Sicherheit, Ordnung und Sauberkeit widersprechen. Was dieser axiomatisch gesetzten Richtschnur entgegenzustehen scheint, wird zum Anzeichen drohender Devianzspiralen erklärt. Aber auch konträr angelegte Sichtweisen wie die der „cultural criminology" leisten eine Normierung, wenn auch in deutlich selbstkritischerer Form. So ist für sie, wie oben gezeigt, eine Parteilichkeit für Kriminalisierte charakteristisch. Deren kulturelle Artikulationen werden als Kämpfe um die Legitimität von Bedeutungen und Handlungsweisen bestimmt. Die Sympathie des Forschers liegt auf dieser Seite. Der Wertschätzung der Kriminalisierten steht eine Geringschätzung der Kriminalisierenden gegenüber: „The enemy for cultural criminology is the state and an administrative criminology that advocates rational choice theory" (Lilly u.a. 2007, 202).

Wie O'Brien (2005) anmerkt, bleiben deren Verfahrensformen blass. Am Beispiel der Graffiti-Sprayer bedeutet das, dass „in marked contrast to the multidimensional and sympathetic interpretation of the graffiti writers' activities, assertions and arguments, anti-graffiti campaigners and ‚average persons' amount to one-dimensional ciphers of a one-dimensional culture" (ebd., 603). Eine konsequent zu Ende gedachte Kulturanalyse müsste allerdings auch diese Seite beleuchten. Dass sie ausgeblendet bleibt, illustriert eine prinzipielle Schwerpunktsetzung der Repräsentationen von Kriminalität und Kriminellen in Kriminalitätstheorien. Sie oszillieren, wie bereits angemerkt, um die Pole einer sympathetischen, fürsorglichen Zuwendung auf der einen, und einer ablehnenden, ausgrenzenden Zurückweisung auf der anderen Seite (vgl. Melossi 2000). Becker (1981, 155f) spitzt dies auf die Forderung zu, man müsse sich bei der Devianzforschung auf eine Seite stellen, auf die der Etikettierten oder die der Etikettierer. Die Erforschung von Kriminalität wäre demnach als in jedem Fall parteiliche Unternehmung zu beschreiben.

Dies ist nicht unbegründet, schließlich sind es gerade die Versuche, einen universellen, kulturell unbeeinflussten Begriff von Kriminalität zu finden, die Parteilichkeiten und kulturspezifische Prägungen am nachdrücklichsten vor Augen führen. Gottfredsons und Hirschis Versuch einer „Allgemeinen Theorie der Kriminalität" ist in dieser Hinsicht einschlägig. Ihre vermeintliche „culture-free theory of crime" (Gottfredson/Hirschi 1990, 175) zeigt mit der Assoziation von Kriminalität und geringer Selbstkontrolle eine spezifisch eurozentrische Sicht. Sie konzipieren Kriminalität als hedonistisch begründete, impulsive Handlungstendenz einzelner Individuen und legen damit eine bewusste Vermischung „klassischer", aufklärerischer und positivistischer Theorieanlagen vor, mithin eine genuin kulturspezifische Perspektive. Nicht einmal innerhalb einer Kultur lässt sich durch diese Grundlegung ein „allgemeines" Wesen von Kriminalität bestimmen, da sie wesentlich komplexer ist, als es ein Zugang durch das eindimensionale Konstrukt defizitärer Selbstkontrolle simuliert (vgl. Bornewasser u.a. 2007). Die im Gegenzug zu Gottfredson und Hirschi anzuerkennende Komplexität von Kriminalität wird noch gesteigert, wenn man sie im Unterschied zu ihnen nicht rein ätiologisch denkt, sondern Prozesse der Kriminalisierung in Rechnung stellt. So ist das Modell der „Allgemeinen Theorie der Kriminalität" trotz – oder gerade wegen – seiner simplifizierten Vorstellung von Kriminalität in hohem Maße kulturspezifisch geprägt und schlägt sich in seiner täterzentrierten, ätiologischen Anlage auf die Seite der Kriminalpolitik.

Kulturtheoretische Sichtweisen sind in besonderem Maße dazu aufgerufen, derartige Parteilichkeiten zu reflektieren. Sie können sichtbar machen, dass häufig einzelne Kulturformen favorisiert, andere delegitimiert werden; es werden Totalitäten und Einheiten von (Sub-) Kulturen definiert, die sich bei näherer

Betrachtung als brüchig und als Projektionen einer erwünschten Ordnung erweisen. Diese Tendenzen führen mitunter zu einer teilweise bewussten, teilweise unbewussten Stigmatisierung „Krimineller" aus der übergeordneten, nur scheinbar unparteilichen Perspektive einer Forschungshaltung, die normative Orientierungen nur unzureichend expliziert. Dadurch werden die Personen, die in der „falschen" Kultur integriert waren oder sind, als „kriminell" oder zur Kriminalität prädisponiert dargestellt. Vor allem die Mitglieder einer „Subkultur", Personen mit „Migrationshintergrund" oder „Unterschichtangehörige" scheinen in hohem Maße der Kriminalität verdächtig. Die in entsprechenden Kausalkonstruktionen zum Tragen kommenden Homogenisierungen von Kulturen, die Ausblendung der Relevanz von Kriminalisierungsprozessen und die forschungsmethodische Reduktion hochkomplexer Verläufe von Kriminalitätskarrieren auf einfache, beobachtbare Zusammenhänge – häufig nach dem Schema: „Fremdheit führt zu Kriminalität" – werden kaum sichtbar.

Kritik an unterkomplexen Kulturbegriffen wurden zwar mehrfach vorgebracht (vgl. etwa Cremer-Schäfer 1998; Nell 2006; Scherr 2010), aber sie verdient größere Beachtung. Ohne sie wird soziale Auffälligkeit leicht in Un-Kultiviertheit transformiert; Arme und Angehörige unterer Schichten werden von einem normativen Kulturbegriff aus der Amoralität, der Motivationslosigkeit oder des Hedonismus beschuldigt usw. Selbst gute Absichten führen dergestalt zu nachteiligen Effekten für die bezeichneten Kreise.[32] Dies muss dann nicht im Sinne Beckers zur Parteilichkeit für Kriminalisierte führen, sondern zu einer erhöhten Sensibilität, die auch versteckte Diskriminierungen reflektiert.

- **Analytische Zugänge**

Die möglichen und z.T. durchaus intendierten Nebenfolgen kulturbezogener Argumentation geben Anlass, der Rede von Kultur zu misstrauen und einer zumindest vorschnellen Parteilichkeit mit Skepsis zu begegnen. Die Basis von Annäherungen an Kriminalität muss ein analytisches Interesse bilden. Dies bedeutet nicht, man müsse das Konzept „Kultur" aufgeben oder ersetzen. Vielmehr ist aus der Einseitigkeit mancher kulturbezogener Kriminalitätstheorien zu ler-

---

[32] Wie schon Tannenbaum (1938/1973) berichtete, sei die Absicht relativ unerheblich, mit der ein Jugendlicher als defizitär definiert wird. Es können Wirklichkeitsprägungen implementiert werden, welche Defizitannahmen stützen. Differenzen zwischen helfenden und strafenden Instanzen werden relativiert, wenn in Rechnung gestellt wird, dass *beide* von Vokabularen der Defizitorientierung und der Bedrohungsminimierung zehren (vgl. Cremer-Schäfer/Steinert 1997). Natürlich macht es einen Unterschied, ob jugendliche „Täter" inhaftiert oder mit einem Kursus für soziales Training bedacht werden; allerdings bleibt es bei der Unterstellung einer Interventionsbedürftigkeit, die angesichts des ubiquitären Charakters von Jugendkriminalität klärungsbedürftig ist.

nen, dass man nicht Gewissheitssimulationen und Totalitätsorientierungen gegen die Anerkennung von Kontingenz setzen sollte. Kulturanalyse ist mit einer „Kontingenzperspektive" ausgestattet. Mit diesem Begriff weist Reckwitz (2008a, 15ff) auf die prinzipielle Unentschiedenheit hin, die neuere kulturtheoretische Arbeiten auszeichnet. Sie suchen nicht Antworten auf offene Fragen, sondern sie zielen, viel grundlegender, darauf ab, Fraglichkeiten überhaupt als solche sichtbar zu machen. Man muss (und kann) in diesem Sinne eruieren, welche normativ-evaluativen und epistemischen (Vor-) Entscheidungen in der Rede von Kriminalität zur Wirkung gelangen. Es ist eine reflexive Haltung einzunehmen, die auf maximale Weise bemüht ist, Polarisierungen und Vorverurteilungen zu vermeiden. Auf der Grundlage einer Offenlegung des argumentativen Standpunktes und speziell des kulturbegrifflichen Zugangs kann ein genuin analytisches Interesse verfolgt werden, das Parteilichkeiten nicht vorwegnimmt, sondern zum Untersuchungsgegenstand macht. Axiomatische Festlegungen und normativ getönte Sichtweisen werden damit nie gänzlich unterbunden, aber sie können relativiert werden (vgl. entsprechend Weber 1904/2008). Relevant ist demnach nicht die Frage, ob es prinzipiell möglich ist, rein reflexiv-analytische Studien vorzulegen oder nicht – absolut betrachtet ist dies freilich nicht möglich –, sondern maßgeblich ist die Auseinandersetzung mit den Voraussetzungen der Rede von Kriminalität und speziell mit der für sie charakteristischen Dichotomisierung von Wirklichkeitskonstruktionen und ihren Folgewirkungen, denn gerade die Kriminologie „has not surprisingly been caught up within this binary logic of identity and difference" (Hudson 2008, 277).

Es existiert derzeit eine breite Palette neuerer Kriminalitäts-, Kriminalisierungs- und Rechtstheorien, die zu vermeiden suchen, in die Fallen einer polarisierenden Sicht auf Kriminalitäts-„Wirklichkeiten" zu geraten (vgl. im Überblick Arrigo u.a. 2005; Frehsee u.a. 1997). Die Beschäftigung mit Kriminalität ist derzeit allerdings noch in hohem Maße durch Dichotomisierungen gekennzeichnet, und schon Begriffe wie „Kriminalität" oder „Devianz" verweisen auf Hierarchisierungen und Abwertungen (vgl. Gusfield 1989, 33; Ludwig-Mayerhofer 1997, 506), die einer dichotomen Weltsicht zuneigen. Sie handelt von Fragen der Schuld oder Unschuld, der Absicht oder Fahrlässigkeit, der Reife oder Unmündigkeit, der Resozialisierung oder Punitivität, der Kriminalitätsverursachung oder Zuschreibung usw. Was sich in der Tradition der modernen Kriminologie bis zu Quételets Vorbereitung bzw. Stützung der positivistischen „rigid binary opposition between normality and deviation" (Beirne 1987a, 1165) zurückverfolgen lässt, zeigt sich auch bei heutigen Kontrollakteuren, die sich in hohem Maße an Dichotomisierungen von „deviant" und „konform", „normal" und „problematisch" orientieren (vgl. Cremer-Schäfer/Steinert 1998, 247; Hanak 1986, 160).

Angesichts dieser Beharrungstendenzen ist es umso wichtiger, sich nicht a-xiomatisch auf eine Seite zu stellen, denn die Konstruktion und Vorgabe dichotomer Orientierungen ist ihrerseits zu analysieren. Wo strafrechtliche, kriminalistische und kriminalitätswissenschaftliche Wissensbestände auf Dichotomisierungen insistieren, muss ein analytischer Zugang sie als Setzungen ernst nehmen, die anders möglich sind. Versteht man Kriminalisierung deshalb als Differenz-*behauptung*, so werden die mit ihr assoziierten Klassifikationen einer Welt der „Täter" und der „Opfer", der „Delinquenten" und der „Konformen" fragwürdig und es werden im Gegenzug die dauerhaften Kämpfe um derartige Grenzziehungen zum Forschungsobjekt – einem Forschungsobjekt, das derzeit besonders relevant ist, da Dichotomisierungen dazu tendieren, in Teilbereichen immer unkenntlicher zu werden (ohne allerdings zu verschwinden). So vergegenwärtigt die aktuelle *risikoorientierte* Ausgestaltung strafrechtlicher Bestimmungen keine Anerkennung von Differenz und Heterogenität. In ihrem Kern steht lediglich eine Aufweichung (mehr oder weniger) konturierter Tatbestände im Strafrecht. Peter-Alexis Albrecht (2005, 3) spricht von dem „Sog einer *Politik der Risikobegrenzung*", die nicht primär nach der Schuld des Einzelnen oder nach der objektivierbaren Verletzung eines Rechtsgutes frage, sondern allgemeine Problemlagen und Unsicherheitsgefühle zu bearbeiten suche. Es kommt zur Kriminalisierung von Handlungen, die Deliktbegehungen vorgelagert sind. Da in diesem Rahmen Vorstufen von (möglichen) Delikten bestraft werden und Strafverfolgung besonders unscheinbar angelegt sein muss, um frühzeitig Tendenzen zu Kriminalität aufspüren zu können, führt dies zu einer zwingend diffusen, allgemeinen Verdächtigung (vgl. Neubacher 2006; Nogala 2000; Singelnstein/Stolle 2008). Eine präventive Sicherheitslogik stellt darauf ab, Risiken zu minimieren und zu unterdrücken, noch bevor sichtbarer Schaden aufgetreten ist.

Die Polarisierung von „Schuld" und „Unschuld" wird damit zwar aufgeweicht, aber sie wird nicht aufgehoben. Zunehmend muss der Einzelne belegen, unschuldig zu sein, während eine Verdächtigung prinzipiell legitim zu sein scheint. So bleibt auch ein Risikostrafrecht einer, wenn auch z.T. gut verborgenen, Dichotomisierung von „Normalität" und „Devianz", „Konformität" und „Kriminalität" verpflichtet. Und sie folgt nach wie vor den „bewährten" Wegen der Zuschreibung von Kriminalität; in diesem Sinne wurde oben (s. Kap. 2.2) die „Normalisierung" von Devianz als Trugschluss identifiziert, da sich selbst im Rahmen neuerer technologischer Kontrollformen stereotypisierte Zuschreibungen auswirken. Wenn beispielsweise durch Videokameras auf öffentlichen Plätzen zwar sehr viele Personen gefilmt und dadurch einem prinzipiellen Verdacht ausgesetzt werden, so werden gleichwohl v.a. Randgruppen und Benachteiligte fokussiert. Obwohl durch den Einsatz technischer Hilfsmittel der Überwachung demnach scheinbar objektive Möglichkeiten gegeben sind, über Schuld und

Unschuld zu entscheiden, wird eine „Kriminalitätswirklichkeit" konstituiert, die von symbolischen Bedeutungen und normativen Erwartungen durchdrungen ist. In der Folge sind z.B. Videokameras weniger aufgrund ihres – fraglichen – instrumentellen Nutzens relevant, sondern als Teil einer „Symbolpolitik", denn als „kulturelle Zeichen (sind sie; B.D.) gleichzeitig ein Schutzversprechen und eine Warnung" (Stapel 2009, 54). Sie richten an die „Normalbevölkerung" eine Botschaft der Gewährleistung von Sicherheit und suchen „Kriminelle" abzuschrecken. Auf diese Weise werden, wie subtil auch immer, bei der Ausübung sozialer Kontrolle Dichotomien reproduziert, die das „negative Gut" Kriminalität verteilen. Ihnen gegenüber ist zu verdeutlichen, dass Kriminalisierung auf hybride und vielschichtige kulturelle Bezüge und Sprachpraxen trifft. Nimmt man hierbei im Kontrast zur Subkulturtheorie und zur „broken windows"-These ernst, dass Kulturen keine Totalitäten abbilden und nicht per se mit einer Höher- oder Minderwertigkeit ausgestattet sind, sondern derartige Einschätzungen u.a. durch Kriminalisierung erst hergestellt und plausibel gemacht werden, so verlieren binäre Orientierungen ihre Berechtigung.

- **Fragmentierte Symbolisierung und das Beispiel Drogenkonsum**

Im Folgenden sollen dichotomisierende Interpretationsvorgaben durch zwei miteinander verbundene Analysekategorien ersetzt werden: Kriminalisierung wird zum einen als *fragmentierte Symbolisierung* interpretiert; zum anderen wird sie mit einem dauernden Ringen um die Ausbildung kultureller *Hegemonien* assoziiert. Diese werden nachfolgend in Kapitel 3.3.2 näher betrachtet, während zunächst auf das Konzept fragmentierter Symbolisierung zu blicken ist.

Es geht von einer ranghohen Komplexität des Geschehens um Kriminalität aus. Am Beispiel der polizeilichen Verfolgung von Drogenhandel haben Beckett, Nyrop und Pfingst (2005; 2006) u.a. mit Hilfe ethnographischer Studien rekonstruiert, wie vielschichtig die Zusammenhänge sind, durch die Kriminalität sichtbar gemacht wird. Bleiben wir bei diesem Beispiel, um das Gemeinte konkretisieren zu können. Beckett und ihre Mitarbeiter konzentrierten sich auf den Nexus von ethnischen Zugehörigkeiten und Praxen polizeilicher Kontrolle in den USA. Prinzipiell gilt, dass diese Verbindung relativ eng ist. Bezüglich der Drogenkonsumraten unterscheiden sich dunkel- und hellhäutige Amerikaner nicht; was aber die Strafverfolgung betrifft, so sind erstere mit wachsender Tendenz deutlich überrepräsentiert (vgl. Wacquant 1997). In den USA (und international) wurden die in den letzten Jahrzehnten nachhaltig gestiegenen Inhaftierungsraten in zentraler Weise durch einen repressiveren Umgang mit Drogendelikten bedingt,[33] und hierbei wurden insbesondere Personen afroamerikanischer Herkunft bzw. benachteiligte Kreise kriminalisiert. Western (2006) belegt, dass die Selektivität der Strafverfolgung im Kern auf eine sukzessive stärkere Kriminalisierung v.a. gering qualifizierter Afroamerikaner zurückzuführen ist. Wacquant spricht von einer „Masseneinsperrung von Randgruppen" (1997, 59) und einem „Bestrafen der Armen" (2009). In Zeiten des „mass imprisonment" (Garland 2001b) wurden resozialisierende Interventionsformen relativiert, Strafrahmen erhöht, Möglichkeiten frühzeitiger Entlassung reduziert usw. (vgl. im Näheren Beckett/Sasson 2000; Garland 2001a; Simon 2007; Stabile 2006; Uggen u.a. 2006).[34]

Um zu dem Thema der Komplexität zurückzukommen: Natürlich lassen sich keine offiziellen Bestimmungen finden, in denen nachzulesen wäre, dass vor allem solche Delinquenten bzw. Drogenkonsumenten hart bestraft werden sollen, die beispielsweise bestimmten ethnischen Gruppen zugehören, während andere Personen sorglos weiterhin kriminelle Handlungen verüben oder Drogen gebrauchen können. Dennoch ist die faktische Kontrollpraxis in hohem Maße selektiv ausgerichtet. Die betreffenden diskriminierenden Muster kommen nicht als offizielle kriminalpolitische Verlautbarungen oder Rhetoriken zum Tragen und sie zeigen sich – zumindest meistens – nicht als Rassismen der betreffenden Akteure, sondern sie durchdringen Kontrollhandlungen durch subtile Orientierungen, in denen sich verschiedenartige Perspektivitäten kreuzen. Beckett, Nyrop und Pfingst (2006, 106) sprechen von einem „implicit bias", der die Wahrnehmung von Drogenkontakten steuert.[35] Es treten vielschichtige Mischungen auf, in denen soziale Ungleichheiten (als von Kontrollakteuren inkorporierte, stereotypisierte Bilder von Drogenkonsumenten), ethnische Zugehörigkeiten (ebenfalls als implizite Repräsentation „typischer" Drogenverwender), Geschlechtskonstruktionen, Sichtbarkeiten von Drogenumgang im öffentlichen Raum, kriminalpolitische Vorgaben und weitere Aspekte wirkmächtig werden. Sie fließen ineinander

---

[33] Wie Prätorius (2009, 209) wiedergibt, kennzeichneten Drogendelikte „im Jahr 2003 55% der Insassen von Staatsgefängnissen" in den USA. Dieser Quote ging voraus, dass in den Jahren von 1980 bis 1996 die Anzahl der wegen Drogendelikten inhaftierten Personen „um das Zehnfache" anstieg; „ein Drittel des gesamten Anstiegs (der Einsperrungsraten; B.D.) war auf diese Verurteilungen zurückführbar" (ebd.; s.a. Pratt 2009).

[34] Entscheidend für die nachdrückliche Erhöhung der Inhaftierungsraten waren nicht steigende Kriminalitätsraten, sondern kriminalpolitische Entscheidungen, wie mit Delinquenten umgegangen werden soll; „the expansion of the penal system is a consequence of the decision to ‚get tough' on criminal offenders – including those convicted of minor offenses that are not even tabulated in conventional crime statistics. This policy choice is, in turn, a consequence of the increased importance of ‚the crime issue' in U.S. political culture and the ascendance of certain ways of framing or understanding the crime problem" (Beckett/Sasson 2000, 10).

[35] Zum Ansatz „institutioneller Diskriminierung" in dieser Hinsicht auch Flam (2007, 12ff).

und ergeben eigentümliche Vermengungen, die eine „Kriminalitätswirklichkeit" auftreten lassen.

Demnach ist es weder richtig, dass Angehörige bestimmter Ethnien krimineller „sind" als andere, noch, dass sie generell als ethnische Gruppe kriminalisiert werden. Vielmehr handelt es sich um Zuschreibungen von Kriminalität, in denen ethnische Zugehörigkeit eine – freilich wichtige – Rolle in einem Zusammenspiel unterschiedlicher Dimensionen der Wirklichkeitskonstitution spielen. Man kann diese „Wirklichkeit" zwar richtigerweise als überdurchschnittlich hohe Wahrscheinlichkeit der Kriminalisierung von Angehörigen bestimmter ethnischer Gruppen wahrnehmen, aber diese Aussage ist zu ergänzen durch die Erkenntnis, dass die relevanten Zuschreibungsakte in Situationen realisiert werden, in denen z.B. ethnische Zugehörigkeit einen von vielfältigen Wirkmechanismen darstellt. Kriminalität wird durch Praxen hervorgebracht, die aus unterschiedlichsten kulturellen Bedeutungszuweisungen zusammengesetzt sind. Die Äquivokation „Kriminalität" erscheint nur auf einen ersten Blick als konsistente Bezeichnung einer distinkten Klasse von Handlungen oder Personen(-gruppen), während eine nähere Betrachtung ihre hybride Natur vor Augen führt.

Dies ist gemeint, wenn hier von einer *fragmentierten Symbolisierung* gesprochen wird. Signifikant und Signifikat werden getrennt; oder konkreter ausgedrückt: Kriminalität ist ein polysemes Symbol, das nicht, wie z.B. in mittlerweile „klassischen" Varianten Kritischer Kriminologie angenommen wird (s. Kap. 2.3), auf eindeutige Referenzen wie Unterschichtangehörigkeit, eine Klassenjustiz, die Reproduktion einer Arbeitsmoral oder Ähnliches verweist und durch sie erklärt werden könnte. Kriminalisierung ist weit weniger mit sich identisch, als es diese Annahmen vorgeben. Wird Kriminalisierung als konsistente Bezeichnung einer gegebenen Realität vorausgesetzt, dann scheint es objektive Spuren zu geben, die Kriminalisierung erklären und ihr „Sinn" geben. Aber derartige Spuren können „nie richtig" (Reichertz 2007, 331) gelesen werden – und dies unabhängig davon, ob sie ätiologisch als Hinweise auf Täter oder kritischkriminologisch als Hinweise auf Logiken von Kriminalisierungsprozessen interpretiert werden. Erst durch interpretative Akte, so Reichertz, werden Spuren konsistent *gemacht*, während die vorgefundene „Realität" in sich offen und widersprüchlich ist. In seinen Worten:

„Was polysem ist, also die Spur, wird erst in bestimmten Handlungskontexten aufgrund bestimmter Handlungsrelevanzen mittels Gestaltschließung als Gestalt geschaffen. Für die so geschaffene Spur interessieren sich später immer nur die, für deren zukünftige Handlungspraxis die Spur bedeutsam gemacht werden kann" (ebd.).

Auf das Konzept der „Spur" wird später zurückzukommen sein (s. Kap. 5.3). Hier sei festgehalten, dass die Bezeichnung „Kriminalität" ein kreativer Akt ist, der Bedeutungen justiert, die zuvor so noch nicht absehbar oder zumindest noch nicht zwingend notwendig waren. Der Begriff „Kriminalität" konstituiert eine Schein-Logik, die in sich fragmentiert ist. Die in ihm ausgedrückten Bedeutungen werden im Sinne der Institutionen konkretisiert, in deren Rahmen sie kommuniziert werden. Versuche, eine „Kriminalitätswirklichkeit" abbildend darzustellen, können nicht erfolgreich sein, da die ihr zugrunde liegende Komplexität unterschlagen werden muss. Jede Kriminalisierung konstituiert erst Kriminalitätswirklichkeiten, die bewusst im Plural und – wenn dies bei Substantiven möglich wäre – in der Vergangenheit formuliert und gedacht werden müss(t)en, denn in dem Moment, in dem ein Ereignis als „kriminell" bezeichnet wird, ist es nicht mehr dasselbe. Es hat seinen „Sinn" bereits verschoben; er ist nur noch als Spur in der Bezeichnung vorhanden, wird in ihr aber nicht abgebildet oder repräsentiert, sondern neu hervorgebracht.

In der neueren kulturtheoretischen Forschung wird dies als „Krise der Repräsentation" bezeichnet (vgl. Bachmann-Medick 2007, 149ff; Freudenberger/Sandkühler 2003). Clifford bezeichnet das Gemeinte treffend mit dem Satz: „Cultures' do not hold still for their portraits" (zit.n. Bachmann-Medick 2007, 151). Den Versuchen, kulturelle Bedeutungen zu identifizieren, wohnt etwas Vergebliches inne, insoweit eine Identifikation eine Neu-Schaffung und damit eine Bedeutungstransformation beinhaltet. Während des Bezeichnungsaktes und durch ihn wird die Bedeutung des Bezeichneten verändert. In anderen, allgemeineren Worten ausgedrückt: „Das Symbol verkörpert nicht nur eine Bedeutung, (…) es verkörpert auch den Transformationsprozeß, mit dem die Bedeutung wächst. Die so gefasste *symbolische Form* ist (…) permanente *symbolische Transformation*" (Wirth 2008b, 41f). Und diese Transformation gehorcht nicht vorgegebenen Logiken, sondern sie erfolgt als „rearrangierendes ‚guessing'" (ebd., 37), d.h. als Folgerung, die Spielräume ausnutzt und produktiv neue Bedeutungsgehalte hervorbringt. In dieser Hinsicht ist Kriminalisierung keine notwendige Reaktion auf gegebene Strukturbedingungen, insofern die ihr innewohnende Symbolqualität nicht als Abbildung einer gegebenen Wirklichkeit fungieren kann. Als Symbolisierung ist die Bezeichnung „Kriminalität" fragmentiert, und jedes Bemühen, durch sie eine Realität wiederzugeben, unternimmt neue Realitätszuweisungen.

- **Folgerungen**

Die Metaerzählung „Kriminalität" ist gewissermaßen zerbrochen bzw. – wenn man die dauerhaften und sehr erfolgreichen Unternehmungen ihrer Re-Inthronisierung bedenkt – zumindest zerbrechlich. Es ist erforderlich, ihre Kontingenz klarer zu sehen, als dies in der kulturtheoretischen Tradition der Kriminologie bislang getan wird. Die „cultural criminology" weist mit Recht auf diesen Punkt hin. Kriminalität – gemäß der „cultural criminology" und der Etikettierungsperspektive handelt es sich ausschließlich um Kriminalisierung – besitzt ereignishaften Charakter. Geht man von ihm aus, so können durch reflexive Analysen die „Praktiken von Dichotomisierung und Essentialisierung" (Bachmann-Medick 2007, 153) sichtbar gemacht werden, die die Ereignishaftigkeit bannen sollen und Kriminalität den Anschein geben, sie sei „natürlich" oder zumindest „objektiv" gegeben.

Um ihn zu dechiffrieren, sind zwei Perspektiven zu verfolgen: Erstens ist Kriminalisierung als Spiel zu betrachten, in dem eine Artikulation von Differenzen vollzogen wird; zweitens werden in diesem Spiel Auseinandersetzungen geführt, es handelt sich also um eine agonale Praxis, auch im Rahmen wissenschaftlicher Diskurse. Wird beides berücksichtigt, dann ist der Ereignischarakter zu verdeutlichen, und man kann im Anschluss zu der wichtigen Frage übergehen, wie trotz des polysemen Charakters von Kriminalität hegemoniale Kriminalitätsbilder etabliert werden können.

Erstens: Die Auseinandersetzung mit Etikettierungsansätzen hatte gezeigt, dass Kontingenz die wesentliche Basis der Rede von Kriminalität ist (s. Kap. 2.2). Diese Erkenntnis sollte nicht theoriearchitektonisch negiert werden, indem beispielsweise behauptet wird, Etikettierung erfolge aufgrund sozialer und/oder ökonomischer Strukturbedingungen. Man muss Kontingenz umfassender anerkennen. Zwar sind Strukturbildungen in Rechnung zu stellen, aber sie sind nie abgeschlossen, sondern konstituieren sich als symbolische Ordnungen stets neu (vgl. Gusfield 1989). Prozesse symbolischer Ordnungsbildung beruhen auf der Vermittlung von Zeichen als Differenzsetzungen, die nicht durch eine ihnen vorgängige Realität legitimiert werden; Differenzen „spielen", wie Jacques Derrida (2004a, 88) eindrücklich mitteilt. Er bezieht sich dabei auf Ferdinand de Saussure und dessen bekannte Ausführung, wonach Sprache als System von Differenzen zu betrachten ist. Sinnzuweisungen ergeben sich aus der Position von Signifikanten in Relation zu anderen Signifikanten. Der Bezug zu einem Signifikat ist hierbei insofern arbiträr, als er nach Konventionen erfolgt, d.h. nicht Eigenheiten des Signifikats verpflichtet ist. Ein Signifikat führt nicht zu Signifikanten, sondern es bleibt unmotiviert und rechtfertigt nicht eine besondere

Bezeichnung. Diese kann nur aus der relationalen Stellung von Signifikanten erschlossen werden (vgl. Keller 2008, 103ff; Münker/Roesler 2000, 1ff; Moebius/Reckwitz 2008).

Derrida (1983, 87) nimmt diesen Standpunkt Saussures auf und führt ihn konsequent weiter; das Spiel der Zeichen muss „in seiner Radikalität" gedacht werden. Es gibt für Derrida – neben weiteren Kritikpunkten an Saussure (vgl. im Überblick Münker/Roesler 2000, 39ff) – kein System der Zeichen als eine feste Struktur. Es ist von einer Bewegung auszugehen, die Sinn permanent im Rahmen zeitlicher Verschiebungen neu orientiert. Die Unmotiviertheit von Zeichen erhält dadurch eine andere, radikalere Qualität; sie tritt als „eine aktive Bewegung, als eine Ent-Motivierung und nicht als eine gegebene Struktur" (Derrida 1983, 88) in Erscheinung. Sinn erhält dadurch gewissermaßen keinen „Platz" mehr, er wird gleichzeitig relationiert und verzeitlicht.[36] Er verweist auf Relationssysteme, ohne die er nicht verständlich wäre. Aber Kontexte verändern sich und können nicht als konsequente Anweisungen von Sinnoptionen fungieren, da sie im Moment des Versuchs ihrer Repräsentation aufgelöst sind – ansonsten könnte nicht von einem „Zeichen" gesprochen werden, das jeweils in verschiedensten Zusammenhängen einsetzbar sein muss. Diese doppelte Bewegung einer Kontextualisierung und einer ent-kontextualisierenden Verzeitlichung führt zur basalen Infragestellung einer Repräsentationslogik.

Für eine Analyse von Kriminalisierungsprozessen ist diese Sichtweise erkenntnis- und folgenreich, da sie die Unkontrolliertheit der Zuweisung von Bedeutungen „der" Kriminalität vor Augen führt. Kriminalität kann nur als artikulatorische Praxis verstanden werden – eben als „Kriminalisierung", die bemüht ist, Sinn festzuschreiben; sie beruht auf der Setzung von Differenzen. Kriminalisierung generiert durch sie Kriminalitätsbedeutungen, die in sich gebrochen sind. Diese resultieren – im Sinne der „cultural criminology" – in Anschlusshandlungen und Grenzüberschreitungen, die in der Kriminalitätsdarstellung offerierte Bedeutungen unterlaufen und mit neuen Bedeutungen versehen. Auf diese Weise *spielt* Kriminalität, da ihr Sinn permanent verschoben wird. Eine Theorie der Kriminalität muss dies berücksichtigen. Sie darf nicht den offiziellen Rhetoriken folgen, die säuberlich nach „Schuld" und „Unschuld", „Abweichung" und „Konformität" sortieren. Wo derart „saubere" Abbildungsgeschichten geliefert werden, sollte man skeptisch sind (vgl. Geertz 1973/2008, 471).

Zweitens: Hinweise auf „spielende" Zeichen bleiben mehr oder weniger vage; man muss die damit eingenommene Perspektive konkretisieren, damit sie nicht als „anything goes" missverstanden wird. Ebenso wie die hier eingenommene

---

[36] Derrida (2004a) prägte hierfür den Neologismus „différance".

Haltung eben dies ist: eine *Perspektive*, kann von Kriminalität *nur perspektivisch* gesprochen werden. Kriminalität wird jeweils von unterschiedlichen Positionen aus zum Thema gemacht. Es gibt, in anderen Worten, kriminalitätsbezogene „Kommunikationsmärkte" (Milovanovic 1988, 152) als unterschiedliche Rhetoriken, die Kriminalität konstituieren und sie als vielschichtige Realitätserfahrung inaugurieren. Hingegen existiert nicht „die" Bedeutung von Kriminalität, sondern es ist ein stetes Ringen um Sinnanschlüsse zu vermerken, die in Kriminalitätsdiskursen kommuniziert werden und die eine Vielfalt an alternativen und konkurrierenden Bedeutungszuweisungen mit sich führen. Kriminalität erweist sich, wie Kunz (2008, 87ff) ausführt, als ein „Bedeutungsknoten". Ihm kommt die Funktion eines Ordnungsversuchs zu, der klassifikatorisch und normativ orientierend wirken soll, denn:

> „Kriminalität ist ein zu verfestigten Handlungsdispositionen anleitender Unterscheidungsbegriff, der negativ besetzt ist und eine Sinndifferenz zu positiv besetzten Begriffen wie Ansehen, Erwünschtheit, Privileg markiert" (ebd., 89).

Als „Unterscheidungsbegriff" lässt „Kriminalität" keine konsistenten Bezeichnungen zu. Die in den „Knoten" eingehenden Sichtweisen sind sehr unterschiedlichen Perspektiven verpflichtet, so dass eine Analyse von Kriminalität angesichts dieser Heterogenität damit beauftragt ist, zu einem Verstehen von Differenz anzuleiten.

Dies bedarf nun einer Erklärung, denn ein naiver Verstehensbegriff verliert an Plausibilität, wenn Kriminalität im beschriebenen Sinne als fragile Symbolisierung betrachtet wird. Schließlich müssen die prinzipielle Unsicherheit und die immer nur versuchsweise zu überbrückende Plausibilisierung von Kriminalitätsbegriffen auch auf wissenschaftliche Darstellungen bezogen werden. Würde dies nicht in Rechnung gestellt, so würden nur die Fehler wiederholt, die eine Kriminalitätsforschung generiert, welche sich allzu selbstbewusst ihres „Gegenstandes" sicher weiß, schon bevor sie ihn in den Blick nimmt. Wird Kriminalität als kulturelle Bedeutung identifiziert, so muss dies folglich zu einer Infragestellung auch der *eigenen* Vorannahmen führen, die in einem umkämpften Diskursfeld lediglich eine Position neben anderen verkörpern. Es ist erforderlich, sich des „blinden Flecks" der eigenen Beobachtung bewusst zu sein, von dem aus Kriminalität als solche sichtbar gemacht wird (vgl. Bussmann 2000).

Dieser Fleck verweist auf Bedeutungszuschreibungen, an denen unterschiedliche Instanzen beteiligt sind. Sie bringen jeweils verschiedene Interessen und Sichtweisen ein. Unter der Referenz „Kriminalität" können sie vermeintlich vereinheitlicht werden, aber dies ist nur partiell möglich, da Kriminalität in sich heterogen strukturiert ist. Es existieren nicht nur vielfältige, historisch und inter-kulturell variierende Kriminalitätsbegriffe, sondern Kulturen sind selbst vielfäl-tig – auch disziplinäre „Wissenskulturen". Es gibt eine „Pluralität der wissen-schaftlichen Anschauungen" (Kunz 2008, 90), die im interdisziplinären Ver-gleich deutlich wird und auch intradisziplinär zu bedenken ist.

Knorr Cetina (1992; 2002) weist in ihrer Rekonstruktion von „Wissenskul-turen" eben dies nach: Wissenschaftliches Arbeiten ist uneinheitlich strukturiert und es folgt nicht operativ geschlossenen Logiken der Wirklichkeitskonstruktion, wie aus Sicht der neueren Systemtheorie angenommen werden könnte. Es ist vielmehr flexibel und gekennzeichnet *durch „Brüche in der Einheit und Einför-migkeit von Praxis"* (Knorr Cetina 2002, 21; Hervorhebung B.D.). Als kulturelle Tätigkeit, als die Knorr Cetina die Praxis selbst der avanciertesten naturwissen-schaftlichen Forschung erschließt, ist sie nicht derart entscheidungsfrei und durch Forschungsobjekte prädeterminiert, wie es die Forschung meist nach au-ßen kommuniziert. Die Außendarstellung mag diesen Eindruck erwecken und Bilder eines stringenten, planvollen und ambiguitätsfreien Vorgehens vermitteln. Aber die tatsächliche Praxis ist anders geartet. In ihr kommen, auch im Rahmen einer spezifischen disziplinären Befassung mit einem Forschungsthema, multiple Perspektiven zum Tragen, die es perspektivisch brechen. Die wissenschaftsso-ziologische Forschung verweist in dieser Hinsicht auf „soziale Bedingungen, Strukturen und Rahmenbedingungen in Labors, Verhandlungen zwischen Wis-senschaftlern, eingespielte methodologische Prozeduren und soziale oder wis-senschaftspolitische Interessen" (Detel 2007, 671).

Es gibt keinen Grund, dies nicht ebenfalls für die Befassung mit Kriminali-tät anzuerkennen. Sie wird im öffentlichen Diskurs im Rahmen verschiedener Interessenslagen thematisiert – etwa durch Massenmedien, politische Parteien, Lobbygruppen, soziale Milieus in der Bevölkerung –, und die wissenschaftliche Forschung kann ihm keinen einheitlichen Kriminalitätsbegriff entgegensetzen. „Kriminalität" ist folglich per se eine Frage von Standpunkten und Perspektiven, die zueinander in einem agonalen Verhältnis stehen. Wer zu einem „Verstehen" von Kriminalität aufruft, muss sich deshalb von der Prämisse einer einfachen Verstehbarkeit lösen. Das „criminological *verstehen*" verlangt nach Selbstkritik, die lediglich darauf insistieren kann, dass Kriminalität ein Ereignis ist, das durch Differenzbestimmungen sichtbar gemacht wird. Jede Forschung, auch eine ver-stehensorientierte, muss weitergehende Ansprüche reflektieren, um einen poten-tiellen Imperialismus des Verstehens zu verhindern, der implizit vorgibt, was wie zu verstehen ist, und dies ist eine nicht zu unterschätzende Aufgabe (s. Kap. 6).

Selbst wenn Kriminalitätswissen explizit artikuliert wird, wie im Falle wis-senschaftlicher Theorien, so bedeutet dies nicht, dass es von konstruktiven, im-pliziten Schlüssen frei wäre, im Gegenteil: „While tacit knowledge can be possessed by itself, explicit knowledge must rely on being tacitly understood and applied. Hence all knowledge is *either tacit* or *rooted in tacit knowledge*. A *wholly* explicit knowledge is unthinkable" (Polanyi 1964/1969, 144). Wissenschaftliche Bilder von Kriminalität wirken also v.a. deswegen plausibel und schlüssig, da sie von kulturellen Vorurteilen durchdrungen sind und sich an ihre normativen Vorgaben halten (vgl. hierzu Hess 1999a). Sie brechen nicht mit Alltagsplausibilitäten, auch wenn sie ein höheres Maß an Selbstkritik zeigen (sollten) als diese.

Eine reflexive Annäherung an Kriminalität erfordert demnach ein ungleich höheres Maß an Skepsis, als es üblicherweise zu erwarten wäre. Nötig ist, wenn man dies auf den Forschungsprozess bezieht, eine „ethnography of ethnography, a double awareness of the process of research" (Hayward/Young 2004, 268), die axiomatische Unterstellungen grundlegend revidiert und keine Scheu davor hat, ihre eigene Position in einem prinzipiell agonal verfassten Bedeutungsraum zu reflektieren.

Fasst man die genannten Punkte zusammen, so zeigt sich, dass Kriminalität nur in Auseinandersetzungen und Kämpfen um Bedeutungen thematisierungsfähig ist. Sie ist ein Sprachspiel, aber nicht im Sinne beliebiger Artikulationsmöglichkeiten. Man kann im Gegenteil erkunden, welche teilweise enormen Anstrengungen unternommen werden, um Kontingenz gerade *nicht* sichtbar werden zu lassen. *Eine kulturtheoretische Analyse von Kriminalität strebt dies an: Sie ist der Versuch einer Aufdeckung der Bemühungen, Kontingenzen und Vorannahmen unsichtbar zu machen, um partikulare Standpunkte der Kriminalisierung zu legitimieren.* Kontingenzreduktionsanalyse sozusagen. Klärungsbedürftige Reduktionen zeigt die wissenschaftliche Befassung mit Kriminalität unabhängig davon, ob es sich um eine psychologische, soziologische, ökonomische, sozialpädagogische oder andere Annäherung handelt. Ihnen ist gemeinsam, dass sie eine Kriminalitätswirklichkeit vorschreiben, die ihre eigene Perspektivität fortschreibt und dabei negiert, dass sie eine Perspektive ist. Spannend ist hierbei allerdings weniger der bloße Hinweis auf Kontingenz und die Versuche ihrer Unsichtbarmachung. Wichtiger ist die Frage, wie sie manchmal erfolgreich sein und Hegemonien etablieren können.

3.3.2 Kriminalität als hegemonialisierte Wirklichkeit

Unternehmen wir einen weiteren Schritt. Kriminalität als Ereignis beschreibt nur einen Teilbereich des zu analysierenden Phänomens. Zwar ist zu beachten, dass Zeichen spielen, aber es handelt sich nicht um „just gaming" (Morrison 1997,

466), zu dem es wird, wenn man die unterschiedlichen Bedingungen der Teilnahme am Spiel nicht anerkennt. Wird in einem ersten Schritt die Ereignishaftigkeit zugestanden, so ist in einem zweiten zu erschließen, auf welche Weise sie negiert wird und zu welchen Folgewirkungen dies führt. Und dies ist die entscheidende Aufgabe, die einer Kriminalitätstheorie zukommt, wenn sie sich bemüht, die axiomatischen Konstruktionen von Kriminalitätswirklichkeiten aufzudecken. Da dieser Aspekt im vierten Kapitel näher beschrieben wird, kann er hier relativ knapp ausgeführt werden. Dennoch ist zu betonen, wie wichtig er ist, um nicht Anlass zu dem Missverständnis eines beliebigen Sprachspiels zu geben.

- **Das Beispiel „cultural criminology"**

Anhand der „cultural criminology" kann demonstriert werden, wie schwierig sich der Umgang mit dem Problemkreis der Vermittlung von Ereignishaftigkeit und überdauernden Bedeutungsgeltungen gestaltet. In ihrem Fall dominiert die Abneigung dagegen, strukturelle Faktoren als zentrale Aspekte des Geschehens um Kriminalität anzuerkennen. Es wird primär auf situativ emergierende Bedeutungen, auf subjektive Relevanzen und fluide Transfers von Sinnorientierungen abgestellt. Kulturkriminologen müssen sich, um die Begehung krimineller Handlungen verstehen zu können, auf situative Kontexte einlassen, in denen diese Handlungen verortet sind, denn es geht bei der Erforschung von Erfahrungen der Kriminalität um die „situated logic and emotion that emerge within them" (Ferrell 1997a, 13). Dies führt nicht nur, wie Kretschmann (2008, 206f) kritisch anmerkt, zu einem Ausschluss potentieller Kritiker, die an der konkreten Erfahrung nicht in dem Maße teilhaben können, wie der ethnographisch arbeitende Forscher. Weitergehend zeigt diese Haltung eine problematische Beziehung zu Strukturbedingungen, die für diesen Ansatz charakteristisch ist.

Das zugrunde liegende Gesellschaftsbild gibt Aufschluss. Es wird als „late modernity" (Ferrell u.a. 2008, 56ff) bezeichnet. In Kurzform wird sie beschrieben als „a world always in flux, awash in marginality and exclusion, but also in the ambiguous potential for creativity, transcendence, transgression, and recuperation" (ebd., 6). Die „cultural criminology" antwortet auf diese Bedingungen, indem sie Kultur nicht als Ganzheit oder sichere Orientierung deutet, sondern als dynamische Konstruktion und Inszenierung vielfältiger Bedeutungen. Kultur in der Spätmoderne fordere den Einzelnen zu einer Form der Selbstinszenierung auf, die keine Gewissheit mehr kennt und die in Auseinandersetzung mit und unter Verwendung von medial vermittelten, expressiven Symbolisierungen operiert. Sie findet in kulturellen Räumen statt, die selbst disloziert sind und Indivi-

114

duen permanent mit der Gefahr der Exklusion konfrontieren, denn „all of this anomic insecurity is cut through with gross inequality" (ebd., 57). Selbst wenn Klassenkonflikte zunehmend in „culture wars' against the poor and disenfranchised" (ebd., 56) transformiert werden, gibt es demnach strukturelle Ungleichheiten; Arme existieren und werden zum Objekt repressiver Interventionen.

Soziale und ökonomische Prekarität sowie wachsende Anforderungen an Selbstdarstellungskompetenzen träfen demnach aufeinander. Kriminalität wird im Kontext kultureller Bedeutungstransfers und -emergenzen verortet, in deren Hintergrund gesellschaftliche Strukturen wirken (vgl. Young 2003). Sie bedingen nicht direkt, aber indirekt Erfahrungen der handelnden Subjekte in einem „cultural chaos" (Ferrell u.a. 2008, 60), das keine Orientierung an einer konsistenten Normalität mehr zulasse.

Fluide Lebensumstände sind folglich von hoher Relevanz, aber es existieren auch andere argumentative Bezugspunkte der „cultural criminology". Fixierte Bedeutungen und strukturelle Hintergrundfaktoren werden auf (mindestens) zwei Wegen eingeführt: zum einen als mögliche Flucht vor einem konstruktiven Umgang mit Pluralität, beispielsweise durch Dämonisierungen von Anderen und eine Essentialisierung ihrer Devianz. Sie werden durch Abwertungen und Ausgrenzungen („othering") zur Projektionsfläche einer „ontological security" (Young 1999, 104), die kulturell nicht mehr gewährleistet sei. Zum anderen werden gegebene Strukturen theoretisiert. So tangierten Strategien kultureller Kontrolle „poor and ethnic minority kids disproportionately" (Ferrell 1997b, 27). Es gibt demnach soziale Ungleichheiten, die sich bei formeller Kriminalisierung auswirken, und sie spielen zudem eine wichtige Rolle bei der Deliktbegehung; nicht unmittelbar ätiologisch, aber in der vermittelten Form einer Erfahrung von sozialem Ausschluss (vgl. Hayward/Young 2004, 267). Fehlende ontologische Sicherheiten und bürokratisierte Handlungsbeschränkungen könnten zu einem tief empfundenen Gefühl der Benachteiligung führen; dieses könne Kriminalität bedingen, die vom Einzelnen wahrgenommene Schranken zu durchbrechen sucht.[37]

Wenn auch indirekt über kulturell eingebettete, subjektive Interpretationsleistungen: Gesellschaftliche Strukturen verursachen also Delinquenz. Vor allem ökonomische Benachteiligungen und eine Behinderung von Selbstentfaltung verbleiben als relevante Einflussgrößen bei der Beantwortung der Frage nach Deliktbegehung und Kriminalisierung. Sie werden nicht mehr als direkte Kausalfaktoren betrachtet, aber als Hintergrundvariablen, die in einer kriminellen Hand-

---

[37] In diesen Thesen wird neben anomietheoretischem Anklang das Erbe der englischen Subkulturforschung mit ihrem Fokus auf konfliktorientierte Kulturbegriffe spürbar. Kultur wird vorrangig als expressive Artikulation verstanden, die mit strukturellen Ungleichheiten eng verbunden ist, ohne durch sie allerdings determiniert zu sein.

lung aktualisiert werden (vgl. Ferrell 2005b, 144). Strukturen werden demnach in konkreten Situationen relevant, insbesondere durch die Interpretation von Akteuren, die sich als benachteiligt und ausgeschlossen erleben und deshalb zu einer kriminalitätsbezogenen Form der Status- und Identitätspolitik tendieren. Die Kausalität sozialer Strukturen wird nicht aufgegeben, sondern relativiert und an situativ emergierende Bedeutungskomplexe rückgebunden.

Erwartungsgemäß führt dies zu der Kritik, die Wirkmächtigkeit von sozialen und ökonomischen Strukturen werde unterschätzt. Pointiert verweisen Hall und Winlow (2005; 2007) auf Schattenseiten einer kulturorientierten Kriminologie, der sie die Notwendigkeit vorhalten, explizit auf Ungerechtigkeiten hinzuweisen, die mit strukturellen Lebensbedingungen verbunden sind. Das Verständnis einer pluralen und hybriden Kultur habe „drawn our attention away from the restrictive and constitutive politico-cultural power that the mutating ‚deep structure' of capitalism wields over social life" (Hall/Winlow 2007, 82). Nicht die Themen kulturelle Vielfalt und Transgression, die eine relativistische Grundorientierung erahnen ließen, sondern die Brutalität neuerer kapitalistischer Akkumulationsformen müsse kriminologisch adressiert werden. Gegen die expressive Kulturorientierung der „cultural criminology" wird demnach auf basale, tief greifende und mächtige Strukturen verwiesen, die Handeln anleiteten und vor dem Hintergrund der Auflösung tradierter Integrationsformen und Wertbindungen Kriminalität bedingten.

Ferrell (2007) und Ferrell, Hayward und Young (2008) weisen die Kritik zurück, indem sie auf ihr explizit kritisches Interesse aufmerksam machen. Dieses wird allerdings im oben geschilderten Sinne nicht auf eine strukturell-ökonomische Basis bezogen. Gemäß Ferrell (2007, 92): „Capitalism isn't the bedrock of social life", sondern selbst nur ein transitorisches Phänomen neben anderen. Dichotomisierungen von Kultur versus Ökonomie, Unterdrückung versus Widerstand oder Handeln versus Struktur werden zugunsten der These zurückgewiesen, es sei von Vermischungen auszugehen, von einer „confounding of economy, culture, and law that produces new forms of illegality and new campaigns of enforcement" (ebd., 95). In dem zugrunde gelegten Kulturverständnis sollen die scheinbaren Dichotomien konvergieren. Ausgehend von der interpretativen und expressiven Praxis handelnder Akteure werden Bedeutungszuschreibungen und -transfers rekonstruiert, die primär situativ gelagert seien, aber auch an umfassendere Bedeutungsräume und soziale Strukturen anknüpften und diese modifizierten.

Diese Auseinandersetzung ist symptomatisch. Sie zeigt, dass kritische Kriminalitätstheorien nach wie vor zwischen zwei Extremen schwanken, die schon die Diskussion von Etikettierungsansätzen in Kapitel zwei zutage förderte: zwischen einer interaktionistisch konzipierten Aushandlung und situativen Verankerung von Kriminalitätsbedeutungen auf der einen, und einer – im Theoriediskurs wirkmächtigeren – „Strukturalisierung" von Kriminalität auf der anderen Seite. Das erstgenannte Extrem kennt Kriminalität als relativ voraussetzungslose Zurechnung, das zweitgenannte begründet kriminelle Handlungen bzw. Kriminalisierung durch Nachweise „mächtiger" Tiefenstrukturen der Gesellschaft. Die „cultural criminology" kann das damit assoziierte Missverständnis einer Dualität von Kultur und Struktur nicht auflösen, zumal in ihrem Rahmen wiederholt auf basale, mehr oder weniger ätiologisch wirkende Strukturbedingungen „der" Gesellschaft hingewiesen wird. In ihrem Fokus auf die situative Genese und Prozessierung symbolisierter Kriminalitätsbedeutungen setzt sie allerdings einen Schwerpunkt in Richtung der ersten Position. Eine Kritik, wie sie Hall und Winlow anführen, ist demnach zwar wenig originell und kaum erkenntnisfördernd, da sie der monierten Haltung schlicht ein anderes grundlagentheoretisches Sozialmodell gegenüberstellt. Gleichwohl wird durch die Kritik ein zentraler Punkt angesprochen, der Beachtung verdient.

- **Kriminalität als „leerer Signifikant"**

Es empfiehlt sich, kurz gefasst, die Extreme zu vermeiden: sowohl die Unterstellung einer voraussetzungslosen Aushandlung von Kriminalität als auch die einer strukturellen Determinierung von Kriminalisierung. Kontingenz muss als Implikation von Kriminalisierung theoretisch berücksichtigt werden, aber die mit ihr angesprochene Perspektive ist zu erweitern, ansonsten wäre gegenüber einem Insistieren auf gewissermaßen frei schwebender Zuschreibung von Kriminalitätsbedeutungen kein Zugewinn an Erkenntnis erzielt. Es ist hierbei entscheidend, nicht mit einem spezifischen Bild von Gesellschaft zu beginnen, das dem Geschehen um Kriminalität und soziale Kontrolle eine essentialistische Grundlage gibt. Sozialität muss *selbst* als prekärer und fragiler Ordnungsversuch betrachtet werden, der nicht als Argumentationsbasis dienen kann, um Kriminalität oder Kriminalisierung zu begründen. Laclau und Mouffe (2006, 130) beschreiben dieses Verständnis von Gesellschaft folgendermaßen:

> „Wir müssen folglich die Offenheit des Sozialen als konstitutiven Grund beziehungsweise als ‚negative Essenz' des Existierenden ansehen sowie die verschiedenen ‚sozialen Ordnungen' als prekäre und letztlich verfehlte Versuche, das Feld der Differenzen zu zähmen. Demnach kann die Vielgestaltigkeit des Sozialen weder als ein System von Vermittlungen noch die ‚soziale Ordnung' als ein zugrunde liegendes Prinzip begriffen werden. Es

gibt keinen ‚der Gesellschaft' eigentümlichen genähten Raum, weil das Soziale selbst kein Wesen hat."

Somit ist nicht von einer fest gefügten Ordnung „des" Sozialen auszugehen, sondern von Stabilisierungen von Ordnungsentwürfen. Sie werden in Prozessen deutlich, durch die Differenzen „gezähmt" werden, um stabile Formationen zu simulieren. Das Spiel von Zeichen wird negiert und der Anschein vermittelt, es könne objektiv bestimmt werden, welche Ordnung „legitim" ist. Insofern diese Versuche allerdings, wie oben unter Bezug auf Derrida ausgeführt, nur im Rahmen von Differenzbeziehungen erfolgen können, kann eine Hegemonialisierung von Verständnissen „des" Sozialen nur realisiert werden, wenn der betreffenden Sinnzuschreibung zumindest vorübergehend verschiedenste Bedeutungsoptionen unterstellt werden. Sie wird „zum Brennpunkt einer Vielzahl totalisierender Effekte" (ebd., 181). Eine einheitliche Bezeichnung des Sozialen verweist auf vielfältige, mehrdeutige Signifikanten, durch die es angesprochen, d.h. diskursiv thematisiert wird. Die betreffende Bedeutung ist damit „überdeterminiert", d.h. die Elemente dieses Diskurses weisen „Spuren in anderen Elementen" (Moebius 2003, 167) auf. Ein „Wesen" von Sozialität kann thematisiert werden und die Wesenskonstruktion mag Zustimmung finden, aber dies gelingt nur um den Preis, dass es auf widersprüchliche Art und Weise bezeichnet wird und Differenzen dabei unterschwellig weiter existieren. Der Konsens über die Beschaffenheit einer gegebenen Sozialordnung und die mit ihr artikulierte Sinn-Stabilisierung ist nur ein scheinbarer (vgl. hierzu Moebius 2003; 2009; Reckwitz 2006b; 2008b; Stäheli 2000; s.a. Game 1991).

Für eine Beschäftigung mit Jugendkriminalität ist es von Relevanz, dass Laclau und Mouffe einen Mechanismus theoretisieren, der die Simulation einer fest gefügten Ordnung erfolgversprechend macht: den konstitutiven Ausschluss von möglichen Identitäten. Hegemonien produzieren Ausschließungen und setzen sie voraus, um sich zu ermöglichen. Nur so kann eine Einheit des Sozialen unterstellt werden, die plausibel erscheint, da sie ausgrenzt, was nicht zu ihr zu „passen" scheint. Kriminalität symbolisiert – wie bereits Durkheim (1895/1983) erkannt hatte – eine Ausschließung, die Integrationsverhältnisse und moralische Gemeinsamkeiten generiert und von ihnen abhängt. Sie dient als Projektionsfläche für Integrationsphantasien und -praxen, die zur wechselseitigen Konstitution einer moralischen Ordnung und einer durch sie ausgegrenzten – und durch sie etablierten – „Kriminalitätswirklichkeit" führen. Soziale Ordnung und Kriminalität, die auch im Durkheimschen Sinne nur als Bedeutungszuweisung, als Kriminalisierung, verständlich ist, verweisen aufeinander.

Im Anschluss an Laclau und Mouffe (2006) kann dies gestützt werden, wenn auch auf anderer theoretischer Basis und mit anderer Bedeutung als bei

Durkheim, denn Sozialität kann ihnen gemäß niemals vereinheitlicht und dauerhaft stabilisiert werden. Aus der dargestellten Wechselbeziehung kann kein Kollektivbewusstsein entstehen. In Laclaus und Mouffes Diskurstheorie spielen Repräsentationen sozialer Ordnung zu jeder Zeit, während sie durch Ausschließung ermöglichte Simulationen von Stabilität und hegemonialer Integration zulassen. Sinnbezüge verschmelzen tendenziell, sie bilden in den Worten von Laclau und Mouffe (ebd., 167ff) eine „Logik der Äquivalenz", die Bedeutungen verdichtet, obwohl und während Differenzen weiterhin wirkmächtig bleiben. Gemäß Laclau (2007, 71) kann eine Äquivalenz „klar die Oberhand über die differentielle Funktion" gewinnen; eine Hegemonie erscheint damit sinnvoll. Aber gleichzeitig ist sie sinnentleert, also „unterdeterminiert", da sie auf einer Vielfalt von Differenzen und divergenten Diskursspuren aufruht.

Eine Hegemonie wird möglich, wenn, so Laclau (ebd., 65ff), „leere Signifikanten" konstituiert werden. Es handelt sich um „Signifikanten (...), die chronisch unterbestimmt durch ein fixes Signifikat sind und denen es gerade dadurch gelingt, einen ‚Knotenpunkt' für eine imaginäre Einheit des Diskurses zu liefern – und damit dem Diskurs den Schein einer Fundierung zu verleihen" (Reckwitz 2008b, 76; Hervorhebung B.D.).[38] Dieser Schein ist durch eine weitgehende Sinn-Entlastung des leeren Signifikanten erkauft. Als Garant von Hegemonien ist er nicht vertrauenswürdig, da er auf Differenzen aufbaut und Hegemoniebildung nur durch konstitutiven Ausschluss ermöglicht. Die Hegemonie führt das Ausgeschlossene dauerhaft selbst vor Augen und erweist damit ihre eigene Instabilität:

„Jeder Versuch einer hegemonialen Formation, sich durch Verwerfung eines Anderen zu stabilisieren und Universalität zu beanspruchen, wird durch das vom hegemonialen Diskurs präsent gehaltene Andere desavouiert und auf diese Weise die Partikularität des angeblich Universellen offenbart: Denn einerseits ist das Andere die Bedingung der Möglichkeit, das hegemoniale Projekt als Einheit zu konstituieren, andererseits aber auch die Bedingung der Unmöglichkeit, es als universell und alternativlos auszugeben" (Moebius 2009, 159f).

Hegemonialisierung bedingt demnach durch ihren Erfolg ihre Re-Partikularisierung. Oder, wie in Anlehnung an die „cultural criminology" zu formulieren wäre: Wer Kriminalität definiert, fordert ihre Transgression heraus, da Grenzen

---

[38] Die Konstitution kann nicht durch Regeln erfolgen, die eine Bedeutungsjustierung anleiten. Laclau (2004, 280) spricht zwar davon, dass leere Signifikanten durch Regeln zustande kommen, aber „these rules of structuration (which are, of course, immanent rules) are subverted by *constitutive* dislocations". Zu diesem Regelbegriff s. Kap. 4.3.

gesetzt werden, die Grenzüberschreitungen spannend und interessant machen. Kriminalität führt damit ihre eigene Machtlosigkeit vor Augen, da sie anerkennen muss, dass Menschen nicht den gesetzten Regeln folgen. Aber indem die Betreffenden die Regeln verletzen und dadurch Status und Anregung gewinnen sowie Identitäten kommunizieren, reproduzieren sie gleichzeitig die Bedeutung der Grenzsetzung. Kriminalität wird dadurch subversiv unterlaufen und zugleich bestätigt. Es kommt zur Anerkennung von Grenzen im Rahmen permanenter Sinnverschiebungen.

Im Unterschied zur „cultural criminology" kann dies durch die Vorgaben von Laclau bzw. Laclau und Mouffe diskurs- und hegemonietheoretisch begründet und erweitert werden. Es ist zu erkennen, dass weder eine interaktionistische Beliebigkeit vorherrscht, die Kriminalität als bloße Aushandlung konzipiert, noch eine Strukturdeterminiertheit. Vielmehr bilden sich Hegemonien – und ebenso hegemoniale Kriminalitätsbegriffe – aus Differenzen, die ein dominierendes Verständnis von „Ordnung" simulieren und gleichzeitig belegen, dass es sinnentleert ist und nur als Chiffre einer moralischen oder anderen (vermeintlichen) Einheit fungiert.

Kriminalität ist ein leerer Signifikant, der Einheits- und Ordnungsfiktionen ermöglicht. Sie steht als ausgeschlossener Sinnbezug im Inneren von Ordnungsdiskursen und klagt deren dauernde Verletzung und Aushöhlung an. Gleichzeitig wird sie durch immer neue Bedeutungszuweisungen – durch neue Straftatbestände, strafrechtliche Reformen, veränderte Kontrollpraxen, mithin durch Kriminalpolitik (s. Kap. 4) – reanimiert und an veränderte Bedeutungsräume angepasst. Kriminalität ist letztlich das Paradebeispiel eines leeren Signifikanten; sie wird permanent mit Bedeutungen gefüllt, ohne jemals aussagekräftig zu sein. Sie verweist auf unterschiedliche Bilder und Symbole von Regelverletzungen, die keine Gemeinsamkeit besitzen – außer der, dass sie als „illegal" ausgeschlossen sind. Dadurch wird eine Einheit simuliert, die schon bei oberflächlicher Betrachtung in vielschichtige Bezüge zerfällt. Nicht einmal untergeordnete Kriminalitätskategorien wie „Gewaltkriminalität", „Drogenkonsum" oder „Wirtschaftskriminalität" sind annähernd einheitlich geartet, sondern je konkreter die Perspektive wird, umso diffuser wird der Bedeutungsgehalt. Als leerer Signifikant ist Kriminalität nur funktionsfähig, solange nicht ernsthaft über ihr Wesen nachgedacht wird, da ansonsten unmittelbar einsichtig würde, dass es kein Wesen gibt. Immerhin jedoch existieren Versuche der (Re-) Stabilisierung von Kriminalitätsbedeutungen (vgl. Bussmann 2000, 239). Sie zeigen Kriminalität als eine Artikulationspraxis, die aus vielzähligen Diskriminierungen und Bedeutungszuschreibungen besteht und sich aus einer unendlichen Zahl an Diskursen zusammensetzt. Die Chiffre „Kriminalität" hält sie nur zusammen, solange niemand die Frage aufwirft, ob der Kaiser möglicherweise keine Kleider trägt.

Als leerer Signifikant erlaubt es Kriminalität, ihr neue Bedeutungen zu verleihen, sobald der Verdacht kaiserlicher Nacktheit plausibel zu werden beginnt. Straftatbestände werden weggelassen, andere hinzugefügt, Reformen eingebracht usw. Diese Bedeutungsveränderungen erfolgen durch Sinnzuweisungen, die nur deshalb hegemonialisiert werden können, da sie unterschiedlichen Interessenssphären dienen. Der „Bedeutungsknoten" Kriminalität impliziert nach Kunz (2008, 92) viele, sich überlagernde Sinnzuschreibungen; beteiligt an seiner Ausfüllung seien Experten, Moralunternehmer, Künstler, besorgte Individuen, Medienschaffende und Politiker. Hegemonietheoretisch im Anschluss an Laclau und Mouffe ausgedrückt: „Hegemonie funktioniert metonymisch, da sie stets neuer Elemente bedarf und somit den Bedeutungsüberschuss von Diskursen politisch verwendbar macht" (Stäheli 2000, 38).

Es ist folglich unzureichend, Hegemonie und Vielfalt als Widerspruch wahrzunehmen, indem behauptet wird, dass die „Schaffung von Bedeutungssystemen, die eine Pluralität von Interpretationen der Wirklichkeit reflektieren, (...) durch hegemonische Gruppen kaum erlaubt werden" (Milovanovic 1988, 152) könne. Das Gegenteil ist der Fall: Hegemonialisierte Bedeutungen *benötigen* Vielfalt, die sie zum Zwecke ihrer Stabilisierung kanalisieren. Hegemonie ist nur als regulierte Komplexität möglich. Sie ist eine ephemere Festschreibung, die permanent unterlaufen und verschoben wird und durch die deshalb Bedarf nach Re-Stabilisierungen geweckt werden kann. Als hegemoniale Konstruktion verweist Kriminalität in diesem Sinne auf beides: *auf Kontingenz und Hegemonie.* Sie „ist" eine fragile Symbolisierung von Bedeutungen, die diskursiv kommuniziert werden und die in diesem Kommunikationsprozess spezifische hegemoniale Ausprägungen annehmen.

3.4 Zwischenresümee

Pointieren wir dies in einer Zusammenschau. Kultur, so ist zunächst zu bemerken, spielt in Theorien der Kriminalität eine herausragende Rolle, wenn auch nicht immer eine besonders gute. Sie wird nicht selten normativ gefüllt und bezieht ihre Plausibilität häufig aus axiomatischen Unterstellungen einer höherversus einer minderwertigen Kultur. Kulturtheorie wird dergestalt zur Frage nach Kultiviertheit, die Differenzen abwehrt und mit gutem Gewissen stigmatisiert. Die „broken windows"-These zeigt dies deutlich.

Es gibt aber auch andere Traditionslinien, die in wesentlich höherem Maße den Anspruch einlösen, sich von normativen und totalitätsorientierten Kulturbegriffen zu lösen und genuin analytisches Potential freizusetzen, indem sie Bedeutungstransfers und Sinnzuweisungen in den Blick nehmen. Kultur wird nicht mehr als Einheit verstanden, sondern als „ein dynamisches Beziehungsgeflecht von Kommunikationspraktiken und Repräsentationen, durch deren Darstellungsdynamik sie überhaupt erst Gestalt annimmt" (Bachmann-Medick 2007, 169).

Es kann in diesem Sinne auf Perspektiven der „cultural criminology" Bezug genommen werden, insoweit sie Differenzen und Instabilitäten kultureller Bedeutungen anerkennt. Im Kriminalisierungsprozess gezogene Grenzen sind ihr zufolge weder per se legitim noch stabil. Sie sind fragile Konstruktionen, die der Legitimation bedürfen. Dies wird von der „cultural criminology" tendenziell überzogen, da sie sich auf die Seite derjenigen schlägt, die von Kriminalisierung betroffen sind, während Kriminalisierende und deren kulturelle Referenzen kaum näher betrachtet werden. Man kann zwar ohne Weiteres auf negative Folgen von Kriminalisierung hinweisen und sie klar benennen; allerdings bedarf es hierzu einer ausgewogenen Analyse, während in der „cultural criminology" Kritik z.T. zum Selbstzweck wird: „I tend to take resistance where I can find it", so beschreibt Ferrell (2007, 99) seinen Standpunkt, den er explizit auf Traditionen der Kritischen Kriminologie bezieht (vgl. Ferrell 2003, 72). Die Parteilichkeit der wissenschaftlichen Arbeit soll insbesondere Kriminalisierten zugute kommen; deren Handlungen werden als zumindest impliziter Einwand gegen Regulierungen und Grenzbestimmungen interpretiert. Hier liegt die Gefahr einer Essentialisierung von Kriminalität (vgl. Kretschmann 2008, 210), der ein spezifischer Gehalt des Kritischen eingeschrieben wird. Die Praxis des Subjekts wird per se als Subversion inauguriert. Der Einzelne scheint den Zumutungen kultureller Zuschreibung, Instrumentalisierung und Ökonomisierung in Form von kriminellen Akten Auflehnung entgegenzusetzen.

Dies wird mit Blick auf das Subjekt-Thema später wieder aufgenommen (s. Kap. 5). An dieser Stelle ist zu bemerken, dass Essentialisierungen sowohl von Kriminalität wie auch von Kultur oder von Subjektivität zu vermeiden sind. Sie führen zu Dichotomisierungen, die dann als theoretisches Vermittlungsproblem – etwa von Handlung und Struktur – sichtbar werden. Dies ist durch den angezeigten Kulturbegriff und ein Verständnis von Kriminalisierung als fragmentierte Symbolisierung zu überwinden. Kriminalisierung leistet Symbolisierungen, die in sich brüchig und vorläufig sind, die allerdings immer wieder auch Hegemonien ausbilden und überdauernde Vorschriften „legitimer" Bedeutungen justieren. Dies beginnt bereits mit der Vergabe und Verwendung eines Namens, der Wege und Möglichkeiten der Beschäftigung mit einem Ereignis vorgibt (vgl. Cassirer 1942/2008, 169). In diese Prozesse sind Subjekte eingebunden, die Bezeichnungen nicht erfinden, sondern gleichsam „nur" verwenden.

Theoretische Analysen und Forschungsmethodologien und -methoden sollten sich auf die entsprechenden Bedeutungstransfers richten. Im Kern geht es dabei um Optionen von Bedeutungszuweisungen und -stabilisierungen, um Kontingenzverschleierungen und, soweit Subjekte im Blickpunkt stehen, um die diskursive Steuerung von Möglichkeit ihrer Selbst-Interpretation qua Kriminalisierung. Man kann die Ausführungen dieses Kapitels damit auf die Aussage zuspitzen, dass die kulturtheoretische Beschäftigung mit Kriminalität als *Kontingenzreduktionsanalyse* zu betreiben ist. In ihrem Mittelpunkt steht die Analyse der Art und Weise, wie Kriminalität als symbolische Bedeutungszuschreibung kommuniziert und zur Identifikation von Personen und Handlungen eingesetzt wird, um dominierende Diskursformationen zu errichten. Dies ist von besonderer Tragweite, da wissenschaftliches Kriminalitätswissen, vorsichtig ausgedrückt, nicht in jedem Fall eigenständig gegenüber zeitgenössisch hegemonialisierten Kriminalitätsbedeutungen ist. Nach Quensel (1986, 13) passen kriminologische Theorien „gut in ihre Zeit, d.h. sie entsprechen sowohl umfassenderen ideologisch weltanschaulichen Systemen wie aber auch damit verbundenen sozialen Bewegungen und allgemein als problematisch empfundenen Situationen". Dies trifft häufig zu, aber immerhin nicht notwendigerweise, da reflexive Analysen möglich sind und axiomatische Unterstellungen von Wesenhaftigkeiten „des" Kriminellen hinterfragt werden können. Um dies aufzuarbeiten, ist im Folgenden näher auf Auseinandersetzungen um den leeren Signifikanten „Kriminalität" einzugehen.

4 Das Kriminelle: Kämpfe um „leere Signifikanten"

„Falls ich übrigens morgen ein Institut zur Bekämpfung der öffentlichen
Gesundheitsgefährdung durch Igelbisse gründe und dieses Institut mit zehn
Planstellen ausrüste, dann werde ich jedes Jahr eine Studie bekommen, die
vor der wachsenden Gefahr durch aggressive Igel warnt. Alles andere wäre
ja auch ziemlich dumm von den Mitarbeitern des Instituts"
(Harald Martenstein; ZEIT-Magazin, 08.04.2009).

4.1 Kriminalpolitik und die Produktion von Kriminalität

Jugendkriminalität ist eine Bedeutung, die einzelnen Ereignissen zugeschrieben wird. Die Prozesse, in denen diese Bedeutungen generiert und kommuniziert werden, werden im Folgenden als „Kriminalpolitik" bezeichnet. Dies weicht von ihrem üblichen Verständnis ab, so dass eine Klärung erfolgen muss. Zunächst ist auszuführen, dass Kriminalität eine „Erfindung" ist, die mit immer neuen Bedeutungen versorgt werden muss. Dazu wurde oben (s. Kap. 3.3) bereits festgehalten, dass es kein festes Wesen von Kriminalität gibt; sie steht als „ongoing discursive process" (Henry/Milovanovic 2003, 60) in Abhängigkeit von kulturellen Bedeutungszurechnungen. Wenn bedacht wird, dass damit kein einheitlicher Sinngehalt ausgedrückt wird, könnte man vereinfachend sagen, dass Kriminalität „ist", was im Rahmen kultureller Signifikationen so bezeichnet wird. Die Funktion von Kriminalpolitik liegt darin, diese Bedeutungen zu justieren. Es gibt, so Aden (2008, 123), „immer wieder neuen Bedarf für solche Definitions- und Institutionalisierungsprozesse." Um ihn zu befriedigen, muss Kriminalpolitik konstitutiv auf Kriminalität Bezug nehmen, die ihrerseits – bewusst zirkulär formuliert – Kriminalpolitik erst möglich macht. Kriminalität muss erfunden worden sein, damit Kriminalpolitik existieren kann, die dann ihrerseits definiert, was Kriminalität „ist". Dies wird nachfolgend näher beschrieben, um im Einzelnen auf kriminalpolitische Bedeutungszuschreibungen eingehen zu können.

a) Eine geniale Erfindung

Man kann Kriminalität als eine *geniale Erfindung* bezeichnen, aber dies bedarf einer Erklärung. Zunächst ist sie eine *Erfindung*, denn die Menschheit lebte die längste Zeit ihrer Geschichte ohne sie. Hess und Scheerer (2004, 72) führen die Innovation auf zwei Widersprüche zurück: einerseits von Individuum und Gesellschaft sowie andererseits von Herrschenden und Beherrschten. Den erstgenannten Widerspruch unterstellen sie als Universalie, die den Einzelnen in seiner Individualität als Gefährdung der gesellschaftlichen Ordnung vor Augen führe. Es ist jedoch zu bestreiten, dass es sich um eine ahistorische Strukturdimension menschlichen Lebens handelt, denn um Individualität zur Ordnungsgefahr für die Gesellschaft werden zu lassen, bedarf es eines kulturellen Bewusstseins um die Eigenständigkeit des Individuums. Ähnliches gilt für Sozialität: Sie musste als spezifische Dimension des Lebens, die von Politik, Ökonomie, Nation oder anderem abzugrenzen ist, anerkannt worden sein. Beides ist keine Universalie, sondern eine kulturelle Innovation, deren historische Etablierung geschichtlich rekonstruiert werden kann (vgl. im Einzelnen Deleuze 1979; Dollinger 2006a; Dülmen 2001; Evers/Novotny 1987; Rose 2000). Insbesondere im Kontext von Diskussionen um die „soziale Frage" im 19. Jahrhundert wurde wahrgenommen, dass die Individualitäts- und Bewusstseinsformen namentlich unterer Schichten eine Bedrohung für den Status quo seien (vgl. bereits Hegel 1821/1986, 389f; s.a. Kaufmann 2003a). In diesem Zusammenhang wurde unterstellt, in der Dimension des gerade erst ins Bewusstsein getretenen Sozialen zeige sich ein revolutionärer Geist; Revolutionismus liege nicht mehr vorrangig im Bereich unmittelbar politischer Artikulation, sondern sei mit sozialen Problemstellungen vermengt (vgl. Baader 1835/1925, 323). Der Widerspruch von Individuum und Gesellschaft ist demnach, soweit er als tatsächlicher Widerspruch interpretiert wird, historisch nicht besonders alt, da er ein spezifisches Verständnis von Sozialität und mit ihr konfligierender Individualität voraussetzt. Es handelt sich nicht um einen in einer Natur der Sache liegenden Konflikt, sondern um eine mögliche Deutung gesellschaftlicher Konstellationen und auf sie bezogener Subjektbegriffe.

Umso deutlicher wird das junge Alter der qua Kriminalisierung gesetzten Differenz durch den von Hess und Scheerer besonders betonten zweiten Widerspruch, den von Beherrschten und Herrschenden. Sie verweisen auf die Herausbildung von Monopolstrukturen, die zur Konstitution privilegierter Positionen führten und allmählich durch rechtliche und schließlich strafrechtliche Regulierungen abgesichert wurden:

> „Neben das Normsetzungsmonopol trat ein weitgehendes Sanktionsmonopol und führte seinerseits wiederum zur Stärkung und Legitimierung von Herrschaft. Um das crimen laesae maiestatis herum organisierte sich so allmählich ein Hof weiterer Strafbestimmungen, die zunächst häufig einzelfallbezogen waren und durch Analogiebildungen ausgedehnt wurden, später

aber zumindest im kontinentaleuropäischen Rechtskreis abstrakt-generell formuliert wurden, indem sie einen Tatbestand mit einer negativen Sanktion verknüpften" (Hess/Scheerer 2004, 72f).

Auch hier handelt es sich nicht um einen an sich bestehenden Widerspruch. Durch Rechtssetzung kommt es zum einen zur Bindung von – im Sinne von Hess und Scheerer: beherrschten – Subjekten an gesetzte Ordnungen. Zum anderen „entsteht mit dieser Fixierung ein Faktor, der auch den Initiator des Rechtssatzes bindet oder ihn, will er seine Macht gegen und über das Gesetz hinaus durchsetzen, zu einem Mehraufwand zwingt, da das Gesetz bei den Rechtssubjekten die Erwartung eines ihm entsprechenden Handelns bestärkt hat" (Hess/Stehr 1987, 51). Die Beherrschten sind in diesem Vorgang nicht ausschließlich beherrscht, denn ihnen kommen Rechte zu, während die Möglichkeiten der Ausübung von Herrschaft, etwa durch schrankenlose Bestrafungsrituale, durch strafjustizielle Bestimmungen restringiert werden (ebd., 51). Eine Polarisierung in Herrschende versus Beherrschte wird damit fraglich.

Dies gilt noch mehr, wenn die Subjektivität der Kriminalisierten nicht als gegeben unterstellt wird, sondern wenn mit Foucault (1998) deren sukzessive Involvierung in diesen Prozess bedacht wird. Folgt man Foucault, dann wird ihnen eine „kriminogene" Biographie und Subjektivität vermittelt, die sie als „Täter" gemäß der arrivierten Kriminalisierungs-„Logik" justieren. Aber eine Justierung ist keine Determinierung. Es genügt nicht festzustellen, dass die Macht Subjekte „mit ihrem Prankenschlag gestempelt hat" (Foucault 2001, 16), denn es wirken in diesem Prozess „Brüche, Auslöschung, Vergessen, Kreuzungen, Wiedererscheinungen"; die Machtwirkung ist durch „Zufall" (ebd., 20) getragen. Foucault integriert dies in seine Machttheorie, die nicht nur Unterwerfungen und Disziplinierungen kennt, sondern auch produktive, sanfte Anleitungen und Regulierungen (vgl. Foucault 2004a/b; s.a. Bröckling u.a. 2000). Das Subjekt bleibt, auch in der Form gebrochener Machtwirkungen, in Machtrelationen eingebunden und durch sie gesteuert. Butler (2001, 84) kritisiert, dass bei diesem Modell für Subversion kaum Raum bleibt: Es lasse sich „die Subjektbildung nicht vollständig, vielleicht sogar überhaupt nicht ohne Rekurs auf Möglichkeiten erst eröffnende Gründungsbeschränkungen denken". Butler fordert deshalb dazu auf zu berücksichtigen, dass mit dem Akt der Regelsetzung eine Beschränkung der Bindungswirkung eben dieser Regel einhergeht; die Aufstellung der Regel lässt Transgressionen und subversive Akte möglich werden. Diese verändern die Ausgangslage und erlauben Kreativität und Eigenmächtigkeit – aber nicht unabhängig von den gesetzten Regeln, sondern in Anbindung an sie und auf ihrer Grundlage.

In den geschilderten Fällen, im Bezug auf Foucault und die Kritik an ihm sowie auch im Rahmen der Darstellungen von Hess und Scheerer, wird deutlich, dass eine Gegenüberstellung von Herrschenden und Beherrschten zugunsten komplexerer Modelle aufgegeben werden muss. Es wäre unzureichend, eine Dialektik des immer gleichen Widerspruchs von Herrschaft und Unterdrückung vorauszusetzen und eine Geschichte der Kriminalisierung oder der Kriminalpolitik an ihr auszurichten. Geschichte ist komplizierter, und mit der Unterstellung historischer Kontinuitäten sollte man insgesamt vorsichtig verfahren (vgl. Daniel 2002, 429ff). Die Entstehung der Kriminalpolitik verweist nicht auf eine Dialektik universeller Widersprüche, sondern zeigt eine historische, wechselseitige Konstitution von Regulierung und Subversion, die unterschiedliche Gestalten annimmt. Es gibt nicht eine Seite, die herrscht, und eine, die unterdrückt wird. Eine solche Vorstellung wäre unterkomplex, denn jede Vorherrschaft führt, wie in Kapitel 3.3 hegemonietheoretisch dargelegt wurde, die Mittel mit sich, durch die sie unterlaufen und beschränkt wird bzw. werden kann. Um dies auszudrücken, verweist Butler auf Möglichkeiten der *Resignifikation,* d.h. auf Optionen, bestehende Mechanismen von Sinnzuweisungen neu auszurichten und den ihnen zunächst eingeschriebenen „Sinn" zu transformieren. So kann „der herrschende, autorisierte Diskurs *enteignet* werden" und es besteht „eine Möglichkeit seiner subversiven Resignifikation" (Butler 1998, 222). Eine stabile, einheitliche Hegemonie kann es nicht geben; ein entsprechender Eindruck kann nur vorübergehend projiziert werden und er unterschlägt die zahlreichen Bedeutungsflüsse, die ihn gleichzeitig möglich machen und unterlaufen.

Kriminalität ist folglich eine Erfindung, aber sie kann mit den genannten Widersprüchen nicht umfassend begründet werden. Kommen wir deshalb zu der adjektivischen Ergänzung, denn oben wurde Kriminalität als *geniale* Erfindung bezeichnet. Sie ist dies, da sie Kriminalpolitik ermöglicht, die ihrerseits permanent Kriminalität erfindet. Diese zirkuläre Beziehung, derzufolge sich Kriminalität und Kriminalpolitik gegenseitig bedingen, stellt die eigentliche Genialität dar. „Governing through Crime" (Simon 2007) bedeutet, dass in politischen Artikulationen Regeln gesetzt und verändert werden, die ihre Verletzung mit-definieren und die deshalb weitere kriminalpolitische Artikulationen plausibel machen. Wer einen strafrechtlichen Tatbestand formuliert und etabliert, unterbindet nicht die entsprechenden Handlungen, sondern er weist ihnen die Bedeutung zu, sie seien „kriminell". Indem Kriminalität dadurch als „wirklich" – und zumeist auch als „bedrohlich" – inszeniert wird, zeigt sich ein wirkmächtiger Kreislauf. Es wird, wie Baratta (1990, 2) am Beispiel der Drogenpolitik darlegt, ein Zusammenhang konstituiert, der „sich ideologisch und materiell selbst reproduziert". Diese Selbsterhaltung etabliert kein geschlossenes System; sie verdeutlicht im Gegenteil den schlichten Mechanismus, durch den Kriminalität jeweils mit neuen Bedeutungen versehen wird. Sie ist offen für die wechselhafte Unterstellung „neuer" Bedeutungen und für Sinnverschiebungen, die als Existenzbedingung von Hegemonien zu betrachten sind: Diese bedürfen „stets neuer Elemente" und kommunizieren einen politisch verwertbaren „Bedeutungsüberschuss" (Stäheli 2000, 38). Kriminalpolitik leistet dies. In sie können durch beteiligte Akteure immer neue und veränderte Interessenslagen eingespeist werden. Kriminalpolitik kann deshalb über ihre Funktion verstanden werden, Kriminalität bedeutungsvoll auszufüllen: *Kriminalpolitik ist demnach der staatliche und nicht-staatliche Politikbereich, der den leeren Signifikanten „Kriminalität" mit stets neuen Bedeutungen versorgt und die mit ihm assoziierten Umgangsweisen justiert.* Kriminalpolitik realisiert dies u.a., indem sie Bedeutungsoptionen von Kriminalität steuert. Sie eröffnet Möglichkeiten, den Signifikanten „Jugendkriminalität" zu verstehen und diesem Verständnis gemäß zu handeln, indem sie entsprechende Symbolgehalte bestimmt.

Dies ist an sich keine Besonderheit; man könnte die Bildungspolitik auf „Bildung", die Sozialpolitik auf „soziale Gerechtigkeit" oder z.B. die Familienpolitik auf „Familie" beziehen. Es handelt sich jeweils um die Ausgestaltung von leeren Signifikanten. Kriminalität ist allerdings etwas Spezifisches. Sie vermittelt die Wahrnehmung von Differenzen zwischen „Kriminellen" und „Nicht-Kriminellen" und sucht die Frage zu beantworten, wie legitimerweise mit den Erstgenannten zu verfahren sei. Dies beinhaltet im Unterschied zu anderen Politikbereichen Normierungen bestimmter Sachverhalte bzw. Verhaltensweisen, die mit Strafandrohungen belegt werden (vgl. Frevel 2008, 104). Es handelt sich um die Bestimmung von (möglichen) Leidzufügungen (vgl. Christie 1995a; Henry/Milovanovic 2003, 60; Quinney, n. Vold u.a. 2002, 264), deren konkrete Ausgestaltung etwa in der Justizvollzugspraxis konkretisiert wird. In einem weiten Rahmen staatlicher und nicht-staatlicher Kriminalpolitik wird darüber entschieden, wie Kriminalität zu verstehen und wie mit ihr zu verfahren ist. Damit ist in der Kriminalpolitik ein unmittelbar zwanghaftes Erscheinungsbild des Staates kristallisiert; es geht um Eingriffe in die unmittelbaren Freiheitsrechte und Lebenschancen von Menschen (vgl. Uglow 2005).

Man kann diesen Prozess in verschiedene Bereiche kategorisieren. Frevel (2008, 105) unterscheidet drei Dimensionen der Kriminalpolitik: erstens die legislative „Katalogisierung von Strafrecht"; zweitens die „Durchsetzung dieses Rechts, die Verfolgung von Rechtsverstößen sowie die Prävention von als Kriminalität definierten abweichenden Verhaltens"; schließlich drittens die „Justizpolitik" in bundesstaatlicher und insbesondere föderaler Ausgestaltung. Diese drei Bereiche spiegeln, wie Frevel mit Recht konstatiert, ein verzweigtes und komplexes Politikfeld wider, das sich mit anderen Politikbereichen überschneidet und das nicht einer einheitlichen Logik folgt, sondern unterschiedlichen Interessen dient. Dementsprechend ist es durchdrungen von verschiedenen Menschen-, Staats- und Gesellschaftsbildern. Man wird der Kriminalpolitik nur gerecht, wenn ein weites Verständnis verfolgt wird, das nicht nur die Festlegung strafrechtlicher Kodierungen beinhaltet, sondern die genannten Dimensionen integriert und auch nichtstaatliche Artikulationen und Praxisformen bedenkt, insoweit durch sie Kriminalität als Bedeutungskategorie geprägt wird.

b) Kriminalpolitik und Kriminalitätsforschung

Gehen wir nun der kriminalpolitischen Begründung von Strafandrohungen und -zufügungen nach, um in diesem Zusammenhang nach dem Verhältnis von Kriminalpolitik und Kriminalitätsforschung fragen und dadurch Optionen und Notwendigkeiten einer reflexiven Analyse ausloten zu können.

Beginnen wir bei der Strafbegründung. Gemäß offizieller kriminalpolitischer Rhetorik erfolgt die Zufügung von Leid, um durch kriminelles Handeln entstehendes Leid zu verhindern (vgl. Hassemer 2009, 87).[39] Ein (vermeintlich) kleines Übel wird durch die Verhinderung eines (vermeintlich) größeren Übels legitimiert. In diesem Sinne erscheint Kriminalpolitik als „die Gesamtheit aller (über-) staatlichen Maßnahmen (…), die zum Schutz der Gesellschaft und des einzelnen Bürgers auf Verhütung und Bekämpfung von Kriminalität gerichtet sind" (Schwind 2007, 16).

Wie beschrieben, umfasst ein Teil der Kriminalpolitik die Ausgestaltung des Umgangs mit „Kriminellen". Das Jugendgerichtsgesetz hält hierzu in § 2 Abs. 1 als grundlegende Maxime fest, die „Anwendung des Jugendstrafrechts soll vor allem erneuten Straftaten eines Jugendlichen oder Heranwachsenden entgegenwirken. Um dieses Ziel zu erreichen, sind die Rechtsfolgen und unter Beachtung des elterlichen Erziehungsrechts auch das Verfahren vorrangig am Erziehungsgedanken auszurichten". Sehen wir von den einschränkenden Zusätzen „vor allem" und „vorrangig" ab, so wird als Maxime die durch Erziehung zu erreichende Legalbewährung bestimmt. Gemäß dem Bundesverfassungsgericht beinhaltet dies keinen Widerspruch zu der Absicht, die Gesellschaft vor Kriminalität zu schützen, denn die effektivste Form des Gesellschaftsschutzes liege in der (Re-) Integration des Delinquenten in die Gesellschaft (vgl. hierzu Feest/Bammann 2010).

---

[39] Es muss hier nicht den absoluten Straftheorien nachgegangen werden, die im Anschluss an Hegel oder Kant Strafzufügungen außerhalb instrumenteller Argumente zu rechtfertigen suchen (vgl. hierzu Cornel 2010).

Um diese Forderung nach effektiver Resozialisierung einzulösen, ist der Umgang mit Delinquenten nicht nur an Erziehung auszurichten, sondern er hat überhaupt zweckorientiert zu erfolgen. Er muss nachweisen, im Sinne des Erziehungsgedankens effektiv zu sein und nicht absoluten Straftheorien oder bloßen Vergeltungsgelüsten zu folgen. Die Maßnahmen gegen jugendliche Täter sind in diesem Sinne „nachprüfbar" (Hassemer 2008, 157) zu gestalten. Die Behandlung von „Kriminellen" muss sich aus den Befunden wissenschaftlich gestützter Evaluation ergeben. Es wäre im Sinne einer „best practice" zu erschließen, wie am effektivsten mit „Kriminellen" umzugehen ist, um sie wieder in die Gesellschaft zurückzuführen bzw. um sie im Rahmen ihrer sozialen Bezüge auf eine Weise zu behandeln, die sie zu Konformität anleitet. Gemäß diesem Verständnis muss sich Kriminalpolitik nach Wissen richten, das kriminalitätswissenschaftlich ausgewiesen ist, und sie hat entsprechenden Empfehlungen zu folgen. Es wird gefordert, die Kriminologie als empirische Wissenschaft auszubauen, die für die Kriminalpolitik Evidenz bereit zu stellen in der Lage ist, denn „die Kriminalpolitik braucht ihr Wissen" (Hassemer 2009, 91). Schwind (2007, 17), der selbst zeitweise als Landesjustizminister tätig war, sieht die Kriminologie „als Grundlage (präventiver) Kriminalpolitik". Er spielt damit auf Franz von Liszts Diktum an, dass, wer etwas gegen Kriminalität unternehmen und sie verhindern wolle, wissen müsse, woher sie kommt. Die Kriminalpolitik bedarf also kriminologischen Wissens, um effektiv handeln zu können. Kriminalpolitik und Kriminologie scheinen eng miteinander verschmolzen: Die Kriminalpolitik benötige die Kriminologie und ihre Befunde als Wissensgrundlage, während umgekehrt die Kriminologie ihren Erkenntnis-„Gegenstand" – eben die Kriminalität und den rechtlich bestimmten Rahmen möglicher Umgangsweisen mit ihr – aus kriminalpolitischen Diskursen entnimmt, auch wenn sie in diese selbst eingreift und sie verändert. Es handelt sich demnach um das wechselseitige Verhältnis eines *rationalen* Austauschs über bestmögliche Wissens- und Verfahrensformen.

Diesbezüglich gibt es allerdings „Bedenken" (Liebl 2008, 406), und sie sind berechtigt. Es wird etwa geltend gemacht, die Kriminalpolitik entferne sich immer stärker von einer wissenschaftlichen Basis. Sie folge, so Pfeiffer und Wetzels (2006, 1096), eher „populistischen Forderungen und Stimmungslagen" als Befunden, die „aus wissenschaftlichen Erkenntnissen abgeleitet" sind. Eine Kriminologie, die in diesem Sinne an der Kriminalpolitik orientiert ist und sich deren Kriminalitätsbegriff zu eigen macht, würde implizit die entsprechenden Interessen und normativen Perspektiven übernehmen. Und dies gilt nicht nur für kriminalpolitische Dramatisierungen und Instrumentalisierungen von Kriminalität z.B. zu Zwecken des Wahlkampfes. Es ist *prinzipiell* anzuerkennen, dass Kriminalpolitik den Signifikant „Kriminalität" in ihrem Sinne justiert, und die wissenschaftliche Erforschung von Kriminalität muss (auch) diese Justierungspraxis analysieren, ohne dass sie den von ihr produzierten Kriminalitätsbegriff schlicht übernehmen könnte. Würde sie dies tun, so wäre sie durch die Kriminalpolitik instrumentalisiert, so dass Kunz (2008, 100; Hervorhebung B.D.) die Forderung aufstellt, die Kriminologie sei „als Kulturwissenschaft *jenseits* unmittelbarer kriminalpolitischer Funktionalität" zu verorten. Sie muss sich als (relativ) autonome Wissensform begreifen, die möglichst unabhängig von Vorgaben der Kriminalpolitik forscht und deren Verfahrensweisen und Sinnjustierungen analysiert, sie sich aber nicht einverleibt – dies auch nicht, indem sie in kritischer Haltung bessere Alternativen vorzuschlagen sucht. Sie richtet ihr Interesse zwar ebenso wie die Kriminalpolitik auf Kriminalität, aber sie kann und sollte bemüht sein, dieses Wissensobjekt weitestgehend reflexiv[40] zu behandeln und die in diesem Begriff zum Tragen kommenden Definitionen und Wertungen zu analysieren (vgl. Kunz 2004, 27ff; s.a. Cremer-Schäfer/Steinert 1998, 241f). Auf dieser Grundlage kann sich die wissenschaftliche Beschäftigung mit Kriminalität wieder auf Kriminalpolitik einlassen, aber die Kriminalpolitik wäre Gegenstand, nicht Aufgabe oder Aufgabenzuweiserin einer interdisziplinär ausgerichteten Erforschung von Kriminalität (verstanden als Kriminalisierung). Die entsprechende Forschung mag, in Referenz auf Max Weber (1904/2008) formuliert, kriminalpolitische Werturteile thematisieren, aber sie darf ihr analytisches und empirisches Potential nicht durch deren Vorstellungen und Wissensprägungen infiltrieren lassen.

Dies bedeutet nicht, die Kriminalitätsforschung könnte ohne Weiteres einer außerkulturellen, rein wissenschaftlichen Wahrheitssuche folgen. Dass die Praxis wissenschaftlichen Arbeitens als genuin kulturelle Tätigkeit zu rekonstruieren ist, wurde in Kapitel drei näher beschrieben. Gleichwohl besteht für die Kriminalitätsforschung die Option, sich qua eines reflexiv-analytischen Umgangs mit den symbolischen Qualitäten von Kriminalität von den Axiomatiken einer jeweils vorherrschenden Kriminalpolitik zu lösen. Die Erforschung von Kriminalität muss ihr gegenüber in größtmöglicher Weise unabhängig bleiben, und dies auch und gerade vor dem Hintergrund der Tatsache, dass sie Kriminalpolitik zu einem zentralen Erkenntnisobjekt zu erheben hat.

Eine kriminalpolitisch justierte Kriminalitätsforschung begibt sich demgegenüber, selbst wenn sie auf „Tatsachen" und „Evidenzbasierung" insistiert, auf ein problematisches Terrain, denn die Kriminalpolitik ist keineswegs gezwungen, sich nachdrücklich kriminologischen Wissens zu bedienen. Die Kriminalpolitik kann dies aus bestimmten Gründen unternehmen, aber letztlich ist die kriminalpolitische Befolgung kriminologischer Empfehlungen nur eine Möglichkeit neben anderen (vgl. Liebl 2008). Sie kann erfolgen, wenn kriminalpolitische

---

[40] Zu diesem Reflexivitätsverständnis vgl. ausführlicher Dollinger (2008a).

Interessenslagen es plausibel und opportun erscheinen lassen, dieses Wissen aufzunehmen; dies geschieht jedoch nicht zwingend und es ist vermutlich nicht die Regel. Unterscheiden wir, um dies zu verdeutlichen, idealtypisierend zwei Fälle: einerseits kriminalitätsbezogene Wissensbereiche, die in der Forschung relativ konsensuell geteilt werden; andererseits die häufigeren Streitfälle, in denen von akademischem Dissens auszugehen ist:

Erstens ist mittlerweile weitgehend anerkannt, dass eine „harte" Intervention gegen Jugendkriminalität kontraproduktiv ist. Inhaftierungen und Arrestierungen jugendlicher „Täter" sind mit einer überdurchschnittlich hohen Wahrscheinlichkeit künftiger Delinquenz verbunden (vgl. Heinz 2006, 87ff). Rückfallstudien belegen die entsprechende Kontraproduktivität „harter" Interventionsformen (vgl. Jehle u.a. 2003). In den Worten Sonnens (2010, 486): „Mit der Schwere der Vorsanktion nehmen die Rückfallraten tendenziell zu".

Über längere Zeit beanspruchte zwar das Schlagwort „nothing works" Gültigkeit: Es wurde angenommen, Legalbewährung sei relativ unabhängig davon, wie mit Delinquenten verfahren werde. In einem folgenreichen Überblick hatte Martinson (1974) die Frage behandelt „what works – questions and answers about prison reform". Er analysierte englischsprachig veröffentlichte Studien, die in den Jahren von 1945 bis 1967 zu Effekten resozialisierender Maßnahmen bei Straftätern veröffentlicht worden waren, wobei er sich bezüglich der Effekte nur auf die Legalbewährung („recidivism") beschränkte. Sein Fazit war relativ ernüchternd: „With few and isolated exceptions, the rehabilitative efforts that have been reported so far have had no appreciable effect on recidivism" (ebd., 25). Allerdings argumentierte er zurückhaltend, da es z.B. möglich sei, dass die im Untersuchungszeitraum zur Verfügung stehenden Maßnahmen möglicherweise noch nicht gut genug entwickelt seien oder die den Interventionen zugrunde liegenden Theorien der Kriminalitätswirklichkeit nicht zu entsprechen vermögen (ebd., 49f). Tatsächlich schrieb Martinson schon wenige Jahre später, dass „contrary to my previous position, some treatment programs *do* have an appreciable effect on recidivism" (Martinson 1979, 244). Er bezog sich dabei insbesondere auf die Notwendigkeit, von allgemeinen Aussagen abzukommen und Effekte auf spezifische Kontexte und Personengruppen zu fokussieren. Diese Zurückweisung der „nothing works"-These hat sich bewährt, denn auf Resozialisierung abzielende Maßnahmen gelten mittlerweile als durchaus erfolgreich bzw. als mindestens gleichwertig, und sie sind deshalb gemäß dem Grundsatz, im Zweifel die weniger eingriffsintensive Maßnahme vorzuziehen, zu bevorzugen (vgl. zusammenfassend Cullen 2005; Pratt 2009; s.a. Streng 2007).

Konfrontiert man die Kontraproduktivität repressiver Maßnahmen mit den Befunden einer verbesserten Rückfallverhinderung durch alternative Interventionsformen, so müssten Inhaftierungen mindestens deutlich reduziert werden. Aber das Gegenteil ist der Fall. Inhaftierungsraten weisen international – exemplifiziert am Modellfall der USA – teilweise deutliche Zuwachsraten auf und es zeigen sich ihnen entsprechende punitive kriminalpolitische Praxen und Verlautbarungen (vgl. z.B. Christie 1995b; Garland 2001a; Hofer 2004; Hogeveen 2005; Pettit/Western 2004; Wacquant 2000; 2009; Western 2006). Wie Pratt (2009) am Beispiel der USA im Einzelnen ausführt, operiert die kriminalpolitische Legitimierung eines „harten Durchgreifens" nicht nur ohne, sondern gegen empirisches Wissen. Mit Blick auf eine zunehmende Zahl an Inhaftierten und ehemals Inhaftierten wird in Kauf genommen, dass eine relativ große Menge an Rückfalltätern „produziert" wird. Selbst wenn keine Rückfälle auftreten, werden die Betreffenden mit Lebensverlaufsoptionen ausgestattet, die sie sozial benachteiligen und ihnen Ressourcenzugänge – teilweise durch explizite politische Entscheidungen wie etwa den Ausschluss von Stipendien oder von Sozialprogrammen (vgl., bezogen auf die USA, Uggen u.a. 2006; Wacquant 2001, 106f) – verwehren. Ehemals Inhaftierte werden unterdurchschnittlich bezahlt, weisen relativ hohe Scheidungsraten auf und werden vergleichsweise oft erneut inhaftiert (vgl. Pratt 2009, 79ff; Uggen u.a. 2006; Western 2006, 83ff). Inhaftiert wird gleichwohl in wachsendem Ausmaß, so dass Kriminalpolitik offenkundig prinzipielle Resistenz gegenüber empirischen Befunden aufweisen kann und faktisch aufweist (vgl. hierzu auch Beckett 1997).[41]

Zweitens ist anzuerkennen, dass wissenschaftliches Kriminalitätswissen – ebenso wie kriminalpolitisches Wissen – meist nicht in sich konsistent ist, sondern auf strittige Befundlagen verweist. Selbst über grundlegende Zugänge zu dem Ziel, Kriminalität zu verhindern, besteht keine Einigkeit. Es ist die durch Labelingpositionen informierte Haltung in Rechnung zu stellen, dass Interventionen gegen Kriminalität diese (re-) produzieren können. Ferner hatte Durkheim (s. Kap. 2.1) mit dem Bild einer Gemeinschaft der Heiligen auf die Unmöglichkeit hingewiesen, eine kriminalitätsfreie Gesellschaft etablieren zu können: Solange die Bereitschaft besteht, Ereignisse als „kriminell" zu bezeichnen, kann immer wieder anderes und wie auch immer „störendes" Verhalten unter diese Kategorie subsumiert werden.

Selbst wenn man dies außer Acht lässt und auf den Bereich ätiologischer Interpretationen blickt, besteht keine Einigkeit. Ob Kriminalität ein „Fall" für so-

---

[41] Ein weiteres Beispiel für die Widerständigkeit politischer Entscheidungsfindung von weitgehend konsensuellen wissenschaftlichen Empfehlungen zeigt die Föderalismusreform. Gegen den Rat der Fachwelt wurden Zuständigkeiten in zentralen Bereichen, etwa im Strafvollzug, in die Verantwortung der Bundesländer übertragen (vgl. hierzu Alex/Feltes 2008; Feest/Bammann 2010; Sonnen 2007).

ziologische, biologische, psychologische, psychiatrische, ökonomische oder andere Disziplinen ist, ist nicht ausgemacht, und auch die Integration verschiedener Kausalannahmen zu einem „multifaktoriellen Modell" führt nicht weiter, da in ihm theoretische Vorannahmen präsent bleiben. Zwischen den (und selbst innerhalb der) Disziplinen herrscht Dissens über die „richtige" Erklärung von Kriminalität. Wird – was aus guten Gründen bezweifelt werden kann – davon ausgegangen, Interventionen gegen Kriminalität müssten eine profunde Kenntnis von Kriminalitätsursachen voraussetzen, so *könnte* sich Kriminalpolitik nicht nach entsprechendem Wissen richten. Insofern z.B. Forderungen einer Evidenzbasierung gegebene bzw. unstrittig feststellbare Gewissheiten unterstellen müssen, zeigen sich deutliche Grenzen einer als „rational" zu verstehenden Kriminalpolitik.[42] Was als „rational" gilt und was nicht, ist eine Frage der Perspektive. In den Sozial-/Wissenschaften besteht keine Einigkeit hierüber (vgl. Lenk/Spinner 1989; Brentel 1999) und die Erforschung von Kriminalität bildet keine Ausnahme. Zwar können die Konstruktion einer spezifischen Rationalität und ihre Qualifizierung als dominierende Sichtweise erforscht und in ihren Möglichkeitsbedingungen analysiert werden; aber eine absolute Letztbegründung, ob eine vorherrschende Rationalitätsform in sich rational ist oder nicht, kann nicht erfolgen.

Man muss demnach kein Kritischer Kriminologe sein, um konstatieren zu können, dass formelle Kriminalisierung nicht *aufgrund* nachgewiesener Evidenzbasierung betrieben wird, Massenmedien beschäftigt, Gefängnisse füllt, Menschen in Lohn und Brot bringt usw. Vielmehr wird Kriminalisierung – zumindest bezüglich repressiver Maßnahmen – *trotz* deutlicher Hinweise auf ihre Ineffektivität, ja sogar Schädlichkeit betrieben. Symptomatischerweise besteht an den entsprechenden, relativ wenig umstrittenen Ergebnissen der wirkungsorientierten Sanktionsforschung in der Justiz „kaum Interesse" (Plewig 2010, 428; s.a. Sack 2010).

Der Forderung nach einer „evidenzbasierten" Kriminalpolitik wohnt vor diesem Hintergrund etwas Paradoxes inne. Sie ist per se programmatisch, da höchstens postuliert werden könnte, bestimmte Erkenntnisse aus der Kriminalitätsforschung sollten Eingang in die Kriminalpolitik finden und dort eine gewisse Wirkmächtigkeit entfalten. Es könnte z.B. mit vollem Recht befunden werden, dass die Arrestierung Jugendlicher keinen Sinn ergibt, wenn gleichzeitig postuliert wird, Kriminalpolitik sei dazu berufen, Rückfälle einzudämmen und die Bevölkerung qua Resozialisierung bzw. „Erziehung" des Betreffenden zu schüt-

---

[42] Dass auch quasi-/experimentelle Designs im Rahmen einer „evidence based"-Forschung dies prinzipiell nicht auflösen können, beschreibt Graebsch (2010; s.a. Graebsch 2004; Schumann 2004).

zen. Würde dem von kriminalpolitischen Akteuren zugestimmt und würden entsprechende Beschlüsse und Praxisformen umgesetzt, so würde dies allerdings nicht auf der Grundlage der wissenschaftlichen Erkenntnisse vonstatten gehen, sondern weil es kriminalpolitischen Interessen dient, eine entsprechende Form „liberaler" Selbstdarstellung zu zeigen. So könnte eine gewisse Konvergenz mancher kriminologischer Befunde mit bestimmten kriminalpolitischen Strömungen auftreten, der Signifikant „Kriminalität" würde möglicherweise in einer auf Resozialisierung zielenden Richtung gefüllt. Aber die Grundlage einer derartigen Bedeutungsprägung wäre nicht die Kriminalitätsforschung, sondern eine breite kriminalpolitische Diskurslandschaft, in der Wissensbeständen aus der Forschung tendenzielle Relevanz eingeräumt wird. Die Kriminalitätsforschung ist in dem entsprechenden Zusammenhang stets nur ein (potentieller) Lobbyist, der sich auf ein kriminalpolitisches Spiel einlässt, indem er Prozesse der „,Problemdefinition' und des ‚Agenda Settings'" (Lange u.a. 2008, 137; s.a. Aden 2008) zu beeinflussen sucht. Eine anwendungsorientierte, auf kriminalpolitische Verwertbarkeit ausgerichtete Erforschung von Kriminalität verpflichtet sich kriminalpolitischen Spielregeln, d.h. die wissenschaftlichen Erkenntnisse werden in politische Interessensspektren eingespeist.

Hierauf zielen Kritiken, ab, die eine „Kriminalpolitik für Menschen" (Schüler-Springorum 1991), eine „rationale" (Liebl 2008), „wissensbasierte" (Lösel u.a. 2007) oder „gute Kriminalpolitik" (Putzke 2006) einfordern. Sie artikulieren Vorstellungen einer wünschenswerten Kriminalpolitik und müssen, um erfolgreich zu sein, auf die Durchsetzungsfähigkeit ihrer impliziten normativen Menschen-, Gesellschafts- und Kriminalitätsbilder im Rahmen kriminalpolitischer Diskurse hoffen. Wird dies erfolgreich unternommen, so ist allerdings nicht von genuin wissenschaftlichem Wissen in der Kriminalpolitik auszugehen, denn es wird kriminalpolitisch qualifiziert: Das Wissen verändert seine Qualität, indem es im Rahmen der vielschichtigen kriminalpolitischen Diskurse zur Anwendung kommt und damit aus disziplinären Diskurshorizonten herausgelöst wird. Es wird durch den Imperativ der Praxistauglichkeit „grundlagenerkenntnisfeindlich" (Lautmann 2005, 259) und durch die Einpassung in kriminalpolitische Logiken einem – mindestens dem Anspruch nach – hegemonialisierten Kriminalitätsverständnis eingeschrieben. Die Kriminalitätsforschung tritt dann mit ihrem Wissen nur als eine von vielen „claim making activities" auf, die versuchen, in der Kriminalpolitik auf Gehör zu stoßen (vgl. Liebl 2008). Wenn dies erfolgreich realisiert wird, geschieht dies im Sinne von Kriminalpolitik, nicht der Forschung.

Damit wird ein spezifisches Modell des Verhältnisses von Wissenschaft und Politik zugrunde gelegt. Im Kontext des Umgangs mit Kriminalität weist es der Kriminalpolitik die entscheidende Position im Rahmen der Konstitution und

Justierung des Signifikanten „Kriminalität" zu.[43] Die in diesem Kapitel angeführten Argumente stützen dies, denn dass Kriminalpolitik auch gänzlich ohne wissenschaftliche Grundlage betrieben werden kann (und wird), lässt sich durch die genannten Beispiele leicht nachweisen. Wenn es um die Bedeutung von Kriminalität geht, besitzt Kriminalpolitik folglich ein Primat, das auf Forschungsarbeiten ausstrahlt. Die Folgewirkungen für die Möglichkeiten, Kriminalität zu erforschen, lassen sich auf verschiedenen Ebenen rekonstruieren: Auf epistemologischer Ebene ist nach der Erkennbarkeit von Wirklichkeit durch kulturelle Bedeutungsjustierungen auch in wissenschaftlichen Diskursen zu fragen (vgl. Schützeichel 2007; Wirth 2008a). Oder man kann konkreter die Ebene von Problemgenesen und -definitionen thematisieren, die in der Regel nicht von wissenschaftlichen Akteuren ausgehen, sondern von ihnen lediglich übernommen werden (vgl. Aden 2008; Blumer 1975; O'Neill 2005); auch hier setzt Wissenschaft an kulturellen Sinnzuweisungen an. Zudem ist relativ pragmatisch die Ebene der Forschungsförderung zu fokussieren, durch die wissenschaftliches Wissen zunehmend durch nicht-akademische Normierungen gesteuert zu werden scheint (vgl. Humphreys/Rappaport 1993; Lange/Gläser 2007; Meier 2007). Eine nähere Auseinandersetzung muss an dieser Stelle zwar unterbleiben, aber bezüglich des Umgangs mit Kriminalität ist auf allen Ebenen anzuführen, dass das im Forschungsprozess kommunizierte Wissen mehrheitlich nicht unabhängig von mindestens subtilen außerwissenschaftlichen Bewertungen und Bedeutungsvorgaben operiert und es deshalb problematisch erscheint, es als Grundlage für eine „rationale" Kriminalpolitik in Betracht zu ziehen. Kriminalpolitik produziert Kriminalität, ob mit wissenschaftlichem Bezugswissen oder ohne es. Und wenn dieses Bezugswissen kriminalpolitisch beachtet wird, so ist es im Sinne vorherrschender Kriminalitätsdiskurse orientiert.

Nimmt man das o.g. Diktum Franz von Liszts in diesem Rahmen auf, so muss ihm widersprochen werden. Die Kriminalpolitik bedarf keines – wie auch immer bestimmbaren – „objektiven" Wissens über Ursachen von Kriminalität. Sie kann entweder ohne nennenswerte empirische Basis operieren oder gezielt Wissensformen nachfragen, die ihrer Sicht korrespondieren. Angesichts des Dissenses der Kriminalitätsforschung und ihrer ranghohen Abhängigkeit von kriminalpolitischen Diskursen kann die Kriminalpolitik Konstruktionen von Kriminalitätsursachen nachfragen, die ihr opportun zu sein scheinen, so dass Kriminalität wechselweise von „Unmenschen", „genetisch Geschädigten", „sozial Benachteiligten", „Kosten-Nutzen-Kalkulateuren", Menschen mit geringer „Selbstkontrolle", „Hedonisten" oder Anderen verübt wird (vgl. hierzu Melossi 2000; 2001).

---

[43] Zu anderen Relationsbestimmungen von Kriminalpolitik und Kriminalitätsforschung vgl. Heinrich/Lange (2008).

Es handelt sich jeweils um Konstrukte, für die „passende" ätiologische Theorien bereit stehen und die mit besonderen kriminalpolitischen Anschlussoptionen verbunden sind. So kann aus der Theoretisierung einer kriminogenen sozialen Benachteiligung ein Aufruf für resozialisierende Maßnahmen gewonnen werden; genetische Schädigung kann zu Forderungen nach selektiver Ausschließung führen; Thesen einer Kosten-Nutzen-Kalkulation können in Modelle situativer Kriminalitätsprävention münden usw. Die Zuordnung ist nicht immer eindeutig, aber es zeigt sich eine Verbindung spezifischer Bilder von Kriminalität (und Kriminellen), von ätiologischen Wissensbeständen und von kriminalpolitischen Maßnahmen.

Es ist wichtig zu betonen, dass es sich nicht „nur" um Konstruktionen als arbiträre Entwürfe handelt. Vielmehr werden die jeweiligen Symbolisierungen von Kriminalität in voraussetzungsvollen Prozessen der kulturellen Aushandlung von Kriminalitätsbedeutungen konstituiert. Kriminalpolitik folgt zwar nicht dem in akademischen Theorien enthaltenen Wissen und sie orientiert sich auch nicht in besonderer Weise an Konstruktionen von Evidenz, aber sie agiert nicht beliebig. Vielmehr wird sie selbst im Rahmen komplexer Diskursformationen modelliert, denn als Steuerungsinstanz von Kriminalitätsbedeutungen ist sie ihrerseits durch kulturelle Bedeutungszuweisungen geprägt. In sie gehen unterschiedliche Artikulationspraxen ein. Frevel (2008, 113) spricht von „Inputs" in Kriminalpolitik, worunter er quantitative Veränderungen der Kriminalitätslage und ebenso deren qualitative Neu-Interpretation, veränderte Optionen kriminalistischen Handelns, Formen der Wahrnehmung von Kriminalität und herausragende Einzelfälle subsumiert. Als Akteure im Umfeld der – oben anhand der drei Dimensionen der „Strafrechts- und Strafprozessrechtspolitik, Polizeipolitik, Justizpolitik" (ebd., 106) gekennzeichneten – formalisierten Kriminalpolitik identifiziert Frevel (ebd., 116ff) Parteien, organisierte Interessen (Polizeigewerkschaften, Juristenverbände, bürgerrechtliche Bewegungen), Wissenschaft und Forschung sowie (Massen-) Medien. Unmittelbar auf Jugendkriminalität bezogen benennt Kreissl (2010, 113) Einflussfaktoren auf Versuche ihrer hegemonialen Repräsentation; er verweist auf institutionelle „Praktiken, ökonomische Interessen, normative Bewertungen und empirische Beobachtungen". Sie „amalgamieren zu einem Ordnungssystem, das Jugendkriminalität als Problem von Wissenschaft und Politik erst sichtbar macht" (ebd.). Dies kennzeichnet treffend die Vielschichtigkeit von Kriminalpolitik, die nicht in der Lage ist, ein einheitliches Bild von Jugendkriminalität zu zeichnen. Vielmehr kämpft sie darum, einzelne Sichtweisen als vorherrschende Abbildungen „der" Jugendkriminalität zu etablieren. Diese ist kriminalpolitisch *überdeterminiert*, da in sie divergente Artikulationen eingehen; in ihr ringen „ideologische Grundpositionen" (Aden 2008, 123) darum, „ihre" Objektivität durchzusetzen und alternative Deutungsmuster zu delegitimieren. Gleichzeitig bleibt Jugendkriminalität *unterdeterminiert*, da keine konsistente Signifikation erfolgen kann. Jugendkriminalität existiert nur als relativ inhaltsleere und widersprüchliche Artikulationspraxis, da sie differente Werthaltungen, Interessen, Praxisformen und Deutungsmuster umfasst, denen lediglich die Differenzbehauptung gegenüber einer (vermeintlichen) Konformität Jugendlicher gemeinsam ist. Die Metaerzählung „Jugendkriminalität" besteht aus einer Gemengelage von Diskursen, die sich überschneiden und nur vorübergehend den Anschein beanspruchen können, eine alternativlose Realität zu repräsentieren.

4.2 Komplexe Konstellationen und ihre Folgewirkungen[44]

Mit Erkenntnissen über die prinzipielle kriminalpolitische Konstitution von Jugendkriminalität ausgestattet, können nun aktuelle Bedeutungszuschreibungen in den Blick genommen werden. Durch sie wird Jugendkriminalität als Sinnreferenz etabliert. Dies erfolgt in gleichzeitig kontingenter und hegemonialer Praxis. Um die Komplexität abzubilden, verwendet David Garland (2001a; 2004; 2007) den Terminus „Kontrollkulturen". Er bezieht sich auf vielschichtig aufgebaute Arrangements, in denen sich ökonomische, massenmediale, soziale, politische und auch kulturelle Strukturen und Ereignisse zu vorherrschenden Logiken des Umgangs mit Kriminalität verdichten. Garland geht ebenso von „realen" wie von medial vermittelten Wahrnehmungen von Kriminalität aus. Menschen sind vor bestimmte Probleme gestellt, sie machen Erfahrungen mit ihnen und nehmen dabei vor dem Hintergrund strukturell vermittelter Handlungsoptionen Bezug auf kulturelle und mediale Interpretationsformen. „Hegemonial werden dann jene Tendenzen, die am ehesten vorherrschenden strukturellen Entwicklungen ‚wahlverwandtschaftlich adäquat' sind (wie Max Weber sagen würde)" (Hess 2007, 8; bezogen auf Garland).[45]

---

[44] Diesem Abschnitt liegen Teile eines 2007 in der „Zeitschrift für Sozialreform" publizierten Beitrags zugrunde (vgl. Dollinger 2007a). Die Wiedergabe erfolgt mit freundlicher Zustimmung des Verlags.

[45] Es wurde in Kapitel 3.2 bereits auf den Unterschied des hier zugrunde gelegten Kulturbegriffs im Vergleich zu dem von Garland implementierten aufmerksam gemacht. Diskursiv vermittelte Symbolisierungen werden hier, in Abhebung von Garland, als prinzipielle Basis jeglichen Umgangs mit Kriminalität und jeder Form von sozialer Kontrolle verstanden. Institutionalisierungen und Strukturbildungen sind anzuerkennen; sie verweisen allerdings nicht auf außerdiskursive Voraussetzungen von Erfahrungen. Sie zeigen sich nicht als konsistente, widerspruchsfreie Verfahrensformen und Handlungsausrichtungen, sondern es ist von fragmentierten Symbolisierungen auszugehen, die lediglich über eine gewisse Dauer stabilisiert werden können. Soziale Strukturen sind „inherently unstable, dynamic, conflictual, and in the process of rearticulation" (Arrigo u.a. 2005, 39).

In diesem Abschnitt soll es darum gehen zu beschreiben, dass die in Kontrollkulturen zum Tragen kommenden Bezeichnungsakte nicht folgenlos bleiben. Es sind hegemoniale Bedeutungshorizonte in Rechnung zu stellen; sie realisieren Steuerungsleistungen, die Lebenslaufmuster nach Kodierungen einer gerechten Gesellschaft prägen und sich hierbei durch Grenzziehungen legitimieren. Mit jedem Versuch, Kriminalität zu bearbeiten, werden durch Kriminalisierungen „illegitime" Seinsweisen definiert und dadurch Lebensformen und Handlungsweisen diskriminiert und diskreditiert. Hinweise auf Fragilitäten und brüchige Strukturbedingungen dürfen nicht darüber hinwegtäuschen, dass Kriminalisierung Vorstellungen einer „legitimen" Sozialordnung kommuniziert und manifeste Folgewirkungen generieren kann. In einem allgemeinen Sinne wurde in Kapitel 3.4 benannt, wie dies konzeptualisiert werden kann, indem die diskursive Konstitution von Hegemonien in den Blick genommen wurde. Die dort gelegten Anschlussoptionen gilt es nun zu konkretisieren, indem die Konsequenzen von Kriminalisierungsprozessen mit Blick auf aktuelle Konstellationen beschrieben werden.

Man kann diese Konsequenzen beschreiben, indem Kriminalpolitik als Versuch der Steuerung sozialen Zusammenlebens interpretiert wird. So wird deutlich, dass die Bearbeitung von Kriminalität im Zusammenhang mit kulturell hegemonialisierten Repräsentationsversuchen von Devianz und sozialer Auffälligkeit zu analysieren ist. Ausschlaggebend hierfür ist, dass die Prägung von Kriminalitätsbedeutungen und der Umgang mit Menschen, die als „Kriminelle" wahrgenommen werden, Teil einer Steuerung „des" Sozialen ist. Wird Sozialpolitik als entsprechender Steuerungsmodus, als „Vergesellschaftungsprinzip" (Böhnisch u.a. 1999, 300), wahrgenommen, dann ist die Kriminalpolitik eng mit ihr verflochten.[46] In ihrem Zusammenhang zeigen Sozial- und Kriminalpolitik Optionen, Konzepte einer „gerechten Gesellschaft" und eines „legitimen Ausschlusses" verbindlich zu machen.

Opielka (2004, 11) nennt die Sozialpolitik eine „gestaltende Gesellschaftspolitik, die sich am Leitbild sozialer Gerechtigkeit orientiert." Sie ist nicht nur eine Reaktion auf gegebene Problemlagen, sondern sie generiert spezifische Erwartungen an gelingende Lebensführung und an politische Interventionsformen und Transferleistungen, so dass von ihr „erhebliche sozialintegrative Effekte über Raum und Zeit" (Lessenich 2008, 33) ausgehen. Es handelt sich um die „Produktion oder Destruktion von Zukunft – sei es die Zukunft von Individuen oder von Gruppen von Individuen" (Lessenich 1995, 64). Sozialpolitik beinhaltet folglich den Versuch einer aktiven Steuerung kollektiver Lebensverläufe und

---

[46] Zur Explikation einer steuerungstheoretischen Sichtweise des Wohlfahrtsstaates sei verwiesen auf Kaufmann (2005, 185ff).

Lebenschancen durch die vielfältigen Instrumente des Wohlfahrtsstaates anhand normativer Konzeptionen einer als gerecht erachteten Gesellschaft. Tritt diese normative und moralische Dimension ins Bewusstsein, so wird deutlich, dass zentrale Überschneidungen mit der Kriminalpolitik auftreten, da sie gleichfalls auf Normierungen und Moralisierungen abstellt und nicht weniger als die Sozialpolitik hierbei partikulare Interessen und Bereitschaften zu sozialer Ausschließung hegemonialisiert. Sie werden als Referenzen einer gerechten Gesellschaft verbindlich gemacht. Es ist demnach erforderlich, Sozial- und Kriminalpolitik zusammen zu denken.

- **Hegemoniale Verflechtungen: Gemeinsamkeiten von Kriminal- und Sozialpolitik**

Ebenso wie die Sozialpolitik konstituiert die Kriminalpolitik Lebensverlaufsmuster. Diese Sicht wird im deutschsprachigen Raum bislang v.a. bezüglich der Sozialpolitik in Betracht gezogen (vgl. etwa BMFSFJ 2006; Kaufmann 2003b, 101; Lessenich 1995; für die Sozialpädagogik vgl. Böhnisch 2008; Hamburger 2008; Hanses/Homfeldt 2008). Im angloamerikanischen Sprachraum ist dies auch für die Kriminalpolitik geläufig, insbesondere vor dem Hintergrund relativ hoher Inhaftierungsraten, die offenkundig nachhaltigen Einfluss auf Lebensverläufe ausüben (vgl. Pettit/Western 2004; Sutton 2000; Uggen u.a. 2006; Western 2006).

Einem verbreiteten Vorurteil gemäß wäre zu vermuten, dass die Kriminalpolitik, z.B. durch Inhaftierungen, sozialen Ausschluss herstellt, die Sozialpolitik hingegen durch die Zuweisung verschiedenartiger Ressourcen soziale Integration. Dies ist nicht zutreffend (vgl. Dollinger 2007a; 2010b). Beckett und Western (2001, 46) sprechen in Übereinstimmung mit der Forderung einer integrierten Betrachtung von einem „single policy regime aimed at the governance of social marginality". Diese mit Blick auf die USA formulierte These kann auch hierzulande Plausibilität beanspruchen, was anhand von Klientelen, Funktionen und Programmatiken belegt werden kann, die Sozial- und Kriminalpolitik gemeinsam haben.

Erstens kann an Klientele gedacht werden, die sich in zentraler Weise überschneiden. Uggen u.a. (2006, 295) beschreiben die von Inhaftierungen durchschnittlich betroffene Personengruppe folgendermaßen: „Compared to the nonincarcerated population, prisoners have long been undereducated, underemployed, relatively poor, and disproportionately non-white" (ebd.). Man kann dies auf europäische und deutsche Verhältnisse übertragen und festhalten, dass sich der

Kreis Inhaftierter in der Regel aus gering Qualifizierten, Arbeitslosen bzw. prekär Beschäftigten und Personen ohne die jeweilige Staatsangehörigkeit zusammensetzt (vgl. Albrecht 2000; Kury/Obergfell-Fuchs 2006; Statistisches Bundesamt 2008). Auch für die Soziale Arbeit gilt, dass ihre Klientel vorrangig durch entsprechende Merkmale gekennzeichnet ist. Entgegen anders lautender Thesen, die für die jüngere Vergangenheit eine Entgrenzung sozialer Problemlagen und eine Normalisierung der Adressaten gemäß ihrer Herkunftsmilieus vermuten, stellt Seelmeyer (2008, 82) in einem Überblick der zur Verfügung stehenden empirischen Befundlage fest, dass sich derartige Annahmen „nicht auf empirische Evidenz stützen" können. Zwar gestaltet sich die Zusammensetzung von Adressatengruppen je nach Art der betrachteten Leistungs- und Interventionsformen der Sozialen Arbeit unterschiedlich, aber insgesamt ist keine Entgrenzung oder Normalisierung zu bemerken. Scherr (2007, 71) konstatiert in diesem Sinne deutliche Überschneidungen der Klientele der Jugendhilfe bzw. Jugendgerichtshilfe und des Jugendstrafvollzugs; die Angebote der Institutionen zeigten sich als „eng ineinander verzahnte Reaktionsformen auf lebenspraktische Probleme, Konflikte, Krisen und Katastrophen (…), die in der Mehrzahl aller Fälle bei männlichen Jugendlichen und in der Mehrzahl der gravierenden, nicht episodischen Fälle, bei sozial benachteiligten männlichen Jugendlichen auftreten." Er bringt dies mit dem Umstand in Zusammenhang, „dass sich in den Biographien eines Teils der Klientel Ereignisse finden, die durchaus gleichermaßen als Ausdruck eines krisenhaften Entwicklungsverlaufs wie als strafrechtlich relevante Taten interpretiert werden können – die Übergänge sind fließend und welche Definitionsprozesse in Gang kommen, hängt nicht zuletzt davon ab, welche definitionsmächtige Instanz mit dem Fall befasst ist" (ebd.) bzw. ihn, so kann hinzugefügt werden, erst als „Fall" in ihrem Sinne konstituiert. Entscheidend für die Implementation von Kriminalisierungsprozessen mit dem Ergebnis restringierter Ressourcenzugänge und entsprechender Lebensverlaufsmuster sind nicht eine per se kriminelle „Tat", eine an sich kriminogene Umwelt oder eine als solche bestehende „verbrecherische" Persönlichkeit. Es gibt vielmehr ein Ereignis, dem eine besondere Bedeutung zu- und eine Differenzbestimmung eingeschrieben wird. Um zu Kriminalität zu werden, braucht es dabei „üblicherweise jemanden, der das Ereignis als ‚Verbrechen' skandalisiert, jemanden, der eine andere Person beschuldigt, etwas ‚Kriminelles' getan zu haben, womöglich ein ‚Verbrecher' sein" (Cremer-Schäfer/Steinert 1998, 31). Wenn dies auftritt, zeitigt es Folgen für den Betreffenden. Mit Fallkonstruktionen werden entlang institutionalisierter Bedeutungsattributionen Klientele geschaffen und Lebensläufe geprägt. Um unterschiedliche Jugendliche handelt es sich allerdings nicht, wenn man die sozialpolitisch motivierte Hilfe für Heranwachsende und die jugendkriminalpolitisch implementierte Bestrafung vergleicht. Sozial- und Kriminalpolitik fließen

142

ineinander. Wenn man die Klientele betrachtet, so gehen beide von Gruppen aus, denen besondere Auffälligkeiten und Benachteiligungen zugeschrieben werden, und je nach vorherrschender Interpretationsrichtung werden Maßnahmen durchgeführt, die eher strafenden oder helfenden Charakter aufweisen – wobei es nicht zutreffend wäre, Hilfe nur der Sozial- und Bestrafung nur der Kriminalpolitik zuzuordnen (s.u.).

Zweitens: Wie Peters in Bezug auf Kaufmann (1999) anmerkt, werden soziale Probleme nicht nur durch die Förderung von Teilhabechancen an gesellschaftlichen Ressourcen reguliert, sondern auch durch die Drohung mit und die Anwendung von negativen Sanktionen; es handelt sich dann um Eingriffe, „die die soziale Teilhabe der Adressaten und Adressatinnen einschränken sollen" (Peters 2002, 110). Durch sie werden massive Konsequenzen hervorgerufen. Da die lebenslaufkonstitutiven Funktionen der Sozial-, nicht aber der Kriminalpolitik relativ breit theoretisiert sind, seien die entsprechenden Zusammenhänge am Beispiel der USA und der dortigen Kriminalpolitik näher betrachtet.[47] Die relevanten Effekte zeigen sich dort eindrücklich, weshalb Beckett und Western (2000) das Strafrecht als Institution rekonstruieren, die den US-amerikanischen Arbeitsmarkt nachhaltig reguliert. Sie stellen fest, dass durch die expandierende Inhaftierungspraxis in den USA die Quote der Arbeitslosigkeit in den 1990er Jahren um etwa zwei Prozentpunkte reduziert wurde. Zumindest kurzfristig handelt es sich um eine effektive Strategie der Reduktion von Arbeitslosigkeitsraten, indem in der Regel erwerbsfähige Männer mit relativ geringem Ausbildungsniveau dem Arbeitsmarkt entzogen werden. Beckett und Western weisen deshalb die These zurück, es handle sich bei den USA um eine liberale, unregulierte Arbeitsmarktstruktur und bezeichnen den „distinctively American mode of labour market regulation" als *„hyper-regulatory"* (Beckett/Western 2000, 31).

Empirische Erkenntnisse zu den Konsequenzen der selektiven Inhaftierungspraxis bestärken dies. Da nicht alle gesellschaftlichen Milieus gleichmäßig von Inhaftierungen betroffen sind, sondern überproportional häufig Angehörige unterer Schichten und Randgruppen, plädieren Pettit und Western (2004) dafür, Inhaftierung als institutionalisierte Einflussgröße auf Lebensverlaufsmuster ins-

---

[47] Für die USA liegen Forschungsbefunde vor, die die Perspektive der Konstitution von Lebensläufen verdeutlichen. Dass divergierende kriminalpolitische Traditionen und Systeme im Vergleich zu Europa und Deutschland in Rechnung zu stellen sind, ist selbstverständlich. Ein Transfer der Erkenntnisse verbietet sich. Immerhin aber ist die lebenslaufkonstitutive Funktionalität der Kriminalpolitik mit der selektiven Qualität der Praxis der Strafverfolgung und der ihr zugrunde liegenden Symbolisierung von Devianz verbunden. Und diese Selektivität ist gleichfalls in Deutschland anzutreffen und empirisch nachgewiesen (s. Kap. 2). Zu internationalen Tendenzen der Jugendkriminalpolitik vgl. zudem Schüler-Springorum (2004) und zur internationalen Strafrechtrechtsentwicklung vgl. Albrecht (2010).

besondere bei solchen Personen ernst zu nehmen, die von sozialen Benachteiligungen betroffen sind. Bezüglich der Kohorte der zwischen 1965 und 1969 geborenen dunkelhäutigen Amerikaner stellen sie fest: „More striking than patterns of military enlistment, marriage, or college graduation, prison time differentiates the young adulthood of black men from the life course of most others" (ebd., 165). Der Studie zufolge erwies sich im Verlauf der vergangenen Jahrzehnte ein relativ geringes Bildungsniveau als Differenzierungskriterium für überdurchschnittliche Inhaftierungswahrscheinlichkeiten. In diesem Sinne fungieren wachsende Inhaftierungsraten – die prinzipiell auf kriminalpolitische Entscheidungen und nicht auf schwankende Kriminalitätsziffern zurückzuführen sind (vgl. Christie 1995b; Western 2006) – als Mittel der Steuerung sozialer Integrationsverhältnisse: Während etwa dunkelhäutige und gering qualifizierte Amerikaner durch strafrechtliche Interventionen vom Zugang zum Arbeitsmarkt und von ranghohen Positionen im Ungleichheitsgefüge der Erwerbsarbeit abgehalten werden, werden diese durch andere Statusgruppen besetzt. Inhaftierungen fungieren in diesem Sinne als Ressourcenabschottungen und -allokationen. Angesichts der in den vergangenen Jahren wachsenden Zahl an Inhaftierungen ist hiervon eine nicht zu unterschätzende Zahl von Personen betroffen. Lebten in den USA im Jahr 1968 3,9 Millionen verurteilte Täter, so waren dies 2004 16,1 Millionen, was „an astounding 33.4 percent of the black adult male population" (Uggen u.a. 2006, 288) entspricht.

Sutton (2002) bestätigt dies. Er argumentiert auf der Basis von Befunden über den Zusammenhang von Inhaftierungsraten und Beschäftigungstrends in 15 westlichen Ländern (darunter auch Deutschland), dass strafrechtliche Institutionen über die USA hinaus als lebenslaufkonstitutive Einflussgrößen ernst zu nehmen sind. Angesichts der Tatsache, dass Inhaftierungen mitunter stärkeren Einfluss auf Lebenschancen ausüben als wohlfahrtsstaatlich-kompensatorische Zuwendungen, spricht er sich dafür aus, Verfahrenslogiken strafverfolgender Institutionen in den größeren Kontext der Rekonstruktion von Prozessen der Status- und Ressourcenallokation in modernen Gesellschaften zu integrieren. Wacquant (1997; 2001; 2009) stützt dies, indem er in Analysen sozialpolitischer Reformen die wachsende Inhaftierungspraxis mit der Reduzierung sozialpolitischer Gewährleistungen in Verbindung bringt und am Beispiel der USA ausführt, es gehe „um den schrittweisen Umbau eines Semi-Wohlfahrtsstaates in einen Straf- und Polizeistaat, der die Kriminalisierung von Randgruppen und die ‚punitive Ausgrenzung' sozial Benachteiligter *zu einem Bestandteil seiner Sozialpolitik* macht" (Wacquant 1997, 50; Hervorhebung B.D.).

Damit wird die These bestärkt, negative Sanktionen stünden nicht als alternative Interventionsformen neben inklusionsorientierten sozialpolitischen Maßnahmen; es wird die aktive gesellschaftliche Steuerungsfunktion der punitivkriminalpolitischen Bearbeitung sozial randständiger und prekärer Lebenslagen verdeutlicht.[48] Heranwachsende sind hiervon in besonderem Maße betroffen, denn die meisten Inhaftierten werden, wie Wacquant (2001, 106) betont, in einer Altersphase, in der sozialpolitische Unterstützung zur Stabilisierung von Berufskarrieren besonders nötig ist, von staatlichen Zuwendungen ausgeschlossen.

Drittens: Es wurde sichtbar, dass Sozial- und Kriminalpolitik nicht nur ähnliche Klientele aufweisen, sondern auch nachhaltige Folgewirkungen mit Blick auf Möglichkeiten der Lebensführung verursachen. *Sie formen hegemoniale Arrangements der Konstitution von Lebensläufen.* Man kann dies weiterführen, indem selbst auf der Ebene von Programmatiken und mit ihnen assoziierten Maßnahmen Ähnlichkeiten bedacht werden, die es noch plausibler werden lassen, von einer engen Integration der Politikbereiche auszugehen. In diesem Sinne generieren Sozial- und Kriminalpolitik Ein- und Ausschließungen; beide können jeweils Integration befördern oder behindern. Als ihre Maxime fungiert *der Schutz kollektiver Ressourcen und Integrationsverhältnisse durch eine selektive Investitions- und Interventionslogik.* Er wird nicht nur durch die Kriminalpolitik angestrebt, bei der dies angesichts rhetorischer Zuschreibungen einer Bedrohung der Gesellschaft durch „Kriminelle" und „Verbrechen" unmittelbar einsichtig ist. Die Maxime gilt auch für die Sozialpolitik, die eine missbräuchliche Inanspruchnahme kollektiver Ressourcen verhindern und eine vermeintliche „Hängematten-" oder „Vollkaskomentalität" durch Arbeits- oder Fortbildungszwang einschränken möchte (zu entsprechenden Diskriminierungssemantiken vgl. Oschmiansky 2003). Im Mittelpunkt steht die Sicherung kollektiver Ressourcen. Im Rahmen einer Analyse sozialpolitischer Reformprinzipien in den USA und Deutschland resümieren dies Lahusen und Stark (2003, 355) mit folgenden Worten:

„So thematisiert die Diskussion der letzten Jahre in diesen Ländern, dass der soziale Verband, und damit auch der Wohlfahrtsstaat als ein wichtiges Instrument seines Fortbestehens, auch gerade gegenüber dem Einzelnen geschützt werden muss. Denn obschon der Wohlfahrtsstaat (...) als Garant individueller Bürgerrechte erschaffen und fortentwickelt wurde, so muss er

---

[48] So wurden durch den „Personal Responsibility and Work Opportunity Reconciliation Act of 1996" zahlreiche ehemalige Verurteilte von medizinischen Sozialleistungen und vom Zugang zu Sozialwohnungen ausgeschlossen (vgl. Wacquant 2001, 106; s.a. Lahusen/Stark 2003, 357). Wie Wacquant diagnostiziert auch Garland (2001a, 178) eine zunehmend scharfe Trennung zwischen ehemaligen Inhaftierten und der „Normalbevölkerung" mit der Konsequenz, dass Resozialisierung erschwert wird: „imprisonment has become a longer-term assignment from which individuals have little prospect of returning to an unsupervised freedom".

doch auch als kollektiver Verband *sui generis* gegenüber dem Individuum abgegrenzt und perpetuiert werden. (…)

Unserer Annahme zufolge geht es bei den Diskussionen um den Umbau des Wohlfahrtsstaates in den USA und Deutschland um die *Frage nach dem Erhalt einer gemeinsamen Normen- und Wertegemeinschaft,* in der beispielsweise die Inklusion in den Arbeitsmarkt nur ein Mittel der normativen Reproduktion der Gemeinschaft bzw. der diesbezüglichen Disziplinierung des Einzelnen ist."

Die betreffenden sozialpolitischen Reformen sind nicht vorrangig durch ökonomische Notwendigkeiten begründet. Wie Kaufmann (1997; 2003a) rekonstruiert, sind beispielsweise Unterstellungen, sozialpolitische Maßnahmen seien zu teuer und gefährdeten die Konkurrenzfähigkeit der nationalen Wirtschaft, ständige Begleiter wohlfahrtsstaatlicher Einrichtungen. Diese sind, seit sie existieren, „heftig umstritten" (Butterwegge 2005, 75), wobei Butterwegge aktuelle Krisenrhetoriken vorrangig als *„Sinn*krise des Sozialen" deutet. Entscheidend sind demnach nicht durch ökonomische Grundlagen und Strukturbedingungen produzierte Notlagen, die eine Neuausrichtung der Sozialpolitik zwingend erforderlich machten, sondern es handelt sich um kontingente Symbolisierungen von sozialen Problemen und Konflikten. Soziale Auffälligkeit wird mit modifizierten Bedeutungen unterlegt, die in Krisendiskursen allgemein verbindlich gemacht werden. Es geht um die Etablierung kollektiver Sinnhorizonte, die Gemeinsamkeiten zu simulieren suchen und die kontingente Grundlage, auf die dies angestrebt wird, negieren.

Im Rahmen der sozialpolitischen Reformen steht diesbezüglich die „Aktivierung" einzelner Leistungsempfänger im Vordergrund. Man kann sie knapp als Versuch beschreiben, sozialpolitische Maßnahmen als selektive Investition zu konzipieren, die gezielt Eigenleistungen und Handlungsbereitschaften anzuregen suchen. Versteht man Sozialpolitik einem weiten Sinne nach als Vergesellschaftungsprinzip, so ist es konsequent, diese Programmatik als „Forderung nach Herstellung eines veränderten Beziehungsverhältnisses zwischen Individuum und Gesellschaft" (Lessenich 2008, 87) zu verstehen. Im Sinne einer „Aktivierungspädagogik" (Kessl 2006) wird die Fähigkeit und Bereitschaft des Einzelnen fokussiert, sich vorgegebenen Aktivitätsforderungen anzupassen und auf sie bezogene, prädefinierte Initiativen zu entwickeln (vgl. Dahme/Wohlfahrt 2008; Dollinger 2007b). Wer sozialpolitische Unterstützung nachfragt, hat ein ranghohes Maß an Eigenaktivität zu erweisen, denn auf „Aktivierung" abstellende sozialpolitische Programme vermitteln das Credo, dass der Einzelne „selbst verantwortlich ist für die Pflege seines ,Kapitals' in Form seiner Kraft, Motivation, Flexibilität und Qualifikation" (Galuske 2008, 15). Der Betreffende muss sich

Sozialleistungen gleichsam „*verdienen*', indem mindestens anhaltende Arbeitsbereitschaft gezeigt und belegt wird" (Ludwig-Mayerhofer 2005, 213).

Diesem Bezug auf das „unternehmerische Selbst" (Bröckling 2007) korrespondiert als Grundlage eine sozialpolitische Investitionsprogrammatik, die Eigenaktivität nötigenfalls mit Zwang einfordert, denn „Sozialinvestitionen" scheinen wenig ertragreich, wenn „Inaktivität" bzw. „Inaktivierbarkeit" vorliegt, so dass derartige Chiffren als Repräsentationsversuche von Normabweichungen bestärkt werden (vgl. Ziegler 2005). Wer dem geforderten Aktivitätsniveau aus scheinbar freien Stücken nicht gerecht wird, verliert aufgrund seiner fehlenden Gegenleistung das Recht auf kollektive Unterstützung; seine Negativsanktionierung erscheint legitim, denn, so die These, die zu verteilenden, knappen Ressourcen der Gesellschaft müssten vor ihm und seiner Leistungsverweigerung geschützt werden. In diesem Sinne zeichnet sich die Sozialpolitik sukzessive durch Prämissen aus, denen gemäß Unterstützung nach einer Logik der Amortisation gewährt wird, und dies ist „notwendigerweise selektiv" (Dahme/Wohlfahrt 2008, 50).

Die programmatische Intention, soziale Integration herzustellen, wird nicht aufgegeben. Im Gegenteil: „Die neue Sozialpolitik tritt damit an als ein auf Inklusion gerichtetes Projekt, (sie; B.D.) basiert aber vor allem auf einer Vielzahl exkludierender Mechanismen (Strafen, Ausschluss von Leistungen, Verkürzung der Bezugsdauer, Abbau protektiver Maßnahmen)" (ebd.). Die Exklusionsmaßnahmen streben eine Art von sozialer Gerechtigkeit an, die sich als Leistungsgerechtigkeit ausweist, wobei in Kauf genommen wird, dass mit ihr nicht mehr per se auch Nutzen für den Einzelnen verbunden ist, denn eine nicht-konditionalisierte Leistungsgewährung wurde zugunsten einer verstärkt meritokratischen Orientierung zurückgedrängt (vgl. Dollinger 2007b). Kaufmann (2005, 228) führt deshalb mit Recht an, dass „*kollektive Nutzen als Systemeffekte und individuelle Nutzen (...) heute als in zwei verschiedenen Dimensionen liegend behandelt werden (müssen; B.D.); sie lassen sich nicht einfach verrechnen oder gar aufeinander reduzieren.*"

Diese Differenz gewinnt in aktuellen Sozialpolitiken besondere Bedeutung, denn angesichts der Bereitschaft, Einzelne vom Bezug von Sozialleistungen gänzlich auszuschließen, divergieren der individuelle und kollektive Nutzen sehr deutlich.[49] Es wird z.B. nach § 31 SGB II die fehlende Bereitschaft, eine „Ein-

---

[49] Es muss bedacht werden, dass die sozialinvestiv orientierte Differenz kollektiver und individueller Wohlfahrt – was sich historisch unter Bezug auf Bismarcks Intention der sozialpolitisch gestützten Herrschaftssicherung eindrücklich illustrieren lässt (vgl. Alber 1987; Schmidt 2005, 19ff) – Sozialpolitik *prinzipiell* charakterisiert. Zwar nimmt dies derzeit besondere Formen und Ausprägungen an, aber als „Quelle der Normierung und Standardisierung sozialer Beziehungen" (Lessenich 2008, 26) ist der Wohlfahrtsstaat per se durch Grenzziehungen und normativ unterlegte Regulierungsabsichten

gliederungsvereinbarung" zu unterzeichnen, die in ihr festgelegten „Eigenbemü-hungen" zu zeigen oder eine als „zumutbar" erachtete Arbeit zu übernehmen, in einer ersten Stufe mit einer Senkung der Regelleistung um 30 % beantwortet. Sanktionen reichen bis zur völligen Einstellung von Unterstützung, auch der Kosten für Unterkunft und Heizung. Insbesondere für Personen zwischen 15 und 24 Jahren wurden Potentiale negativer Sanktionierung verschärft, insofern die Betreffenden auf den Haushalt – bzw., als relevante Berechnungsgröße, die „Be-darfsgemeinschaft" – der Eltern verwiesen wurden und der ihnen zustehende Bedarfssatz damit reduziert wurde (vgl. Ames 2006). Wollen sie aus der elterli-chen Wohnung ausziehen, bedürfen Personen unter 25 Jahren gemäß § 22 Abs. 2a SGB II der Zustimmung des kommunalen Leistungsträgers, ansonsten wer-den, wenn nicht besondere Voraussetzungen gegeben sind, Leistungen für Un-terkunft und Heizung nicht übernommen. Es ist erkennbar, dass gerade Jugendli-che bzw. Heranwachsende von den Sanktionsdrohungen und den Normierungen des Aktivierungsimperativs betroffen sind. Die aktuelle Diskussion (vgl. z.B. Buestrich u.a. 2008; Bütow u.a. 2008; Dahme u.a. 2003; Dahme/Wohlfahrt 2005; Dollinger/Raithel 2006; Mezger/West 2000) weist nach, dass die selektive und sozialinvestive Qualität von Sozialpolitik den Schutz kollektiver Ressourcen unter Inkaufnahme der Beschädigung individueller Lebenschancen favorisiert.

Dieses Motiv, der Schutz gesellschaftlicher Sicherheit vor dem Einzelnen, wird üblicherweise Kriminalpolitik und Strafjustiz zugeschrieben. Sie verfolgen natürlich in der Regel anderweitige Programmatiken, als sie im Rahmen der Sozialpolitik anzutreffen sind. Gleichwohl zeigen sich überraschende Konver-genzen. So lassen sich aktuelle jugendkriminalpolitische Entwicklungen gleich-falls unter der Referenz der „Aktivierung" betrachten, denn Forderungen einer Erzwingung von Eigenaktivität werden selbst in repressiven kriminalpolitischen Kontexten aufgestellt. In den mit Beginn des Jahres 2008 in allen deutschen Bundesländern geltenden Jugendstrafvollzugsgesetzen finden sich hierfür deutli-che Hinweise. Exemplarisch heißt es in Artikel sechs des Bayerischen Strafvoll-zugsgesetzes (BayStVollzG): „Die Gefangenen sollen an der Gestaltung ihrer Behandlung und an der Erfüllung des Behandlungsauftrags mitwirken. Ihre Be-reitschaft hierzu ist zu wecken und zu fördern." Dies ist keine Besonderheit, sondern ein beliebig gewähltes Exempel, denn es sind sich „sämtliche Länderge-

---

bestimmt, so dass in dieser Hinsicht auf Kontinuitäten sozialpolitischer Entwicklung hinzuweisen ist (vgl. Cremer-Schäfer 2006). Im Sinne einer Regulierung sozialer Integrationsverhältnisse werden Lebensstilvorgaben verbindlich zu machen gesucht, während anders mögliche und realisierte Hand-lungs- und Integrationsverhältnisse diskreditiert werden. Es geht um die Konstitution einer „taugli-chen personalen Infrastruktur" (Dahme/Wohlfahrt 2008, 47), die nicht nur für den wirtschaftlichen Standort optimiert ist, sondern auch kulturell hegemonialen Vorgaben individueller Selbst- und Sozialbezüge zu entsprechen hat.

setze darin einig, dass Gefangene im Jugendstrafvollzug aktiv an ihrer ‚Behandlung' bzw. der Erreichung des Vollzugsziels mitwirken müssen. Tun sie dies nicht, müssen sie mit disziplinarischen Sanktionen und/oder dem Wegfall von Vollzugslockerungen rechnen. Diese Regelung weicht ab von § 4 Abs. 1 StVollzG und steht in scharfem Gegensatz zur Meinung der Fachleute (…). Die Mitwirkungspflicht kann auch nicht darauf gestützt werden, dass es sich um schulpflichtige Minderjährige handelt, da die überwältigende Mehrheit der Jugendstrafgefangenen die Volljährigkeitsgrenze überschritten haben. Konsequenterweise haben die Länder Bayern, Hamburg und Niedersachsen die Mitwirkungspflicht gleich auch für Erwachsene eingeführt" (Feest/Bammann 2010, 539; s.a. Höynck u.a. 2008). Selbst in einem Rahmen wie dem Jugendstrafvollzug, in dem eine Verpflichtung zur Eigenaktivität paradox wirkt, da durch sie eine Selbst-Bestrafung eingefordert wird (vgl. Ostendorf 2007a, 111), werden folglich Strategien der „Aktivierung" implementiert. Boers und Schaerff (2008, 323) konstatieren in dieser Hinsicht einen jugendkriminalpolitischen „Paradigmenwechsel", der sich in einer Abkehr vom Primat der Resozialisierung zugunsten einer Programmatik des Gesellschaftsschutzes zeige – und dies, wohlgemerkt, in dem auf „Erziehung" abstellenden *Jugend*-Strafvollzug. Selbst dort werden Jugendliche und Heranwachsende mit *negativen Sanktionen* konfrontiert, wenn sie im Rahmen einer kriminalpolitischen *Negativsanktionierung* nicht extern definierte Formen einer Mitwirkungsbereitschaft zeigen. Wer zu einer jeweils vorgegebenen Eigenbeteiligung nicht bereit ist oder zu sein scheint, wird mit Disziplinierung konfrontiert, so dass integrationsförderliche Zuwendungen und „Investitionen" auf diejenigen konzentriert werden, die im postulierten Sinne „aktiv" sind (vgl. Dollinger/Ziegler 2009). Sozial- und Kriminalpolitik sind sich hier weitgehend einig.

Entgegen der Annahme einer insgesamt hohen Punitivität muss allerdings differenziert werden. Es bestehen weiterhin Chancen, Ressourcen in Anspruch zu nehmen, wenn Subjektivierungslogiken und Verantwortungsattributionen entsprochen wird. Risikozuschreibungen können verändert und „Investitionen" zur Resozialisierung getätigt werden, wenn eine Person bereit ist, ihr Risiko einzugestehen und ihm gemäß vorausschauend zu handeln (vgl. Hannah-Moffat 2005). Positive Zuwendungen werden dadurch auf Kriminalisierte konzentriert, die von diesen Programmen mit relativ hoher Wahrscheinlichkeit profitieren, so dass die „teuren" Interventionen sich gleichsam zu amortisieren versprechen (vgl. Garland 2001a, 176; s.a. bereits Liszt 1882/1905, 46f).

Es fügt sich in dieses Bild ein, dass ein Projekt für jugendliche Straftäter in Baden-Württemberg, das erstmalig zu einer Freiheitsstrafe ohne Bewährung verurteilte „Mehrfach- und Intensivtäter" sozialpädagogisch betreut, den Titel „Projekt Chance" trägt. Die Betreffenden werden in einem mehrstufigen Bewerbungsverfahren von Justizvollzugsbeamten und Sozialpädagogen des Projekts ausgewählt. In der Beschreibung heißt es: „Statt Inhaftierung in einer Justizvollzugsanstalt absolvieren die Jugendlichen in einer speziell für sie konzipierten Jugendhilfeeinrichtung ein zeitlich befristetes Training. Das Trainingsprogramm forciert konsequent die Übernahme von Verantwortung jedes einzelnen Jugendlichen für sein Reden und Tun, für seine Anstrengungsbereitschaft, seine Zuverlässigkeit, seine Durchhaltefähigkeit, sein Engagement in der Gruppe" (Trapper 2007, 84). Insofern das Projekt in enger Zusammenarbeit mit der Strafjustiz und gemäß den Vorgaben des Jugendstrafvollzugs in freier Form realisiert wird, zeigt sich eine Kooperation von Jugendhilfe und Justiz, die die Grenzen der beiden Institutionen unklar werden lässt (vgl. Scherr 2007, 81f; Walter 2009). Es wird ein gemeinsames Projekt der selektiven und investiven Aktivierung verantwortet, das speziell ausgewählten jugendlichen Straftätern zugute kommt, nämlich solchen, die „von der Justizvollzugsanstalt Adelsheim als für ,Projekt Chance' geeignet" eingeschätzt werden und denen von Seiten der Jugendhilfe „im Rahmen eines Persönlichkeitstests insbesondere Anstrengungsbereitschaft, moralische Urteilsfähigkeit (nach Kohlberg) und Gruppenfähigkeit" (Trapper 2007, 92) attestiert werden.

Selbst im Falle von Jugendkriminalität gibt es demnach Möglichkeiten, kollektive Ressourcen für die individuelle Lebensplanung und Reintegration in Anspruch zu nehmen. Aber hierzu sind Selektionsprozesse zu durchlaufen, in denen Eigenaktivität und Konformitätsmotivation nachzuweisen sind. Fällt die Motivationsprüfung ungünstig aus, sind sozial- bzw. kriminalpolitische Ausschließungsprozeduren vorgesehen, die sich darauf berufen können, dass ein „legitim" erwartbares Maß an Leistungswille nicht bestanden zu haben scheint.

Es ist angezeigt, die damit angesprochenen Veränderungen der Steuerung von Lebensverläufen auf kulturtheoretischer Basis wahrzunehmen, um die Vielfalt und Komplexität dieser Prozesse erschließen zu können. Die Analyse verdeutlicht, dass es sich bei der Kriminal- und Sozialpolitik nicht um zwei getrennte Bereiche handelt. Sie kommunizieren vergleichbare Symbolisierungen sozialer Problemlagen und ähnliche Differenzierungen von Normalität und Devianz. Im Ergebnis verweist dies auf ein derzeit hegemoniales Prinzip der Stärkung einer meritokratischen, aktivierungspolitischen und durch Negativsanktionen „geschützten" Orientierung in beiden Politikfeldern: Kollektive „Sicherheit" wird als sakrosanktes und an sich schützenswertes Gut inszeniert, das unter ranghohem Einsatz punitiver Maßnahmen vor inaktiven Individuen geschützt werden muss. Allerdings wird damit kein konsistentes Bild der Kriminal- und Sozialpolitik gezeichnet. Die Realität ist widersprüchlich und brüchig, auch im Falle der eben dargestellten hegemonialen Tendenzen. Dies gilt es nun zu belegen.

- **Hegemoniale Punitivität auf fragiler Basis**

Zwischen Sozial- und Kriminalpolitik besteht keine Konkurrenz. Zu erschließen ist ein jeweils anderer Nimbus, da die Kriminalpolitik vorrangig auf die Zufügung negativer Sanktionen abstellt, die Sozialpolitik hingegen als primär integratives Politikfeld betrachtet wird. Ein genauerer Blick lässt eine in diesem Sinne zu vermutende Unverträglichkeit allerdings fraglich werden, da sich Widersprüche nicht per se aus einer sozial- versus einer kriminalpolitischen Orientierung ergeben, sondern nur aus *spezifischen* Ausprägungen der Politikbereiche. Es lässt sich zwar eine ihre Leistungen und Ressourcentransfers nicht konditionalisierende Form von Sozialpolitik mit einer auf punitive Maßnahmen abstellenden Kriminalpolitik kontrastieren. Zudem besteht zwischen einer in hohem Maße negative Sanktionen einsetzenden Sozialpolitik und einer resozialisierenden, auf Diversions- und Informalisierungsstrategien vertrauenden Kriminalpolitik ebenfalls ein essentieller Unterschied. Aber bei diesen Fällen handelt es sich um Differenzen zwischen besonderen Formen von Sozial- und Kriminalpolitik, nicht um Widersprüchlichkeiten, die aus verschiedenen Systemlogiken resultieren. Es ist bezeichnend, dass diese Unterschiede meist nicht auftreten, sondern sich, wie bei der eben gezeigten Hegemonialisierung des Devianzbildes der *Inaktivität,* Verwandtschaften zeigen.

Indem Beckett und Western (2001, 46) Sozial- und Kriminalpolitik als ein „single policy regime" wahrnehmen, weisen sie nach, dass nur spezifische Sozial- und Kriminalpolitiken in negativem Zusammenhang stehen. Mit Blick auf die aktuelle Entwicklung in US-Bundesstaaten stellen sie fest: „Our results thus suggest that beginning in the 1980s, states with larger black populations are states that spent less on social welfare and also incarcerated at higher levels" (Beckett/Western 2001, 46). Von wachsender Punitivität und Ausgrenzungsbereitschaft sind ihnen zufolge insbesondere die von sozialen Problemen überdurchschnittlich Betroffenen tangiert. Bundesstaaten, in denen diese Personenkreise in relativ hoher Zahl vertreten sind und die vergleichsweise geringe wohlfahrtsstaatlich-kompensatorische Leistungen erbringen, wiesen maßgeblich steigende Inhaftierungsraten auf. Wo allerdings Sozialleistungen überdurchschnittlich breit ausgebaut waren, waren die Inhaftierungsniveaus gering, so dass eine entsprechende Unvereinbarkeit deutlich wird.

Wie Downes und Hansen (2006, 1) am Beispiel von 18 Ländern belegen, ist ein ausgebauter Wohlfahrtsstaat „increasingly a principal, if not the main protection against the resort to mass imprisonment". Dies wird durch Analysen John Suttons (2004) bestärkt. Für den Zeitraum von 1960 bis 1990 zeigt er bei 15 Ländern einen Zusammenhang zwischen verschiedenen Merkmalen nationaler politischer Arrangements und der Bereitschaft dieser Staaten zur Inhaftierung.

Im Ergebnis verweist er darauf, dass Inhaftierungsraten relativ gering ausfallen, wenn „linke" Parteien in einem Land zentrale Positionen besetzen und historisch besetzt haben, wenn sie starke gewerkschaftliche Vereinigungen aufweisen und wenn das Niveau sozialpolitischer Leistungstransfers ranghoch ausgebaut ist. Sutton weist damit auf empirisch fundierter Basis die so genannte „Rusche-Kirchheimer"-Hypothese zurück, derzufolge Neigungen zur Inhaftierung im Wesentlichen durch ökonomische Strukturbedingungen geprägt würden.[50] Es bleibt unzureichend, die Bereitschaft zur Kriminalisierung lediglich oder primär durch das Vorhandensein einer aus ökonomischer Sicht „überflüssigen" Personengruppe im Sinne einer „Reservearmee" zu erklären. Wie Suttons Analysen zeigen, sind komplexere Merkmale einer Gesellschaft zu bedenken. Kriminalisierungsbereitschaften sind in kulturelle Bezüge eingebettet und können nicht verstanden werden, wenn nicht die spezifische Art und Weise rekonstruiert wird, wie der Signifikant „Kriminalität" jeweils repräsentiert wird. Es ist in diesem Sinne zu verstehen, wenn Sutton (2004, 185) anmerkt: „punishment is embedded in social policy regimes". Sozialpolitische Regime sind auf Interpretationen sozialer Problemlagen, auf kulturelle, wertorientierte Deutungsmuster bezogen (vgl. Kaufmann 2003a), so dass Inhaftierungen in der Konsequenz auf Konstellationen kultureller Artikulationsformen zurückzuführen sind. Kulturelle Bedeutungszuweisungen bestimmen darüber, wie Devianz repräsentiert wird und mit welchen Maßnahmen sie bearbeitet wird. Es gibt hierbei keine apriorisch vorgegebenen Notwendigkeiten, sondern flexible Sinnjustierungen auf kontingenter Grundlage, wie dies oben in Bezug auf die Kriminalpolitik festgestellt wurde.

Eine prinzipielle Unverträglichkeit von Sozialpolitik und Kriminalpolitik ist demnach nicht zu bemerken, und die auf Franz von Liszt zurückzuführende prominente Aussage, bei der Sozialpolitik handle es sich um die bessere Form der Kriminalpolitik, wird hinfällig (zur Darstellung und Kritik vgl. Brusten 1999; Ludwig-Mayerhofer 2000; Scherr 2010). Mit einer derartigen Dichotomisierung werden Differenzen konstruiert, die der nahen Verwandtschaft nicht gerecht werden. Sozial- und Kriminalpolitik zeigen ähnliche Repräsentationen von Devianz. Ihre Bearbeitung erfolgt zwar mit teilweise verschiedenen Mitteln, aber es ist nicht von operativ geschlossenen Logiken differenter politischer Systeme auszugehen. Sie sind im Gegenteil durch sich überlagernde Menschen-, Gesellschafts- und Devianzbilder ausgezeichnet.

Es treten Allianzen auf, die Cremer-Schäfer und Steinert (1998) auf die grundlegende Wahrnehmung von Ereignissen als interventionsbedürftige Probleme beziehen. Sozial- und Kriminalpolitik teilen den Ausgang von perspektivi-

---

[50] Ob die in der Forschung meist zugrunde gelegte Interpretation der Vorgaben von Rusche bzw. Rusche und Kirchheimer (1981) damit zutreffend charakterisiert ist, sei hier dahin gestellt (vgl. im Näheren Steinert 1981).

schen Problematisierungen und Defizitzuschreibungen bzw. sie verfügen, in den Worten von Cremer-Schäfer und Steinert (ebd., 55), über „massive Struktur-Analogien (…). Die stärkste davon ist, daß sie beide personalisieren" – und dies durch z.T. ähnliche Kategorisierungsmuster. Zugrunde liegen den Kategorisierungen jeweils nicht ökonomische Basisstrukturen einer Gesellschaft, denn entscheidend sind historisch etablierte, zeitgenössisch aktualisierte und hegemonialen Deutungsmöglichkeiten angepasste Problemkonstruktionen, die Ereignisse als Probleme spezifischer Eigenart konzipieren und sie als letztlich kaum mehr hinterfragbare Deutungsmuster in der alltäglichen, öffentlichen und wissenschaftlichen Wahrnehmung absichern (vgl. Schetsche 2008, 129ff). Die Problematisierungsweisen nehmen Bezug auf kulturelle Bedeutungszuweisungen, die Devianz z.b. vorrangig als „Bösartigkeit", „Antisozialität", als Folge sozialer „Benachteiligung", als selbstverschuldete „Inaktivität" oder anderes konzipieren (vgl. Oelkers/Ziegler 2009). Ob die auf diese Weise thematisierten Personen eher mit integrativen oder ausschließenden Interventionsstrategien konfrontiert werden, ist von jeweiligen Problemkonstruktionen und aktuell vorherrschenden Repräsentationen von Devianz abhängig, die Sozial- *und* Kriminalpolitik prägen. Als Formen sozialer Kontrolle sind sie beide kulturell eingebettet (vgl. Melossi 2001).

Am deutlichsten wurden die verwandtschaftlichen Beziehungen durch Garland (1985; 2001a; 2004) herausgearbeitet. Vorrangig integrative Formen kultureller Problemrepräsentation benennt er als „penal welfarism". Dieser zeichnet sich aus durch eine „ideology centred around the imaginary relation of a benevolent state extending care and treatment to an inadequate individual, a positive image which fitted well with the ideology of welfarism" (Garland 1985, 257). Es dominierten Versuche, Delinquenz auf eine Art und Weise zu bearbeiten, die zur Reintegration eines „Täters" führte und die auf eine liberale staatliche Selbstdarstellung Wert legt. Sie fußte auf sozialen Ausschließungen und einer expandierenden Überwachung, denn soziale Risiken und Unsicherheiten sollten gemindert werden, indem Problemlagen standardisiert und Normalentwürfe individuellen Lebens verbindlich gemacht wurden. Durch die betreffenden Interventionsformen wurden Institutionalisierungen von Lebensläufen realisiert, während zugleich nicht-typisierte Probleme und nicht-„normalisierbare" Gruppen ausgegrenzt blieben.

Diese Vorstellungen von Devianz und ihnen gemäß „legitimer" Kontrollformen sind nicht vollständig hinfällig, insbesondere bestehen Standardisierungen von Lebensläufen nach wie vor weiter (vgl. Mayer 2001; Dollinger 2007c). Aber folgt man Garland, so kam es zu einer Transformation (vgl. auch Ziegler 2003, 373ff). Es würden nach wie vor z.T. relativ sanfte Maßnahmen realisiert, aber neben sie sind andere Arten der Bearbeitung von Auffälligkeiten getreten, durch die diese skandalisiert, dämonisiert und mit sozialem Ausschluss beantwortet werden (vgl. Garland 1996, 461ff). Neuartige „cultures of control" identifiziert Garland als „high crime societies" (2001a; 2004), in denen sich Kulturen an hohe Kriminalitätsraten anpassen und unterschiedliche Umgangsweisen mit Kriminalität zeigen. Resozialisierung ist nur noch eine Option neben anderen, und wenn sie gewählt wird, gilt sie kaum noch als Ziel in sich, sondern muss sich als Schutz der Gesellschaft und Minimierung der vom Einzelnen ausgehenden (potentiellen) Risiken ausweisen (vgl. Garland 2001a, 175ff).

Es muss hier nicht näher erörtert werden, wie tragfähig die Ausführungen Garlands im Einzelnen sind (vgl. die Diskussionen in Hess u.a. 2007). Aufschlussreich ist die in den Darstellungen Garlands deutlich werdende Komplexität, durch die sich Kontrollkulturen auszeichnen. Das mit ihnen beschriebene Themenfeld umfasst „a multiplicity of different agencies, practices and discourses, and is characterized by a variety of policies and practices, some of which are quite contradictory" (Garland 2001a, 167). Es wäre unzureichend, sie nur durch eine wachsende Punitivität zu markieren, denn es bleibt Raum für andere Orientierungen. So ist einerseits die These einer zunehmenden Bereitschaft, angesichts sozialer Auffälligkeit mit Bestrafung und der Zufügung von (weiterem) Leid zu agieren, zutreffend. Die Inhaftierungsraten der USA und weiterer Länder – sowie ferner internationale sozialpolitische Reformtrends – lassen wenig Zweifel an dieser Annahme. Kriminalpolitik wird repressiver und sie tritt sukzessive selbstbewusster mit dem Anspruch auf, „Sicherheit" als „Innere Sicherheit" und als Schutz vor Kriminalität zu verstehen und dabei soziale Ätiologien, denen zufolge Delinquenz gesellschaftliche Ursachen hat, auszublenden. Aber diese Kontrolllogiken sind andererseits nicht homogen und in sich konsistent aufgebaut. Mindestens für Deutschland ist die Annahme einer generell und unspezifisch, gleichsam frei flottierenden Punitivität in Zweifel zu ziehen. Die hegemoniale Verschränkung von Sozial- und Kriminalpolitik kann demnach nicht auf den einheitlichen Nenner von „Punitivität" gebracht werden, denn derartig widerspruchsfrei sind hegemoniale Repräsentationen bzw. Repräsentationsversuche von Devianz in der Regel nicht. Sowohl strafjustizielle Praxisformen wie auch in der Bevölkerung vorherrschende Einstellungen zu „Kriminalität" und „Kriminellen" belegen die Diversität:

Kury und Obergfell-Fuchs (2006) führen in einer kritischen Analyse der Punitivitätsthese aus, wie heterogen die *Praxis der Strafverfolgung* in Deutschland ausgeprägt ist. Auch hierzulande stiegen in den vergangenen Jahren die Inhaftierungsraten. Es gibt unterschiedliche Entwicklungen im Bereich kurzer und langer Strafzeiten, gleichwohl kommt es insgesamt zu einer steigenden Zahl an Inhaftierten in deutschen Gefängnissen. Insbesondere Gewalt- und Sexualtäter werden härter bestraft als früher. Die Zunahme der Inhaftierten kann zudem insbesondere durch eine verstärkte Inhaftierung von Nichtdeutschen erklärt werden: „Waren 1973 etwa 43 Personen pro 100 000 ausländischer Wohnbevölkerung inhaftiert, betrug die Zahl 1999 nicht weniger als 197, was knapp einer Verfünffachung des Anteils entspricht. In den vergangenen Jahren ergab sich wieder ein leichter Rückgang allerdings auf sehr hohem Niveau" (ebd., 1036).

Mit Blick auf den Jugendstrafvollzug muss ebenfalls differenziert werden. Oben wurde auf punitive Tendenzen hingewiesen, die sich in wachsenden Inhaftierungsraten und in selektiven und investiven Praxen und Programmatiken der Strafverfolgung niederschlagen. Mit Dünkel (2006) ist aber zu ergänzen, dass sich bei niedrigeren Inhaftierungsraten in West- gegenüber Ostdeutschland erhebliche Unterschiede zwischen den einzelnen Bundesländern ergeben. In Ostdeutschland sei dabei nicht ein generell restriktiver Umgang mit Tätern zu bemerken, sondern „die Justiz in Ostdeutschland baut den erhöhten Kriminalitätsanfall durch eine extensivere Diversionspraxis auf ein den alten Bundesländern vergleichbares Maß ab" (ebd., 554). Sie zeige jedoch, zumindest in Mecklenburg-Vorpommern, eine restriktivere Praxis im Umgang mit Entlassungen und setze überdurchschnittlich oft auf eine kurze Inhaftierung Jugendlicher mit Strafzeiten ohne Bewährung von unter einem Jahr. Insgesamt verbleibe als Erklärung für die vergleichsweise hohe Inhaftierungsneigung im Osten Deutschlands neben dem restriktiveren Umgang mit Entlassungen eine vermehrte Inhaftierung von Gewalttätern. Hierbei ist zu beachten, dass Gewalttaten häufiger angezeigt werden als früher (vgl. Heinz 2006, 35), so dass auch hier Einstellungen und Kriminalitätsbilder zum Tragen kommen. Sie führen zu einer verstärkten Inhaftierung nichtdeutscher Jugendlicher – mit Blick auf die Altersstruktur müsste es angemessen heißen: junger Erwachsener (vgl. Dünkel 2006, 561). Man könnte noch weiter differenzieren und z.B. Diversionspraxen, das Verhältnis ambulanter Maßnahmen zu Arrestierungen bzw. Inhaftierungen oder folgenlosen Verfahrenseinstellungen, die Beziehung von Untersuchungs- zu Strafhaft und Weiteres in den Blick nehmen (vgl. im Überblick Dollinger/Schmidt-Semisch 2010; Dünkel 2006; Heinz 2006; Walter 2005). Aber bereits durch die angeführten Beispiele wird deutlich, dass eine Spezifizierung notwendig ist (vgl. im Überblick Kury u.a. 2004; Kury/Obergfell-Fuchs 2006). Punitivität wächst, aber nicht deliktunabhängig und nicht mit Blick auf alle Interventionsmöglichkeiten und Tätergruppen. Insofern Einstellungen zu Delinquenz hierbei eine zentrale Rolle spielen, ist es erforderlich, sie genauer zu betrachten.

In Bezug auf *Einstellungen in der Bevölkerung* ist die Punitivitätsthese gleichfalls nicht falsch, aber überkomplex. Zwar existieren empirische Befunde, die auf wachsende straforientierte Neigungen hinweisen, aber sie werden in erheblichem Maße durch die Art und Weise der Fragestellung beeinflusst. Je konkreter Fälle spezifiziert werden, desto differenzierter und weniger punitiv fallen die Interventionsforderungen von Befragten aus (vgl. Kury/Obergfell-Fuchs 2006, 1039; Lamnek 2008, 363f). Somit steht den zahlreichen empirischen Befunden in diesem Forschungsbereich (vgl. im Überblick BMI/BMJ 2006, 485ff.; Boers/Kurz 1997; Ditton/Farrall 2000; Kury 2008; Kury/Ferdinand 2008; Schwind 2007, 406ff; Sessar u.a. 2004; s.a. Hirtenlehner 2006; Hirtenlehner/Karazman-Morawetz 2004; Lee 2001; Reuband 2007a) eine ernüchternde Erkenntnis gegenüber: Statistische Erhebungen tendieren in ihrem Fokus auf abstrakte Gefährdungslagen zu einer Überschätzung von Punitivität und mit ihr assoziierter Kriminalitätsfurcht (vgl. Kury/Obergfell-Fuchs 2008, 80).[51] Forschungsdesigns, in denen allgemein nach Gefährdungswahrnehmungen und Einstellungen zum Umgang mit Kriminalität gefragt wird, müssen in Rechnung stellen, dass sie möglicherweise „nur zufallsbedingte ‚Stimmungen'" (Kury u.a. 2004, 58) erschließen. Auf einer abstrakten Ebene können sich massenmedial verbreitete Stimmungslagen und Meinungsbilder auswirken, während im Bezug auf konkrete Formen von Kriminalität und persönlich direkt wahrgenommene Bedrohungen ganz andere Einstellungen vorherrschen.

Reuband (2004) kommt auf der Grundlage eines Vergleichs von Einschätzungen verschiedener Delikten im Zeitverlauf zu dem Ergebnis, dass sich erhebliche und z.T. konträre Befunde ergeben, wenn einzelne Deliktbereiche unterschieden werden. Er fasst deshalb zusammen: „Das Strafverlangen der Bevölkerung wächst weder kontinuierlich noch auf breiter Front" (ebd., 89). Auch in einer neueren Studie zeigt er die Vielschichtigkeit des Deutungskomplexes „Punitivität" (vgl. Reuband 2010). In einem Vergleich von Einstellungen zu jugendlichen Straftätern in fünf Hauptstädten deutscher Bundesländer rekonstruiert er, dass nach Deliktart, Merkmalen des Täters, sozialem Profil der Befragten, ihrem Geschlecht, Alter und ihrer „Strafphilosophie", also ihrer allgemeinen Einstellung zum Umgang mit Kriminalität, zu unterscheiden ist. Dabei zeigen sich mitunter paradoxe Befunde, da etwa weibliche Befragte mit Blick auf Haschischkonsum vergleichbare Strafneigungen wie Männer zeigen, bei diesem „opferlosen Delikt" allerdings Motiven der Hilfe hohe Relevanz zukommt. Es könne deshalb, so Reuband, die Intention vorherrschen, durch rechtzeitige *kriminalpolitische* Interventionen den Betreffenden *Hilfe* zukommen zu lassen. Dies zeigt exemplarisch, wie vielschichtig die Annahme einer wachsenden Punitivität ist. Bedenken gegenüber einer in der Bevölkerung gegebenen hohen bzw. steigenden

---

[51] Ein Zusammenhang von Kriminalitätsfurcht und Punitivität wird häufig unterstellt. Allerdings ist er nicht immer nachweisbar oder stark ausgeprägt (vgl. Kury/Obergfell-Fuchs 2006, 1025). Wie Reuband (2010, 527) anmerkt, dürfte der Zusammenhang nicht statisch sein, sondern durch politische und massenmediale Thematisierungen (mit-) bestimmt werden.

Straflust werden noch weiter befördert, wenn mit Reuband (2010) die hohe Abhängigkeit von Forschungsbefunden zu Punitivität von der methodischen Anlage einzelner Studien berücksichtigt wird, da die oftmals eingesetzten schriftlichen, anonymen Erhebungen eher punitive Befunde generieren als direkte, mündliche Interviews. Man kommt deshalb nicht umhin, mit Klimke (2008, 98) nicht nur von „einer Reihe schwerwiegender methodischer und theoretischer Mängel" der Erforschung von Kriminalitätsfurcht auszugehen, sondern eingestehen zu müssen, dass unklar bleibt, „was mit der Kriminalitätsfurcht eigentlich gemessen wird." Diese Aussage zu Kriminalitätsfurcht kann auf Punitivität übertragen werden, da die Komplexität und methodische Problematik der beiden Forschungsbereiche als „analog" (Kury u.a. 2004, 56) zu betrachten ist.

Bei zusammenfassender Betrachtung kommen Kury und Obergfell-Fuchs (2006) zu der Aussage, dass es nicht möglich ist, von einer insgesamt gestiegenen Punitivität auszugehen. Punitivität gebe ein sehr facettenreiches, heterogenes Spektrum an Haltungen und Maßnahmen wieder, die nicht auf einen einheitlichen Nenner gebracht werden können. „Vor diesem Hintergrund verwundert es nicht, dass die Ergebnisse der Punitivitätsforschung widersprüchlich sind" (ebd., 1039).[52] Einstellungen zum Umgang mit Kriminalität in der Bevölkerung seien sehr komplex und schwer zu messen, während auf der Ebene strafjustizieller Interventionen eine gewachsene Inhaftierungsneigung mit Blick auf die vermehrte Verhängung relativ langer Freiheitsstrafen, auf einen repressiveren Umgang mit Gewalt- und Sexualstraftätern und eine steigende Inhaftierung von Nichtdeutschen unzweideutig zu bemerken ist.

Gültigkeit beanspruchen kann nach wie vor, was oben als punitive Tendenz und als Konditionalisierung einer investiven Unterstützungsbereitschaft ausgeführt wurde: Auf der Ebene von sozial- und kriminalpolitischen Rechtsänderungen und Programmatiken zeigen sich Aktivierungspolitiken, die die Art und Weise, wie Devianz kodiert und behandelt wird, prägen und verschieben. Wachsende Punitivität und eine zunehmende Bereitschaft, soziale Auffälligkeit mit negativen Sanktionen zu beantworten, sind zu konstatieren.[53] Allerdings resultiert bei einer Gesamtbetrachtung, die weitergehend auf punitive Haltungen in der Bevöl-

---

[52] Vgl. hierzu auch die Kontroverse im Kriminologischen Journal (2009) um einen „punitive turn".
[53] Bestätigung ergibt sich aus der oben nicht im Einzelnen aufgeführten Ebene materieller strafrechtlicher Bestimmungen. Wie Neubacher (2006, 858f) ausführt, brachten „die Änderungsgesetze seit 1992 durchgehend eine Anhebung der Strafrahmen mit sich, und zwar für nicht weniger als 40 Delikte" (vgl. hierzu differenzierend, aber zustimmend Peters 2009, 175f). Eine Vorreiterrolle wird diesbezüglich dem Umgang mit Sexualdelikten zugeschrieben.

kerung und auf den breiten strafjustiziellen Umgang mit (jugendlichen und jungen Erwachsenen) „Straftätern" abstellt, ein differenziertes Bild.

Wird dies nicht bedacht, so besteht die Gefahr, dass Ausführungen zu insgesamt hoher Punitivität nicht den zu respektierenden Spezifika gerecht werden, die sich etwa in einer wachsenden Strafneigung insbesondere gegenüber – in sich sehr heterogenen – nichtdeutschen Personengruppen zeigen. Diese Notwendigkeit der Differenzierung ist auch international zu bedenken. So erschließt Western (2006), wie erwähnt, dass v.a. relativ junge, männliche Afroamerikaner mit geringem Bildungsniveau die primären Leidtragenden der Inhaftierungsexpansion in den USA sind. Afroamerikaner mit Collegeerfahrung zeigen im Vergleich demgegenüber sogar eine leicht gesunkene Betroffenheit von Inhaftierungen. Man muss also unterscheiden und spezielle Bedeutungen in den Blick nehmen. Devianz, die z.B. einer „Unterschicht" attestiert wird, kann gänzlich anders bewertet werden als Regelverstöße anderer Milieus (vgl. Chambliss, in Sack 2007, 191). Punitivität, so lässt sich folgern, flottiert nicht frei durch kulturelle Zusammenhänge und kriminalpolitische Diskurse, sondern sie macht sich in Abhängigkeit von hegemonialisierten Bedeutungsjustierungen an bestimmten Delikten und Personen fest und konfrontiert die Betroffenen mit einer hohen Wahrscheinlichkeit langfristigen sozialen Ausschlusses.

Was oben bereits angemerkt wurde, zeigt sich im Kontext der Feststellung kriminalpolitischer Punitivität erneut: Der „Bedeutungsknoten" (Kunz 2008, 87) „Kriminalität" lässt einfache Schlussfolgerungen nicht zu. Er leistet kontrafaktische Homogenisierungen, d.h. er überdeckt und negiert widersprüchliche, vielschichtige Diskurse der Kriminalisierung. Entscheidende Elemente der neueren Kontrollarrangements sind repressiv und ausgrenzend, „but these elements continue to braid together with more reintegrative efforts at correction and reform" (Hutchinson 2006, 459). Auch wenn letztere veränderte Funktionen erhalten, bestehen sie in gewisser Weise fort und verdeutlichen inkonsistente Muster der Behandlung von Kriminalität. Professionellen Akteuren eröffnet dies Optionen, an resozialisierenden Zielen festzuhalten (vgl. Dollinger 2008b; Donohue/Moore 2009; Ward/Kupchik 2009).[54] In der Folge zeigen sich im Umgang mit Jugendkriminalität, wie Muncie (2005) in einer internationalen Analyse rekonstruiert, fortbestehende und z.T. sogar erweiterte Optionen, integrative Interventionsformen zu etablieren. Er spricht von „reinventions of the social" und resümiert:

---

[54] Hierzu auch Prätorius (2009), der für die USA ein Wiedererstarken des Rehabilitationsideals schildert. Es zeige sich aber weniger eine Rückkehr zu sozialtheoretischen Ätiologien als eine Vermengung rehabilitativer Orientierungen mit religiösen, z.T. fundamentalistischen Missionierungsbestrebungen.

„Rather than an inexorable global conquest of American-inspired neo-liberal rationalities and technologies, this analysis of juvenile/youth justice gives weight to a succession of local encounters of complicity and resistance. (…) Youth/juvenile justice, as one element of penal policy, remains stubbornly local and contingent" (ebd., 55).

Er konstatiert einerseits einen deutlichen Trend in Richtung Punitivität, ausgehend vom Modellfall der USA. Andererseits bleiben kulturelle Traditionen und Besonderheiten seiner Analyse gemäß wirksam. Der groß angelegte, internationale Impuls zu verstärkter Repression im Umgang mit Delinquenz „can be challenged, reworked, adapted or resisted at the local level" (Muncie 2008, 117). Kriminalitätswissen, das diese Widersprüchlichkeit und mindestens tendenzielle Offenheit einer nur vermeintlich einheitlichen Punitivitätslogik nicht bedenkt, steht in der Gefahr, Punitivität zu legitimieren, da eine entsprechende gesellschaftliche Wirklichkeit simuliert wird. Bei abstrakten Fragen zu Strafneigungen werden in Erhebungen vorrangig subjektiv vermutete allgemeine Stimmungslagen wiedergegeben. Auf Kontingenzausschluss abzielende Kriminalitätsdiskurse werden dadurch gestützt, Punitivität wird zum zirkulären Prozess: Sie wird kriminalpolitisch und massenmedial inszeniert, öffentlich rezipiert und in der Forschung reproduziert, so dass sich kriminalpolitische Akteure auf eine in der Bevölkerung vermeintlich gegebene Erwartung, „hart durchzugreifen", beziehen können. Hogeveen (2005) bezeichnet dies als eine „new ethic of punishment" im Umgang mit Delinquenz, durch die Jugendkriminalität als Bedrohung der gesellschaftlichen Ordnung repräsentiert werde. Entsprechende Stereotypisierungen finden allgemeine Verbreitung, legitimiert durch in Massenmedien dargestellte Viktimisierungsgeschichten, die geeignet sein können, Wünsche nach Vergeltung zu fördern – zumal „all media forms focus overwhelmingly on violent or sexual offences" (Greer 2005, 159). Die regelhafte Überrepräsentation gewaltbezogener Delikte in Massenmedien (vgl. Schwind 2007, 283ff) kann zur Verankerung von Deutungsmustern in der Bevölkerung führen, denen gemäß Jugendkriminalität vorrangig als bedrohlich erlebte Gewalttätigkeit interpretiert wird, so dass politische Akteure Strategien des „getting tough on crime" wirkmächtig einbringen können.

Im Kontext der Erforschung von Kriminalitätsfurcht wird vor diesem Hintergrund eine „Generalisierungsthese" (Hirtenlehner 2006, 309) verfolgt. Ihr gemäß zeige sich aufgrund von Prozessen der Globalisierung, Individualisierung, sozialen Segregation, der wachsenden Mobilität u.a.m. (vgl. Sessar u.a. 2004, 6ff) eine zunehmende allgemeine Unsicherheit. Politischen Akteuren biete sie die Möglichkeit, sich zumindest bei der Bekämpfung von Kriminalität als handlungsmächtig darzustellen, und sei es nur im Rahmen inszenierungsmächtiger

Politiken der Strafverschärfung. Eine Verschiebung allgemeiner Ängste auf Kriminalitätsfurcht biete somit die Gelegenheit, eine mehr oder weniger konkrete Projektionsfläche für tiefgehende Verunsicherungen anbieten zu können. „Sicherheit" werde in der Folge vorrangig als Sicherheit vor Kriminalität definiert, aber kaum noch als politisch einzulösender Schutz etwa vor Armut verstanden, die wesentlich schwieriger zu bearbeiten sei und eine Veränderung gesellschaftlicher Ressourcenverteilungen notwendig mache. Kriminalitätsfurcht übernehme „die Funktion eines Katalysators für soziale Zukunfts- und Existenzängste" (Singelnstein/Stolle 2008, 38), so dass immer unrealistischere Erwartungen an die politische Herstellung von Sicherheit geschürt würden, die wiederum eine als Kriminalisierung kodierte Politik der Unsicherheitsreduktion bestärkten. Das Strafrecht trete in diesem Prozess als „Kriminalitätsfurcht-Placebo" (Streng 2007, 88) in Erscheinung, während gleichzeitig Maßnahmen zur Reduktion sozialer Ungleichheit und Benachteiligung zugunsten einer punitiven Logik der Vergeltung aufgegeben würden, wofür exemplarisch die US-amerikanische Transformation des „War on Poverty to the War on Crime" (Beckett/Sasson 2000, 51ff; s.a. Simon 2007) dienen kann.

Tendenzen in diese Richtung sind ohne Zweifel anzuerkennen (zu instruktiven Nachweisen für die USA vgl. Wacquant 1997; 2009). Aber zumindest eine umfassende Generalisierung kann in Deutschland nicht angenommen werden; etwa im Rahmen der Kriminalitätsfurchtforschung wird bekundet, dass Befragte „zwischen Kriminalitäts- und anderen sozialen Problemen in der Regel gut zu unterscheiden" (Boers/Kurz 1997, 246) in der Lage sind. Der Befund ist unmittelbar plausibel, da aus der Generalisierungsthese, so sie konsequent zu Ende gedacht wird, zu folgern ist, Befragte gingen davon aus, durch polizeiliches Handeln sei wirksam gegen Unsicherheit insgesamt vorzugehen (vgl. entsprechend Sessar u.a. 2004, 89f). Dies müsste Arbeitslosigkeit und Armut einschließen, was eine absurde Folgerung darstellt, da Strafverfolgung offenkundig für die Gesamtbevölkerung weder Arbeitsplätze noch materielle Besserstellungen zu generieren vermag. Demnach sind Zusammenhänge im Sinne der Generalisierungsthese vor allem und lediglich auf der Ebene abstrakter Fragestellungen und der Reproduktion subjektiv vermuteter öffentlicher Stimmungslagen zutreffend. Für Forschungen zu Kriminalitätsfurcht und Punitivität, die nicht im oben genannten Sinne konkret und spezifisch angelegt sind, ist die Konsequenz zu ziehen, dass sie kriminalpolitisch leicht instrumentalisiert werden können, da sie ein hohes öffentliches Punitivitätsniveau simulieren, das kriminalpolitische Punitivität (zusätzlich) nahe legen kann.

Diese Befunde verdeutlichen, wie wichtig es ist, hegemoniale Repräsentationsversuche von Kriminalität nicht vorschnell zu wiederholen. Es sind die sie unterlaufenden Diskurse und Widersprüche zu bedenken, denn erst durch sie

160

zeigt sich, dass Kriminalisierung prinzipiell und auch in den aktuell an Relevanz gewinnenden punitiven Formen nicht konsistent ist, sondern Aporien und Fissuren beinhaltet. Hannah-Moffat (2005, 42) spricht deshalb von einem „mixed hybrid model of penal government", in dem unterschiedliche und kontradiktorische Interventionsformen kombiniert werden. Dies muss besonders betont werden, da selbst in wissenschaftlichen Diskurszusammenhängen die Gefahr gegeben ist, kriminalpolitische Homogenisierungen zu reproduzieren und eine scheinbar geordnete Welt der Kriminalität und der Kriminalitätsbekämpfung widerzuspiegeln. „Realitäten" der Kriminalität werden allerdings permanent auf sehr unterschiedliche Art und Weise erzeugt und jede dieser konstitutiven Sprachpraxen zeigt Besonderheiten – und auch charakteristische Ausschlüsse von Deutungsmöglichkeiten, die sie als „Realität" zu unterminieren drohen. Dies soll im Folgenden verdeutlicht werden.

4.3 „Criminality Work", Organisation und Prävention

Die Erforschung von Kriminalität ist in Auseinandersetzungen um „legitime" Kriminalitätsdeutungen einbezogen. Sie kann notwendige Differenzierungen ernst nehmen, muss es aber nicht. Sie kann „Jugendkriminalität" als scheinbar problemlose Klassifikation sozialer Wirklichkeit in Anspruch nehmen, aber sie kann dies auch unterlassen und stattdessen durch reflexive Analysen ihre Eigenbeteiligung an der Herstellung von „Kriminalitätswirklichkeiten" aufarbeiten. Während man mit guten Gründen auf eine Verpflichtung der Wissenschaft zu Reflexivität aufmerksam machen kann (vgl. Cremer-Schäfer/Steinert 1998, 243), zeigt die verbreitete Art und Weise des wissenschaftlichen – selbst und insbesondere des *sozial*wissenschaftlichen – Umgangs mit Delinquenz etwas anderes: Es wird eine Strategie der Essentialisierung verfolgt. Statt von „Kriminalität" oder „Devianz" wird von „Risikoverhalten" oder „antisozialem Verhalten" gesprochen, womit die Werthaftigkeit dieser Bezeichnungen tendenziell unterschlagen wird. Es werden allgemeine Risiken für die handelnde Person und/oder die Allgemeinheit unterstellt, so dass es scheinbar keiner besonderen Überlegung bedarf, ob mit derartigen Begrifflichkeiten nicht klärungsbedürftige Bewertungen verbunden sind und vorschnelle Legitimationen von Interventionen bereitgestellt werden. „Allerdings", so ist gegen diese Tendenz vorzubringen, „sind Risikodiskurse Diskurse über abweichendes Verhalten, in denen die Normativität über vermeintlich rationale Kalküle und individualisierte Verantwortungszuschreibung unsichtbar gemacht wird" (Groenemeyer 2008, 83).

Eine an Jugendkriminalität als fragmentierte Symbolisierung ansetzende Perspektive muss anerkennen, dass Signifikanten – wie eben „Jugendkriminalität" – ausschließlich als problematisierende Artikulationen existieren. Sie sind deshalb nicht weniger „real" als anderes, aber man muss die kontingente Grundlage der entsprechenden Bezeichnungen bedenken. Jugendkriminalität besteht lediglich als stets wiederholte und in diesen Wiederholungen sich verschiebende und neu orientierende Bedeutung. Sie wird „realitätswirksam", da sie thematisiert wird, und paradoxerweise, so wurde oben festgehalten (s. Kap. 3.3), kann sie ihre Bedeutung nicht dauerhaft fixieren. Kriminalität verschiebt permanent ihren „Sinn".

Mit Hilfe des problemsoziologischen Ansatzes der „social problems work" kann dies verdeutlicht werden.[55] Er geht von einer kulturorientierten Grundlage aus, denn: „Social problems work and culture are inextricably linked through the ways cultural representations and understandings are interpretively applied to concrete people, events, and situations" (Holstein/Miller 1997, XIV). Problemarbeit – man kann hier von „Kriminalitätsarbeit" sprechen – besteht in der Anwendung von kulturellen Kodes, die ein Ereignis in spezifischer Qualität auszeichnen. Sie wird von den beteiligten Akteuren, seien dies Wissenschaftler, praktische Sozialpädagogen, Psychologen, Juristen oder andere, immer wieder neu hervorgebracht und durch ihre Artikulationspraxis modifiziert. Der Ansatz der „social problems work" geht von heterogenen Akteuren einer Problemkonstitution aus, die eine hybride „Wirklichkeit" der betrachteten Probleme vergegenwärtigt. Kriminalität „ist" eine als Kriminalitätsarbeit zu verstehende Kriminalisierung durch Instanzen, die den „Sinn" von Kriminalität jeweils in ihrer Perspektive verstehbar machen, und so gibt es nicht eine einzelne, sondern „competing, intertwining, or conflicting interpretations" (ebd., XIII).

Fokussiert werden institutionelle Akteure, etwa Polizisten oder Sozialarbeiter, deren Problematisierungspraxis auf organisationale Einbettungen bezogen wird (vgl. Schmidt 2007, 30). Dies bedarf einer Erklärung. Wenn nicht einkalkuliert wird, dass Organisationen ihrerseits durch entsprechende Problematisierungspraxen mitkonstituiert werden, wird hierdurch eine funktionalistische Ausgangslage eingenommen, die Organisationen als starre, regelfixierte Bestimmung der Handlungen ihrer Mitglieder interpretiert (vgl. im Überblick Biermann u.a. 2004, 313ff; Merchel 2005; Miebach 2007, Preisendörfer 2008). Demgegenüber ist die Frage der Reproduktion von Organisationen hervorzuheben, denn sie

---

[55] Eine nähere Auseinandersetzung mit der Herkunft aus der gemäßigt konstruktivistischen Problemsoziologie kann an dieser Stelle unterbleiben. Den möglicherweise nie endenden Diskussionen um eine „konstruktivistische" und/oder „objektivistische" Soziologie sozialer Probleme soll hier keine weitere Darstellung hinzugefügt werden. Es sei auf die Ausführungen in Albrecht (1990), Peters (2000) und Schetsche (1996; 2008) verwiesen. Dass mit dem hier als Ausgangspunkt verwendeten, dem Poststrukturalismus nahe stehenden Kulturbegriff eine objektivistische Annäherung ausgeschlossen ist, müsste deutlich geworden sein.

werden in einem Prozess der „Befolgung und Verletzung (des bestehenden) Regelwerks täglich neu kreiert" (Ortmann, zit.n. Kessl 2005, 221). Organisationen sind nicht Strukturen in einer Umwelt, auf die sie mit ihrem „Wesen" reagieren, sondern sie bestehen aus vielfältigen Prozessen, deren Verhältnis zueinander inkonsistent sein kann. Entscheidend ist der „dynamische Aspekt institutioneller und organisationeller Gebilde, die im Spannungsfeld zwischen dem Geordneten und dem Ungeordneten, dem Geplanten und dem Ungeplanten, dem Geschlossenen und dem Offenen oszillieren" (Kneer 2008, 128). Stabilitäten bleiben vorübergehend; Organisationen sind immer mindestens z.t. unkontrolliert und ungeregelt, es bedarf dauernder „Arbeit an der Fest-Stellung von Bedeutungen (…). Organisation ist das organisierte Ringen um die Absorption von Unsicherheit und Mehrdeutigkeit" (Ortmann 2008, 16). Sie repräsentiert nicht ein strukturiertes Gefüge, sondern ihre kulturellen Grundlagen und Prozessformen – im Sinne einer „Organisationskultur" (Dülfer 1991; Miebach 2007, 50ff) – erlauben lediglich Strukturierungen, die „permanent neu verhandelt, festgelegt und modifiziert (werden; B.D.). Sie sind somit Anlass für ständige Aushandlungen um die richtigen Definitionen und Anlass für distinktive Kämpfe um Ortsbestimmungen im sozialen Raumgefüge der Organisationskultur" (Cloos 2008, 297).

Im hier betrachteten Fall werden Kriminalität bearbeitende Organisationen durch Bedeutungszuweisungen von „Kriminalität" und „Kriminellen" geprägt. Organisationen fungieren als Kontexte einer entsprechenden Problemarbeit, wobei sie durch diese Arbeit selbst neu justiert und verändert werden. Problematisierungen können durch organisationale Stile oder Deutungsvorgaben zwar tendenziell „geglättet" werden; sie orientieren und ordnen die prinzipiell zahlreichen Interpretationsmöglichkeiten von Ereignissen, indem sie diese als „Kriminalität" festschreiben und entsprechende Personenzuweisungen – vorrangig als „Täter" oder „Opfer" – auf Dauer zu stellen suchen. Dadurch produzieren sie Kriminalitätslogiken, allerdings verbleibt dies gemäß dem fragmentierten Charakter von Symbolisierungen der Kriminalität brüchig. Es gibt nicht „die" Kriminalisierung Jugendlicher, sondern entsprechende Labels müssen immer wieder mit komplexen Geschichten und Ereignissen zusammengebracht werden. Organisationen müssen demnach „lernfähig" sein – dies allerdings nicht in dem meist unterstellten Sinne, dass sie sich an veränderten Umweltbedingungen, Effizienzpostulaten oder Eigensinnigkeiten von Adressaten auszurichten haben. Sie müssen vielmehr lernen und in der Lage sein, Widersprüche und Inkonsistenzen zu integrieren und sich nach Verschiebungen hegemonialisierter Bedeutungszuweisungen zu richten. Als Geflechte von Artikulationspraxen können Organisationen sich an unterschiedlichen Anforderungen orientieren und selbst widersprüchliche Formen von Problemarbeit leisten, z.B. durch die gleichzeitige oder auch wechselweise betonte Bearbeitung von Jugendkriminalität anhand der Modi

„Erziehung" und/oder/als „Strafe" im Rahmen von Jugendstrafvollzugsanstalten.[56] Organisationen sind nicht in sich widerspruchsfrei, sondern es handelt sich „um relationale Gefüge, die zahlreiche heterogene Komponenten miteinander verbinden" (Kneer 2008, 129).

Organisationen können folglich nicht eindeutig regeln, wie mit Kriminalität umzugehen ist. Die von ihnen geleistete Kriminalitätsarbeit bedeutet nicht, dass durch den Einsatz organisational vorgegebener Labels „Kriminelle" nach festen Regeln etikettiert werden. Jugendkriminalität bleibt unkontrolliert, auch im Rahmen ihrer organisationalen Bearbeitung, denn Organisationen können keine Regeln fixieren, durch deren Befolgung der ereignishafte Charakter von Jugendkriminalität ruhig gestellt und die Komplexität der betreffenden Ereignisse endgültig aufgehoben werden könnte. Organisationale Regeln existieren natürlich, sie determinieren Interpretationen jedoch nicht. Regeln bleiben „mehr oder minder unbestimmt" (Ortmann 2008, 148); sie erlangen Gültigkeit nur in der konkreten Anwendung, womit sie in ihrem Abstraktionsgrad vermindert, mit Ereignissen assoziiert und dadurch verschoben werden. Deshalb werden Regeln in ihrer Anwendung miterzeugt (ebd., 149). In den Worten Kneers (2008, 130):

> „Die Anwendung der Regel erfolgt in situ, also unter Berücksichtigung der situativen und kontextuellen Umstände. Die Kontexte sind jedoch prinzipiell unbegrenzt; jedenfalls kann keine Regel vorab alle Einzelheiten ihrer kontextspezifischen Anwendung reglementieren."

Genau deshalb ist „Arbeit" nötig und der Fokus auf „Kriminalitätsarbeit" wird besonders plausibel, denn trotz einer organisationalen Einbindung – und gerade durch sie, wenn der skizzierte Organisationsbegriff anerkannt wird – ist der Umgang mit Kriminalität mühevoll. Es erfordert unermüdliche Anstrengungen, Ereignisse immer wieder so zu repräsentieren, dass ihnen das Label „Jugendkriminalität" angeheftet werden kann. Wie Holstein und Miller (1997, IX) bemerken, ist Problemarbeit eine permanente, sprachlich begründete „interpretive acti-

---

[56] Gehen wir etwa von dem beschriebenen Trend einer wachsenden Punitivität aus, so widerspricht er offenkundig der noch in den 1970er und 1980er Jahren dominierenden Sicht, Jugendkriminalität sei durch Resozialisierung und Ressourcenzuweisungen adäquat zu bearbeiten. Die Institutionen und Organisationen, die dieser Logik verpflichtet waren, lösten sich aber im Zuge der punitiveren Rekodierung von Jugendkriminalität nicht auf, sondern sie passten sich an. Etwa in der Sozialen Arbeit wurden „härtere" Maßnahmen favorisiert und es kam zu Appellationen einer „Konfrontativen Pädagogik", die unter Distanzierung von einer vermeintlichen „Kuschelpädagogik" vorrangig auf Disziplinierung und Bestrafung Wert legt (vgl. hierzu Plewig 2007/2008; Ziegler 2005). Resozialisierende Maßnahmen werden zwar weiter verfolgt, allerdings kann, falls sie nicht erfolgreich oder erfolgversprechend sind, umgestellt werden; „one can revert to other, more effective means, such as close supervision or prison custody" (Garland 2001a, 176).

vity". Sie wird von unterschiedlichen Akteuren geleistet, die in ihrer Praxis der Problematisierung die Vielschichtigkeit des Symbols „Kriminalität" in ihrem Sinne auszulegen suchen, indem sie gemäß ihrer Sicht adäquate Theoretisierungen und Interpretationsleistungen vornehmen. Sie beziehen Kriminalitätsdiskurse auf lokale Praktiken und ermöglichen an ihnen orientierte, kontextualisierte Erfahrungen (vgl. Holstein/Miller 2003, 75).

Ebenso wie Kriminalitätsdiskurse heterogen ausgebildet sind, ist auch die durch verschiedenste Akteure geleistete Kriminalitätsarbeit heterogen. Sie führt nur dann zu einem (vermeintlich) einheitlichen Bild „der" Kriminalitätswirklichkeit, wenn der enorme Interpretationsaufwand unkenntlich gemacht werden kann, der notwendig ist, um tatsächlich von „Jugendkriminalität" sprechen zu können (zu empirischen Beispielen der Problemarbeit vgl. Miller/Holstein 1997; s.a. Holstein 1992). Man könnte eine Vielzahl von Strategien und Techniken anführen, durch welche die Kontingenz organisational eingebundener Kriminalisierung negiert wird.[57] Um sich ihnen anzunähern, bedarf es empirischer, insbesondere ethnographisch angeleiteter Rekonstruktionen. Beispielhaft wäre zunächst Zwangsausübung anzuführen. Sie spielt eine besonders große Rolle, da kriminalisierte Jugendliche bei entsprechender kriminalpolitischer Punitivität schlicht weggesperrt werden können (und werden). Ihre Kriminalität wird damit festgeschrieben und Möglichkeiten, ihr Handeln anders zu deuten, werden ausgeblendet – aber sie treten doch wieder auf: Jugendkriminalität erfordert aus kriminalpolitischer Sicht „Erziehung", so dass bloßer Zwang zumindest in den meisten Fällen unzureichend bleibt. Selbst wenn durch das strafrechtlich implementierte Erziehungsverständnis Jugendliche gemäß § 2 Abs. 1 JGG vorrangig lediglich Legalbewährung erreichen sollen, fordert der Erziehungsgedanke ein mindestens tentatives Einlassen auf Subjektivität. Bloße Repression erscheint gegenüber der personalen, spezialpräventiven Orientierung des JGG kontraproduktiv; im Rahmen kriminalpolitischer Diskurse weisen insbesondere wissenschaftliche Akteure auf diesen Punkt hin. Repression gilt als wenig erfolgreich, um Rückfälle zu vermeiden (vgl. etwa Heinz 2008). Die im Gegenzug eingeforderten anderen Interventionsstrategien machen, wie die oben angeführte Maxime der „Aktivierung" verdeutlicht, einen mindestens rudimentären Anschluss an die Subjektivität von „Tätern" notwendig. Sie müssen in ihrer Individualität kommunikativ adressiert werden, so dass andere Strategien nötig werden als bloße Zwangsausübung. Problemarbeit erweist sich als Prozess eines „producing conc-

---

[57] Instruktiv sind in diesem Zusammenhang konversationsanalytisch rekonstruierte Prozesse und Adressierungen, durch die Klienten z.B. Sozialer Arbeit institutionell-organisational produziert werden (vgl. Messmer/Hitzler 2007). Die nachfolgend angeführten Aspekte verweisen ergänzend zu diesen Mikro-Operationen auf umfassendere Strategien, die Kriminalisierung plausibel machen (sollen).

rete cases" (Holstein/Miller 2003, 74): Kategorisierungen von „Kriminellen" müssen mit deren individuellen Lebensgeschichten assoziiert werden, womit auf Komplexität eingegangen werden muss. Kriminalisierung ist auch hier nicht lediglich die Anwendung einer gegebenen Regel, sondern eine Regel wird situativ wirksam, indem Kriminalisierung auf einzelne Personen bezogen und dadurch auf spezifische Weise plausibel gemacht wird. Selbst in der totalen Institution Jugendstrafvollzug sind die Jugendlichen dabei nicht nur Objekt der Behandlung, sondern sie ringen um die (Wieder-) Erlangung von Autonomie (vgl. Apelt 2008, 376f). Ohne dass sie gelingen könnte, werden in diesem agonalen Prozess heterogene Formen von Subjektivität konstituiert; Kriminalisierung und Subjektivierung verwickeln sich ineinander (s. Kap. 5.2).

Gemäß der Perspektive der Problemarbeit ist dies auf die Seite der Organisationen zu beziehen. In ihrem Rahmen wird eine Reihe von Maßnahmen eingesetzt, durch die diese Verwicklungen realisiert und erfolgreich ausgestaltet werden sollen; so ist etwa auf organisationsinterne Abstimmungen und Teamgespräche hinzuweisen, durch die Bestärkungen einer gemeinsamen Problemsicht etabliert werden sollen; zu denken ist ferner an Kooperationen, durch die versucht wird, Problemdeutungen interorganisational abzugleichen u.a.m. Aber diese Unternehmungen bleiben vergeblich, wenn durch sie konsistente Realitäten erzeugt werden sollen: Organisationsinterne Kommunikationen zeigen sich lediglich als „Inszenierung von Gemeinsamkeit" (Cloos 2008; Hervorhebung B.D.) und Kooperationen bezeugen einen „Mythos" (Santen/Seckinger 2003), der mehr beschworen wird als eine im intendierten Sinne erfolgreiche Praxis abzubilden. Diese (und andere) Anstrengungen verweisen letztlich auf nur mehr oder weniger erfolgreiche Versuche, das ereignishafte Spiel der Bezeichnungen zu beruhigen und konsistente Umgangsregeln zu finden, wo diese stets nur vorübergehend stabilisiert werden können. Kriminalisierung verbleibt als fragiler Prozess.

Dies bedeutet jedoch nicht, Problemarbeit könne nicht langfristig erfolgreich sein. Sieht man nicht nur auf organisationsinterne Verfahrensformen, so zeigt sich eine Reihe weiterer Strategien und Prozesse, die Kriminalitätsarbeit auf Dauer stellen. Der wichtigste Bereich verweist auf die in Kapitel fünf näher diskutierte Subjektivität des Handelnden. Wenn ein „Täter" sich als solcher erlebt, leistet er selbst Kriminalitätsarbeit und stützt entsprechende organisationale Bearbeitungsmuster. Als weitere, in der jüngeren Vergangenheit besonders relevant gewordene Strategie ist *Prävention* zu nennen. Sie bezeugt einen Ausweg, der gesucht wird, um sich vor der drohenden Widerspenstigkeit und Unkontrolliertheit bezeichneter Ereignisse zu schützen. Als Prävention realisierte Kriminalitätsarbeit kann in hohem Maße alternativlos und konsistent erscheinen, da sie sich auf Kosten der Nähe zu den als Kriminalität bezeichneten Ereignissen eine programmatische Eigenlogik gibt. Instanzen, die mit Kriminalität umgehen, können auf relativ abstrakte Gefährdungen Bezug nehmen und ihre Sicherheitsvorstellungen einbringen, ohne sich mit alltäglichen Komplexitäten auseinander setzen zu müssen. Prävention ist dabei für verschiedene (Kontroll-) Zwecke funktional, zumal sie positiv konnotiert ist. Fritz Sack (2010, 80) kennzeichnet sie als ein herausragendes Merkmal der neueren, seiner Ansicht nach genuin punitiv gewendeten Kriminalpolitik (neben einer zunehmenden Politisierung von Kriminalitäts- und Sicherheitsdiskursen, einer Abwertung von Resozialisierung als strafrechtliches Zielprinzip und einer Verschärfung materieller und prozessueller strafrechtlicher Bestimmungen).

Prinzipiell ist Prävention dabei nichts anderes als eine Maßnahme sozialer Kontrolle (vgl. Lamnek 2008, 262ff). Sie soll als Intervention in soziale Prozesse als unerwünscht definierte Ereignisse in verschiedenen Bereichen des Lebens verhindern und/oder in ihrer Intensität mindern (vgl. zur Diskussion Dollinger 2006b; Herriger 1983; Kappeler 2000; Freund/Lindner 2001; Quensel 2004; Stehr 2005). Allerdings zeigt sie die Besonderheit eines frühzeitigen Eingreifens, und dies besitzt entscheidende Vorteile, wenn sie als Strategie der Kriminalitätsarbeit betrachtet wird. Dieser Vorzug dürfte nicht unwesentlich dafür verantwortlich sein, dass Prävention nachhaltig zu einer vorherrschenden Referenz sozialpädagogischer (vgl. Ziegler 2003) und kriminalpolitischer (vgl. Albrecht 2005, 60ff) Verfahrensmaximen geworden ist.[58] Durch ihr zeitlich frühes Einsetzen nimmt sie eine besondere Stellung gegenüber einem (mutmaßlichen) Übel ein, und dies kann zum Zwecke der Kriminalitätsarbeit genutzt werden; insbesondere vier Aspekte sind zu nennen, wenn man Prävention auf „criminality work" bezieht:

a. Prävention *erspart sich eine direkte Konfrontation mit den Ereignissen, vor denen sie schützen soll.* Irritationen, die sich aus komplexen Verhältnissen ergeben, werden ausgeblendet, während im Gegenzug eine programmatisch einheitliche und konsistente „Wirklichkeit" von Kriminalität dargestellt wird. Wird etwa gegen Gewalt vorgegangen, so muss man sich nicht mit verschlungenen Beziehungsmustern befassen, in denen als gewalttätig bezeichnete Ereignisse auftreten. Man muss sich nicht die Frage stellen, ob eine Dichotomisierung in „Opfer" und „Täter" den Beteiligten und ihren Interaktionsformen tatsächlich gerecht wird, schließlich ist das anvisierte Er-

---

[58] Dies ist nicht zu verwechseln mit wenig eingriffsintensiven Vorgehensweisen, da aktuell „repressive Maßnahmen noch stärker als bisher als ‚Prävention' deklariert werden" (Feltes 2008b, 255). Eine solche Umetikettierung ist ohne Weiteres möglich, da sich Prävention nicht inhaltlich, sondern formal über eine zeitliche Positionierung in einem vermuteten Geschehensablauf von anderen Kontrollmaßnahmen unterscheidet.

eignis noch nicht aufgetreten. Die Präventionswirklichkeit erscheint deshalb diskursiv säuberlich geordnet.

b. Prävention unterstellt *eindeutige Kausalitäten,* ansonsten machte es keinen Sinn zu behaupten, man könnte zielgenau intervenieren. Mit dem Einsatz präventiver Maßnahmen gegen Kriminalität, die meist wenig bis gar nicht wissenschaftlich evaluiert werden (vgl. Feltes 2008b), werden häufig recht einfache, alltagsnahe Ätiologien transportiert, denen zufolge mit mehr Sauberkeit auf der Straße, mehr Überwachungstechnologien, höheren Strafandrohungen u.ä. wirksam gegen drohende Kriminalität vorgegangen werden könne. Diese Deutungen mögen dem wissenschaftlichen Kenntnisstand widersprechen, der keinen Konsens der Theorien zu Devianz und Jugendkriminalität kennt. Aber Prävention funktioniert vorrangig nicht nach wissenschaftlichen Erkenntnissen, sondern nach den Interessen derer, die Prävention betreiben (vgl. Quensel 2004), und sie können sich auf praktischer Ebene „ihre" spezifischen Ätiologien zurecht legen. Mit ihnen können sie beanspruchen, erfolgreich zu sein – erfolgreich wohlgemerkt in einem schwer messbaren Sinne, da unerwünschte Ereignisse nicht oder nicht im befürchteten Ausmaß auftreten.

c. Prävention ist *nahezu unfehlbar.* Sie weist eine von empirisch nachweisbarem Erfolg relativ unabhängige Steigerungslogik auf, denn tritt Kriminalität trotz präventiver Maßnahmen auf, so scheint nicht etwa Prävention als Prinzip falsch gewesen zu sein, sondern es wurden putativ nicht genügend präventive Anstrengungen unternommen. Prävention operiert auf der Grundlage einer probabilistischen Wirklichkeitskonzeption; sie bearbeitet Risiken und Wahrscheinlichkeiten, ohne dass – wie es dem Probabilismus eingeschrieben ist – ein völliger Schutz vor dem jeweiligen Übel erreichbar wäre. Deshalb „generalisiert der präventive Blick den Verdacht und sucht Indizien aufzuspüren, die auf künftige Übel hindeuten (...). Zum Risikosignal und Ausgangspunkt präventiven Handelns kann letztlich alles werden, was von Sollwerten abweicht oder sich als Vorzeichen solcher Abweichungen identifizieren lässt" (Bröckling 2004, 211f). Prävention verweist deshalb auf immer mehr Prävention. Und falls Evaluationen von Präventionsmaßnahmen negativ ausfallen, bedarf es umfassenderer und besserer Prävention.

d. Prävention beinhaltet *die Konstruktion einer „Normalität",* die sie herzustellen beansprucht. Sie ist damit auf besondere Weise *moralisch orientiert,* da sie axiomatisch ein zu verhinderndes Übel unterstellt. Ohne eine Bewertung wäre dies nicht denkbar. Die betreffenden Maßstäbe werden im präventiven Handeln meist implizit verbindlich gemacht. Es nimmt für sich einen moralischen Konsens in Anspruch, und dies in dem Anschein, ohne Eigeninteressen zu handeln, schließlich agiert der Prävenierende „lediglich" gegen Kriminalität (vgl. Dollinger 2006b, 147ff). Wer sollte einschreiten, wenn gegen etwas vorgegangen wird, dem öffentlich eine negative Bedeutung zugeschrieben wird? Indem sich die präventive Praxis den Anschein des Allgemeinwohls gibt, werden die in der präventiven Artikulation enthaltenen Normierungen und Vorgaben „legitimer" Existenz mit Verpflichtungscharakter ausgestattet.[59] Die Adressaten dieser Arbeit können sich hiergegen kaum wehren, denn ihnen wird attestiert, es würde im Interesse ihrer *zukünftigen* Subjektivität interveniert, in deren Sinne sie mit spezifischen Kompetenzen, hohem Selbstwert, vergrößertem Wissen, nützlichen Handlungsroutinen usw. ausgestattet werden. Ein Subjekt in seiner gegenwärtigen Verfasstheit wirkt im Vergleich dazu defizitär; ohne Prävention scheint es zu Kriminalität prädisponiert zu sein. Prävention weist deshalb die Tendenz einer totalisierenden Moral auf. Sie gibt universelle Wertmaßstäbe vor, deren implizite Diskriminierungen, deren partikulare Herkunft und Ausformung nur durch analytischen Aufwand sichtbar gemacht werden können.

Prävention ist aus diesen Gründen besonders effektiv als Form von Kriminalitätsarbeit einsetzbar. Man könnte eine Reihe weiterer Maßnahmen und Strategien in dieser Hinsicht deklinieren, die jeweils versuchen, die Kontingenz ihrer eigenen Praxis zu verschleiern, hier jedoch mag das Beispiel Prävention genügen. Die Exploration und Analyse weiterer Praxen ist eine empirisch zu lösende Aufgabe. Festzuhalten ist an dieser Stelle, dass z.B. Prävention eine Möglichkeit darstellt, das fragmentierte Symbol „Jugendkriminalität" „real" werden zu lassen. Sie wird in der Kriminalitätsarbeit mit spezifischen Bedeutungen ausgefüllt und als (folge-) wirksame Interpretationsfolie von Ereignissen implementiert. Sie produziert prospektive „Kriminelle" als „Adressaten" kriminalitätsbearbeitender Organisationen, die stets bemüht sind, durch entsprechende „reality projects" (Holstein 1992, 25) die Fragilität der Signifikationen, die sie für ihre Existenz benötigen, unsichtbar zu machen und sich dadurch in hegemonialisierte Kriminalitätswirklichkeiten einzuschreiben.

---

[59] Ein einprägsames Beispiel vermittelt die v.a. in den USA verbreitete Praxis des „Random Drug Testing". Es wird in Firmen, Behörden oder sonstigen Einrichtungen durchgeführt, indem eine Zielgruppe nach Spuren vergangenen Drogenkonsums untersucht wird (vgl. O'Malley/Mugford 1991a). Der „gute Grund" der Tests verweist auf präventiven Schutz und Abschreckung. Kontrolliert werden allerdings Lebensstile, denn überwacht wird auch Freizeitverhalten, so dass mit den Tests gemäß einer „moral technology" (ebd.) Lebensstilvorgaben verpflichtend gemacht werden.

4.4 Zwischenresümee

Der Begriff „Jugendkriminalität" ist an sich leer und als bloße Differenzdiagnose nichts sagend. Er bezeichnet nur, dass ein Ereignis als „kriminell" identifiziert wird. Es handelt sich im Grunde um eine sprachpraktische Übung, in die vielfältige Bedeutungen eingehen und die widersprüchliche Gehalte umfasst. Dennoch zeigt sie manifeste – und in der Regel sehr negative – Folgewirkungen für die Kriminalisierten und es gelingt ihr, dies rational und konsistent erscheinen zu lassen. Dabei handelt es sich um eine für Kriminalität zentrale Frage: Würde die systematische Zufügung von Leid, wie es mit formeller Kriminalisierung verbunden ist, auf arbiträre Etikettierungen und partikulare Bedeutungsjustierungen von „Kriminalität" zurückgeführt und würde dies öffentlich dechiffriert und anerkannt, so wäre Kriminalisierung kaum zu rechtfertigen. Zwar können Hinweise auf diffuse Legitimationsformeln wie den „Schutz der Bevölkerung" oder die „Unschädlichmachung" von „Intensivtätern" eine hohe suggestive Kraft entfalten. Aber in dem Moment, in dem sie nicht mehr durch die Simulation objektivistischer, positiver Signifikate gestützt werden können, sind sie nicht länger glaubwürdig. Wenn z.B. „jugendliche Intensivtäter" nicht als „Kriminalitätsproblem", sondern als „Problemkonstruktion" (Naplava 2008) erkannt werden, wenn der Umgang mit ihnen als „willkürliche Setzung" (Ostendorf 2007b, 300) betrachtet wird, da beispielsweise bereits einmalige Polizeiauffälligkeit genügt, um in diese Kategorie zu gelangen, und wenn zudem eingestanden wird, dass es sich vorrangig um eine massenmediale und politische Projektion zur Stützung repressiver Interventionsformen handelt (vgl. Walter 2003), dann steht die kriminalpolitische Glaubwürdigkeit auf dem Spiel. Sie wird getragen, indem Kategorien und Termini wie „Kriminalität", „Intensivtäter", „Gewalt" u.ä. als sinnhafte Bezeichnungen einer distinkten Klasse von Erscheinungen interpretiert und ihre fluide Signifikation unterschlagen wird.

Kriminalität ist deshalb ein erstaunliches Phänomen; sie ändert sich andauernd und untermauert dennoch – und gerade deswegen – ihre Existenz durch essentialistische Legitimationsformeln. Nimmt man die Strategien beiseite, durch die ihre Wesenhaftigkeiten festgeschrieben werden sollen, so zeigt sich, dass ihr Gehalt binnen relativ kurzer Zeit ausgetauscht wird; im historischen und interkulturellen Vergleich treten gravierende Veränderungen dessen auf, was unter „Kriminalität" verstanden wird. Je nach Perspektive und jeweils mit einer Verschiebung von Rahmenbedingungen ergeben sich unterschiedliche Kriminalitäten. Diese Modifikationen reichen von offensichtlich umstrittenen Kriminalisierungen im Bereich der Bagatell- oder Drogendelikte bis hin zu „schweren" Eingriffen in Leib und Leben anderer, die, wie etwa die Tötung eines anderen Menschen, hart bestraft, als Fahrlässigkeit relativiert oder mit einem Orden belohnt werden können. Erstaunlich ist nicht diese permanente Verschiebung von Begriffsgehalten an sich; sie wäre am Beispiel anderer Begrifflichkeiten gleichfalls zu rekonstruieren. „Gesellschaft", „Gesundheit", „Schule", „Arbeit" und weitere Bezeichnungen kultureller Erscheinungen sind nicht deutlicher konturiert oder „objektiver" als „Jugendkriminalität". Erstaunlich ist etwas anderes: die selbst und gerade in wissenschaftlichen Diskursen zutage tretende Weigerung, Kontingenzen anzuerkennen und konstruktiv mit ihnen umzugehen.

Kriminalität muss deshalb eine geniale Erfindung sein, ansonsten könnte sie nicht überleben. Sie wird durch verschiedenste Interessen und Perspektiven gefüllt und passt sich an jeweils veränderte Arrangements von Integration und Ausschließung an. Durch sie wird Unerwünschtes ausgegrenzt und im Gegenzug können Projektionen von „Normalität" und „Integration" appellativ hergestellt werden. Die Kriminalpolitik leistet die Aufgabe, diese Relation durch dauerhaften Bedeutungsnachschub zu gestalten: Sie füllt den leeren Signifikanten „Kriminalität" und dient dadurch der Simulation und Projektion einer geordneten, „sicheren" Gesellschaft.

Die Kriminalitätswissenschaften sind in weiten Bereichen Teil dieser Kriminalpolitik, denn die Erforschung von Kriminalität als positiv gegebene Tatsache reproduziert vorherrschende Signifikationsformen. In ihrem Anwendungsbezug, in ihrer Unterstützung einer „rationalen" Kriminalpolitik und in ihrer Beteiligung am Projekt der Kriminalitätsprävention hat diese Forschung Anteil an der Konstitution einer vermeintlich konsistenten Kriminalitätswirklichkeit, ohne dabei die Perspektivität der unterstellten Begrifflichkeiten aufzuarbeiten. In der Folge liefert sie der Kriminalpolitik die vermeintlich „harten Fakten" (Kunz 2008, 107), die diese zu ihrer Außendarstellung „im Banne der öffentlichen Meinung" benötigt. Dabei zeigt die Interaktion der Kriminalpolitik mit Öffentlichkeit und Massenmedien (vgl. Beckett 1997) sehr deutlich, dass „Wissenschaftlichkeit" und „Rationalität" in der Kriminalpolitik nur dann ernsthaft nachgefragt werden, wenn sie in jeweils hegemonialisierte kriminalpolitische Bedeutungsarrangements passen. Kriminalpolitik bezieht sich hin und wieder, manchmal mehr und manchmal weniger darauf, was aus wissenschaftlicher Sicht als „rational" gilt, um dann im Sinne ihrer eigenen Rationalitäten mit diesen Erkenntnissen zu verfahren.

Auf Jugendkriminalität als eine fragmentierte Symbolisierung hinzuweisen, ist deshalb nicht nur ein rhetorischer Hinweis und auch keine Andeutung postmoderner Beliebigkeit. Im Gegenteil kann im Sinne einer Analyse von Hegemonialisierungen einzelner Kriminalitätsbedeutungen erschlossen werden, wie Forschung als kulturelle Praxis an der Konstitution von Kriminalitätswirklichkeiten teilhat, indem alternative Denkmöglichkeiten negiert und Brüchigkeiten der betreffenden Artikulationspraxis unterschlagen werden. Dies gilt auch für Teile der sich für kritisch haltenden Forschung, insofern sie homogenisierte Logiken einer Kriminalpolitik zeichnet, die faktisch sehr viel weniger stringent und konsistent ausgerichtet ist, als es auf einen ersten Blick scheint. Ausführungen zu einer zunehmenden Punitivität etwa können sich als kontraproduktiv erweisen, wenn sie Konsistenzen aufzuspüren suchen, wo keine sind.

Kriminalitätsforschung sollte demnach alltägliche, kriminalpolitische, organisationale, massenmediale und auch wissenschaftliche *Kriminalitätsarbeit* analysieren und dadurch die Konstitution per se inkonsistenter Bedeutungsfelder der Kriminalität nachzeichnen. Sie muss hierbei notwendige Differenzierungen unternehmen und kann durch diese beispielsweise zeigen, dass Punitivität keine allgemeine, widerspruchsfreie Maxime von Kriminalisierungsprozessen darstellt. Sie richtet sich an spezifische Gruppen und von ihr sind nicht alle Menschen gleichrangig bedroht. Und selbst im Rahmen einer zunehmenden kriminalpolitischen Bereitschaft zu „harter" Bestrafung und zu vermeintlich „rationalem" Ausschluss werden weiterhin zumindest partiell resozialisierende Projekte verfolgt; es zeigt sich ein „highly unstable and unpredictable network of penal powers" (Hannah-Moffat 1999, 89). Kriminalpolitische Prozeduren, die „das Kriminelle" konstituieren, verkörpern demnach Sinnzuweisungen, die gerade in ihrer kontradiktorischen Vielschichtigkeit sichtbar gemacht und hinterfragt werden können.

5 Der Kriminelle: Wie Subjekte „Täter" werden

„Das, wovor man steht, ist weder Geschichte noch Biographie, sondern ein Wirrwarr von Geschichten, ein Schwarm von Biographien. In all dem liegt eine gewisse Ordnung, aber es ist die Ordnung einer Sturmbö oder eines Marktes unter freiem Himmel; nichts, was einem Metrum unterliegt. Man muss sich also mit Strudeln, Zusammenflüssen und unbeständigen Verbindungen begnügen (...). Es gibt keine allgemeine Geschichte, die man erzählen, kein synoptisches Bild, das man gewinnen könnte" (Geertz 1997, 8).

Die Frage nach einem „Täter" spielt offensichtlich eine entscheidende Rolle bei der Beschäftigung mit Kriminalität. Um seine Schuld und Verantwortung kreisen wesentliche Teile strafjuristischer und kriminalitätswissenschaftlicher Diskussionen. Kriminalitätstheorien und -diskurse lassen sich danach unterscheiden, ob und auf welche Weise sie einem der Kriminalität Beschuldigten zurechnen, für das in Frage stehende Ereignis verantwortlich zu sein oder nicht. Die meisten theoretischen Ausführungen zu Jugendkriminalität unterstellen, ein „Täter" sei durch objektivierbare Faktoren zu kriminellem Verhalten prädisponiert. Diese positivistischen Theorietraditionen, so resümiert Matza (1964, 3ff), stellen den individuellen Akteur in den Mittelpunkt. Dies erfolgt auf sehr unterschiedliche Art und Weise, jedoch mit der gemeinsamen Referenz, dass seine Motivation zur Deliktbegehung aus Bedingungen abgeleitet wird, die seine Entschlussfähigkeit einschränken. Sie negieren durch die Konstruktion von Kausalfaktoren in unterschiedlich hohem Maße sein Potential zu freier Entscheidung und konstituieren hierüber die Annahme, dass sich der Betreffende von Anderen, nicht kriminell Handelnden unterscheide. Trotz aller Differenzierungen, verschiedener theoretischer Integrationsversuche und multifaktorieller Anliegen glauben sie an den „positive delinquent" (ebd., 13).

Wo das Strafrecht auf Verantwortlichkeit und – mehr oder weniger freie, zumindest nicht grundlegend eingeschränkte – Entschlussfähigkeit abstellen muss, um den Einzelnen zum schuldfähigen Subjekt erklären zu können, verweisen positivistische Theorien auf Beschränkungen dieser Freiheit. Auch wenn sie nur in Ausnahmefällen explizite Determinismen behaupten, gehen sie von kriminogenen Konstellationen und erhöhten Wahrscheinlichkeiten aus, die durch spezifische (Risiko-) Faktoren in Richtung devianten Handelns wirken. Dadurch verbleiben restringierte Freiheitspotentiale und es wird unterstellt, Menschen wiesen je nach ihren genetischen Dispositionen, ihren sozialen Lebensumständen und/oder ihren psychisch begründeten Verhaltenstendenzen mehr oder weniger große Affinität zu Delinquenz auf. Es gibt hierbei einen inkommensurablen „individuellen Faktor", den Kriminalitätstheorien beachten (müssen), da sie häufig probabilistische Kalkulationen vornehmen; auf allgemeiner Ebene werden Zusammenhänge postuliert und Tendenzen beschrieben, durch die Einzelfälle nur annähernd erschlossen werden können. Nicht der komplexe Einzelfall bildet den Zielfokus der Betrachtung, sondern ein – vermeintliches – „Wesen" von Kriminalität, das mit besonderen Entstehungsbedingungen assoziiert wird. Die Forschung betrachtet und untersucht scheinbar unabhängig von politischen, kulturellen oder anderen Eingebungen, was Kriminalität „ist" und sie verursacht. In den Worten Enrico Ferris (1901/2004, 53):

> „(...) the positivist school of criminology denies, on the ground of researches in scientific physiological psychology, that the human will is free and does not admit that one is a criminal because he wants to be, but declares that a man commits this or that crime only when he lives in definitely determined conditions of personality and environment which induce him necessarily to act in a certain way, then alone does the problem of the origin of criminality begin to be submitted to a preliminary analysis, and then alone does criminal law step out of the narrow and arid limits of technical jurisprudence and become a true social and human science in the highest and noblest meaning of the world."

Eine so verstandene wissenschaftliche Analyse verwendet ein besonderes Verständnis von Subjektivität; sie implementiert spezifische Subjekttheorien, nämliche solche, die vom „sub-jectum" als Unter-Worfenem ausgehen. Erst mit der Negation des anderen Begriffsgehaltes von „Subjektivität", der auf Selbstbestimmtheit und freie Wahl- und Entschlussmöglichkeiten abstellt, könne eine Kriminalitätswissenschaft beginnen. Sie muss, so Gottfredson und Hirschi (1990, 23), „the nature of individuals or the specific properties of individuals" klären, die vorherbestimmend wirkten, wenn kriminell gehandelt wird. Diese Kriminalitätsforschung benötigt eine Differenz nicht nur von Kriminalität und Nicht-Kriminalität, sondern vor allem von unfrei agierenden Kriminellen und mehr oder weniger autonomen Konformen. Inwieweit dann im weiteren Argumentationsverlauf von somatischen, psychischen/psychopathologischen oder sozialen Kriminalitätsursachen ausgegangen wird, ist lediglich eine Frage der Balancierung und der theoretischen bzw. multifaktoriellen Mischungsverhältnisse; entscheidend ist die durch dieses Subjektverständnis gelegte Basis.

Die Kriminalitätsforschung ist bis heute diesem subjekttheoretischen Programm verpflichtet. Sie tut sich deshalb außerordentlich schwer mit der schlichten Erkenntnis, dass Kriminalität möglicherweise aus einem einfachen Grund begangen wird: weil sie *Spaß macht* und für den Handelnden anregend, spannungsvoll und auf welche Weise auch immer reizvoll erscheint. Auf die Frage: „What makes delinquency attractive in the first place?", antworten Ferrell, Hayward und Young (2008, 40) unter Bezug auf Matza und Sykes: „fun". Selbst bei Jugendlichen, deren delinquentes Handeln als relativ wenig instrumentell geprägt gilt, ist es allerdings kaum verbreitet, dies anzuerkennen. „Freude an der Kriminalität" ist ein „Tabu" (Walter 2005, 370). In der Wissenschaft wird häufig der Alltagsplausibilität gefolgt, „Negatives (Kriminalität) aus anderem Negativem (z.B. schlechte Erziehung, Arbeitslosigkeit) zu erklären", auch wenn dies, wie Walter (ebd., 52) anmerkt, einem reflexiven Theoriebegriff nicht genügen kann.[60]

Negativwertungen von Ereignissen, durch die sie erst zu Kriminalität werden, werden dadurch reproduziert. Neben der Wissenschaft sind an diesem Kreislauf Kontrollinstanzen und auch die Zuschauer und Konsumenten von kriminalitätsbezogenen Darstellungen beteiligt, die alle an der symbolischen Qualität von Kriminalität interessiert sind und sie in ihrem Sinne auslegen. Zudem partizipieren insbesondere die als „kriminell" bezeichneten Akteure an diesen Bedeutungstransfers, indem sie unter Nutzung der in Kriminalitätsdiskursen generierten Symbolqualitäten Spannung erzielen und Statuspositionen kommunizieren. Dies kann durch verschiedenste Handlungen eingelöst werden. Durch Drogenkonsum kann hohe Risikobereitschaft gezeigt werden; durch Ladendiebstahl kann man demonstrieren, Überwachungseinrichtungen und Personal überlisten zu können; durch das Anbringen von Graffiti kann man eigenständige Formen von Ästhetik inszenieren; durch Gewalt kann man sich stark fühlen usw. „Das Spektrum reicht vom Probieren verbotener Drogen bis hin zum Gewaltrausch, der beim kollektiven Zerstören oder Niederschlagen Schwächerer entstehen kann" (ebd., 370f).

Aus diesen Anregungsqualitäten können Erkenntnisse für die Frage nach der individuellen Motiviertheit zu kriminalisierbaren Handlungen abgeleitet werden (s. Kap. 5.1). Gleichwohl ist Spaß in der Kriminalitätsforschung anrüchig. Insgesamt sind Emotionen im Bereich von Kriminalität und Kriminalitätskontrolle zwar bedeutsam, aber sie werden trotz wachsenden wissenschaftlichen Interesses noch kaum ernst genommen (vgl. de Haan/Loader 2002; Karstedt 2007). Vor dem Hintergrund der aufgezeigten Theorietraditionen ist dies gut

---

[60] Im Rahmen der für Delinquenzdeutungen einschlägigen Sozialisationstheorien ist dies zentral. Schlechte Sozialisationsleistungen scheinen schlechte Handlungsformen zu bedingen (zur Kritik vgl. Kunz 2004, 138ff; Walter 2005, 120).

verständlich, da Emotionen die Prämissen des Positivismus in Frage stellen.[61] Spaß kann höchstens als Oberflächensymptom einer tiefer gehend und anderweitig begründeten Basis-Kausalität konzipiert werden, etwa als Handlung von Menschen, die sich von anderen durch eine sozialstrukturelle Zwangslage, durch geringe Selbstkontrolle oder eine hedonistische Persönlichkeitsdisposition unterscheiden. Wenn Jugendliche z.B. gewalttätig werden, so nicht, weil dies für sie subjektiv sinnvoll ist und ihnen einen Reiz bietet, sondern weil sie sozial desintegriert sind, ihnen aufgrund mangelnder Ausbildungs- oder Arbeitsplätze Anerkennung fehlt, sie eine narzisstische Persönlichkeit besitzen, Medieninhalte sie zu Gewalthandlungen auffordern usw. Ohne behaupten zu wollen, dass derartige Annahmen per se falsch seien, ist festzustellen, dass sie darin übereinstimmen, es gebe eine einschlägige Hinterbühne, die über „wirkliche", „ernste" Ursachen aufklärt (vgl. kritisch Redhead 1993). Sie nehmen dem Spaß seinen Reiz.[62] Wer Ursachen von Kriminalität erforschen will, wäre scheinbar schlecht beraten, die affektiven Äußerungen von „Kriminellen" zu sehr zu beachten, da sie nur als Widerhall anderweitiger Strukturbedingungen auftreten. Als sinnbezogene Handlungsorientierung hingegen, die von einem subjektiv positiven Wert geleitet wird, ohne dabei durch heteronom wirkende Kausalfaktoren bestimmt zu sein, kann Kriminalität meist nicht in Betracht gezogen werden. Sie bleibt abhängig von „determining background factors" (Katz 1988, 312), während das, was unmittelbar nahe liegend erscheint – ein Mensch handelt deviant, weil er dies sinnvoll findet bzw. als anregend empfindet – in der wissenschaftstheoretischen Tradition der Befassung mit Kriminalität weitgehend undenkbar gemacht wurde. Sie verweist primär auf ätiologisch erklärbare, pathologisch konnotierte Motive, nicht auf eine Motivation, positive Erfahrungen zu machen.

In der Folge treten der deviant handelnde Akteur einerseits und Diskurse und Instanzen der Kriminalitätsbegehung (und der Kriminalisierung) andererseits auseinander. Subjekt, Kriminalität und Kriminalisierung bleiben getrennt. Kriminelle Handlungen haben Ursachen, und ob die Täter sich ihrer bewusst sind oder nicht, ist für diese Ursachen ebenso irrelevant wie die Frage, ob die Handelnden bei ihrem Tun durch Instanzen der Strafverfolgung registriert werden oder nicht.

---

[61] Größere Aufmerksamkeit erzielte Emotionalität in den letzten Jahren allerdings im Bereich der Kriminalitätskontrolle, denn „the new discourse of crime policy consistently invokes an angry public, tired of living in fear, demanding strong measures of punishment and protection" (Garland 2001a, 10; s.a. ebd., 144f).

[62] In diesem Kontext sei verwiesen auf Ferrells (2004) oben bereits genannte Überlegungen zu einer durch die Kriminalitätsforschung systematisch produzierten Langeweile, die die in kriminellen Handlungen liegende Transgression ihrer Spannung beraubt.

Eine in diese Richtung zielende Argumentation verfolgen selbst Teile der Etikettierungsansätze, obwohl sie Kriminalisierung als konstitutiven Teil der Kriminalitätsbegehung ernst nehmen. Dies ist der Fall, wenn sie von „primärer Devianz" (Lemert 1951/1981) oder von vor einer Zuschreibung liegenden „Regelverletzungen" (Becker 1981) ausgehen. Entsprechendes gilt für die Unterstellung, im Zeitverlauf werde aus zugeschriebener Devianz ein „echter", durch Etikettierungen verursachter Normbruch. Kriminalisierung wird auf diese Weise zu einem „background factor", der – in möglicher Verbindung mit anderen Faktoren – Kriminalität bedingt. Das Subjekt scheint dann ähnlich wie in positivistischer Diktion auf ihm äußerliche Einflüsse zu reagieren, es wird fremdbestimmt. In dieser speziellen Argumentationsführung kann Etikettierungspositionen der Vorwurf gemacht werden, sie vernachlässigten die Erfahrungshorizonte von als deviant bezeichneten Personen (vgl. z.B. Bohnsack 2007, 149; Hess/Scheerer 1997, 117f, Fn. 80; Riemann 1987, 499; Trotha 1977). Trotz dieser Kritik waren es gerade Etikettierungsansätze, zumal indem sie auf symbolisch-interaktive Prozesse abstellen, die auf Auseinandersetzungen des Einzelnen mit ihm vorgegebenen und zugemuteten Sinnmustern aufmerksam machten. Sie werden nicht schlicht übernommen, sondern Subjekte setzen sich aktiv mit ihnen auseinander und integrieren sie in ihre Identitätsarbeit (vgl. Dollinger 2002). Eine bloße Reaktion auf äußere Einredungen wird nicht konstatiert, wenn ernst genommen wird, dass Kriminalität eine Symbolisierung von Handlungsformen darstellt, um deren „wirklichen" Gehalt Aushandlungen stattfinden. Selbst wenn nicht geleugnet werden kann, dass Subjekte teilweise durch Kriminalisierungen überwältigt werden, dürfte es die Regel sein, dass sie an der Konstitution entsprechender Bedeutungen aktiv partizipieren. Sie haben an „ihrer" Kriminalisierung teil und leisten Kriminalitätsarbeit. Dies führt nun explizit zu der Frage, ob es eine Motivation zu Kriminalität gibt. Diese Frage muss, wie gesehen, unabhängig von einer von den meisten Kriminalitätstheorien axiomatisch vertretenen Zurückweisung behandelt werden.

5.1 Gibt es eine Motivation zu kriminellen Handlungen?

Man kann diese Frage einfach beantworten: ohne Zweifel. Es gibt sie, und zwar gänzlich ohne die distinkten Hintergrundfaktoren einer vermeintlich „kriminellen Persönlichkeit" oder einer „kriminogenen Umwelt". Es ist allerdings bezeichnend, dass zuerst ein größeres Maß an wissenschaftstheoretischem Ballast beiseite geräumt werden muss, bevor dies konstatiert werden kann.

Gehen wir im Sinne dieser Haltung im Folgenden davon aus, dass Menschen mit ihrem Handeln Sinn verbinden und setzen damit den Bruch mit positivistischen Traditionen der Kriminalitätsforschung – und ebenso mit Teilen der Etikettierungsansätze – fort. Dies bedeutet nicht, dass dem Betreffenden alle Handlungsfolgen bekannt sein könnten oder von ihm der Versuch unternommen würde, positive und negative Konsequenzen abzuwägen, bevor gehandelt wird. Es heißt auch nicht, dass einem Akteur die eigene Handlungsmotivation umfassend bewusst sein müsste. Mitunter ist das Gegenteil der Fall, da aufgrund kultureller Bedeutungszuschreibungen an Kriminalität z.T. erst gelernt werden muss und wird, welche Motive ein „echter" Krimineller hat (vgl. Becker 1981, 51; s.a. Matza 1964; Murphy u.a. 1998). Motivationen sind demnach keine statischen Eigenschaften, sondern sie befinden sich in andauernder Veränderung.

Subjektives Bewusstsein eigener Kriminalität beginnt meist nicht erst mit der Initialzündung einer formellen Kriminalisierung, durch die ein Individuum durch externe Zuschreibung darauf aufmerksam gemacht wird, es habe etwas Illegales getan. Dies mag in einigen Fällen zutreffen, kann aber nicht allgemein postuliert werden, da Menschen prinzipiell sinnbezogen handeln. Als „moral subjects striving reflexively to give meaning to their actions before, during and after the crime" (de Haan/Loader 2002, 245) können sie vorherrschende Norm- und Wertkonzeptionen einschätzen und ihr Verhalten an ihnen ausrichten. Folglich können „Individuen durchaus eine eigene Motivation entwickeln (...), vorsätzlich Strafgesetze zu übertreten" (Hess/Scheerer 1997, 118, Fn. 80), was nicht zu verwechseln ist mit der Unterstellung, diese Handlungsmotivation habe etwas mit den Bedeutungen zu tun oder sie sei gar mit den Zuschreibungen identisch, die dem Akteur im Rahmen eines Kriminalisierungsprozesses attestiert werden. Im Gegenteil sind formelle Verfahren der Strafverfolgung und -ahndung dadurch charakterisiert, dass sie mit lebensweltlich verhafteten Sinnbezügen systematisch brechen. Ein polizeilicher Ermittler beispielsweise führt „eine Vernehmung professionell auf Rechtsfiguren hin (...), die im Alltagssprachgebrauch des Laien keine Bedeutung haben", so dass die „rechtliche Relevanz der Aussage dem zu Vernehmenden nicht deutlich werden kann" (Albrecht 2005, 181). Dies setzt sich fort bis zu richterlichen Urteilen. Für ihr Zustandekommen spielen die subjektiven Relevanzen und Motivlagen von „Tätern" kaum eine Rolle; Kriminalität wird durch formale Instanzen „sozial produziert, insbesondere durch die Einengung der Sachverhaltskomplexität auf die für den Normbruch typischen Aspekte" (Messmer 1996, 228). Diese Einengung konzentriert sich nicht auf wesentliche, objektive Sachverhalte, sondern sie stellt „nur eine von mehreren Möglichkeiten dar (...), um die Wirklichkeit der Abweichung zu interpretieren" (ebd.).[63]

---

[63] Und, so ist zu ergänzen, um sie organisational auf verschiedene Art und Weise bearbeitungsfähig zu machen und zu halten, indem individuelle Problem- und Bedarfslagen so konstituiert werden, dass sie im Rahmen spezifischer Organisationen bearbeitungsfähig sind (vgl. hierzu Messmer/Hitzler 2007).

Die Berücksichtigung einer möglichen Motivation zu Delinquenz besagt lediglich, dass Menschen mit ihrem Handeln subjektiven Sinn verbinden, und dieser kann sich in verschiedenste Richtungen entwickeln, überformt, verändert und ausgeblendet werden. Allerdings ist die subjektive Ebene der Wirklichkeitskonstitution prinzipiell bedeutsam. Es ist von einem kulturtheoretischen Subjektverständnis auszugehen, das Menschen eine grundlegende Sinnorientierung zuspricht; sie werden zum „animal symbolicum", zu einem in Bedeutungsnetze verstrickten und mit und in ihnen agierenden Wesen, so dass Annäherungen an Handlungen interpretativ realisiert werden müssen (vgl. Geertz 1973/2008). Versuche, symbolisierte Ereignisse wie „Jugendkriminalität" im Rahmen eines solchen Zugangs zu verstehen, setzen an bereits im Prozess befindlichen Verstehensversuchen an, nämlich an solchen, die ein Akteur selbst realisiert, indem er sich im Kontext seiner Umwelt zu verstehen sucht. Er ist an Sinnbezügen ausgerichtet, die u.a. ihn selbst betreffen, und hierbei können Differenzbestimmungen wie „kriminell" vs. „konform" zum Tragen kommen:

> „Die Akteure betreiben (…) eine notwendige kognitive, symbolische Strukturierung der Welt, zu der auch gehört, daß sie – auf jeweils spezifische Weise – normale und anormale Erscheinungen, insbesondere angemessenes und unangemessenes Verhalten anderer und der eigenen Person, entlang entsprechender Schemata unterscheiden und damit gewissermaßen bereits auf kognitiver Ebene ‚Normalität' zu produzieren versuchen: Die Klassifizierung von Handlungsakten kann eine Bewertung dieser entlang des kontingent definierten Codes ‚normal/anormal' enthalten" (Reckwitz 2006a, 139).[64]

Akteure verhalten sich demnach nicht auf eine bestimmte Art und Weise, weil es von ihnen erwartet wird und sie normativ dazu verpflichtet sind. Vielmehr agieren sie im Rahmen von Sinnbezügen und die Unterscheidung von Normalität und Abweichung kann von ihnen als zentrale Orientierungsreferenz zugrunde gelegt werden. Sie fordert Menschen nicht als Verhaltensimperativ dazu auf, konform statt deviant zu handeln. Die Differenz fungiert stattdessen als Option der Klassifikation von Ereignissen, die in den einen oder anderen Klassifikationsbereich fallen. Sie werden als Realitäten erzeugt, indem Subjekte Ereignisse unter Verwendung entsprechender, dichotomisierender Kodes bewerten. So werden unter Zuhilfenahme von kulturell verfügbaren Deutungsschemata Ereignisse subjektiv

---

[64] „Kognitiv" ist nicht im psychologischen Sinne gemeint. Der Begriff verweist, wie Reckwitz (2006a, 129f, Fn. 69) klarstellt, auf Symbolisierungen. Sie bilden Realitäten nicht ab, sondern bringen sie in Anlehnung an kulturelle Sinnbezüge hervor.

geordnet; sie treten als „deviant" oder „normal" in Erscheinung, wodurch die betreffenden Schemata reproduziert werden.

Ein Akteur kann seiner eigenen Handlung dabei prinzipiell die Bedeutung zugrunde legen, sie sei deviant oder konform. Realiter sind Mischverhältnisse einzukalkulieren, da eindeutige, binäre Bedeutungsattributionen ebenso auftreten können wie unklare, vermischte (vgl. hierzu Dollinger 2008b). Aber betrachten wir heuristisch die Handlungsmotivation gemäß einer idealtypisierenden Unterscheidung, derzufolge Subjekte entweder davon ausgehen, sie zeigten eine kriminelle Handlung oder sie täten dies nicht. Beides kann für Jugendkriminalität relevant sein. Im ersten Fall schließt formelle oder informelle Kriminalisierung an Selbst-Kriminalisierung an, indem eine bereits vom Akteur seiner Handlung zugeschriebene Kriminalität „entdeckt" und thematisiert wird. Der Betreffende ist dadurch von Beginn an Komplize der Kriminalisierung, da er sich selbst als „kriminell" wahrnimmt und eine „Selbststigmatisierung" (Lipp 1975) leistet. Die subjektiv bezüglich einer Handlung erfolgende Interpretation kann im Kriminalisierungsprozess verändert werden, allerdings kann dieser Prozess von der Mitwirkung des Handelnden ausgehen. Im zweiten Fall ist dies anders, denn der Akteur ist sich einer Deliktbegehung nicht bewusst. Die im Begriff „Kriminalität" liegende Differenzbehauptung wird von ihm nicht auf seine Handlung angewendet, zumindest nicht vor der Handlung oder während ihrer Ausübung. Findet dennoch Kriminalisierung statt, so soll der Betreffende überzeugt werden, welche Qualität seine Aktion „in Wirklichkeit" hat. Aber die Komplizenschaft in Form einer vom Subjekt geleisteten Selbst-Kriminalisierung entfällt oder muss erst etabliert werden.

Sehen wir vor diesem Hintergrund auf die Motivation zu einer Deliktbegehung. Bei fehlender Komplizenschaft, dem zweiten Fall, ist es unerheblich, nach spezifischen Gründen für Kriminalität zu fragen; Menschen handeln, und andere bezeichnen dies als „kriminell" (oder sie tun dies nicht). Die „Delinquenten" handeln aufgrund von Motiven, wie sie Handlungen generell kennzeichnen. Von Interesse ist aus Sicht einer Beschäftigung mit Kriminalität diesbezüglich lediglich, weshalb und wie Menschen durch andere kriminalisiert werden. Für eine kulturtheoretische Betrachtung von Kriminalität werden die Handlungen erst bedeutsam, wenn sie mit Kriminalität assoziiert sind, d.h. wenn sie kriminalisiert werden.

Die oben zuerst genannte Option ist für die Motivationsfrage ertragreicher, da eine Handlung in dem Bewusstsein getätigt wird, dass sie eine Norm verletzt. Die transgressive Qualität bildet eine motivationale Basis für die Handlung; sie wird, in anderen Worten, (auch) wegen eines Verbots gezeigt, und nicht obwohl es besteht oder unabhängig von ihm. Im Bewusstsein, dass eine Handlung deviant erscheint, kann sie als emotional anregend erlebt werden (vgl. Schmidt-

Semisch 2004, 226), womit eine vorausgehende Grenzziehung vom Subjekt anerkannt werden muss, da ansonsten keine transgressive Qualität gegeben wäre. Regelsetzung und Regelüberschreitung bedingen sich gegenseitig; paradoxerweise muss der Verstoß gegen die Regel ihr eine Existenzberechtigung und Legitimität zusprechen, ansonsten entfiele die Möglichkeit, sich durch ihre Missachtung auszuzeichnen. Die in der Deliktbegehung empfundene Spannung und die Versuche, ihr beizukommen, können sich folglich, wenn die in Frage stehende Regel von offizieller Seite aus nicht aufgegeben werden soll, wechselseitig steigern (vgl. Ferrell 1997b, 29): Wenn Devianz bewusste Normverletzungen einschließt und versucht wird, diese zu unterbinden, so kann es spannend und aufregend sein, selbst und gerade auch expandierende Formen der Deliktbekämpfung zu überwinden, was wiederum eine Intensivierung von Kontrollaktivitäten nach sich ziehen kann usw. So kann sich eine Spirale einstellen – aber sie ist nur ein Sonderfall. Entscheidend ist, dass Regelsetzung und Regelüberschreitung konstitutiv aufeinander verweisen und ihre symbolischen Qualitäten wechselseitig entfalten, wobei die kriminalpolitische Regelsetzung und Differenzbestimmung jeweils die entscheidende Grundlage darstellt.

Faktisch bleibt Jugendkriminalität meist im Bagatellbereich, und so wird vom Akteur ein relativ geringes Risiko eingegangen, wenn gegen Gesetze verstoßen wird. Etwa der bei Jugendlichen relativ häufige Umgang mit Cannabisprodukten (vgl. BzgA 2008) wird zumindest bei geringen Mengen trotz einer zunehmend wachsenden Intoleranz der Strafverfolgungsinstanzen oftmals nicht strafrechtlich verfolgt (vgl. Reuband 2007b). Auch repressive Drogenpolitik, so Reuband, wirkt sich zumindest beim Konsum „weicher" Drogen nicht gebrauchsmindernd aus. Dabei ist den Konsumenten in der Regel bekannt, dass die Verwendung von Drogen – unabhängig von den genaueren Bestimmungen, die insbesondere § 29 BtMG enthält – nicht erlaubt ist und als risikobehaftet gilt; sogar einschlägige Präventionskampagnen sind Drogengebrauchenden in höherem Maße bekannt als Abstinenten (vgl. Dollinger 2002, 210ff). Man kann bei den Konsumenten illegalisierter Substanzen folglich ein relativ hohes Wissen um die unterstellten Besonderheiten der betreffenden Stoffe veranschlagen, sie handeln nicht naiv. Allerdings wird meist erwartet, dass man selbst weder von Gesundheitsgefahren noch von Strafverfolgung betroffen sein wird, und so kann eine dem Konsum zugeschriebene Risikosemantik subjektiv relativ risikofrei in Anspruch genommen werden. Gerade Drogen zeichnen sich durch eine Risikozuschreibung aus, so dass der Konsum zu einer Art Risikomanagement wird, das der Einzelne betreibt. Es ist zu bedenken, dass „mit den Drogen (…) immer auch die Symbole und Geschichten, die sie umgeben, konsumiert" werden und dies „Teil der individuellen Inszenierung" (Schmidt-Semisch/Nolte 2000, 19) des Konsums ist. Die Risikosemantik findet dadurch Eingang in die Selbstdarstellungspraxis des Akteurs, der Drogen als symbolische Referenzen verwendet, die Auskunft über ihn geben (sollen). Soziale Inszenierung, körperliche Erfahrungen, Risikozuschreibung und die Konstitution von Individualität fließen ineinander. Damit verweist Drogengebrauch exemplarisch auf die „embodied pleasures and emotions" (Lyng 2004, 359), von denen Deliktbegehung begleitet sein kann, insofern sie als symbolische, sozial anschlussfähige Aussage über ein Subjekt fungiert.

Natürlich macht es einen Unterschied, ob Drogen konsumiert werden, ein Ladendiebstahl begangen wird oder Gewalttätigkeiten auftreten. Allerdings wird von Jugendlichen meist kaum Schaden angerichtet und es stehen nicht instrumentelle Interessen im Vordergrund, sondern es wirken sich Statusorientierungen und symbolisierte Auseinandersetzungen um Regeln und Regulierungen aus. Es ist kein Zufall, dass Jugendkriminalität oftmals leichter als Erwachsenenkriminalität entdeckt werden kann (vgl. Heinz 2006, 20), da sie in besonderer Weise durch eine expressive Dimension gekennzeichnet ist. Als Stilisierung der eigenen Person muss sie in einem Mindestmaß sozial sichtbar sein und interpersonelle Feedbacks erlauben, ansonsten könnte sie kaum identitätsrelevante Botschaften kommunizieren.

Um dies leisten zu können, muss Delinquenz im Akt der Regelverletzung sowohl von vorgegebenen Regeln ausgehen wie auch das Risiko gering halten, hierdurch einen Außenseiterstatus festzuschreiben.[65] Sie richtet sich mit (höchstens) leicht rebellischem Unterton gegen vorgegebene Setzungen, denn die Handlungen „represent clear attempts to find meaning in a life lived through rules proscribed by others and provided from above" (Presdee 2004, 279). Aber es müssen nicht explizit rebellische Aktionen durchgeführt werden, mit denen Regeln bewusst außer Kraft gesetzt werden sollen. Das Risiko ist im beschriebenen Sinne meist begrenzt; die „Abenteurer von heute sind vollkaskoversichert" (Schmidt-Semisch 2004, 226). Dies mag im Einzelfall zwar anders sein, aber er bildet lediglich eine Ausnahme, denn Delinquenz findet in alltäglichen Rahmungen statt, in denen die Bedeutungsaushandlung meistens von den Beteiligten kontrolliert werden kann und nur vergleichsweise selten an formelle Kontrollinstanzen weitergereicht wird. So verweist Delinquenz auf ein Changieren von

---

[65] Für die geschlechtsbezogene Kriminalitätsforschung ist dies unmittelbar relevant. Transgressive Akte können das Risiko, einen Außenseiterstatus nach sich zu ziehen, minimieren, wenn sie geschlechtsstereotyp orientiert sind. Wird Kriminalität als kulturelle Symbolisierung interpretiert, kann sie hierauf bezogen werden. Die Kriminalitätsforschung ist diesbezüglich gut beraten, von *Versuchen* auszugehen, geschlechtliche Zugehörigkeiten zu bestimmen; es handelt sich um kontingente Prozesse, die mit kulturellen Vorgaben und Hegemonien verbunden sind. Die Kriminalitätsforschung sollte also auch hier von *fragmentierten* Symbolisierungen ausgehen, ansonsten würden Geschlechtsstereotype schlicht reproduziert (vgl. hierzu im Kontext der Gewaltforschung Boatcă 2003; bezüglich Drogenkonsum vgl. Vogt 2007).

Alltag und seiner Überschreitung, von Distinktion durch Normverletzung und Re-Normalisierung, sie zeigt eine „fluid dynamic between the everyday and the exceptional" (Ferrell u.a. 2008, 86). Auch wenn Dramatisierungen auftreten können (s. Kap. 5.3), dominiert der Anschein des Alltäglichen und einer nur behutsamen Transgression. „Jugendkriminalität" verdeutlicht in diesem Rahmen Konflikte um die Gültigkeit von Vorschriften und ihre alltägliche kreative Verwendung zur individuellen Stilisierung. Gemäß Presdee (2004, 282; Hervorh. B.D.), „the struggle over the defining process is played out within the structures of *systematically distorted* forms of communication, processes which in turn increasingly constitute the very fabric of our *everyday cultural lives.*"

Unter Bezug auf die vielschichtigen Bedeutungen, die Kriminalität zukommen, kann die oben verfolgte idealtypische Dichotomisierung nun wieder aufgelöst werden. Während oben die Motivation, Kriminalität zu begehen, entweder als bewusste Entscheidung oder als irrelevant beschrieben wurde, zeigt sich an dieser Stelle, dass von Ambiguitäten auszugehen ist. Bleiben wir zur Erläuterung bei dem Beispiel Drogenkonsum. Auf den ersten Blick sind klare Zuordnungen möglich: Illegalisierte Substanzen werden konsumiert oder nicht; es scheint zwei Gruppen zu geben, Konsumenten und Abstinente, und dies auch aus Sicht der Akteure. Bei anderen Deliktbereichen ist die Lage weniger klar, da z.B. die Frage, ob Diebstahl, Betrug oder Körperverletzung vorliegt, noch weniger alltagsplausibel sein dürfte als die Frage, ob jemand eine illegalisierte Substanz konsumiert hat oder nicht. Aber selbst bei Drogenkonsum ist die Lage nicht eindeutig, da der Konsum auf Entscheidungsprozesse und Verläufe mit vielen Einstiegs- und Ausstiegsmöglichkeiten bezogen werden kann (vgl. BzgA 2004; Tossmann u.a. 2001). Jugendliche werden häufig nicht nur einmal mit dem Angebot konfrontiert, Drogen konsumieren zu können, sondern mehrmals. So können Motivlagen verändert werden, Peerbeziehungen können variieren, Jugendliche können ihre Gebrauchsmuster und die verwendeten Substanzen modifizieren. Es sind im Zeitverlauf unterschiedliche Affinitäten zu Drogengebrauch und zahlreiche Arten von Konsum möglich. Dies ist symptomatisch, denn Delinquenz ist keine Frage binärer Realitäten, sondern von Bedeutungen, die ausgehandelt werden und zur Bezeichnung von Ereignissen und Personen Verwendung finden – wobei grundlegend unklar bleibt, was damit eigentlich bezeichnet wird. Matza (1964) verwies treffend auf die Tatsache, dass „Kriminelle" nicht säuberlich von „Nicht-Kriminellen" geschieden werden können. Jugendkriminalität ist ubiquitär, und ob sich ein Einstieg in eine längerfristige Kriminalisierung ergibt – gemäß Matza zu verstehen als „Drifting" in Kriminalität –, ist „accidental or unpredictable" (ebd., 29).

Risikobereitschaft sollte deshalb nicht überschätzt werden, auch wenn sie bei der Begehung von Delikten sicher förderlich ist. Sie kann nicht als Prinzip angesehen werden, das Deliktbegehung bestimmt und regelt. Eine solche These würde eine unrealistische – und zudem personalisierende – „Logik" der Deliktbegehung unterstellen. Diese beruht trotz einer möglichen Komplizenschaft des Akteurs auf prinzipieller Kontingenz. Gehen wir, um dies zu klären, auf beides näher ein, auf den Risiko- und Regelbezug, bevor nachfolgend erörtert werden kann, wie die Bedeutung des Subjekts im Prozess der Kriminalität insgesamt zu gewichten ist. Betrachten wir also zunächst die Risikobereitschaft:

a. Die Neigung, *Risiken auf sich zu nehmen,* gilt als ein wichtiger Aspekt, der Deliktbegehung begleitet. In einer Analyse von Gottfredson und Hirschis „General Theory of Crime" weisen Bornewasser u.a. (2007, 462) den Theorieansatz zurück und benennen zentrale Problemlagen; allerdings konturieren sie die besondere Rolle einer hohen Risikobereitschaft, die mit der Begehung von Delikten verbunden sei. Vor allem männlichen Jugendlichen, die gegenüber weiblichen in den offiziellen Kriminalstatistiken deutlich überrepräsentiert sind, werden „eine jugendtypische Risikobereitschaft, Neugier, und das Bedürfnis, Grenzen auszutesten" (Luedtke 2008, 188), zugeschrieben. Durch die „cultural criminology" wird dies bestätigt. Forschungen zu „structural and experiential dimensions of voluntary risk-taking activities such as ‚extreme sports', high-risk occupations, drug experimentation and the like" legen nach Lyng (2004, 360) nahe, „that the seductive character of many criminal activities may derive from the particular sensations and emotions generated by the high-risk character of these activities." Er spricht deshalb von „edgework" als Suche nach riskanten Situationen mit ranghohem Anregungspotential für einen Akteur. Derartige Aktivitäten werden als Zusammenspiel von Emotionen, Inkaufnahme eines Risikos, Kriminalität und Identitätsentwicklung interpretiert (vgl. Ferrell u.a. 2008, 74). Graffiti-Sprayen etwa verweise, wie aus ethnographischer Sicht beschrieben wird, auf „the tense excitement, the dangerous, almost intoxicating pleasure, of artistic production interwoven with illegality and adventure" (Ferrell 1997a, 5). Auch Drogenkonsum wird dementsprechend wahrgenommen, da insbesondere dem verbreiteten Cannabiskonsum attestiert wird, er sei als „leisure-innovative use" (O'Malley/Mugford 1991b, 55) mit einer Suche nach positiven Erfahrungen verbunden, auch wenn dies von den dominierenden Defizitzuschreibungen an Konsumenten häufig ignoriert werde.

Dies ist nicht so zu verstehen, als bestünde ein Zusammenhang zwischen Kriminalitätsbegehung und individuellen Wertorientierungen; ein solcher ist nicht nachgewiesen (vgl. Hermann 2003, 89ff; s.a. Boers/Pöge 2003). Die hier angesprochene Tendenz der Bereitschaft zu riskantem Verhalten verweist auf subjektiv anregende und spannende Erlebnisgehalte, „welche die Verübung von Straftaten vermittelt. Die Möglichkeit, für einmal in die Rolle des Bösen zu schlüpfen und sie genussvoll (...) auszuleben; der adrenalinsprühende Nervenkitzel beim (doch wohl?) unbemerkten Griff in die fremde Ladenkasse; das Auskosten der Überlegenheit beim angsterfüllten Angesicht des Opfers; kurzum: die Lust an der Amoralität ist Balsam für die Seele" (Kunz 2004, 127). Dies ist nicht ungewöhnlichen Eigenarten eines Einzelnen geschuldet, sondern entspricht „der normalen Natur des Menschen", ist also „nicht eigentlich verwunderlich" (ebd.). Selbst wenn dies nicht für alle Delikte gleichermaßen gültig sein dürfte, wird doch der spezifische Status- und Risikobezug jugendlicher Devianz treffend beschrieben. In geeigneten situativen und sozialen Zusammenhängen eignet sich die Überschreitung einer mehr oder weniger bekannten Norm zur Stilisierung der eigenen Person. Der Normbruch fungiert als symbolischer Akt.

Letztlich ist der Nexus von Risikobegehung und Delinquenz derart nahe liegend, dass er im Grunde eine Tautologie formuliert. Geht man von intelligenten Menschen aus, die einigermaßen abschätzen können, was sie tun, und traut man Jugendlichen zu, dass sie – wenn auch nicht im juristischen Sinne – wissen, welche Handlungen erlaubt sind und welche nicht, dann nehmen sie mit einer kriminellen Handlung ein Risiko in Kauf. Delinquenz ist demnach durch eine gewisse Risikobereitschaft ausgezeichnet, die sich in der Tendenz äußert, eine durch Transgression ermöglichte Form der Selbstdarstellung zu implementieren.

Der Terminus „Risikoverhalten" kann jedoch fälschlicherweise zwei Aspekte nahe legen, die dafür verantwortlich sein dürften, dass er sich in den vergangenen Jahren besonderer Beliebtheit erfreute. Zum einen erscheint Risikoverhalten als eine Eigenschaft von Personen, durch die sie sich von anderen unterscheiden. Die ereignishafte und symbolische Qualität von Delinquenz wird damit negiert. Zum anderen tendiert der Terminus mitunter zu einer rhetorischen Naturalisierung (vgl. Anhorn 2010): Risiken scheinen an sich zu bestehen. Während „Delinquenz" oder „Kriminalität" – wie Kritische Kriminologie und Etikettierungspositionen hinreichend verdeutlichten – auf arbiträre Normsetzungen und partikulare Interessensartikulationen verweisen, muss sich der von „Risiken" sprechende davon nicht unbedingt berührt fühlen. Wer sollte schon etwas dagegen haben, etwas gegen Risiken zu unternehmen?

Gegen diesen Anschein einer Selbstverständlichkeit muss verdeutlicht werden, dass Risiken nichts Gegebenes sind. Sie sind „das Resultat einer spezifischen Weise der Problematisierung und eine Form der Objektivierung und Repräsentation von Ereignissen" (Krasmann 2003, 108): Es wird das Eintreten von negativ bewerteten Ereignissen antizipiert, denen zugeschrieben wird, man könne sie durch geeignetes Handeln in ihrer Schädlichkeit verringern oder ganz vermeiden. Die Unterstellung von Risiken beinhaltet hierbei Bewertungen, Kausalzurechnungen und Menschenbilder, wie sie die strafrechtliche Kriminalitätssemantik insgesamt kennzeichnen. Auch diese unterstellt die Möglichkeit rationalen Handelns mit dem Ziel, spezifische negativ bewertete Ereignisse zu unterbinden bzw. zu verhindern. Sieht man davon ab, dass sich Risikodiskurse nicht nur auf Kriminalität beziehen, da sie „nahezu alle gesellschaftlichen Bereiche" (Schmidt-Semisch 2004, 223) durchdringen (vgl. hierzu Garland 2003), so werden Unterschiede der Referenzen auf ein „Risiko" versus auf „Kriminalität" u.a. aus der Besonderheit abzuleiten gesucht, dass durch die Appellation von „Risiken" eine moralfreie, rationalistische Problemdarstellung geleistet werde (vgl. Lindenberg/Schmidt-Semisch 1995; Schmidt-Semisch 2002), während Kriminalisierung häufig als moralisierende Zurechnung an Ereignisse verstanden wird (vgl. z.B. Böllinger 1993; Cremer-Schäfer/Stehr 1990). Groenemeyer (2008, 82) hinterfragt diese Unterscheidung mit Blick auf die putative Moralfreiheit von Risikodiskursen mit Recht, denn „Diskurse über Risikoverhalten (...) beinhalten gleichzeitig auch Verhaltensvorschriften, von diesen Freiheiten einen bestimmten Gebrauch zu machen, d.h. die ‚richtige' Wahl zu treffen (...).Tatsächlich erleben wir geradezu täglich über die Medien und die Politik eine Vervielfältigung der Remoralisierung von Verhaltensweisen, die als Risiko-, als Problem- oder antisoziales Verhalten thematisiert werden und immer mehr Bereiche des alltäglichen Lebens betreffen." Er plädiert vor diesem Hintergrund dafür, die Rede von „Risikoverhalten" nicht gegen die Perspektive auf „Devianz" oder „Kriminalität" zu stellen, sondern sie in diese zu integrieren.[66] Dem ist zuzustimmen, schließlich operieren Risikodiskurse ebenso wie Kriminalitätsdiskurse durch negativ bewertende Symbolisierungen und sie tendieren merklich dazu, Einzelne für den Eintritt entsprechender Ereignisse haftbar zu machen. Insoweit sich Risikosemantiken auf Formen von Kriminalität beziehen, handelt es sich nicht um neuartige außermoralische Zurechnungen, sondern um fragmentierte Symbolisierungen, wie sie in der vorliegenden Ausführung diskutiert werden. Die Tatsache, dass der Terminus „Risiko" eine technologische und moralfreie Konnotation

---

[66] Zur Verbindung von Moral und Risiko unter expliziter Zurückweisung der These einer Entmoralisierung von Risikodiskursen vgl. zudem die Beiträge in Ericson/Doyle (2003).

im Sinne einer managerialistischen Kalkulation möglicher Schadensfälle und ihrer rationalen Verhinderung aufweist, ändert hieran nichts.

Wer von „Risikoverhalten" spricht, muss diese Fallstricke bedenken. Um ihnen zu entgehen, ist hier bevorzugt von „Transgression" und „transgressiven Akten" die Rede, ohne dass etwas grundlegend anderes gemeint wäre als der Umgang des Einzelnen mit prädefinierten Risiken. Risiken, die ein Akteur auf sich nimmt, gehen von Grenzziehungen aus, die Legitimitäten definieren (sollen), deren Unterlaufen allerdings bereits mit der Regelsetzung konstituiert wird. Regeln verschieben sich in diesem Prozess permanent, so dass ein naturalisierter Risikobegriff am Kern des hier verfolgten Themas vorbeizielt.

b. Beziehen wir das auf den Umgang mit *Regeln*. Transgression ist vom Subjekt geleistete Kriminalitätsarbeit. Sie folgt kulturellen Vorgaben, die in implizite und auch bewusst zugängliche Wissensbestände um die Gültigkeit von Regeln übersetzt werden. Drogen etwa gelten als gefährlich und süchtigmachend, und dieses Wissen wird von Konsumenten verarbeitet. Sie gehen mit ihm aktiv um und organisieren ihren Konsum durch Ritualisierungen und Kontrollen, die die betreffenden Risiken minimieren sollen (vgl. Kemmesies 2004). Selbst kompulsiver Konsum ist nicht völlig unkontrolliert. Moore (1992) spricht auf der Grundlage einer ethnographischen Studie von Drogenabhängigkeit als Versuch, trotz erfahrener, z.T. massiver Beeinträchtigungen gerade durch den Konsum Kontrollfähigkeiten zu bewahren. Er findet statt, um ein Mindestmaß an Autonomie aufrecht zu erhalten, das im Konsum gefunden werden kann und das in engem Zusammenhang mit sozialen Beziehungen steht. Ohne die drogenpolitische Kriminalisierung von Drogenkonsum würde dies nicht realisiert werden können, da Autonomie und Kontrolle im Umgang mit einer illegalen, als gefährlich geltenden Substanz erlebt werden, durch deren Gebrauch Kompetenzen der Geheimhaltung und des Risikomanagements demonstriert werden. In diesem Sinne ist Jugendkriminalität keine Frage defizitärer Selbstkontrolle oder ungenügender externer Kontrolle, sondern sie ist verwoben mit Versuchen des Akteurs, selbst Kontrolle auszuüben (vgl. Tittle 2004; Tittle u.a. 2004). Während Tittle diese Erkenntnis auf eine Balancierung unterschiedlicher, z.T. widersprüchlicher Motivlagen und Einflüsse bezieht (zur Diskussion vgl. Lilly u.a. 2007, 114ff), ist es hier entscheidend, die enge Verbindung von Regelsetzung und Transgression in den Blick zu nehmen. Kriminalitätsarbeit ist mit kulturellen Kodierungen assoziiert, die die Begehung von Kriminalität zu einem Risiko werden lassen, das vom Einzelnen kontrolliert werden muss und *aufgrund* dieses notwendigen Engagements gezeigt werden kann. Dabei ist im Rekurs auf den in Kapitel 4.3 betonten Begriff der *„Regel"* festzuhalten, dass dies keine konsistente Anleitung oder Prädeterminierung ist. Es gibt weder „die" Kriminalität noch eine eindeutige Vorgabe, durch die Transgression regelhaft bestimmt würde. Diese bleibt, in Anbindung an die Regel, kreativ (vgl. Ferrell u.a. 2008, 65). Der Ausgang von symbolisierten Bedeutungsgehalten beinhaltet stets Mehrdeutigkeiten, die Symbolisierung ist fragmentiert. Ereignisse können als „kriminell" markiert und „verstanden" werden, aber damit ist keine eindeutige Aussage über ihren Gehalt verbunden. Die Ereignisse können immer noch unterschiedlich gelesen werden, insofern Bedeutungen in verschiedenste Richtungen weisen. Game (1991, 190) bezeichnet dies als „methodology of multiplicity", dergemäß jeder „specific instance can be read in relation to a number of stories, without being reduced to a single story." Kriminalität ist als multiple Bedeutung eine mögliche Bezeichnung von Ereignissen; sie liefert eine denkbare Geschichte zu deren Klassifikation, allerdings wird bei ihrer Anwendung auf ein Ereignis dessen interpretative Vielschichtigkeit nicht revidiert. Sie wird lediglich in bestimmte Richtungen gelenkt, da es nicht *eine* Bedeutung von Kriminalität gibt, sondern *viele* und *z.T. konträre* Bezeichnungen von Ereignissen. Kriminalität ist ein Polysem und Kriminalisierungen stellen durch ihre Bedeutungszuweisung die Unkontrolliertheit von Ereignissen nicht ruhig, sondern sie unternehmen im Sinne einer Kriminalitätsarbeit nur den Versuch, konsistente oder zumindest kohärente Sinnzuweisungen herzustellen.

Subjekte sind hieran aktiv beteiligt; sie bringen ihre Deutungen in die Versuche einer Sinnfixierung des Ereignisses ein. Aus der „Methodologie der Vielschichtigkeit" resultiert jedoch, dass dies in letzter Konsequenz vergeblich bleibt: Ein Akteur kann „in der Handlungssituation, die es für ihn sinnhaft zu erschließen gilt, nicht zu einer eindeutigen interpretativen ‚Bestimmung' der handlungsrelevanten Phänomene in der Lage sein" (Reckwitz 2006a, 623f). Es verbleibt bei der Deutung eines Ereignisses ein unkontrolliertes Moment. Dieses macht aus epistemologischer Sicht eine Deutung zum „guessing", zu einem arbiträren, ratenden, Sinn verschiebenden Akt, durch den Bedeutungen re-arrangiert werden (vgl. Wirth 2008b; Peirce 1929/2008). Kulturtheoretische Forschung kann dies reflektieren, ihre Erkenntnisgewinnung ist allerdings ebenso wie die vom Subjekt gezeigte Interpretationsleistung auf Schlussfolgerungen angewiesen, die ohne letzten Grund und ohne einen fixierten Zusammenhang von Bedeutungen operieren müssen. Sie müssen Relationen nach einer Logik herstellen, die sich erst in der Relationierung selbst ergibt, so dass ein „Überraschungsmoment" (Lautmann 2005, 262) einzukalkulieren ist. Wirth (2008b, 19) spricht von einer „suchenden Logik der Umordnung, die ihre Gesetze gleichsam unterwegs – am Wegesrand – findet." Risikozuschreibungen beinhalten demnach kein eindeutiges Curriculum, was Ereignisse bedeuten und wie mit ihnen und den risikohaft Handelnden umzugehen ist. Risiken werden in Abhängigkeit von Rahmungen identifiziert und auf die enthaltene Gefährdungslage abgeschätzt, und hierbei kommen zahlreiche Einflüsse zum Tragen, die treffsichere Prognosen hinfällig werden lassen.

Bedenkt man diese Punkte, so erlaubt der Hinweis, Jugendkriminalität sei vom Subjekt aus betrachtet ein riskantes Verhalten, keine konsistente Bestimmung von Bedeutungen oder gar Persönlichkeitseigenschaften. Kriminalisierung bleibt fragil und legitimationsabhängig. Dies gilt auch, wenn sie vom Subjekt selbst ausgeübt wird, indem es die durch Kriminalisierung gesetzten Bedeutungen in transgressiven Akten übernimmt und reproduziert. Es gilt hierbei allerdings einen spannenden und wichtigen Punkt zu beachten: Transgression mag kreativ sein, aber sie ist dies nur in Anbindung an eine vorgängige Regelsetzung, in deren Rahmen sie verbleibt. Der Akteur wird an Prozesse der Subjektivierung gebunden.

5.2 Subjektivierung und Subjektivität

Die Dimension der Subjektivierung wird hier aus einem bestimmten Grund betont: Nicht nur die Lehre vom Strafrecht, auch manche Kulturtheorien tendieren dazu, ein „starkes" Subjekt zu inaugurieren. Erstere setzt es als Möglichkeit ein, Verantwortung und Schuld zuzurechnen. Der Einzelne scheint Strafe zu verdienen, da er willentlich gegen strafrechtliche Bestimmungen verstoßen hat. Die Zweitgenannten gehen von einer symbolisch konstituierten Realität aus, durch die der Einzelne zum „homo significans" wird. Es gelte grundlegend: „Through language and symbols humans identify differences, construct categories, and share a belief in the reality of their world" (Henry/Milovanovic 2003, 57). Kriminalität ist eine mögliche Bedeutung, die Ereignissen im Rahmen dieser diskursivierten Wirklichkeitskonstruktion zugewiesen werden kann. Einen letzten Beleg dafür, dass dies „richtig" und „objektiv" gültig ist, gibt es allerdings nicht, wenn Kriminalität als „Bedeutungsknoten" (Kunz 2008, 87) wahrgenommen wird. Es kann deshalb nahe liegen, auf die Perspektive des Subjekts abzustellen, um einen möglicherweise authentischen Referenzpunkt für theoretische und empirische Analysen zu finden. Nicht untypisch für neuere kulturtheoretische Positionen findet damit, trotz einer zumindest in wesentlichen Teilen gegensubjektivistischen Stoßrichtung, die unvermittelte Rückkehr eines „starken"

Subjekts statt, das verstanden und in seiner Eigenständigkeit erforscht werden soll. Damit fungiert es als Referenz und Basis von Optionen kritischer oder reflexiver Artikulation. Auf der Hintergrundfolie einer Zurückweisung positivistischer Wirklichkeitsvorstellungen und abbildungstheoretischer Repräsentationsmodelle, denen gemäß Wirklichkeit schlicht wiedergegeben werden könnte, suchen die entsprechenden Ansätze Zuflucht beim Subjekt: Eine reflexive Kriminologie müsse qualitative Forschungsmethoden verwenden, halten Kunz und Besozzi (2003, 10) fest, denn wenn „sozialwissenschaftliche Erkenntnis in den interaktiven Prozess der Konstitution sozialer Wirklichkeit eingebunden ist, dann erscheint es nicht nur legitim, sondern geradezu unverzichtbar, die Perspektiven der Subjekte, die diesen interaktiven Prozess gestalten, möglichst authentisch in die Forschung einzubeziehen. Die authentische Perspektive der Subjekte, und damit letztlich die spezifisch menschliche Individualität, ist nur mit qualitativen Methoden erschließbar."

Nun ist es zwar nichts Schlechtes, sondern im Gegenteil notwendig und sinnvoll, subjektbezogen zu argumentieren und theorieinterne Sensitivität für Prozesse subjektiver Bedeutungszuweisung zu zeigen, gerade in der Kriminologie. Allerdings muss dies, wenn man die Forderung von Kunz und Besozzi weiterführt, auf eine Weise erfolgen, die von Dichotomisierungen Abstand nimmt (vgl. Deleuze/Guattari 1977). Subjekt vs. Gesellschaft, Handeln vs. Struktur, Kriminalität vs. Kriminalisierung usw. sind – wenn auch wirkmächtige – Schein-Klassifikationen, die epistemologisch und theoretisch einzuholen sind. Sie verweisen konstitutiv auf Standpunkte und Wertungen, die es zu hinterfragen und zu analysieren gilt, da sie nicht als „reale" Probleme vorauszusetzen sind. Auch hier gilt, dass Kriminalität letztlich nur eines ist: eine Differenz*behauptung*. Anstatt sie ruhig zu stellen, indem die Welt der Kriminalität dichotomisiert und einer Logik der formellen Kriminalisierung die Autonomie eines Subjekts gegenübergestellt wird, ist zu erschließen, wie Subjektivitäten konstituiert werden, u.a. in Kriminalitätsdiskursen.

Dabei kann Kriminalität allerdings nicht ohne einen Fokus auf Subjektivität gedacht werden. Auf der Grundlage der Zurechnung von Mündigkeit und Entschlussfähigkeit an ein Subjekt werden ihm Folgen für sein Tun zugerechnet. Von einer Verurteilung – oder auch einer Nicht-Verurteilung – wird erwartet, dass auf einen jugendlichen Täter so eingewirkt wird, dass seine Subjektivität verändert wird, wobei sie gewissermaßen als eine Basislinie der Einwirkung gedacht wird. Subjektivität wird als konstante Größe unterstellt, auf die eingewirkt werden kann (vgl. Bourdieu 1998, 80f). Dies zeichnet nicht nur die Praxis von strafrechtlichen Ver- und Beurteilungen aus, sondern den Kriminalitätsbegriff in seiner Gesamtheit. An ihm sind Subjektbilder festgemacht, und diese wirken sich als kulturelle Leistungen subjektkonstitutiv aus. Dies wird mit dem Terminus „Subjektivierung" ausgedrückt.

Mit ihm wird die Annahme einer außerhalb externer Verfügung stehenden Subjektivität verabschiedet. Sie steht nicht als Bedingung von Artikulationen oder sozialen Beziehungen außerhalb von Diskursen, sondern Subjektivität wird in ihnen hervorgebracht. Auch und gerade eine subjektiv empfundene Authentizität ist als Resultat kontingenter Subjektivierungslogiken zu erschließen. Wenn sich nämlich „die universale Struktur des ‚Subjekts' als eine moderne Fiktion herausgestellt hat, dann muss das Interesse den historisch-spezifischen kulturellen Praktiken und Diskursen der Subjektivierung, der Bildung und Umbildung besonderer Subjektformen in ihrer Konflikthaftigkeit und Widersprüchlichkeit gelten, so wie sie den Individuen selber, die sich durch sie formieren, regelmäßig intransparent bleiben" (Reckwitz 2008b, 13; grundlegend Foucault 1987; 1993; s.a. Dollinger 2008a, 144ff).[67]

Das Subjekt eignet sich mithin schlecht als Kronzeuge und Gegenpart einer scheinbar übermächtigen „Wirklichkeit" der Kriminalisierung oder einer Kriminalitätsverursachung durch außer-subjektive Strukturdeterminanten. Die kulturtheoretische Argumentation kann dies unter Hinweis auf „die impliziten, in der Regel nicht bewussten symbolischen Ordnungen, kulturellen Codes und Sinnhorizonte (…) explizieren, die in unterschiedlichsten menschlichen Praktiken (…) zum Ausdruck kommen und diese ermöglichen." (Reckwitz 2008a, 17). Sie kann anerkennen, dass Subjekte im Rahmen kultureller Kodierungen als solche hervorgebracht werden, indem subjektive Interpretationen angeleitet und subjektkonstitutive Bedeutungstransfers realisiert werden. Kultur „bestimmt" (Kettner 2008, 19) subjektive Sinn- und Bedeutungsmöglichkeiten, indem sie Erfahrungsräume bereitstellt.

Es wäre deshalb nicht zufrieden stellend, auf der einen Seite ein kriminell handelndes Subjekt und auf der anderen Seite eine Struktur der Kriminalisierung oder der Verursachung von Kriminalität zu verorten. Es ist entscheidend zu untersuchen, wie Kriminalisierung operiert, indem sie spezifische Bilder von Kriminalität und von kriminellen Subjekten generiert, und wie diese Bilder zur Sub-

---

[67] Hieran schließen die „governmentality studies" an, in denen der analytische Blick auf Technologien des Selbst gerichtet wird, insoweit sie in umfassende Regierungs- bzw. Führungspraktiken eingelagert sind (im Überblick vgl. Bröckling u.a. 2000; Burchell u.a. 1991; Lemke 1997; 2000; Pieper 2003). In Bezug auf das Subjekt wird danach gefragt, „wie Subjekte durch bestimmte Techniken des Regierens zu bestimmten Formen des Handelns und des Selbstverhältnisses bewegt und motiviert werden können, ohne dass sie dies als einen Zwang empfinden, sondern diese Lenkung sogar als eine Befreiung empfinden" (Moebius 2009, 166). Im Rahmen formeller Kriminalisierungsprozeduren ist das Moment des Zwangs offenkundig nicht zu unterschätzen, spannend ist allerdings gleichzeitig der Fokus auf die Komplizenschaft des Subjekts, die Zwang unnötig oder legitim erscheinen lassen kann.

jektkonstitution beitragen. Insoweit man in *diesem* Rahmen auf das Subjekt blickt, ist es kein eigenmächtiger Ort des Widerstandes und Subjektivität beinhaltet keine Form von Authentizität, die anderen Authentizitäten übergeordnet wäre. Ein Subjekt „ist wesentlich intersubjektiv" (Deleuze 1992, 55), also seinerseits abhängig von und konstituiert durch kulturelle(-n) Kodierungen. Nimmt man die komplexe und vielschichtige Bedeutung von „Kultur" ernst und erkennt an, dass Subjekte durch kulturelle Signifikationen als solche hervorgebracht werden, so gerät nicht die Authentizität eines Subjekts in den Mittelpunkt des Interesses, sondern es geht um hybride Subjektkulturen, in denen Optionen der Subjektivitätserfahrung geöffnet werden (vgl. Reckwitz 2006b).

Eng mit Subjektivierung verbunden sind diachron entwickelte, synchron existierende Menschenbilder, die in Kriminalitätsdiskursen kommuniziert werden. Einzelne Vorstellungen von Kriminalität dominieren in einer gegebenen Zeit und verlieren dann wieder an Bedeutung, gleichwohl koexistieren gleichzeitig unterschiedliche Subjektivierungskategorien, die „Kriminelle" beschreiben. Dies meint der Ausdruck *„hybride* Subjektkulturen". Sie treten auf „als kombinatorisches Arrangement verschiedener Sinnmuster, und Spuren historisch vergangener Subjektformen finden sich in den später entstehenden, subkulturelle Elemente in den dominanten Subjektkulturen, so dass sich eigentümliche Mischungsverhältnisse ergeben" (ebd., 15).

Kriminalisierung würde demnach missverstanden, wenn sie als Einpassung eines Subjekts in eine vorgegebene Form krimineller Subjektivität konzipiert wird. Nicht nur die Aktivität des Handelnden spricht gegen diese Vorstellung, auch die Komplexität von Auseinandersetzungen um Subjektivitäten ist in Rechnung zu stellen, da jeweils vielfältige Subjektformen zur Verfügung stehen. Sie ergeben sich aus der oben (s. Kap. 4) beschriebenen Hybridität kriminalpolitischer Sinnzuweisungen. Es wäre nicht mit ihnen in Übereinstimmung zu bringen, Kriminalisierung als Hervorbringung eines konsistenten „kriminellen" Subjekts zu verstehen. Subjektivierungspraxen können mangels einer konsistenten Hintergrundstruktur keine eindeutigen Subjektformen prägen. Sie widersprechen sich häufig und können gewechselt werden, so dass Hannah-Moffat (2005) mit Recht „Hybridisierungen" subjektkonstitutiver Risikozurechnungen diagnostiziert. Es mag in Extremfällen zur schlichten Einpassung des Einzelnen in Ausschlusskategorien kommen, wie sie derzeit vorrangig mit Gewalt- und Sexualdelikten assoziiert sind. Aber gerade für Jugendliche gibt es prinzipiell Möglichkeiten der Transformation ihnen zugeschriebener Risiken. Programmatische Subjektivierungsvorgaben, wie sie z.B. in politischen oder massenmedialen Verlautbarungen kommuniziert werden, amalgamieren mit situativen Kriminalitätsdarstellungen und mit konkreten Wahrnehmungen von Subjekten, denen spezifische

Eigenschaften und Bedürfnislagen zugeschrieben werden. Hieraus resultieren formbare Deutungen und Zurechungen; Hannah-Moffat (2005, 31) spricht von einer „production of a *transformative risk subject* who unlike the *fixed or static risk subject'* is amenable to targeted therapeutic interventions". Aktuelle Subjektivierungen führen ihm zufolge „to a new politics of punishment, in which different risk/needs groupings compete for limited resources, discredit collective group claims to resources, redistribute responsibilities for risk/needs management and legitimate both inclusive and exclusionary penal strategies" (ebd.). Da der Subjektivierung/Kriminalisierung keine konsistente Logik zugrunde liegt, kann es keine konsistenten Subjektivitäten/„Kriminellen" geben. Die in jüngerer Zeit inter-/national häufig festgestellte hegemonialisierte Punitivität ist demnach nur ein Teil der Wahrheit, da sie gerade dort, wo sie zu dominieren beginnt, ihre Diskreditierung in sich birgt. Sie konfligiert mit anderen Umgangsformen mit Delinquenz, die aus unterschiedlichen Gründen in höherem Maße auf Resozialisierung, Informalisierung oder Diversion abstellen. Wo diese (Gegen-) Diskurse zum Tragen kommen, reproduzieren sie allerdings nicht lediglich eine „alte" Form des Umgangs mit Kriminalität. Es geht nicht um die Revitalisierung des von Garland (1985) so bezeichneten „penal welfarism" mit seiner Maxime der Reintegration, sondern um die stets erneuerte und sich verändernde Ausbildung hybrider Formen der Subjektkonstitution. Sie können synchron unterschiedliche Bearbeitungsweisen von „Kriminalität" plausibel machen.

Welche Formen von Subjektivität können diesbezüglich angeführt werden? Die Kriminalitätsforschung – wohlgemerkt: die reflexive, die sich bewusst ist, dass es sich um Konstruktionen handelt, nicht die zahlreichere objektivistische, die unterstellt, es gebe deutungsunabhängige Tätertypen – hat zentrale Klassifikationsmuster rekonstruiert, indem sie divergente Menschenbilder kriminologischer Diskurse extrahierte. Betrachten wir dies an drei Beispielen:

- Henner Hess (1999a, 172) beschreibt drei bzw. vier solcher Bilder. Erstens werde ein Krimineller als *Opfer äußerer Umstände* betrachtet. Dies könne weiter differenziert werden als Fokus auf eine unterdrückende *Macht* oder auf *ökonomische bzw. subkulturelle Umstände.* Zweitens würden Täter, v.a. im Rahmen von Rational-Choice-Ansätzen, als *Kalkulateure von Kosten und Nutzen* identifiziert, die es in konkreten Situationen angesichts eines erwarteten Mehrwerts an Nutzen als rational erachten könnten, sich deviant zu verhalten. Drittens treten Delinquente als *Andere, Fremde oder Bestien* auf. Mit diesen Vorstellungen verbinden sich jeweils unterschiedliche Kriminalpolitiken und Theoretisierungen von Kriminalität.

- Peter-Alexis Albrecht (2005, 131ff) beschreibt einen historischen Prozess der Abfolge strafrechtlicher und kriminologischer Kriminalitätsbilder. Sie werden als Vorstellungen „rechtlicher Steuerungsmöglichkeiten" (ebd., 131) dargestellt, was unmittelbar auf Steuerungen von Subjektivierungsprozessen übertragen werden kann, da die Modelle jeweils spezifische Menschenbilder und Erwartungen an il-/legitime Subjektivität vorgeben. Zunächst seien im Rahmen *metaphysisch begründeter Herrschaftsausübung* relativ willkürlich Körperstrafen eingesetzt worden, durch die ein absoluter Souverän Gut und Böse unterschied und letzteres unterjochte. Es folgten im 18. Jahrhundert *absolute Straftheorien,* in denen die Vernunft des Rechts über die arbiträre Herrschaft eines Souveräns dominieren sollte. Strafen waren tatbezogen, ein Täter wurde im Sinne einer an seiner Schuld orientierten Vergeltung bestraft. Im 19. und 20. Jahrhundert haben sich *relative Straftheorien* angeschlossen, die auf den Täter ausgerichtet waren und, zumal im Sinne eines Schutzes der Gesellschaft, auf der Grundlage wissenschaftlicher Kenntnisse straften. Als Nachfolger stellte sich am Ende des 20. Jahrhunderts *das symbolische Strafrecht* ein, das vorrangig den Schutz der Gesellschaft und dabei weniger eine rationale, wissenschaftlich fundierte Einwirkung auf einen Täter im Blick hatte. Aktuell sieht Albrecht *ein nachpräventives Sicherheitsstrafrecht* dominieren, das noch stärker auf Sicherheit abstellt und in einer globalisierten Welt auf umfassende Herrschaftssicherung Wert legt.

- Axel Groenemeyer (2008, 86ff) verweist auf vier Modelle der Repräsentation bzw. der „Institutionalisierung von Normativität", da Devianz als normative Kategorie mit unterschiedlichen Inhalten und Wertvorstellungen dekliniert wird. Er differenziert zunächst *moralistische Thesen,* die Devianz als sündhafte oder einer Sünde ähnliche Verfehlung deuten und zur Bekämpfung bzw. Wiedergutmachung auf die Läuterung des Übeltäters oder auf Rache setzen. Diese Art der Reaktion auf Normbrüche dient der gesellschaftlichen Kohäsion, da von verletzten Wertbezügen ausgegangen wird, deren Gültigkeit im Akt der Bestrafung verdeutlicht wird. Davon unterschieden werden Strafzurechnungen, die Devianz *als „Kriminalität"* konzipieren. Sie wird intentional begangen und kann angesichts individuell zugeschriebener Schuld mit einer der Tat angemessenen Bestrafung geahndet werden. Das *Rehabilitationsideal* hingegen ist täterorientiert. Ursachen für Regelbrüche werden als individuelle Krankheit, als Folge von Sozialisationsdefiziten oder als Ausdruck von Armut konzipiert. In der Konsequenz soll der Einzelne, bedingt durch eine verminderte Schuldfähigkeit und Verantwortlichkeit, nicht primär bestraft, sondern behandelt werden. Er wird zum Objekt unterschiedlich begründeter Re-Normalisierungsprojekte. Im Falle von *Risikozu-*

rechnungen sieht dies anders aus; es scheint eine allgemeine Bedrohung zu bestehen, vor der sich jeder, als potentielles Opfer, schützen muss. An diesem Modell wird ersichtlich, dass die dem Einzelnen zugeschriebene Verantwortung als primäres Unterscheidungskriterium fungiert und sie über einen eher reintegrativen oder eher ausschließenden Umgang mit Devianten entscheidet (ebd., 86).

Die Differenzierungen verfolgen jeweils unterschiedlich gelagerte Idealtypisierungen, die von in Rechnung zu stellenden Komplexitäten bewusst abstrahieren. Sie kommen dabei nicht nur zu verschiedenen Menschenbildern, sondern sie zeigen darüber hinaus, dass auch Vergleiche entsprechender Bilder sehr unterschiedlich orientiert sind. Es gibt keinen Kanon gemeinsamen Wissens über den „Gegenstand" der Forschung. Kriminalität ist schließlich, so ein Befund der hier verfolgten Auseinandersetzung, an sich bedeutungslos. Wenn man versucht, sie als positives Datum zu betrachten, wird sie als bloße Differenzbehauptung erkennbar. Immerhin aber steht, wie Groenemeyer mit Recht anmerkt, die Verantwortlichkeit des Subjekts im Zentrum der Typisierungen von Kriminalität. Wie unterschiedlich auch immer Kriminalität verstanden wird, die Bestimmungsversuche kreisen um Festlegungen einer mehr oder weniger großen Verantwortung des Subjekts für sein Handeln. Wo diese auf äußere, soziale Begebenheiten verlagert wird, sind punitive Bestrebungen meist vergleichsweise gering ausgeprägt, während sie nachhaltiger auftreten, wenn Verantwortung im Subjekt, etwa durch moralisierende Deutungen, verortet wird oder wenn sie auf die mangelnde Leistungsbereitschaft eines Einzelnen bezogen wird (vgl. Dollinger 2008b; Melossi 2000, 310f; Sotirovic 2003).

Insgesamt variieren Formeln wie „Verantwortung" oder „Selbstbestimmtheit" in ihrem Gehalt erheblich in Abhängigkeit von der Perspektive, von der aus sie thematisiert werden, und sie sind grundsätzlich umkämpft bzw. floskelhaft (vgl. Heidbrink/Hirsch 2006; Krähnke 2007). Enthalten ist bei der Rede und Festlegung von Verantwortung „immer auch eine normative Dimension. Es wird festgelegt, wer sich wofür vor wem zu verantworten hat und wie das zugrunde liegende Handeln zu bewerten ist" (Schmidt 2008, 29). Insofern sich das Symbol „Kriminalität" durch ein Unwerturteil auszeichnet, wird mit der Zurechnung von Verantwortlichkeit an den Einzelnen und seine Person eine Negativwertung auf ihn übertragen. Der oben vorgestellte sozial- und kriminalpolitische Aktivierungsdiskurs (s. Kap. 4.2) zeigt hier folgewirksame Konsequenzen für den Umgang mit jugendlichen Kriminellen: Die Rede von „Aktivierung" und „Verantwortung" nutzt eine positiv konnotierte Begrifflichkeit zur Stigmatisierung. Es scheint, als könnte kaum jemand etwas gegen die Übernahme von Verantwortung einwenden und Selbstbestimmtheit wirkt an sich positiv. Im Rahmen der

Beschäftigung mit Kriminalität wird sie allerdings zum Motor punitiver Tendenzen, da ein verantwortlich handelnder Akteur an „seiner" Übeltat schuld zu sein scheint. Zeichnet er für Delinquenz verantwortlich, kann er folgerichtig bestraft werden.

Aber auch hier ist vor der Unterstellung eindeutiger Zusammenhänge zu warnen. „Verantwortung" ist nicht per se mit punitiven Interventionsformen assoziiert. Der Begriff weist u.a. eine kritische und sozialstaatliche/sozialpädagogische Tradition auf, die die Zuschreibung von Verantwortung an den Transfer von Ressourcen und die Ermöglichung von Handlungskompetenzen bindet (vgl. etwa Schmidt 2008; Weyers 2006). Wer von Verantwortung spricht, kann (und sollte) sich fragen, wie sie möglich gemacht wird und welche Voraussetzungen sie verlangt. Sie kann als Motiv gegen Personalisierungen und in Risikodiskursen anzutreffende rhetorische Ent-Moralisierungen von Problemzurechnungen gewendet werden. Wird dies ernst genommen, so sind auffällig werdende Subjekte nicht per se von Strafe bedroht. Man könnte ihnen attestieren, dass das von ihnen geforderte Maß an Verantwortung nicht durch verfügbare Ressourcen erreichbar gewesen ist, was in den von Hess so bezeichneten Deutungstypus des „Opfers äußerer Umstände" fiele und Strafneigungen relativierte.

Möglich ist jedoch auch Gegenteiliges: Wird Verantwortung nicht individualistisch zugeschrieben und Delinquenz stattdessen auf Kontextfaktoren zurückgeführt, so kann selbst dies zu einer Pathologisierung und Entmündigung führen, die drastische Maßnahmen – etwa eine Psychiatrisierung – nach sich ziehen können. Eine Enthebung des Subjekts von individueller Verantwortung ist demnach nicht per se straf- bzw. interventionsmildernd. Strasser (2005, 190) spricht von einer „Beccaria-Falle". Sie besteht in dem Versuch, ein humanistisch gemeintes Motiv – z.B. die Intention, Straftätern Unterstützung bei der Resozialisierung zukommen zu lassen und sie und ihre Angehörigen vor unnötigem Leid zu bewahren – zu rechtfertigen, indem dies als zweckrational dargestellt wird. Beccaria bediente sich, so führt Strasser (ebd. 191) aus, „zur Plausibilisierung seines humanitären Anliegens eines *pragmatischen* Arguments: Die Abschaffung der Todesstrafe und deren Ersatz durch lebenslange Strafknechtschaft stünden im Dienste der Optimierung des Schutzes der Allgemeinheit". Hierdurch werde „der humanitäre Elan instrumentalisiert", wie dies charakteristischerweise an „vielen Punkten des Pathologisierungsfeldzuges" (ebd., 193) gegen Kriminalität wahrgenommen werden könne. Die Behandlung eines Täters werde an rationalistischen Kalkülen ausgerichtet, die Logiken wie dem Schutz der Gesellschaft vor einem Täter gehorchen. Humanität wird dadurch konditionalisiert und einem Motiv des Gesellschaftsschutzes untergeordnet. Dies erfolgt durch eine Pathologisierung des Täters, der als nicht autonom steuerungsfähiges Wesen konzipiert und dadurch umso mehr als Gefahr für Andere stilisiert werden kann. Es wird eine interventionsbedürftige Sonder-Kategorie von Subjekten geschaffen. Sie mag auf helfende Zuwendung ausgerichtet sein, allerdings kann es bei einer Änderung des kriminalpolitischen Klimas zu einem verschärften Umgang mit den Betreffenden kommen, indem die Kategorisierung erhalten bleibt, aber die geforderte Interventionslogik modifiziert wird. Wacquant (2009, 219ff) beschreibt einen solchen Prozess am Beispiel von Sexualstraftätern in den USA, die zunächst pathologisch interpretiert und behandelt wurden und die später im Zuge einer punitiven Wende zum nachhaltigen Objekt von Vergeltungsmaßnahmen wurden.

Bilder von Kriminalität und Kriminellen favorisieren demnach jeweils spezifische Interventionsformen, aber die Zuordnung ist nicht eindeutig. Über den Umgang mit Tätern bestimmen kriminalpolitische Prozesse, in die im beschriebenen Sinne sehr unterschiedliche Vorgaben einmünden. Jugendlichen werden hierbei meist Entwicklungschancen eingeräumt und sie können sich bei Unterwerfung unter Vorgaben des Strafvollzugs „bewähren" und dadurch veränderte Risikozuschreibungen erfahren[68], so dass selbst punitive Maßnahmen, mit denen sie konfrontiert sind, offen sind für die Möglichkeit von Veränderungen. Kriminalitätsprognosen sind, zumal bei Jugendlichen, mit sehr hohen Fehlerquoten behaftet, so dass Vorhersagen über künftige Legalbewährung kaum möglich sind (vgl. BMI/BMJ 2006; Kunz 2004, 340ff; Naplava 2008; Walter 2005, 289ff). Intentionen eines dauerhaften Wegschlusses müssen sich deshalb in besonderem Maße rechtfertigen. Es gilt das Postulat der ultima ratio „harter" Interventionen gegen Kriminalität; im Zweifel sind „weichere" Maßnahmen vorzuziehen, so dass Forderungen nach einem selektiven Einsperren von Personen auf der Basis zugeschriebener Rückfallwahrscheinlichkeiten nach wie vor kritisch begegnet wird. Die Entwicklung von Tätern erscheint kontingent – aber gerade dies kann wiederum Punitivität nach sich ziehen, denn es wird eine prinzipielle Unsicherheit artikuliert: Selbst unscheinbare Personen können in den Verdacht geraten, unter bestimmten Umständen kriminell zu agieren. Im Extremfall kann gerade Unscheinbarkeit zum „Beleg" einer Pathologie stilisiert werden, indem einem vermeintlich „wirklich" Bösartigen eine manipulatorische Selbstdarstellung attestiert wird: „Manche Persönlichkeitsgestörte haben eine täuschend normale, bisweilen sogar sympathische Erscheinung", so heißt es in einem Beitrag zu „Grenzen der Behandlung persönlichkeitsgestörter Gewalttäter" in der „Neuen

---

[68] Erwartungshorizonte „legitimer" Subjektivität existieren natürlich auch im Rahmen anderer Institutionen, z.B. als Vorgaben eines „guten" Adressaten in der Sozialen Arbeit. „Gute Klienten" sind dort „solche, denen eine gewisse Veränderungsbereitschaft attestiert werden kann, so dass die in der Hilfeplanung anvisierten Maßnahmen mit einer gewissen Wahrscheinlichkeit fruchten" (Messmer/Hitzler 2007, 64). Zu Erwartungen an „gute" Bürger im Rahmen von Polizeiarbeit vgl. Arrigo (2003).

Zürcher Zeitung" (Haas 1996, zit.n. Kunz 2004, 135). Ebenso, wie das Bild eines Dauerdelinquenten täuschen kann, scheint demnach auch Normalität ein Trugschluss sein zu können. Man kann keiner Diagnose vertrauen. Anstatt allerdings Typisierungen und Vorhersagen aufzugeben, scheinen diese nach einem Mehr an Diagnostik und verbesserten Prognosen zu verlangen.

Diese Ausgangslage bietet Spielraum für unterschiedlichste Prozeduren der Kriminalisierung: Sie greifen auf verschiedene Kriminalitätsbilder zurück, kombinieren sie mit bestimmten Interventionsformen und kommunizieren dabei hybride Subjektivierungsbotschaften. Die einmal über einen Täter ausgesprochene „Wirklichkeit" seiner Delinquenz muss diesbezüglich vorläufig bleiben. Jemand „ist" ein „Intensivtäter" – aber man mag ihm zugute halten, dass man sich mit dieser Aussage irrt und er sich bessert. Oder ein Täter „ist" resozialisierungsfähig, es sei denn, er nutzt seine Chancen nicht und „beweist", dass er „in Wirklichkeit" „erziehungsresistent" ist usw.

Kriminalitätsbilder sollten deshalb nicht nur als historischer Ablauf oder als sich gegenseitig ausschließende, trennscharfe Kategorien verstanden werden. Es handelt sich um ein Reservoir synchron verfügbarer Deutungsoptionen, die vermischt oder erweitert werden können und die vielfältige Zwischentöne zulassen. Es zeigt sich eine Vielfalt unterschiedlicher Vorgaben, anhand derer Kriminalität thematisiert wird und Subjekte als „Täter" konzipiert und theoretisiert werden.

Ein Punkt verdient hierbei besondere Beachtung. Es wurde in Kapitel 3.3 betont, dass Kriminalisierung auf kontingenter Basis operiert, aber nicht folgenlos bleibt. Dies muss auf der Ebene der Subjektivierung im Sinne einer Konstitution „krimineller Subjektivität" in Rechnung gestellt werden. Spiegelbildlich zum Drängen einzelner Kriminalitätsbilder zu diskursiver Verfestigung steht die Tendenz der subjektiven Suche nach „Wahrheiten" der eigenen Identität. Die beiden Bewegungen sind inhärent verbunden und arbeiten zusammen an der Füllung des leeren Signifikanten „Kriminalität". Die kriminalpolitische Prägung einzelner Symbolisierungsformen und die gleichzeitige Schließung von alternativ möglichen Kriminalitätsverständnissen können i.d.R. auf die Komplizenschaft des Subjekts vertrauen. Der Tatsache, dass kulturelle Diskurse vorherrschende und zumindest vorübergehend konsistent erscheinende Deutungsweisen von Kriminalität etablieren, entspricht auf der Seite des Subjekts eine Tendenz zur Konstruktion einer möglichst widerspruchsfreien, ohne Störungen nachvollziehbaren Geschichte der eigenen Identität. Die beiden Trends lassen sich nicht voneinander unterscheiden, denn Subjektivierung erfolgt im Rahmen von Bedeutungszuweisungen; sie operiert durch Kodierungen, die zu erklären suchen, wer jemand ist und wie dieses Sein zustande kam. Die Konstitution einer Identität, so Heiner Keupp (1997, 35), greift auf kulturelle Vorgaben zurück, es werden „„Normalformtypisierungen' benötigt". Im Unterschied zu der postmodernen

These, Identität sei eine ausschließlich plurale Ansammlung heterogener Teilidentitäten (vgl. etwa Gergen 1990; 1996), in Abhebung aber auch von Annahmen der Identitätsforschung, die auf fixierte Identitäten abstellen (vgl. zur Diskussion Eickelpasch/Rademacher 2004; Straub 1991), kann Identität als permanentes Ringen um die *Integration* divergenter Narrationen über die eigene Person in den Blick genommen werden (vgl. Keupp u.a. 2006). Dieser Integrationsversuch zeigt sich als Bemühung um Kohärenz. Die Bedrohtheit von Scheitern angesichts lediglich fragiler Stabilisierungen von Identitäts- und Subjektivierungsformen verdeutlicht Identität als „Passungsarbeit zwischen Innen und Außen, Selbst- und Fremdbild" (ebd., 107); sie ist eine „diskursive Konstruktion" im Rahmen einer „Arbeit an der eigenen Geschichte" (ebd., 101). Durch diese Arbeit sollen Kohärenzen stabilisiert werden, indem auf Typisierungen und Normalitätsvorgaben aus kulturellen Diskursen zurückgegriffen wird. Unklarheiten werden demnach auch und gerade auf der Seite von Subjekten negiert, um mehr oder weniger widerspruchsfreie Deutungen des eigenen „Wesens" erlangen zu können. Diese Wesenskonstruktion kann Brüche zentraler Identitätsmotive aufweisen, aber durch ihre stetige Neu-Interpretation werden Kohärenzperspektiven etabliert, da sie auf das kulturell – und spezifisch kriminalpolitisch – vorgegebene Axiom individueller Verantwortlichkeit für Auffälligkeiten reagieren und sich mit ihm auseinandersetzen (vgl. Dollinger 2002, 369ff). Der Einzelne entwirft sich (möglicherweise) als kriminelles Subjekt, indem er die hybride Qualität von Kriminalisierungsbotschaften negiert. Somit wirken Kriminalitätsbilder – die per se Ätiologien und retrospektiv identitäts-„erklärende" Sinnbezüge mit sich führen – subjektivierend. Sie gehen als implizites und z.T. explizites Wissen in der Form von Selbstdeutungen in die Art und Weise ein, wie ein Subjekt über sich denkt. Es gibt sich eine Identität, indem es auf entsprechende Sinnkonstruktionen und -zusammenhänge zurückgreift und sich in Auseinandersetzung mit entsprechenden Typisierungen reflektiert und als sinnhaft handelndes Subjekt erschließt.

Subversionen sind dabei zwar mitzudenken; Subjektivierung ist ebenso von Polysemen durchzogen wie Kriminalisierung, so dass Subjektivität je nach den Umständen, in denen sie auftritt, eigenständige Formen annimmt. Dennoch kann die Hegemonialisierung einzelner Kriminalitätsbilder durch Subjektivierungsprozesse wenigstens zeitweise gestützt werden, indem sich Täter als „wirkliche" Opfer äußerer Umstände, als „Intensivtäter", als risikoorientierte Hasardeure o.a.m. erleben. Sie setzen sich mit Subjektivitätsformen auseinander, die Kriminalitätsdiskursen zu entnehmen sind. Neben öffentlichen, kriminalpolitischen und massenmedialen Diskursen bezieht sich dies auf interpersonelle Rückmeldungen über die eigene Person, die in der Ausbildung einer Identität in einem Prozess der aktiven Verarbeitung von Informationen über die eigene Person internalisiert werden (vgl. Krappmann 1973). Relevant sind zudem Motivlagen, die mit eigenem, als deviant interpretiertem Handeln assoziiert werden, indem erfahren wird, welche Gründe mit spezifischen Verhaltensformen gekoppelt werden können (vgl. Becker 1981). In diesen vielfältigen Prozessen und Zuschreibungen können sich Akteure als deviante Subjekte inaugurieren und dadurch dringen hegemonialisierte Kriminalitätsbilder bis in ihr innerstes Selbst vor.

Dies wurde von interaktionistischen Identitätstheorien und Etikettierungsansätzen hinreichend beschrieben. Ihre Erkenntnisse sind unverzichtbar für Versuche einer Analyse von Kriminalisierungsprozessen. Einer Spezifizierung bedürfen sie allerdings, wenn sie, wie z.T. auch neuere machttheoretische Arbeiten, darauf abstellen, Kriminalisierung sei als konsistente Konstitution eines delinquenten Subjekts zu betrachten. Es ist zu betonen, dass die diesbezüglich angenommene Eindeutigkeit von Kriminalisierung unrealistisch ist. Es verbleibt ein Rest Unklarheit, der jeder Kriminalisierung innewohnt und der es verhindert, dass man Delinquenz „im Griff hat", wie dies Foucault (1998, 361) ausdrückt. Wie Kriminalität nur vorübergehend in ihren Bedeutungen fixiert werden kann, so bleibt sie auch als Subjektivierungskategorie instabil. In Rechnung zu stellen ist deshalb im Sinne des hier verfolgten Ansatzes die *vergebliche* Bemühung des Einzelnen, durch transgressive Akte „Wahrheiten" über die eigene Person zu gewinnen. Auf Kriminalität bezogene Identitätsarbeit – von anderer muss hier nicht näher die Rede sein – bleibt grundsätzlich fragil und sie handelt sich die Inkonsistenzen und Widersprüche ein, die das Polysem „Kriminalität" charakterisieren. Kriminalität wird demnach als risikobezogene Handlungsweise zwar als Versuch der Kontrolle und der Selbstbehauptung deutlich, aber sie macht den Akteur zum Spielball unkontrollierbarer Bedeutungszuschreibungen. In den Worten von Hayward und Young (2004, 267):

„Crime and transgression in this new context can be seen as the breaking through of restraints, a realization of immediacy and a reassertion of identity and ontology. In this sense, identity becomes woven into rule-breaking."

Das Brechen von Regeln muss gemäß dem Standpunkt der Autoren im Rahmen der „cultural criminology" als Auseinandersetzung mit fluiden Grenzziehungen und Re-/Stabilisierungen von Grenzen gesehen werden. In der subjektivierenden Qualität von Kriminalisierung werden die mit ihr verbundenen Vieldeutigkeiten in ein Subjekt inkorporiert, so dass es dezentriert wird und doch gleichzeitig auf der Suche nach (neuer) Kohärenz eine Zentriertheit anstrebt. Es ist damit Teil „eines fortlaufend zu beobachtenden Wechsels von *Schließung und Öffnung der*

Kontingenz von Subjektformen" (Reckwitz 2008b, 143). Ein Subjekt vollzieht ihn für sich, indem es „Kriminalität" als Semantik einsetzt, die das eigene Handeln und Sein auf spezifische Weise erklärt.

Dieses Changieren zwischen Festlegung und Grenzverschiebung, die im kriminellen Handeln erfahren werden, kann für Subjekte unterschiedlich relevant sein. Kriminalisierung thematisiert – sofern sie im Bereich informeller Beziehungen und als Selbst-Kriminalisierung verbleibt – meist nur Teile einer Identität und von ihr ist nicht immer bzw. fast nie die gesamte Identität betroffen. Im beschriebenen Sinne von einer Bearbeitung der Grenzen von Il-/Legitimitäten zu sprechen, heißt demnach nicht, ein Subjekt müsste sich jeweils vollständig im Sinne der Frage nach seiner subjektiven Authentizität in sie einbringen. Transgression ist – gleichsam: *nur* – insofern subversiv, als sie Grenzen in ihrer Gegebenheit hinterfragt und sie tendenziell verschiebt, aber es handelt sich um nichts anderes als um die schlichte Folge der Inkonsistenz der fragilen Symbolisierung, die Kriminalität leistet und die nur vorübergehende Bedeutungs-Feststellungen erlaubt. Kriminalität ist dabei meist lediglich *eine* „Wahrheit" des Subjekts neben zahlreichen anderen, so dass jede Zuschreibung, ein Subjekt sei kriminell, ihm Gewalt zumutet; als Benennung ist Kriminalität eine „verletzende Handlung" (Butler 1998, 47). Eine individuelle Selbstbeschreibung als „Krimineller" kann die abstrakte, widersprüchliche Kategorie „Kriminalität" zwar konkretisieren und auf subjektive Lebenswirklichkeiten hin einpassen. Sie zeigt damit vordergründig, dass diese Kategorie „gültig" und „zutreffend" sein könnte, um Menschen und Ereignisse zu klassifizieren, insofern sie selbst bei den so Bezeichneten Anerkennung findet und subjektkonstitutive Macht entfaltet. Aber zugleich verdeutlicht die Kategorie „Kriminalität" in diesem Prozess auch ihre Einseitigkeit und ihren überhobenen Anspruch, da sie Bedeutungen mit sich führt, die dem Einzelnen in seiner spezifischen, individuellen Situation *nicht* gerecht werden. Schließlich agiert er, wie bereits gesagt, die meiste Zeit seines Lebens nicht kriminell. Selbst bei einem Blick auf Subkategorien wie „Drogenkonsum", „Gewalttätigkeit", „Sexualdelikte", „Wirtschaftskriminalität" o.a.m. zeigt er höchstens einen kleinen Ausschnitt entsprechender Handlungsformen. Kriminalität *kann* demnach individueller Subjektivität nicht gerecht werden, wenngleich dieser Anschein, gestützt durch die Komplizenschaft des nach kohärenter Identität suchenden Einzelnen, mitunter glaubhaft gemacht wird.

Dies wird durch die paradoxale Botschaft einer Kriminalisierung bestätigt. Durch sie wird der Versuch unternommen, die individuelle Lage des Einzelnen mit Hilfe des Signifikanten „Kriminalität" auszudeuten. Indem dies geleistet wird, wird allerdings nicht eine gegebene Identität verständlich gemacht, sondern es wird ihr ein neuer, keineswegs widerspruchsfreier Identitätsentwurf unterstellt. Der in einen Prozess der Identitätsarbeit eingebrachte Signifikant „Kriminalität" kann kaum zur Erhellung einer „wirklichen" Identität beitragen. Wie sollte dies auch möglich sein? Schließlich beinhaltet Kriminalisierung die Zuschreibung, eine Norm sei gebrochen worden, so dass die Erwartung, durch Kriminalisierung könne eine Form stabiler Identität etabliert werden, unglaubwürdig ist: Immerhin wird *das Unterlaufen* einer Regel thematisiert. Auch falls mit strafenden und/oder erzieherischen Maßnahmen reagiert wird, die die Normgeltung stützen sollen, ist ihnen Kontingenz per se mitgegeben. Dass Normen gerade *nicht* alternativlos sind und jederzeit die Möglichkeit gegeben ist, sie zu verletzen, ist als mindestens latente Botschaft in jeder Kriminalisierung enthalten. Insofern Kriminalisierung in die Subjektivität des Einzelnen eingreift, muss sie – zumal prinzipiell die polyseme Qualität des Signifikanten „Kriminalität" zu bedenken ist – Identitätsarbeit noch konfuser und schwieriger machen, als dies ohnehin der Fall ist. Wurde oben mit Hannah-Moffat aus kriminalpolitischer Perspektive auf die Konstitution eines *„transformative risk subject"* aufmerksam gemacht, das klare identitätsbezogene Botschaften der Kriminalpolitik behindert und das Konfusionen vergegenwärtigt, so wird damit nun aus subjektbezogener Sicht deutlich, dass ebenfalls Inkonsistenzen zur Wirksamkeit gelangen.

Kann man gegen diese Feststellung einwenden, dass es für die Kriminalpolitik doch Möglichkeiten gibt, weitgehend konsistente Identitäten zu prägen? In den meisten Fällen, so wurde bereits ausgeführt, ist dies unwahrscheinlich, da Jugendliche nur in einem verschwindend geringen Teilbereich ihres Identitätsspektrums von Kriminalisierung betroffen sein dürften. Sie mögen Handlungen zeigen, die sie selbst als „kriminell" identifizieren, aber diese Aussage bleibt deutungsoffen und sie ist nur eine von vielen anderen über ein Subjekt. Die wenigsten Jugendlichen werden formell kriminalisiert und können sich so, trotz kleinerer Auffälligkeiten, als „normal" und „konform" erleben.

Aber was ist mit den anderen? Müsste nicht, um den Extremfall zu wählen, zumindest bei einer Inhaftierung eine wirkmächtige Identitätskonstitution vermutet werden, die kaum Raum für unkontrollierte und inkonsistente Identitätsbotschaften lässt, sondern die schlicht etikettiert? Dies scheint bei „harten" Maßnahmen wie einer Inhaftierung zunächst plausibel. Ein zweiter Blick wirft jedoch Zweifel auf. Es sei auf Goffmans (2006) Analyse des Lebens in „totalen Institutionen" hingewiesen, denn selbst in diesen Einrichtungen zeigen sich widersprüchliche, inkonsistente Identitätsbotschaften, mit denen sich der Eingeschlossene auseinanderzusetzen hat. Totale Institutionen nehmen dem Einzelnen vordergründig jede Form einer Subjektivität, die nicht organisational prästrukturiert ist. Aber auch hier ist nicht gewährleistet, dass diese Festschreibung „erfolgreich" ist. Goffman (ebd., 185ff) spricht von der Möglichkeit „sekundärer Anpassung". Sie stellt eine Option dar, „wie das Individuum sich der Rolle und dem

Selbst entziehen kann, welche die Institution für es für verbindlich hält" (ebd., 185).

Goffmans Konzentration auf Rollen und fest gefügte Organisationsstrukturen sei hier nicht weiter hinterfragt, denn entscheidend ist die Perspektive auf ein Unterlaufen vorgegebener, scheinbar eindeutiger und konsistenter Identitätsvorgaben. Es kann in den Worten Goffmans (ebd., 194) *„zerstörerische"* oder *„gemäßigte Formen"* annehmen, d.h. es kann darauf ausgerichtet sein, den Bestand einer Einrichtung zu gefährden oder ihn zu stützen. Wie er ausführt, resultiert aus den meisten Formen sekundärer Anpassung eine organisationale Stabilisierung, da der Anschein, die Ziele und Verfahrensformen der Organisation würden geteilt und befolgt, aufrecht erhalten bleibt. Selbst mit einer Stabilisierung koexistieren allerdings plurale Entwürfe von Identitäten, Identitätsvorgaben und -zurückweisungen.[69] Auch in totalen Institutionen – so mächtig sie operieren mögen – werden keine konsistenten, einheitlichen Identitäten generiert.

Von Kriminalisierung wird dennoch nachhaltig Gebrauch gemacht, und dies erstaunlicherweise auch von den Kriminalisierten selbst, die ihrer Handlungen zurechnen, „kriminell" zu sein. Dies erscheint in besonderem Maße klärungsbedürftig, denn wenn keine stabilen Identitäten zu gewinnen sind, weshalb dann die Komplizenschaft? Der Akteur setzt sich immerhin der Gefahr der Stigmatisierung und des sozialen Ausschlusses aus, und doch etablieren Jugendliche auf der Suche nach einem „authentischen" Selbst und nach „wirklichen" Ursachen ihrer Auffälligkeiten Geschichten der Kriminalität und ihrer Ätiologie.

Um dies zu erhellen, muss man bei den transgressiven Akten ansetzen. Betrachtet man sie als motivationale Referenz einer Deliktbegehung, dann unterscheiden die Handelnden für sich zwischen „Delinquenz" und „Normalität". Transgression ist damit per se durch eine Komplizenschaft des Subjekts gegenüber einer regelsetzenden Autorität ausgezeichnet, da es deren Grenzbestimmungen auf sich und sein Handeln anwendet. Werden in einer kriminellen Handlung Spannung und Anregung gesucht, so ist dies nur dann denkbar, wenn die betreffenden Attributionen geteilt werden, ansonsten würde die Handlung ihren transgressiven Sinn verlieren. Transgression kann v.a. dann Spaß machen und stimulieren, wenn sie als Regelüberschreitung erfahren wird, und somit sollte man weder Gewalttäter, noch Rechtsextremisten, Graffiti-Sprayer oder Drogenkonsumenten unterschätzen, indem man ihnen unterstellt, sie wüssten nicht, dass

---

[69] Die Komplexität von Prozessen der Identitätsentwicklung auch im Rahmen von totalen Institutionen verdeutlichen Studien von Mechthild Bereswill. Am Beispiel von jugendlichen Inhaftierten, die sozialtherapeutisch behandelt werden, wird konstatiert, „wie widersprüchlich und konflikthaft die Wechselwirkung zwischen einem erzieherischen Behandlungsanspruch, dem geschlossenen Rahmen des Gefängnisses und der Dynamik in der Gefangenensubkultur ist" (Bereswill u.a. 2007, 48; s.a. Bereswill 2010; Apel 2008).

ihr Handeln gegen vorherrschende Regeln verstößt. Ein Drogenkonsument beispielsweise, für den der Konsum keine nennenswerte Bedeutung hat, könnte – und würde – ihn unterlassen. In der Drogenverwendung geht er allerdings davon aus, dass Drogenkonsum ein Risiko darstellt, auch wenn für die eigene Person die Wahrscheinlichkeit, von Risiken negativ tangiert zu werden, neutralisiert wird. Vielfältige Techniken der Neutralisierung (vgl. Sykes/Matza 1968; Weyers 2004) können dies begleiten, wobei informellen Drogendiskursen die Botschaft zu entnehmen ist, dass der Gebrauch von Drogen zwar risikobehaftet, aber meistens auch nicht gravierend gesundheitsschädlich ist.[70] Die Konsumenten können demnach eine kalkulierte Stilisierung und emotionale Anregung erfahren, indem sie hegemonialisierte Bewertungen von Drogenkonsum zumindest teilweise *anerkennen*. Der Akteur reproduziert die politische Kategorisierung von Handlungen und wendet sie auf sich an. Er inkorporiert eine Kategorie der Subjektivität, die ihn zu einem Subjekt spezifischer Eigenart machen kann, denn dies ist die Funktion derartiger kultureller Vorgaben: „Indem die Codes sich auf Praktiken auswirken und in das implizite Wissen der sie tragenden Subjekte eingehen, regulieren sie die Subjektivierung" (Reckwitz 2008b, 136) – „regulieren" wohlgemerkt im oben bezeichneten Regelverständnis. Es handelt sich nicht um eine Determination oder um eine einheitlich geordnete Subjektivierung nach einer vorgegebenen Festlegung von Bedeutungen. Im Subjekt kreuzen sich vielfältige Subjektivierungsbotschaften, und insbesondere „kriminell" ist ein Subjekt grundsätzlich nur partiell. Folglich hält sich die „Kultur des Subjekts (…) nicht an die Logik rationaler Grenzziehungen, sondern produziert systematisch Grenzüberschreitungen" (Reckwitz 2006b, 17).

In diesem Sinne betonten Sykes und Matza (1968, 362) zu Recht, dass ein Delinquent „die moralische Gültigkeit des herrschenden normativen Systems in vielen Fällen" teilt und handelt, während er in dieses eingebettet ist. Delinquenz steht folglich nicht außerhalb kultureller Symbolisierungen von „Normalität", sondern sie ist in ihrem Zentrum platziert und etabliert Grenzziehungen, die wirksam sind, da sie in der Regel von den Akteuren auch dann als gültig anerkannt werden, wenn diese auf der Ebene praktischen Handelns gegen die Konformitätsvorschriften verstoßen. Die Betreffenden mögen ihre weitere Behand-

---

[70] Bei den von Jugendlichen relativ häufig verwendeten Cannabisprodukten und Ecstasy ist dies unmittelbar plausibel. Eine geringe Schadenswahrscheinlichkeit kann von anderen Konsumenten erfahren werden. Schädigungen sind im Vergleich zu den hohen Konsumquoten relativ selten. Aber auch bei anderen Substanzen gehen Konsumenten in der Regel risikosensitiv vor: Sie steigern sukzessive das subjektiv in Kauf genommene Risiko, indem Applikationsformen allmählich „härter" werden – z.B. von nasalem Gebrauch zur Injektion –, und indem als „hart" geltende Substanzen erst nach der Verwendung „weicher" Drogen konsumiert werden (vgl. Kandel 2002). Diese statistisch unwahrscheinliche Steigerung folgt nicht Gefahren, die Substanzen inhärent sind, sondern kulturellen Risikozuschreibungen (vgl. Reuband 1990).

lung und Kriminalisierung dann gegebenenfalls als ungerecht erfahren und sich ihr widersetzen, aber dies geschieht nicht außerhalb, sondern innerhalb der betreffenden symbolischen Ordnung. Formelle Kriminalisierung kann an dieser Art von Komplizenschaft ansetzen.

Als Transgression verstandene Kriminalität geht von Kriminalisierung als Öffnung von Erfahrungsräumen aus. Subjekte können sich als kriminell erleben und dies kann durchaus anregend sein. Mit dieser Subjektivierungsleistung verbindet sich jedoch, auch wenn sie vom Einzelnen mitgetragen wird, keine klare Zuordnung, da Kriminalität eben *keine* eindeutige Bezeichnung ist. Jede Rede von ihr verschiebt ihre Bedeutung und es wird verständlich, weshalb im Prozess formeller Kriminalisierung außerordentlicher Aufwand betrieben wird; nicht nur um herauszufinden, ob auf ein Subjekt die Bezeichnung „kriminell" angewendet werden kann oder nicht, sondern um – insbesondere im täterbezogenen Jugendstrafrecht – zu erschließen, um welche Art von kriminellem Subjekt es sich „wirklich" handelt. Den Selbstäußerungen des Betreffenden wird nicht vertraut, trotz aller Komplizenschaft bei der Kriminalisierung. Die Geschichten des Subjekts gelten, auch wenn es über eine „authentische" Motivlage Auskunft gibt, nicht per se als glaubwürdig. Es gibt komplexe Prozeduren, die Gewissheit darüber ermöglichen sollen, wer jemand „ist" (vgl. Garfinkel 1977), da diese Feststellung einer Bekräftigung und Sicherstellung bedarf. So sollen die Unklarheiten beseitigt werden, die damit verbunden sind, dass auch und gerade der Handelnde selbst nicht wissen kann, wer er „ist" – es würde ansonsten genügen, ihn zu fragen. Es „bedarf" umfangreicher Vorkehrungen (Begutachtungen, Diagnosen, Prognosen, Evaluationen, Tests, Profilings usw.), die ihn als spezifisches Subjekt auf der Grundlage der Bedeutungsfolie „Kriminalität" festzumachen suchen.

Aber dies kann nie abgeschlossen werden. Subjekte verändern sich, ihre Lebensumstände sind komplex und nicht gänzlich kontrollierbar, ihr Verhalten ist nicht prognostizierbar und Kriminalität kann vieles bedeuten. Man muss demnach neue Gutachten erstellen, Prognosen an veränderte Rahmenbedingungen anpassen, Evaluationen von Maßnahmen wiederholen usw. Subjektivierung ist nicht nur inkonsistent, sondern auch endlos. Die entsprechenden Maßnahmen und Prozeduren hinken grundsätzlich der Unklarheit nach, die in der Bezeichnung „Kriminalität" liegt. Als Polysem erfordert sie andauernde Arbeit, um die Unzuverlässigkeit, die einem „kriminellen" Subjekt angelastet wird, zu beruhigen. Dem Eifer einer unermüdlichen Einschätzung und Begutachtung eines jugendlichen Delinquenten tut dies zumindest bislang keinen Abbruch, im Gegenteil (vgl. Hußmann 2010). Die Tatsache, dass mit jeder Rede von „Kriminalität" diese in einem neuen Kontext konstituiert wird und ihr Sinn dadurch verschoben wird, bleibt unzugänglich. Dass jeder Versuch, Kriminalität als Erklärung von

Subjekten und Handlungen einzusetzen, neue Unklarheiten produziert, wird kaum wahrgenommen, weshalb diagnostische Maschinerien der Wahrheitsproduktion in expandierendem Ausmaß eingesetzt werden. Ebenso wie ein Scheitern der Prävention ein Mehr an Prävention zu verlangen scheint, verweisen die ausbleibenden Erfolge von Versuchen, „Kriminelle" und die „wahren" Gründe ihres Tuns diagnostisch dingfest zu machen, auf umfassendere Diagnostiken, Prognostiken und Profilings.

5.3 Kontexte und Spuren

Was aber macht Diagnostik bzw. warum gelingt es ihr nicht, ein Subjekt dingfest zu machen? Gibt es nicht kriminelle Karrieren als Festlegung eindeutiger Identitäten, die zu kriminellem Handeln prädisponieren, und kann dies nicht objektiv festgestellt werden?

Man muss hierauf antworten, dass zweifelsfreie Identitäten nicht existieren und mit entsprechenden Annahmen assoziierte Prozeduren objektivistischer Diagnostik nicht plausibel sind. Kriminalität ist stets Kriminalisierung, und jedes Mal, wenn sie thematisiert wird, wird ihr Sinn neu justiert. Dies lässt den diagnostischen Prozess endlos und endlos mühevoll werden. „Kriminalität" ist eine Bedeutung, die als kontingente Relationierung mit Ereignissen kommuniziert wird. Selbst die Komplizenschaft des Subjekts ändert dies nicht.

Um dies verdeutlichen zu können, ist erneut die positivistische Tradition der Befassung mit Kriminalität in den Blick zu nehmen. Sie vermittelt in verschiedener Hinsicht den Eindruck, Kriminalität ließe sich deskriptiv konstatieren, aber dieser Anschein trügt. Betrachten wir dies anhand der Kriminalistik, der ätiologischen Kriminalitätstheorien und der Etikettierungsansätze:

- Die vorherrschende, kriminalistisch ausgerichtete Vorstellung von Strafverfolgung unterstellt, dass sie von einer delinquenten *Handlung* ausgeht. Eine kriminalistisch geschulte Person nimmt an, eine Tat hinterlasse zumindest wahrscheinlich Spuren, deren exakte Deutung auf den „richtigen" Täter schließen lässt (vgl. Mante 2003). Die Kriminalistik übernimmt die strafjustizielle Negativbewertung von Kriminalität und folgt einem naturwissenschaftlichen Selbstverständnis (vgl. Kunz 2004, 28), um sich in den Dienst der Aufklärung von kriminellen Taten stellen zu können. Und dies heißt zu einem Teil, Spuren aufzudecken: Eine Spur enthält ein mehr oder weniger großes, objektiv gegebenes und maximal auszuschöpfendes Potential, zum Täter zu führen. Wenn dies nicht gelingt, wurden entweder keine brauchbaren Spuren hinterlassen oder die – insbesondere kriminaltechnischen und

-taktischen, kriminalstrategisch fundierten (vgl. Schwind 2007, 10ff) – Möglichkeiten, sie zu lesen und zu nutzen, waren nicht im erforderlichen Maße vorhanden. Aber dieses potentielle Defizit ändert nichts daran, dass eine Spur prinzipiell eine Tat repräsentiert und die Überführung der für sie verantwortlichen Akteure ermöglichen kann. Spur, Tat und Täter stehen in unmittelbar kausaler, ja deterministischer Beziehung. Eine Spur „ist" nicht die Tat, aber durch die Spur wird vom Handelnden etwas hinterlassen, das sein Tun abbildet. Diese Spur ist ein Rahmen bzw. ein Kontext, der durch eine Tat hergerufen wurde und der direkt auf sie zurück verweist. Eine auf diese Weise verstandene Komplizenschaft des Subjekts geht von einer in sich delinquenten Tat aus, die mit Recht und konsequent kriminalisiert werden kann, wenn der Täter mit Hilfe geeigneter Mittel der Spurenanalyse gefasst werden kann.

- Ätiologische Kriminalitätstheorien verfolgen eine ähnliche Logik. Eine Tat steht ihnen zufolge objektiv fest und kann durch Rahmungen – vergleichbar den Spuren der Kriminalistik – erhellt werden. Zwar liegen die von diesen Theorien gesuchten, erklärenden Kontexte nicht im kriminalistischen Sinne nach, sondern vor einer Tat. Dennoch unterscheidet sich das zugrunde liegende Wirklichkeitsmodell nicht, insofern enge Kausalbeziehungen unterstellt werden: Tat und Spur/Kontext stehen in direkter Interaktion und beides, sowie ihre Verbindung, kann durch gewissenhafte Analysen objektiviert werden. Kriminalitätstheorien kommt in diesem Wirklichkeitsmodell die Aufgabe zu, ein vertieftes Verständnis von Tat und Täter zu ermöglichen. Dies soll meist durch einen erklärenden Anspruch geleistet werden, indem Kausalbeziehungen erforscht werden. Angestrebt werden kann dies auch durch verstehende, hermeneutische Zugänge, wenn sie Kriminalität als gegebene Tatsache voraussetzen und sich in einen Täter einzufühlen suchen, um „seine" Kriminalität in komplexen individuellen Bezügen und Sinnstrukturen in den Blick nehmen zu können. Die beiden Annäherungen gehen von unterschiedlichen Menschenbildern, Gesellschaftsentwürfen und Wirklichkeitsverständnissen aus. Gemeinsam ist ihnen, dass sie eine Konstruktion von Kontexten unternehmen, die Delinquenz erhellen sollen. Es kommen ganz unterschiedliche in Frage: Sie reichen von abstrakten gesellschaftlichen Aspekten („Anomie", „Desintegration", „soziale Ungleichheit" usw.) bis hin zu im Körper liegenden genetischen oder anderen Auffälligkeiten, die Kriminalität „verursachen". Auch die in pädagogischen und sozialwissenschaftlichen Diskursen unternommene Biographisierung sozialer Auffälligkeit kann als positivistische Kontextualisierung fungieren. Mit Hinweisen auf die Biographie des Einzelnen als zentralem Einflussfaktor für Delinquenz wird dieser eine Rahmung gegeben, die sie zwar angesichts der Komplexität individueller Lebensgeschichten nicht ätiologisch erklären, sie aber zumindest verstehbar ausleuchten soll. Es gibt demnach individuellen Sinn, der tief im Leben eines Einzelnen verborgen ist und durch geeignete Formen der Analyse ans Licht befördert werden kann.

Natürlich differieren diese Annäherungen erheblich. Aber die benannte Gemeinsamkeit ist dennoch einschlägig, da sie eine kausale Beziehung einzelner und/oder interagierender Kontextfaktoren mit einem als „kriminell" bezeichneten Ereignis behaupten. In dieser Hinsicht stimmen sie überein, da ihnen zufolge Kriminalität festgestellt, mit Kontexten assoziiert und von diesen aus erklärt bzw. verstanden werden kann.

- Eine entgegengesetzte Logik zeigen Etikettierungsansätze. Folgt man ihnen, so ist Handeln stets in Kontexte eingebettet, und verstanden werden kann dieses Handeln nur unter Referenz auf die Kontexte. Es wird nicht, wie eben beschrieben, ein objektiv gegebenes Ereignis durch eine (oder mehrere) Kontextvariable(-n) begründet. Vielmehr sind die Kontextvariablen die entscheidenden Ursachen, weshalb ein Ereignis als „kriminell" *gedeutet* wird. Im Sinne des Symbolischen Interaktionismus gibt es keine uninterpretierten Tatsachen, da sie als solche nur durch Aushandlungen in ihrer Bedeutung festgehalten werden. Da ein Ereignis sich nicht selbst erklärt, bedarf es, um verstanden werden zu können, interaktiver Prozesse, in denen zumindest mehr oder weniger konsensuell geklärt wird, was es „ist". In einer ethnomethodologischen Annäherung würde das Ereignis als „indexikal" beschrieben (vgl. Bergmann 2003), d.h. es wird nur durch Kontextbezüge und die in sie eingelassenen Regeln, die ein Verständnis ermöglichen, interpretierbar. Kriminalisierung könnte in diesem Sinne beispielsweise auf die äußere Erscheinung eines (potentiellen) Täters zurückgeführt werden, auf seinen Sprachstil, seine soziale Herkunft, sein Geschlecht usw., da diese Kontexte verstehbar machen könnten, wie Zuschreibungen von Kriminalität zustande kommen. Durch die Qualität einer „kriminellen" Handlung wäre dies nicht legitimiert. Auch hier ist der Kontext entscheidend, denn er bestimmt Kriminalität, und zwar als Faktizität eines Labelings.

In allen drei Fällen wird Erklärungskraft durch eine direkte Beziehung zwischen einem bezeichneten Ereignis und Kontexten gewonnen. Etikettierungsperspektiven nehmen eine Sonderstellung ein, da sie das zu erklärende Ereignis nicht als Kriminalität bestimmen, sondern als Aushandlung im Rahmen eines Kriminalisierungsprozesses. Folgt man dem Labeling-Approach, dann erklären Kontexte nicht Kriminalität, sondern die Zuweisung einer entsprechenden Kategorie. Entscheidende Bedeutung besitzen sie gleichwohl. Es wird also in jedem Fall Kriminalität – als Tatsache oder Interpretationsleistung – auf Kontexte zurückgeführt. Dies erfolgt unterschiedlich und im Rahmen divergenter (wissenschafts-) theoretischer Annahmen, aber Hinweise auf als relevant erachtete Kontexte sind entscheidende Merkmale aller drei Annäherungen an Kriminalität bzw. Kriminalisierung.

Könnte es sinnvoll sein, die Verbindung von Ereignis und Kontext im Unterschied zu diesen Vorgaben zu lösen? Zwei Punkte sind zu bedenken, die es lohnenswert erscheinen lassen, Kontextbindungen zu hinterfragen: die *Vergeblichkeit* jeder Kontextualisierung und die mit jeder Thematisierung von Kriminalität verbundene *Bedeutungsverschiebung*.

Erstens wurde bereits angeführt, dass Kontexte zwar wichtig sind, da „Sinn" stets relationiert ist, dass Kontextualisierungen jedoch prinzipiell unmöglich sind (s. Kap. 3.2). Ein „Kontext bleibt immer offen, also fehlbar und unzureichend" (Derrida 2004b, 9; s.a. Derrida 1988). Versuche einer Kontextualisierung müssten, um ihren Anspruch einlösen zu können, endlos praktizierbar sein. Will man ein vergangenes Ereignis verstehen – sei dies ein historischer Text, ein politisches Ereignis oder eine als „kriminell" identifizierte Tat –, so kann eine Kontextualisierung allerdings stets nur lückenhaft vorgenommen werden. Es gibt, so Latour (2007, 289), im Kontext „keinen Parkplatz", d.h. man findet in ihm keine letztgültige Stoppregel; er kann das Bedürfnis nicht befriedigen, einen sicheren, erklärenden Rahmen für die Identifikation von Ereignissen erreichen zu wollen. „‚Kontext' ist daher eine pragmatisch-flexible Grösse, die sich auf die Kapazität der Forschung einstellen muss, ohne vorab zu wissen, was gefordert werden soll" (Oelkers 2001b, 24). Würde man nicht an bestimmten, als konsensfähig betrachteten *Punkten* mit Kontextualisierungen *aufhören*, so wäre weder wissenschaftliches Arbeiten noch die alltägliche Rede von Kriminalität möglich. Kontexte sind unendlich und müssen im Falle einer konkreten Thematisierung perspektivisch und selektiv eingebracht werden, wodurch andere Kontexte ausgeschlossen werden. Besondere Rahmungen werden ausgewählt und ihnen wird attestiert, relevant zu sein, um Jugendkriminalität zu erklären oder zu verstehen. Was als Kontextualisierung erscheint, erweist sich in der Forschungspraxis deshalb als jeweils anders mögliche, disziplin-/kulturell gesteuerte Unternehmung, da jede Theorie und Empirie von Voraussetzungen ausgeht, die die Beschäftigung mit *bestimmten* Kontexten plausibilisiert. Diese Plausibilisierung selbst wird jedoch nicht oder nur in Ausnahmefällen kontextualisiert und in die Analyse von Kontextbedingungen einbezogen.

Zweitens ist nicht nur zu bedenken, dass Kontexte unendlich sind und die Aufgabe der Kontextualisierung deshalb unlösbar und unrealistisch ist. Gleichfalls relevant ist die Tatsache der mit jeder Rede von Kriminalität performativ veränderten Kontextualisiertheit, d.h. der durch sie verschobenen Kriminalitätsbedeutung. Da Kriminalität nicht an sich, d.h. deutungsunabhängig, betrachtet werden kann, muss selbst und gerade die wissenschaftliche Praxis der Auseinandersetzung mit Kriminalität als Kriminalitätsarbeit angesehen werden. Sie ist in Anbindung an kulturelle Sinnzuschreibungen Teil der Konstruktion von Kriminalitätsbedeutungen. Da Kriminalität nur als Differenzbehauptung existiert, produziert jeder Versuch, die Spur der Kriminalität aufzunehmen, neue Spuren und Differenzen, so dass gilt: „Es gibt durch und durch nur Differenzen und Spuren von Spuren" (Derrida 2004c, 151). In den Kontexten, in die Kriminalität durch die Rede von ihr gestellt wird, sind vorausgehende Bedeutungen nur noch in Spuren vorhanden. Und wer Spuren identifiziert – was bedeutet: wer sie generiert, da „Spuren (erst) im Akt des Spuren*lesens* erzeugt werden" (Krämer 2007, 18) –, bringt neue Differenzen auf und konfundiert, was nur vermeintlich objektiv als Spur gelesen wird. Er unterscheidet mindestens „zwischen Spur und Nicht-Spur" und ist im Akt des Spurenlesens bestrebt, Ereignisse „in das kohärente Bild einer narrativierbaren Spur zu transformieren" (ebd., 19). In anderen Worten: Wer von Kriminalität spricht, realisiert dies in spezifischen Kontexten, er bringt damit neue Differenzen ein und das, wovon er spricht, ist nur noch in Spuren enthalten, die keinen Rückschluss auf eine „echte" Bedeutung zulassen. Der Kriminalist schreibt den Spuren *seine* Bedeutung ein, indem er mit dem subjektiv möglicherweise einmal gegebenen Sinn der Transgression bricht. Ähnliches gilt für wissenschaftliche Diskurse, da in ihnen Spuren in Anlehnung an kulturelle Deutungsvorgaben interpretiert werden, um Kriminalität zu einem im Sinne der Wissenschaften „stimmigen", „plausiblen" Bild zu verarbeiten. Damit ist die Kriminalitätsforschung unmittelbar in Konfusionen verstrickt, da sie den leeren Signifikanten „Kriminalität" mit Bedeutungen füllt *und ihn in ihrem Sinne neu kontextualisiert.* Insofern sich Kriminalitätsbedeutungen kontextabhängig verschieben, partizipiert die Kriminalitätsforschung deshalb – ebenso wie der Kriminalist – an der dauerhaften Sinnverschiebung und -neuorientierung von Kriminalität. Die Unkontrolliertheit der Bezeichnung „Kriminalität" wird damit nicht ausgeschaltet.

Diese Überlegungen ergeben eine ebenso einfache wie folgenschwere Konsequenz: Man muss den Zusammenhang aufbrechen, der in den benannten drei Annäherungen an Kriminalität behauptet wird: Der Sinn eines als „kriminell" bezeichneten Ereignisses ist in der wissenschaftlichen – oder einer anderen, z.B. von Akteuren formaler Kontrolle vorgenommenen – Rede von ihm nicht mehr derselbe, der ihm beispielsweise von einem handelnden Akteur zuvor zuge-schrieben wurde. Wenn jede Artikulation von Kriminalität ihr konstruktiv be-sondere Sinnhaftigkeiten verleiht, dann gibt es keine authentische, ursprüngliche oder echte Kriminalität, die z.B. in einem kriminellen Subjekt gefunden werden könnte. Es gibt hingegen „discursive constitutions that do work for the project of justice, largely rhetorical work that has practical impact" (Donohue/Moore 2009, 331). Eingelassen in diese Konstitutionen ist jeweils „a translation of a person whose identity is dependent on the relationship under consideration" (ebd.). Zu registrieren sind folglich in unterschiedliche Richtungen tendierende Sprachpra-xen, die Kriminalitätsbedeutungen variieren, mehr nicht, und ein sich als krimi-nell verstehendes Subjekt kann hieran beteiligt sein (was allerdings nicht der Fall sein muss). Ein starker Subjektbegriff, wie er in der „cultural criminology" ge-funden werden kann, erübrigt sich dadurch, da man subjektive Erfahrungen und Interpretationen beachten muss, der Einzelne jedoch ein Akteur neben anderen ist. Er mag eine oder mehrere seiner Handlungen als „kriminell" erleben, aber dies garantiert keine hervorgehobene Authentizität, auch nicht in der möglicher-weise qua Transgression erfahrenen Emotionalität, da diese von kulturellen Re-gulierungen geprägt ist (vgl. Loseke/Kusenbach 2008). Selbst der wissenschaft-lichen Analyse bleibt es versagt, eine Authentizität exakt zu repräsentieren. In-dem sie einen „Kriminellen" als solchen anspricht, konstituiert sie eine Fremd-heit, der sie *ihre* Perspektive einschreibt und mit der sie relational verbunden bleibt (vgl. hierzu Waldenfels 2006, 117f).

Erkennt man an, dass Ereignisse durch Kontexte nicht erschöpfend er-schlossen werden können, dann werden jeweils die *konstruktiven* Anteile der Spurensuche sichtbar. Dies nimmt der Kriminalitätsforschung die Option, eine Hinterbühne an Kontexten zu zimmern, durch die Kriminalität als Schauspiel auf einer Vorderbühne objektiviert werden kann. Sie wird gezwungen, das Drehbuch und die Requisiten des Spiels offen zu legen, damit kenntlich gemacht werden kann, welchen Anteil sie an dem Spiel hat.

Es wäre dennoch überzogen, Verbindungen zwischen einem Ereignis (z.B. einem transgressiven Akt) und Kontexten (z.B. als Erklärungsversuchen dieser Akte) gänzlich zu leugnen, denn Sinngehalte ergeben sich faktisch nur und prin-zipiell in Kontexten, die in Beziehung zueinander stehen. Die Bühne muss ge-wissermaßen bestehen bleiben. Es muss anerkannt werden, dass Subjekte mit ihren Aktionen die Deutung verbinden können, es handle sich um Kriminalität. Zudem können Akteure in-/formeller Kriminalisierung Ereignissen und Hand-lungsformen wirkmächtig die Qualität einschreiben, sie seien kriminell. Diese Eigenschaften sind als *Versuche* einer Festschreibung von Sinn ernst zu nehmen, und Kriminalität *existiert* in bestimmen Kontexten, selbst wenn die Bemühun-gen, diese Kontexte zu repräsentieren, auf die beschriebene Weise problematisch sind. Sie nehmen Spuren auf, aber verschieben die in sie gelegten Bedeutungen. Die Sinnzuweisung „Kriminalität" kann an einer Spur verfolgt werden, entlang derer diese Bedeutungen dauerhaft verschoben werden. Ereignisse können kriminell „sein" und von verschiedenen Beteiligten so interpretiert werden, jedoch bringen sie in ihre Interpretationen Differenzen ein, so dass eine frühere Sinnzuweisung nicht identisch wiederholt wird.[71] Die Spur eines als „kriminell" bezeichneten Ereignisses verweist, indem sie identifiziert wird, auf eine „Bewegung, die sowohl Identität wie auch Differenz voraussetzt" (Münker/Roesler 2000, 47). Es wäre demnach nicht sinnvoll zu behaupten, Kriminalität existiere nicht oder es handle sich „nur" um eine Zuschreibung. Man kann die Spuren von Kriminalisierungen analysieren, schließlich generiert jeder Akteur der Kriminalisierung „seine" Kriminalitätswahrheit.

Dies aufzuarbeiten, muss auf eine Weise erfolgen, die die permanente Modifikation von Bedeutungen bei der Verfolgung einer Spur nicht negiert. Eine solche Analyse muss offen sein für die Widersprüche, die zwingend durch Versuche produziert werden, Kontingenzen von Kriminalitätsdeutungen zu negieren. Jeder Richter oder Wissenschaftler-Richter, der Kontingenzen durch kriminalistische oder (andere) objektivistische Annäherungen unterschlägt, müsste auf die von ihm selbst in die Spur eingebrachten Differenzen aufmerksam gemacht werden. Dies kann durch eine Perspektive eingelöst werden, die Ereignissen die Möglichkeit zugesteht, kriminell zu sein, allerdings auf eine Art und Weise, die dann verändert und – gemessen an einem mit der Benennung bereits nicht mehr „ursprünglich" denkbaren Sinn – verschwunden ist, wenn in Bezug auf dieses Ereignis von „Kriminalität" gesprochen wird. Kriminalität ist folglich eine sich gegen Sinn-Festlegungen wehrende Spur.

Ereignisse werden als „Kriminalität" interpretiert und hervorgebracht, indem sie mit kulturell verfügbaren Kodierungsoptionen von „Kriminalität" assoziiert werden. Das Ereignis wird entsprechend diagnostiziert und mit einer besonderen Benennung beginnt seine „Bestimmung" (Cassirer 1942/2008, 168). Aber ob es vor ihr bereits kriminell war oder nicht, und ob es auch in einem anderen Relationsgefüge als „kriminell" bezeichnet würde, kann nur geahnt werden. Indem ein Ereignis als „Kriminalität" identifiziert wird, wird eine Spur verfolgt, die auf „ein Anderes, das unsichtbar ist", verweist; als Spur ist sie „sozusagen etwas aus der Vergangenheit, das eben nur eine ‚Spur' hinterlassen hat" (Levy 2007, 145). Frühere Sinnzuweisungen sind lediglich in einer vorsichtigen und zerbrechlichen Ahnung anwesend, die geraten und abgeschätzt, aber nicht objektiv festgestellt werden kann, denn jeder Spurenlesende legt in die Spur (auch) *seine* Bedeutungen.

---

[71] Vgl. hierzu Derridas (1988) Konzept der „Iterabilität".

Etwas trivialer ausgedrückt könnte man sagen: Der Spurensuchende *„woozelt"*, wenn als „woozeln" die Fehlannahme verstanden wird, man gehe einer „echten" Spur nach, während vorrangig selbst gelegte Fährten verfolgt werden, die sich mit hegemonialisierten Kriminalitätsdiskursen verbinden. Einschlägig ist hierfür „Winnie the Pooh"; er „vertiefte sich so in seine Suche nach vermeintlich gefundenen Schneespuren eines Woozles, dass er letztendlich seine eigenen bei der Suche entstandenen Spuren für den Beweis der Existenz des Woozles hielt" (Graebsch 2010, 141). Dieser „Woozle-Effekt" wird von Christine Graebsch in Referenz auf die Tatsache beschrieben, dass wissenschaftliche Befunde aus Kriminalitätsstudien gleichsam ein Eigenleben gewinnen können und selbst dann kriminalpolitisch rezipiert werden, wenn sie vorherrschenden kriminalpolitischen Trends eigentlich widersprechen, aber prima facie in einen „Mainstream" zu passen scheinen – zumindest, wenn die Befunde nicht ernsthaft und in ihrer Differenziertheit wahrgenommen werden. Auch eine sorgsam erstellte und selbstkritisch ausgerichtete empirische Erhebung kann in einem spezifischen kriminalpolitischen Kontext eine Bedeutung bekommen, die kriminalpolitischen Logiken – und nicht primär empirischen Forschungsprämissen – gehorcht. Diese Studie würde als Ausgang einer Interpretation dann nur als Reminiszenz oder Spur kriminalpolitisch präsent sein, während ihre „ursprüngliche" Bedeutung an Relevanz verliert. Man könnte in der Folge darüber streiten, welche Befunde sie „wirklich" generierte und die Texthermeneutik würde unterschiedliche Auslegungsarten zulassen. Der „echte" Sinn allerdings wäre verpufft, die Arbeit würde als „Beleg" kriminalpolitischer Forderungen angesehen, wobei es deutungsabhängig wäre, welche Gehalte sie „tatsächlich" beinhaltet.

Dies ist durchaus charakteristisch und man kann diesen Effekt nicht nur als nachlässige – oder gar böswillige – Rezeption von Forschungsbefunden betrachten. Entscheidend ist die Verarbeitung und Prozessierung von Wissen nach jeweils besonderen Diskurslagen, durch die neuartiges Wissen kreiert wird. Vorausgehende Sinnzuweisungen an Ereignisse sind in ihnen durchaus anzutreffen, aber nur als Ahnungen. Dies ist gemeint, wenn festgestellt wird, dass Spuren *„konstruiert"* (Reichertz 2007, 324) werden. Sie werden für diejenigen bedeutsam, die Spuren verfolgen, und für diejenigen, die in diesen Prozess – wie freiwillig auch immer – einbezogen sind, aber die Frage nach einem deutungsunabhängigen Kern der Spuren erübrigt sich. Es ist für Spuren charakteristisch, dass das durch sie Bezeichnete auf die konstruktiven Interpretationsakte der Spurenlesenden verweist. Der entscheidende Punkt, ein objektiv unterstellter Sinngehalt, ist in der Spur *nicht* gegeben. Er zeigt sich in ihr allenfalls als ein unmerkliches „Auftauchen von Konturen aus der Dämmerung"; die Spur ist deshalb ein Übergang, ein „Riß, in dem sich das Neue abzeichnet" (Rheinberger u.a. 1997, 19). Eine Spur zu lesen, ermöglicht keine Gewissheit. Das Lesen nimmt Bezug auf eine konstruktiv hervorgebrachte Vergangenheit, wobei die Spur selbst „polyse-misch" ist: „Die Anwesenheit der Spur zeugt von der Abwesenheit dessen, was sie hervorgerufen hat", und diese Abwesenheit öffnet eine Vielzahl möglicher Deutungen. Deshalb bleibt eine vom Subjekt als Transgression gelegte Spur deutungsoffen, und diese „Vieldeutigkeit der Spur ist konstitutiv, also unhinter-gehbar. Etwas, das nur eine (Be-)Deutung hat, ist keine Spur" (Krämer 2007, 17). Bezieht man dies auf Kriminalität, so kann sich formale Kriminalisierung nicht auf eine kriminelle Tat berufen, da sie ihr im Prozess der Kriminalisierung fremde Bedeutungen einschreibt. Kriminalisierung bleibt also widersprüchlich.

5.4 Zwischenresümee

Das Thema des Zusammenhangs von Kriminalität und Subjektivität ist ebenso zentral wie problematisch. Eine kulturtheoretische Annäherung muss verschie-dene Positionen zurückweisen, die in der Kriminalitätsforschung Geltung bean-spruchen:

Erstens ist es nicht erkenntnisförderlich, Polarisierungen einer Makro- und Mik-ro-Ebene vorzunehmen (vgl. etwa Lüdemann/Ohlemacher 2002; Hess/Scheerer 2004), indem individuelle Sinnbezüge auf einer Mikro-Ebene verortet und ihr gegenüber abstraktere soziale Erscheinungen (Organisationen, Institutionen, Diskurse, Statistiken o.a.) konzipiert werden. Eine solche Aufspaltung „führt in die Irre" (Karstedt 1998, 103), da sie Integrationsleistungen einfordert, die unnö-tig sind, wenn die theoretische Perspektive von Beginn an derartige Dichotomien unterlässt (vgl. Bussmann 2000). Man kann zwar z.B. sinnbezogenes Handeln in den Blick nehmen, sollte es aber nicht mit einer Unterstellung von Strukturen assoziieren, die das Handeln bestimmen oder ihm eine latente, tiefgründige Be-deutung einschreiben. Um eine dichotomisierte Perspektive zu vermeiden, wird Kriminalität hier als per se fragile Symbolisierung und Grenzziehung betrachtet. Entsprechende Regulierungen müssen als Sinnzuweisungen angesehen werden, die in den transgressiven Akten von Subjekten zum Tragen kommen. Es gibt demnach weder eine Kriminalität bestimmende Struktur, noch in sich kriminelle Handlungen, noch auch Kriminalisierung ohne Transgression. Eine Makro-Mikro-Konstellation verliert damit ihre Berechtigung.

Zweitens sollte Kriminalität nur mit Vorsicht als Handlung und insbesondere nicht als Persönlichkeitseigenschaft identifiziert werden, um Personalisierungen zu vermeiden. Kriminalität ist eine Differenzbehauptung, die mit manchen Hand-lungen assoziiert wird, wobei bereits im Akt der Assoziation Interpretationen zum Tragen kommen, die zu analysieren sind und die den eigentlich relevanten Gegenstand der Kriminalitätsforschung bilden. Die Symbolisierung von Kriminalität ist stets einzelnen Theoretisierungen – ob sie nun handlungs- oder strukturtheoretisch orientiert sind – vorgelagert. Sie ist auf einer epistemischen Ebene verortet, da sie die Frage nach der prinzipiellen Repräsentierbarkeit von Kriminalität aufwirft und von hier aus andere Realitätsbereiche des Geschehens um Kriminalität – wie die kriminalpolitisch hegemonialisierende Konstitution von Kriminalitätswirklichkeiten oder die kulturelle Kodierung krimineller Subjekte – in den Blick nimmt. Hinweise auf eine Handlung können hierbei höchstens einen Teilbereich des Geschehens adressieren, und zwar einen Teilbereich, dessen Relevanz nicht überschätzt werden sollte. Handlungstheorien führen „starke" Subjektbegriffe mit sich, deren Problematik oben beschrieben wurde. Gleiches gilt für eine persönlichkeits- oder identitätstheoretische Konzeption von Kriminalität, da sie auf fragwürdigen Prämissen fußt. Sie kann nur dann ertragreich sein, wenn eine „kriminelle Persönlichkeit" als Zuschreibung anerkannt wird, die einem in Kriminalisierungsprozesse involvierten Subjekt per se Gewalt antut. Eine überdauernde Zurechnung von Kriminalität existiert nur, indem sie Dynamiken negiert und Kontingenzen überdeckt, und gerade dies ist der interessanteste Fokus, wenn Kriminalität theoretisiert wird. Subjektivität und Konstruktionen einer „Persönlichkeit" können hierbei in das Zentrum des Forschungsinteresses rücken, allerdings sucht man den Ursprung von Deutungen und kulturellen Sinnmustern im Individuum „vergeblich" (Karstedt 1998, 103). Gemäß einer kulturtheoretischen Annäherung sind kulturelle Kodierungen von Kriminalität in ihrer möglichen Funktion der Subjektivierung zu betrachten, aber nicht Subjekte und ihre Handlungen als Ursache von Kriminalität. Selbst wo Menschen in transgressiven Akten Kriminalität begehen, kann dies nicht sinnvoll analysiert werden, wenn nicht die vorgängigen Prozesse benannt und untersucht werden, durch die Transgressionen erst ermöglicht werden. In diesem Sinne kann Kriminalität nicht von Kriminalisierung geschieden werden, sondern zu erforschen bleiben die Symbolisierung von Ereignissen als „Kriminalität" und die durch sie ermöglichte Transgression. Wo diese als Risikoverhalten im gängigen Sinne, d.h. als mehr oder weniger leichtsinniger Umgang mit einer objektiv gegebenen Schadenswahrscheinlichkeit, gedeutet wird, handelt es sich um eine Verzerrung. Transgression ist orientiert an Risiken, die als symbolische Zuschreibungen fungieren und die in transgressiven Akten zugleich anerkannt und unterlaufen werden.

Drittens sind Einwände gegen Theorien vorzubringen, die von einer Logik und Konsistenz der Kriminalisierung ausgehen. Frühe interaktionistische Etikettierungspositionen haben mit Recht herausgearbeitet, dass Kriminalisierung stets ein arbiträres Moment enthält. Sie wurde als Aushandlung des Status (potentiell) Krimineller verstanden. Die Folgewirkungen für die so Bezeichneten wurden jedoch als objektiv zugänglich angesehen, denn sie wurden zu faktisch Kriminellen, die aufgrund einer – wenn auch selektiv durchgesetzten – Etikettierung kriminell handelten. Dies entspricht der Theoretisierung einer Produktion von Kriminellen. Während Kontingenz demnach für die Aushandlung von Kriminalität beansprucht wird, scheint sie sich im Verlauf der Kriminalisierung zu verlieren, da sie als konsistenter Prozess gedacht wird: Wenn ein Subjekt zunächst auch ungerechtfertigt gelabelt wird, so verhält es sich in der Folge dann doch kriminell, so dass zumindest die spätere Kriminalisierung durchaus legitim erscheint. Um diesen Widerspruch auszuräumen, muss ein Subjekt „immer im Prozess seiner permanenten kulturellen Produktion" (Reckwitz 2008b, 10) gedacht werden. Kriminalitätsarbeit muss dauerhaft geleistet werden, ansonsten verliert sich die Glaubwürdigkeit der Aussage, ein Subjekt sei kriminell. Und selbst wenn diese Arbeit erfolgt, bedeutet dies noch nicht, dass es kriminell „ist", denn angesichts der Kontingenz von Kriminalisierung geht in der betreffenden Subjektivierung diese Kontingenz in die bezeichnete Subjektform ein. Kriminalisierung bedeutet nicht, ein Subjekt würde „wirklich" kriminell, sondern es bleibt bei fragilen Symbolisierungen, unabhängig davon, ob sie sich auf eine Handlung, auf ein Subjekt oder etwas anderes beziehen. Möchte man dem gerecht werden, so sollte Kriminalisierung als sprachlich-diskursiver Prozess in den Blick genommen werden, der Bedeutungen konstituiert und Bedeutungsjustierungen vornimmt. Er richtet sich auf Ereignisse, denen er eine spezifische – polysemische – „Realität" gibt, und diese Zuschreibung kann sich z.B. auf die Etikettierung von Subjekten beziehen. Kriminalisierung bleibt dabei inkonsistent, auch wenn sie „kriminelle" Subjekte konstituiert.

Die drei Zurückweisungen lassen sich positiv wenden. Sie geben den Blick frei für die Vielfalt, Eigensinnigkeit und Unkontrollierbarkeit der Ereignisse, die als „Kriminalität" wahrgenommen werden. Kriminalisierung verliert ihren übermächtigen Status. Selbst dort, wo sie besonders wirkmächtig erscheint, in totalen Institutionen und in den drastischen Ausschließungen, die sie hervorruft, generiert sie Inkonsistenzen und tritt als Gewaltverhältnis in Erscheinung, das durch Widersprüche erkauft ist. Kriminalisierung kann sich nicht auf einen moralischen Konsens der Kriminalisierenden, auf eine Bedrohung der Gesellschaft durch kriminelle Handlungen oder auf eine „rationale Kriminalpolitik" berufen. Sie ist an Transgressionen gebunden, die Bedeutungen von Kriminalität stets verändern und unterlaufen, so dass eine allgemeine Aussage über „die" Kriminalität kaum möglich ist. Sie wird zwar in hegemonialisierten Kriminalitätsbegriffen plausibel gemacht, aber gerade in der Hegemonie einzelner Vorstellungen von Kriminalität zeigen sich Widersprüche und Widerstände. Dies zeigen Jugendliche in ihren massenhaften und episodenhaften Handlungen, die als „kriminell" bewertet werden, nachdrücklich, da sie Kriminalität als ephemere Erscheinung nachweisen, die nicht auf einen Nenner allgemeiner Verständlichkeit gebracht werden kann.

Die Praxis, vor diesem Hintergrund einige Jugendliche als „Intensivtäter" zu brandmarken und ihnen z.B. eine antisoziale, „life-course persistent" (Moffitt 1993) Form der Delinquenz zu unterstellen, zeigt sich als letztlich verzweifelter Versuch, die Aporien des Konzepts „Jugendkriminalität" zu verschleiern. Einige Jugendliche werden selektiert, um sie – vorrangig zu Kontrollzwecken (vgl. Naplava 2008) – als „echte", dauerhafte Kriminelle zu behandeln, während die Kriminalität der Mehrheitsjugendlichen als unscheinbar, nicht gravierend und diversionsgeeignet interpretiert wird. Man revitalisiert die „Aussonderungskategorie" (Oelkers u.a. 2008) der „Unerziehbarkeit", die punitiven Interessen genügen mag, die aber in keiner Weise in der Lage ist, ein widerspruchsfreies Bild von Kriminalität zu zeichnen. Gerade die vermeintlichen „Intensivtäter" verdeutlichen, dass die Kategorie „Kriminalität" nur mit größerem Interpretationsaufwand mit Ereignissen und Subjekten assoziiert werden kann, und je massiver diese Zuschreibungen erfolgen, desto deutlicher wird die Vergeblichkeit des Unterfangens, Kriminalisierung als notwendig und sinnvoll erscheinen zu lassen. Kriminalität bleibt eine Spur, die mit kriminalisierten Handlungen verbunden ist, deren Verfolgung jedoch mehr über Kriminalisierende aussagt als über eine kriminelle Tat.

6 Über die Möglichkeit, Jugendkriminalität zu verstehen

6.1 Warum man Jugendkriminalität nicht verstehen kann...

Es existieren zahlreiche Theorien zu Kriminalität und mittlerweile gibt es auch eine ansehnliche Reihe an Versuchen, integrative Theorien zu formulieren (vgl. zu letzterem z.B. Gottfredson/Hirschi 1990; Hermann 2003; Hess/Scheerer 2004; Tittle 2001; 2004; im Überblick Bernard 2001; Eifler 2002, 56ff; Göppinger/Bock 2008, 180ff; Lilly u.a. 2007, 310ff; Vold u.a. 2002, 301ff). Während es Übereinstimmung in verschiedenen Punkten gibt, widersprechen sich die Theorien in zentralen Aspekten – bis hin zu der Frage, ob es überhaupt eine integrative Theorie der Kriminalität geben kann, da kein einheitlicher Gegenstandsbereich existiert. Diese Kritik an der Möglichkeit, eine allgemeine Theorie der Kriminalität aufzustellen, ist sicherlich zutreffend. Auf der Objektebene gibt es nicht „die" Kriminalität, sondern es handelt sich um völlig unterschiedliche Sachverhalte, die unter einen Kollektivsingular subsumiert werden. Im Falle von Jugendkriminalität ist dies nicht anders; zumindest in Deutschland umfasst sie keinen anderen Katalog an Straftatbeständen als die Kriminalität Erwachsener. Jugendkriminalität ist demnach ebenso komplex und widersprüchlich wie Kriminalität insgesamt. Man sollte nicht darauf hoffen, diese Disparatheit überdecken zu können, indem Kriminalität eine substantielle Wesenhaftigkeit eingeschrieben wird. Wer dies unternimmt, muss scheitern, wie am prominentesten die „General Theory of Crime" von Gottfredson und Hirschi (1990). Sie versuchen in ihrem breit rezipierten und nicht selten kritisierten Entwurf, Kriminalität als eine Unfähigkeit des Einzelnen nachzuzeichnen, ranghohen Anforderungen an Selbstkontrolle und rationale Risikokalkulation gerecht zu werden. Dies mag für Jugendliche und die ihnen unterstellte Tendenz zu impulsivem, risikobetontem Verhalten plausibel erscheinen. Jedoch kann ein genauerer Blick offenbaren, dass es sich um kaum mehr als ein wissenschaftlich formuliertes Vorurteil handelt: (Jugendliche) Täter scheinen der Komplexität der modernen Gesellschaft nicht entsprechen zu können, da sie schnelle Befriedigung suchen, während andere, „normale" Bürger arbeiten und ihre Bedürfnisse im Rahmen einer konventionellen Lebensführung zurückzustellen in der Lage sind. Dass Delikte z.T.

„eine geringe Impulsivität", „eine hohe Ausdauer" und „ein planvolles Handeln" (Bornewasser u.a. 2007, 462) aufweisen, gerät ebenso wenig in den Fokus der Aufmerksamkeit wie die interaktive und selektive Konstitution von „Kriminalität" als symbolisierte Bedeutungszuschreibung an einzelne Ereignisse. Bei zurückhaltender Interpretation muss man den Autoren deshalb vorhalten, ihre Theorie sei „incomplete" (Tittle u.a. 2004, 168). Versuche, dies zu korrigieren, wie sie Tittle im Rahmen seines Ansatzes der „control balance" anstrebt, führen zu deutlich differenzierteren Annäherungen und die Attraktivität einer eingängigen und trotzdem – zumindest dem Anspruch nach – kulturübergreifend gültigen Theorie geht verloren.

Der Kern des Problems, Kriminalitätstheorien zu integrieren, betrifft allerdings nicht vorrangig die Frage, wie ausdifferenziert eine entsprechende (Meta-) Theorie sein muss. Es geht um basalere Aspekte, denn mit den Theorien konkurrieren jeweils Menschenbilder, Kriminalitätsvorstellungen, normative Weltbilder und (kriminal-) politische Haltungen (vgl. Hess 1999a). Diese prinzipiell agonalen Bezüge unter eine einzige Theorie subsumieren zu können, ist ausgeschlossen. „Omnipotenzansprüche" müssen, wie Lautmann (2005, 266) in Bezug auf sozialwissenschaftliche Kriminalitätstheorien ausführt, „scheitern". Alleine die Ansprüche von ätiologischen und etikettierungsbezogenen Perspektiven sind derart unterschiedlich, dass sie nur unter Verzerrung der jeweils differenten Grundlagen und Ansatzpunkte ineinander geführt werden könnten. Es überrascht deshalb nicht, dass „Kriminalitätserklärungen so unbefriedigend ausfallen" (ebd., 252) und dies angesichts der konflikthaften Relation einzelner Theorien auch nicht anders sein könnte. Regelmäßig wird auf Defizite der Theoretisierung von Jugend-/Kriminalität hingewiesen. Lamnek (2007, 289) stellt bezüglich der von ihm analysierten sozialwissenschaftlichen Devianztheorien – bei nicht-sozialwissenschaftlichen Theorien vermutet er plausiblerweise eine mindestens ähnliche Tendenz – fest: „Die Erklärungskraft aller Theorien ließ zu wünschen übrig, weil allzu viele Unwägbarkeiten und Imponderabilien nicht in die Überlegungen einbezogen wurden." Sie können die Komplexität interpersonellen Lebens nicht abbilden. Deshalb ist, so Walter (2005, 52), „die Unzulänglichkeit vorherrschender Erklärungsansätze bewusst" zu halten. Insofern er Theorien für ein Verständnis des Geschehens um Kriminalität für wichtig hält, müssten Theorien „*selbst zum Gegenstand* der fortwährenden *Reflexion und Kritik*" (ebd., 52) gemacht werden.

Diese Forderung ist zu unterstreichen. Jede Rede von Kriminalität ist theoriehaltig und unabhängig davon, ob dies bewusst oder unbewusst erfolgt, werden durch sie Bedeutungen kommuniziert, in denen Vorentscheidungen über ein „wahres Wesen" von Kriminalität getroffen werden (vgl. Arrigo 2003). Im Rahmen einer wissenschaftlichen Auseinandersetzung muss dies dazu führen, vor allem die oftmals latent gehaltenen Prämissen einer Theoretisierung explizit zu machen (vgl. Kreissl 2000), denn nur so kann auf ein vertieftes Verständnis von Jugendkriminalität gehofft werden. Angesichts des grundlegenden Dissenses aktueller Theorien muss man hierzu ebenfalls grundlegend werden: Es ist auf die erkenntnistheoretische Frage einzugehen, wie Kriminalität als Kategorie der Wirklichkeitskonstruktion fungieren kann. Theoretische Unzulänglichkeiten beginnen bereits dort, wo man Kriminalität ein Wesen einschreibt und ihre Ontologisierung nicht mehr als diskussionswürdig begreift.

Nimmt man demgegenüber ernst, dass Kriminalisierung nicht „ist", sondern gemacht wird und ihr ausschließlich durch aktive Bedeutungszuschreibung ein „Sein" gegeben wird, dann bildet die Anerkennung von Kontingenz die Ausgangsbasis der theoretischen Betrachtung. Die von Lamnek angesprochenen Imponderabilien müssen dann nicht verschleiert werden, sondern sie geraten in den Fokus der Aufmerksamkeit. Schließlich lässt sich über Kriminalität nur – aber immerhin – sagen, dass sie eine Differenz behauptet, während alles Weitere unklar bleibt. Jede zusätzliche Unterstellung einer Kriminalitätswirklichkeit bedarf der Analyse, denn Kriminalität ist als Polysem zu betrachten, das keine gewissen und trennscharfen Bezeichnungen zulässt. Als Signifikant bleibt sie leer, auch und gerade weil ihr verschiedenste Bedeutungen unterstellt werden und ihre begriffliche Verwendung keine exakte Beschreibung eines Sachverhalts zu leisten vermag.

Dies ist allerdings kein Grund für Frustration. Man kann der angezeigten Bescheidenheit eine positive Wendung geben, indem die Vielfalt als Chance zur Reflexion betrachtet wird. Dies wird möglich, wenn Theorien nicht als gültige oder nicht-gültige Möglichkeiten angesehen werden, Kriminalität zu erklären. Man muss sie als das betrachten, was sie sind: Versuche, das Ereignis Jugend-/ Kriminalität im Rahmen axiomatischer Setzungen und partikularer Perspektiven auszudeuten. Dies ist in keiner Weise abwertend gemeint, denn jede Theoretisierung – auch die hier unternommene – muss Schwerpunkte setzen und zum Zwecke der eigenen Positionierung Kontingenzen negieren. Indem dies getan wird, werden partikulare Verständnisoptionen von Delinquenz geöffnet und andere verschlossen. Es werden Rahmungen definiert, innerhalb derer Kriminalität auf eine bestimmte Art und Weise verstanden werden kann. Selbst wenn zugegeben werden muss, dass sie damit nicht umfassend ausgeleuchtet werden kann, sagen Theorien – zumal sie Bedeutungen kommunizieren, die über wissenschaftliche Diskurse hinausgehen (vgl. Quensel 1986) – doch zumindest etwas über Perspektiven aus, durch die Delinquenz sichtbar gemacht und als Erkenntnisgegenstand konstituiert wird. Theorien treffen Aussagen über Delinquenz, allerdings nicht in einem positivistisch misszuverstehenden Sinne, denn sie können Kriminalität niemals erklären. In ihrem Versuch, sie zu repräsentieren und mit ihr umzugehen, artikulieren sie (mehr oder weniger) stillschweigend akzeptierte Vorannahmen, die in Kriminalitätsbegriffe einfließen. Dies kann für eine Analyse aussagekräftig sein, denn gerade diese Vorannahmen und Axiomatiken bezeugen Grenzlinien der Il-/Legitimität, die in (disziplin-) kulturellen Aussagezusammenhängen konstituiert werden und Subjekten zur Transgression angeboten werden (vgl. Bussmann 2000, 243).

Somit kann selbst eine Theorie, die ihren Anspruch einer allgemeinen Erklärung von Kriminalität nicht einlösen kann, verwendet werden, um sie darauf hin zu untersuchen, wie sie Kriminalität symbolisiert. In diesem Sinne wäre z.B. von Gottfredson und Hirschi zu lernen, dass Kriminalität auf hedonistische, relativ unkontrollierte Einzeltäter verweist, deren Sozialisation als letztlich misslungen betrachtet wird. Den Handlungen der Betreffenden soll der Sinnbezug „Kriminalität" eingeschrieben werden. In Referenz auf den Durkheimschen Anomiebegriff wäre Kriminalität mit Individuen zu assoziieren, die im Zuge sozialen Wandels und gesellschaftlicher Krisen stresshaft überfordert sind. Bei der Betrachtung von gesellschaftstheoretisch erweiterten Etikettierungsansätzen müsste Kriminalität als objektive Qualität negiert werden und es wäre danach zu forschen, wie sie im Rahmen spezifischer Gesellschaftsformationen aufgrund gegebener Herrschaftsverhältnisse und/oder Produktionsbedingungen durch selektive Normanwendung spezifischen Subjekten als Label angeheftet wird. Es handelt sich bei diesen Beispielen jeweils um unterschiedlich begründete Versuche, Kriminalität bzw. Kriminalisierung zu repräsentieren und es kann erkenntnisreich sein danach zu fragen, welche Theorien zu bestimmten Zeitpunkten mit welchen Folgewirkungen als akzeptabel betrachtet werden und bei welchen dies nicht der Fall ist.

Eine objektivistische Annäherung an Jugendkriminalität wird damit zurückgewiesen. Aber kann man Jugendkriminalität durch den damit angemahnten analytischen Zugang wenn schon nicht im positiven Sinne erklären, sie doch zumindest einem Prozess des qualitativen *Verstehens* zuführen? Kunz etwa fordert, indem er an Vorgaben interpretativer Forschung anknüpft, einen solchen verstehenden Zugang. Die Hoffnung auf eine objektive Erklärung von Kriminalitätsursachen bleibe unrealistisch und die dominierenden positivistischen Erkenntnistheorien und Methodologien der Kriminologie seien gescheitert. Deshalb sei „*Abhilfe* zu suchen durch Favorisierung jener kriminalitätstheoretischen Orientierungen, die sich dem komplementären Erkenntnismodell des *Verstehens* zuordnen. Dabei handelt es sich im Wesentlichen um kriminologische Anwendungen des symbolischen Interaktionismus" (Kunz 2004, 220f). In der Konsequenz seien „in erster Linie *qualitative* Sinndeutungen des Geschehens auf der Basis der wechselseitigen Subjektperspektive der Betroffenen" (ebd., 223) von Interesse.

Dem kann im Prinzip zugestimmt werden, denn die Sicht von Subjekten ist ohne Zweifel eine relevante und aufschlussreiche Quelle, um die Kommunikation von Kriminalitätsdeutungen erforschen zu können. Allerdings konfrontiert die hier verfolgte kulturtheoretische Sicht mit einer Warnung: Die symbolische Qualität von Kriminalität verweist gerade *nicht* vorrangig auf Subjekte, da ihnen optionale Anschlüsse an Kriminalitätsbedeutungen per se vorgegeben sind. Subjektive Interpretationen, die in einer Situation realisiert werden, verweisen zurück auf Bedeutungsjustierungen (vgl. Clarke 2007, 432). Ohne Kriminalitätsdiskurse, in denen Ereignisse als Kriminalität qualifiziert werden und in denen Möglichkeiten definiert werden, sie als eine „authentische" Geschichte über Subjekte zu erzählen, würde die subjektive Dimension bedeutungslos. Sie wird erst auf der Grundlage kultureller Diskurse denkbar, so dass eine Hermeneutik subjektiver Kriminalitätsbedeutungen zwar wichtig ist, aber gleichzeitig entscheidende Aspekte ausblendet. Die Subjektdimension kann nur Teilbereiche der relevanten Bedeutungstransfers und Sinnbezüge sichtbar machen. Dies heißt nicht, sie sei uninteressant, im Gegenteil. Allerdings muss bedacht werden, dass, wie Denzin (2003) prinzipiell zum Symbolischen Interaktionismus ausführt, subjektive Erfahrung im Rahmen von Bedingungen von Erfahrungs*möglichkeiten* verortet werden muss. In seinen Worten:

„Die Politiken der Repräsentation sind grundlegend für die Erforschung von Erfahrungen. Der Frage nach dem Wie der Repräsentation eines Gegenstandes ist ein Kampf um Macht und Bedeutungen eingeschrieben" (ebd., 146).

Dem „Gegenstand" Jugendkriminalität ist auch als von einem Subjekt artikulierte Erfahrung eine agonale Auseinandersetzung um die „legitime" Bezeichnung von Erfahrung inhärent. Der Betreffende mag sich als „kriminell" interpretieren und dies kann in der Forschung rekonstruiert werden; allerdings ergibt diese Aussage nur Sinn, wenn ihre Referenz, nämlich Diskurse der Kriminalisierung, bedacht wird. Einen Zugang zu einer deutungsunabhängigen Wahrheit kann es dabei nicht geben (ebd.). Es handelt sich bei subjektiven Kriminalitätswirklichkeiten um Versuche der Repräsentation einer Realität, deren Konstitutionsbedingungen stets mitgedacht werden müssen. Man sollte diesbezüglich nicht der Hoffnung anhängen, Repräsentationen durch eine wie auch immer bestimmbare Objektivität oder Authentizität legitimieren zu können.

Dies ist gegen den Anspruch zu wenden, man könne Jugendkriminalität zwar nicht erklären, aber wenigstens aus der Sicht des Subjekts verstehen, denn nicht nur der Anspruch ätiologischen Erklärens ist unzureichend, sondern auch der eines Einfühlens in die Subjektivität eines „Kriminellen". Die erstgenannte Ambition unterstellt Kausalitäten und lineare Entwicklungen, die der hybriden

Qualität des kulturellen Kodes „Kriminalität" nicht gerecht werden. Die zweitgenannte geht von der intersubjektiven Gültigkeit von Sinn- und Wertbezügen aus, was nicht gerechtfertigt ist, da auch dieser Zugang zu „Kriminellen" Prämissen beinhaltet, die zu klären und zu hinterfragen sind. Dem Polysem „Jugendkriminalität" ist mit größerer Vorsicht zu begegnen, denn was sie ist (und was nicht), kann nicht als konsensuell bestimmt betrachtet werden. Der Versuch, Delinquenz zu verstehen, weist zwar in die richtige Richtung, da er sich von einem positiven Erkenntnisgegenstand verabschiedet. Aber an seine Stelle sollte nicht komplementär ein Imperativ des Verstehens treten, der axiomatisch eine intersubjektive Übereinstimmung von Perspektiven annimmt, die bei genauerer Betrachtung nicht zu rechtfertigen ist. Schließlich orientieren sich „kriminelle" Subjekte bei ihren Erzählungen an kulturellen Bedeutungen und reproduzieren vorherrschende Deutungsmuster (vgl. Schetsche/Hoffmeister 2005). Eine Sinn verstehende Annäherung, die die kontingente Voraussetzungshaftigkeit von Kriminalitätsdarstellungen nicht anerkennt und die missachtet, dass homogenisierende Zuschreibungen der Ereignishaftigkeit des Kriminalitätsgeschehens und dessen Repräsentation Gewalt antun, würde die betreffenden Deutungen schlicht reproduzieren. Es ist deshalb ernst zu nehmen, dass Darstellungen und Abbildungen von Kriminalität sprachlich-diskursiv verfasst sind und bemüht sind, das Spiel und die Unkontrolliertheit von Ereignissen zu unterbinden. Somit „scheint in der Darstellung des Anderen immer auch eine mehr oder weniger versteckte Gewaltsamkeit der anthropologischen Verstehensbemühungen durch" (Bachmann-Medick 2007, 145). Bachmann-Medick (ebd., 152) verweist auf das „Problem der standortabhängigen, notwendig fragmentierten Kulturbeschreibung und die Krise der Repräsentation".

Als kulturelles Ereignis kann Delinquenz nicht einfach verstanden werden, indem man sich einem „kriminellen Subjekt" zuwendet und seine Sicht der Dinge rekonstruiert. Im Akt der Zuwendung und in dem auf Repräsentation abzielenden Anspruch des Verstehens wird unterschlagen, dass Kriminalität in ihrer *Ereignishaftigkeit* dadurch bereits negiert wurde. Sie ist in den jeweiligen Erzählungen nur als *Spur* präsent, die keinen Anspruch auf eine ursprüngliche Bedeutung einlösen kann. Indem von Kriminalität gesprochen wird, finden Zuschreibungen statt, die homogenisieren und typisieren, ohne dass hinter ihnen eine „echte" Bedeutung verborgen wäre. Wer glaubt, einen „Kriminellen" in dessen Erzählungen verstehen zu können, täuscht sich deshalb. Er „weiß in der Regel weder, was er falsch verstanden hat, noch was sich der Informant als seinen begrenzten Verständnismöglichkeiten entsprechend zurechtgelegt hat. *Gerade dieses Mißverstehen des Mißverstehens aber liegt der Vorstellung zugrunde, den anderen voll verstanden zu haben.* Ein solches vollständiges Verstehen des anderen aber kann es nicht geben, zumal jedes Verstehen – wie schon Gadamer schrieb – letztlich auf ein Sichverstehen hinausläuft" (Kohl 2002, 224; Hervorh. B.D.). Und vollends fragwürdig wird der Verstehensanspruch, wenn Derridas Einspruch gegen Gadamer rezipiert wird, dass Verstehen „weder jemals recht möglich noch überhaupt wünschenswert ist" (Grondin 2009, 108), denn:

> „Verstehen – heißt das nicht, den anderen in ein – wenn nicht totalisierendes, so doch vereinnahmendes – System integrieren" (ebd., 107)?

Nimmt man mit diesem anti-hermeneutischen Impuls ernst, dass Versuche des Verstehens von einem Willen zur Beherrschung durchdrungen sind oder zumindest sein können[72], so muss kriminalitätswissenschaftliche Theoriearbeit, paradox ausgedrückt, dazu beitragen, Kriminalität unverständlich zu machen. Theorien offerieren Möglichkeiten des Verstehens, die mit Verständnisimperativen und axiomatischen Vorentscheidungen über ein Wesen „der" Kriminalität überladen sind. Man muss die Theorien deshalb in ihrer Pluralität und Widersprüchlichkeit nutzen, um nachvollziehen zu können, dass sie ein Verstehen von Kriminalität systematisch behindern. Erst wenn *gegen sie* der Kriminalität ihre Ereignishaftigkeit und Kontingenz zurückgegeben wurde, kann man sie wieder als Differenzbehauptung sehen, die in sich weder konsistent noch zwingend ist. Die Aufgabe der Erforschung von Kriminalität, gegenüber vorherrschenden Kriminalitätsdiskursen „andere Beschreibungen zu liefern" (Cremer-Schäfer/Steinert 1998, 244), verlangt also nicht etwa, sich von Theorien zu verabschieden, sondern sich auf ihre Widersprüche und ihre gescheiterten Erklärungsphantasien einzulassen, um auf dieser Grundlage ein Missverstehen akzeptieren zu können. In diesem Sinne spricht Kohl (2002, 225; s.a. Bachmann-Medick 2007, 157) von einer „Anthropologie des Mißverstehens", die insofern weiterführend sein kann, als sie von einer prinzipiellen Differenz der Perspektiven ausgeht.

Mit ihr ausgestattet, nähert man sich der Kriminalität nicht durch eine deduktive Logik, wie sie (auch) dem Verstehensimperativ eigen ist. Sie unterstellt eine gemeinsam geteilte Sinnhaftigkeit von Kriminalitätsbedeutungen. Im Gegensatz zu dieser Konsensorientierung kann Kriminalität nur dann als Differenzbestimmung und kontingente Zuschreibung anerkannt werden, wenn im Sinne Denzins die in sie eingelassenen „Politiken der Repräsentation" bedacht werden, während die Annahme, man könne Kriminalität verstehen und problemlos über sie sprechen, sie fälschlicherweise als eine konsistente Kategorie der Wirklich-

---

[72] Gadamers Hermeneutik unterstellte: „Verstanden wird, was im Ethos einer gelebten Kultur schon verstanden worden ist" (Figal 2009, 339). Nicht nur dieser Verstehensanspruch, auch dieser Kulturbegriff ist mit dem hier zugrunde gelegten Verständnis unverträglich, so dass Derridas Einwand gestützt werden muss (vgl. zu dessen Kulturverständnis Moebius/Quadflieg 2006; zu neueren Positionen und Diskussionen um Verstehenskonzepte und -optionen vgl. Rehbein/Saalmann 2009).

keit voraussetzt. Die Frage nach der Hegemonialisierung spezifischer Kriminalitätsbedeutungen kann damit aber nicht mehr gestellt werden. Sie ist nur zugänglich, wenn Kriminalität als deutlich fraglicher bestimmt wird, als es der verbreitete Verstehensanspruch zu leisten vermag.

6.2 ... man es aber trotzdem versuchen sollte

Ansprüche, Jugendkriminalität einem objektivistischen Erklärungspostulat zu unterwerfen, müssen scheitern. Allerdings sind auch Versuche, sie zu verstehen, zumindest ambivalent. Sie sind dort überzogen und gewalttätig, wo sie einen kollektiven Sinnhorizont unterstellen, aus dem das Verstehen schöpfen könnte. Jedoch können sie fruchtbar gemacht werden, um die Zumutungen zu relativieren, die Kriminalisierungen und eine kontingenzvergessene Umgangsweise mit Kriminalität mit sich bringen. Beschäftigen wir uns zunächst mit der Frage, warum sich dies lohnen sollte, um dann abschließend am Beispiel der Kriminalitätsprävention das Gemeinte näher zu beschreiben.

Es könnte eingewendet werden, dass der Reflexionsaufwand vergeblich ist, da Kriminalität keine Besonderheit darstellt. Andere Termini sind nicht trennschärfer und „echter", so dass es letztlich gleichgültig wäre, wenn ihr eine Inkonsistenz nachgewiesen wird. Dies ist prinzipiell richtig. Es gibt jedoch gute Gründe dafür, gerade in Bezug auf Jugendkriminalität Vorstellungen darüber in Gang zu setzen, wie die Dinge „anders sein könnten" (Denzin 2003, 148):

Zum einen zeichnet sich die alltägliche und wissenschaftliche Perspektive auf Kriminalität durch einen grundsätzlichen und in den letzten Jahren wieder wachsenden positivistischen Anschein aus (vgl. Hayward/Young 2004; Young 2004). Ihm zufolge *ist* Kriminalität die Handlung eines Individuums; sie ist objektiv gegeben und ihre Hintergründe können kausal erklärt werden. Entgegen aller Kritik, die Labelingpositionen und Kritische Kriminologie seit mehreren Jahrzehnten üben, und trotz der nach wie vor unerfüllten Versprechungen einer objektiven oder integrativen Erklärung von Kriminalität wird an dieser Sicht kaum gerüttelt. Damit ist Kriminalität ein besonderes Beispiel für eine „Metaphysik der Substanz", denn durch Kriminalisierung vorgenommene Bezeichnungen tendieren dazu, „das Benannte festzuschreiben, es erstarren zu lassen, zu umgrenzen und als substantiell darzustellen" (Butler 1998, 56). Es bedarf also weiteren Rüttelns an der Sicht auf Kriminalität als unerschütterliches Datum.

Zum anderen, und dies ist der wichtigere Grund, besitzt die Kategorisierung von Ereignissen als „Kriminalität" deutliche und vorrangig negative Konsequenzen für die Kriminalisierten. Dies wird unmittelbar einsichtig, wenn bedacht wird, dass formelle Kriminalisierung der Grundaussage kriminalpolitischer Diskurse widerspricht, die Kriminalisierung (nicht nur, aber auch) Jugendlicher habe ihrer Resozialisierung und dem immer häufiger angemahnten Schutz der Gesellschaft dienlich zu sein. Kriminalisierung kontrastiert die sie offiziell begründende instrumentelle, empirisch gestützte Verfahrenslogik; offensichtlich wird sie nach anderen Vorgaben praktiziert. Dass diese eindeutig und zielorientiert seien, ist kaum anzunehmen, da Kriminalisierung nicht in sich konsistent ist. Gleichwohl sind ihre Folgewirkungen zu bedenken, wie sie in Kapitel 4.2 geschildert wurden: Kriminalisierung konfrontiert mit der Ausschließung von gesellschaftlichen Ressourcen und sie legitimiert dies durch die objektivistische und personalisierende Begründung, dass die Ausgeschlossenen dies angesichts ihres Handelns „verdient" hätten; Ausschließung durch Kriminalisierung erweckt den „Eindruck der ‚Selbstausschließung'" (Cremer-Schäfer 2002, 137; s.a. Christie 1995b, 110; Stehr 2005).

Es gibt also Anlass, Kriminalität als kulturelles Ereignis und fragmentierte Symbolisierung zu rekonstruieren und damit weitere grundlagentheoretische Arbeiten anzuregen. Die betreffenden Analysen sind gut beraten, die in der Forschung bislang vernachlässige Wie-Perspektive zu Ungunsten von Warum-Fragen aufzuwerten: Es ist notwendig, mehr Energie als bislang für die Aufarbeitung der Prozesse zu verwenden, durch die Menschen kriminalisiert werden und mittels derer die Kategorie „Kriminalität" mit spezifischen Bedeutungen gefüllt wird, anstatt danach zu forschen, weshalb Menschen kriminell handeln. Man wird Delinquenz nicht gänzlich verstehen können, aber man erfährt bei der Beschäftigung mit ihr vieles über Kriminalisierung, über die Hegemonialisierung von Vorgaben „legitimen" Lebens und die Bereitschaft, Menschen auszuschließen, wenn sie geforderten Erwartungen nicht entsprechen und ihre Auffälligkeit ihnen zum Vorwurf gemacht wird. Das Ziel dieser *spezifischen* Verstehensleistung wäre nicht Kriminalitätsbegehung, sondern Kriminalisierung; es ginge nicht primär um Subjekte, die kriminell handeln, sondern um transgressive Akte im Bezug auf durch Kriminalisierung gezogene Grenzen der Legalität/Legitimität. Im Fokus des Interesses stünden weniger strukturelle Tiefendimensionen von Kriminalität/Kriminalisierung als vielmehr kontingente Praxen der Subjektivierung durch hegemoniale Semantiken der Kriminalität. Insgesamt würde nicht „Kriminalität" als positives Signifikat untersucht, sondern Kriminalisierung als politische Justierung eines leeren Signifikanten.

Man kann derzeit kaum die Hoffnung hegen, dass *diese* Art des Verstehens von Kriminalität besondere Resonanz erfahren wird. Vorherrschende Trends der vergangenen Jahre gehen in eine andere Richtung: in die der Zufriedenheit mit relativ einfachen Antworten auf das komplexe Phänomen Jugendkriminalität. Das Schlagwort „If we are tough on crime, if we punish crime, then people get the message" (Hogeveen 2005) zeigt internationalen Widerhall. Selbst Institutionen, denen traditionell unterstützende, auf Resozialisierung abzielende Funktionen zugesprochen werden, partizipieren an einer punitiv transformierten Kriminalpolitik (vgl. Bradt/Bie 2009; Oelkers u.a. 2008; Ziegler 2005). Gleichwohl zeigen sich auch Widerstände. Gegen punitive Forderungen der Kriminalpolitik wird, vor allem bei Jugendlichen, immer wieder auf die kontraproduktiven Folgen „harter" Interventionsformen und die Dynamik und Entwicklungsoffenheit jugendlicher Lebensverhältnisse hingewiesen, so dass Rhetoriken eines (selektiven) Wegschließens konterkariert werden.

Die Kriminalitätsforschung ist in diese Auseinandersetzungen involviert. Sie lässt sich zumindest teilweise auf Diskurse ein, die auf die schnelle Verwertbarkeit von Wissen und normative Forderungen abstellen. Grundlagentheoretische Arbeiten werden dadurch erschwert. Gerade sie sind allerdings notwendig. Und in diesem Sinne wurde hier versucht, „Jugendkriminalität" als Kategorie zu hinterfragen, um die Voraussetzungshaftigkeit und die Nebenfolgen der Rede von ihr zu verdeutlichen. Werden sie bewusst gehalten, so kann ein offener und selbstkritischer Umgang mit entsprechenden Kategorisierungen angedacht werden, der durchaus praxisrelevant sein kann, wenn es gelingt, Komplexitäten und Alternativen einzublenden, wo Kriminalisierungen auf einfache Antworten drängen (vgl. Arrigo u.a. 2005). Es wird zumindest schwieriger, durch Kriminalisierung vorgenommene soziale Ausschließungen zu tolerieren oder zu befördern, wenn „Kriminalität" als eine relationale, nicht objektiv gegebene Kategorie verstanden wird (vgl. Cremer-Schäfer 2010) und wenn nicht Kriminalität, sondern Kriminalisierung zum Ausgangspunkt von Interventionen gemacht wird (vgl. Stehr 2005, 282f). Wenn zudem noch in Betracht gezogen wird, dass die Bezeichnung „Jugendkriminalität" in sich widersprüchlich ist und sich ihr Anspruch einer sinnvollen Benennung von Subjekt- und Handlungsqualitäten kaum rechtfertigen lässt, dann wird es umso weniger plausibel, den Terminus im bisher gebräuchlichen Sinne zu verwenden. Grundlagentheoretische Begriffsarbeit kann folglich den Blick auf Alternativen, Widerständigkeiten und subversive Umgangsweisen öffnen (vgl. Butler 1998).

Neben einer punitiven Tendenz im Umgang mit Jugendkriminalität zeigt die *Präventionseuphorie* der vergangenen Jahre besonders nachdrücklich den Bedarf für eine Lockerung des erstarrten Kriminalitätsblicks. Forderungen nach einer Entdramatisierung von Delinquenz, wie sie gegen Ende der 1960er und in den 1970er Jahren u.a. im Zuge der Rezeption von Etikettierungsansätzen im deutschsprachigen Raum vertreten wurden, verlieren sich im präventiven Blick allzu leicht, da er sich den Anschein gibt, lediglich etwas zu verhindern, das allgemein unerwünscht ist. Institutionen und Akteure, die mit Jugendlichen Kontakt haben, werden zunehmend mit der Erwartung überfrachtet, sie sollten und müssten vor allem ein Ziel verfolgen: Kriminalität verhindern. Dass dieser Anspruch die Beteiligten regelhaft überfordert, ist angesichts des widersprüchlichen Forschungsstandes zur Entstehung von Kriminalität nahe liegend. Es scheint fast, als würde mit dem Eingeständnis, dass eine positivistische Erklärung von Kriminalität nicht möglich ist, umso dogmatischer auf dem Anspruch der Kriminalitätsprävention beharrt. Dabei bleibt unklar, wie man etwas verhindern könnte, dessen Ursachen man nicht kennt – und möglicherweise gar nicht kennen kann, da es die im positivistischen Wissenschaftsprogramm verankerten Kausalitäten zumindest im Bereich von Delinquenz nicht gibt.

Zwar wird versucht, der Unkenntnis gerecht zu werden, indem Präventionsmaßnahmen sich zunehmend probabilistischer Kalküle bedienen und eine Haltung der Regulierung und des Managements (potentiell) „Krimineller" und „kriminogener" Situationen implementieren (vgl. Dollinger 2002, 294ff; Reder/Ziegler 2010; bereits Vobruba 1983). Kriminalität soll damit nicht mehr umfassend verhindert, sondern situativ und sozialräumlich eingedämmt werden, wozu es genügen könnte, auf statistische Auftretenshäufigkeiten zu rekurrieren, die sich den Anschein einer Theorielosigkeit und pragmatischen Nutzbarkeit geben. Dies löst aber nicht die prinzipiellen Probleme, mit denen die Präventionslogik behaftet ist. Es ist mittlerweile breit dokumentiert, dass Prävention einseitig normorientiert ist und sie alternative Entwicklungspfade von Menschen ausblendet. Sie kann in ihrem Bezug auf sozial Auffällige – der auch in probabilistischen und technologischen Präventionsmodellen auftritt, denn präveniert wird meist bei benachteiligten Kreisen bzw. Personen – von stigmatisierenden Effekten begleitet werden. Außerdem können selbstbestärkende Prozesse einer immer weiter voranzutreibenden Präventionseuphorie in Gang gesetzt werden, was letztlich eine umfassende Kontrolle alltäglicher Lebenszusammenhänge legitimieren würde usw. Trotz dieser gut bekannten Kritiken und Probleme wird Prävention in wachsendem Maße betrieben und sie schickt sich an, eine tendenziell vorherrschende Deutungsfolie des Umgangs mit Jugendlichen zu werden. In der Jugendarbeit wird deshalb vor einer „Korrumpierung" durch die Kriminalitätsprävention gewarnt (vgl. Frehsee 2001) – ein derzeit besonders aktueller Hinweis, da sogar gefordert wird, pädagogische Freizeiteinrichtungen für Jugendliche zu schließen, da sie Kriminalität nicht verhinderten, sondern förderten (vgl. Pfeiffer u.a. 2008a/b; zur Kritik Hafeneger u.a. 2008). Die Reduktion von Kriminalität wird durch derartige Postulate als nahezu einzig legitimer Sinn der Arbeit mit Jugendlichen stilisiert. Pädagogische Tätigkeiten und Unterstützungsleistungen werden hingegen delegitimiert, was in den USA ein einschlägiges Beispiel findet. Simon (2007, 220f) spricht von einer „penal pedagogy", die sich vor dem Hintergrund eines punitiven kulturellen Klimas gegenüber (kriminellen)

Jugendlichen abzeichne: „schools have responded by adopting a range of innovations that borrow directly from criminal justice. We have already touched on the presence of professional security agents, advanced security detection equipment (like mental detectors and X-ray machines), and the routine practice of searching, seizing, and interrogating students. These techniques remain concentrated in schools in high-crime areas, but elements of them have spread to schools serving demographic sectors with much less real exposure to violence."

Nun ist der aktuelle Umgang mit Jugendkriminalität zumindest in Deutschland nicht schlicht als punitiv zu kennzeichnen, da andere Interventionsrationalitäten weiterbestehen. Aber die von Simon beschriebenen Trends verdeutlichen eine ebenso verführerische wie irreführende Präventionslogik, die sukzessive eigenlogisch funktioniert und alternative Blicke auf Jugendliche ausschließen kann. In diesem Zusammenhang auf eine Öffnung der Perspektive zu drängen und dazu aufzurufen, die Kategorie „Jugendkriminalität" vorsichtiger als bislang zu verwenden, ist von besonderer Relevanz. Wenn Jugendliche als kriminell oder kriminalitätsgefährdet wahrgenommen werden, ist grundlegend zu fragen, welche Perspektivitäten sich mit derartigen Zuschreibungen verbinden. Das kulturtheoretische Insistieren auf Jugendkriminalität als *kontingente* und *polyseme* Kategorisierung sollte ernst genommen werden, da es den Zugang zu anderen Interpretationsarten der betreffenden Ereignisse öffnet.

7 Literatur

Aden, H., 2008: Problemdefinition und Agendasetting in der Kriminalpolitik. In: H.-J. Lange (Hg.): Kriminalpolitik. Wiesbaden. S. 121-136.

Adler, F./.W.S. (Hg.), 1995: The Legacy of Anomie Theory. New Brunswick/London.

Alber, J., 1987: Vom Armenhaus zum Wohlfahrtsstaat. 2. Aufl. Frankfurt a.M.

Albrecht, G., 1981: Zwerge auf den Schultern eines Riesen? Neuere Beiträge der Theorien abweichenden Verhaltens und sozialer Kontrolle in der Tradition Emile Durkheims. In: H. v. Aleman/H.P. Thun (Hg.): Soziologie in weltbürgerlicher Absicht. Opladen. S. 323-358.

Albrecht, G., 1990: Theorie sozialer Probleme im Widerstreit zwischen „objektivistischen" und „rekonstruktionistischen" Ansätzen. In: Soziale Probleme. 1. Jg., S. 5-20.

Albrecht, H.-J., 2000: Foreigners, Migration, Immigration and the Development of Criminal Justice in Europe. In: Penny Green/Andrew Rutherford (Hg.): Criminal Policy in Transition. Oxford. S. 131-150.

Albrecht, H.-J., 2010: Internationale Tendenzen in der Entwicklung des Jugendstrafrechts. In: B. Dollinger/H. Schmidt-Semisch (Hg.): Handbuch Jugendkriminalität. Wiesbaden. S. 43-59.

Albrecht, P.-A., 1983: Zur Legitimationsfunktion von Jugendkriminalstatistiken. In: H. Schüler-Springorum (Hg.): Jugend und Kriminalität. Frankfurt a.M. S. 18-31.

Albrecht, P.-A., 2005: Kriminologie. 3. Aufl. München.

Albrecht, P.-A./Lamnek, S., 1979: Jugendkriminalität im Zerrbild der Statistik. München.

Alex, M./Feltes, T., 2008: Von der Pathogenie des Strafvollzugs. Rationale Erklärung für ein irrationales Phänomen. In: H.-J. Lange/H.P. Ohly/J. Reichertz (Hg.): Auf der Suche nach neuer Sicherheit. Wiesbaden. S. 89-102.

Alliez, É., 2004: The Difference and Repetition of Gabriel Tarde. In: Distinktion. Scandinavian Journal of Social Theory. 9. Jg., S. 49-54.

Ames, A., 2006: Familienbande als Rettungsring? In: Widersprüche. 26. Jg., S. 57-65.

Andresen, S., 2005: Einführung in die Jugendforschung. Darmstadt.

Anhorn, R., 2010: Von der Gefährlichkeit zum Risiko – Zur Genealogie der Lebensphase „Jugend" als sozialem Problem. In: B. Dollinger/H. Schmidt-Semisch (Hg.): Handbuch Jugendkriminalität. Wiesbaden. S. 23-42.

Anhorn, R./Bettinger, F. (Hg.), 2002: Kritische Kriminologie und soziale Arbeit. Weinheim/München.

Apelt, M., 2008: Sozialisation in „totalen" Institutionen. In: K. Hurrelmann/M. Grundmann/S. Walper (Hg.): Handbuch Sozialisationsforschung. 7. Aufl. Weinheim. S. 372-383.

Arrigo, B.A., 2003: Postmodern Justice and Critical Criminology: Positional, Relational, and Provisional Science. In: M.D. Schwartz/S. Hatty (Hg.): Controversies in critical criminology. Cincinnati OH. S. 43-55.

Arrigo, B.A./Milovanovic, D./Schehr, R.C., 2005: The French connection in criminology. Albany NY.

Baader, F. v., 1835/1925: Über das dermalige Mißverhältnis der Vermögenslosen oder Proletairs zu den Vermögen besitzenden Klassen der Sozietät in Betreff ihres Auskommens sowohl in materieller als intellektueller Hinsicht aus dem Standpunkte des Rechts betrachtet. In: ders.: Schriften zur Gesellschaftsphilosophie. Jena. S. 319-338.

Bachmann-Medick, D., 2007: Cultural Turns. Neuorientierungen in den Kulturwissenschaften. 2. Aufl. Reinbek b. Hamburg.

Baecker, D., 2008: Zur Kontingenz der Weltgesellschaft. In: D. Baecker/M. Kettner/D. Rustemeyer (Hg.): Über Kultur. Theorie und Praxis der Kulturreflexion. Bielefeld. S. 139-162.

Baecker, D./Kettner, M./Rustemeyer, D. (Hg.), 2008: Über Kultur. Theorie und Praxis der Kulturreflexion. Bielefeld.

Baratta, A., 1990: Rationale Drogenpolitik? Die soziologischen Dimensionen eines strafrechtlichen Verbotes. In: Kriminologisches Journal. 22. Jg., S. 2-25.

Barry, A./Thrift, N., 2007: Gabriel Tarde: imitation, invention and economy. In: Economy and Society. 36. Jg., S. 509-525.

Becker, H.S., 1981: Außenseiter. Frankfurt a.M.

Beckett, K., 1997: Making crime pay. New York.

Beckett, K./Nyrop, K./Pfingst, L., 2006: Race, Drugs, and Policing: Understanding Disparities in Drug Delivery Arrests. In: Criminology. 44. Jg., S. 105-137.

Beckett, K./Nyrop, K./Pfingst, L./Bowen, L., 2005: Drug Use, Drug Possession Arrests, and the Question of Race: Lessons from Seattle. In: Social Problems. 52. Jg., S. 419-441.

Beckett, K./Sasson, T., 2000: The politics of injustice. Thousand Oaks, Calif.

Beckett, K./Western, B., 2000: Crime Control, American Style: From Social Welfare to Social Control. In: Penny Green/Andrew Rutherford (Hg.): Criminal Policy in Transition. Oxford. S. 15-31.

Beckett, K./Western, B., 2001: Governing social marginality: Welfare, incarceration, and the transformation of state policy. In: D. Garland (Hg.): Mass Imprisonment. London u.a. S. 35-50.

Beirne, P., 1983: Cultural relativism and comparative criminology. In: Contemporary Crises. 7. Jg., S. 371-391.

Beirne, P., 1987a: Adolphe Quetelet and the Origins of Positivist Criminology. In: American Journal of Sociology. 92. Jg., S. 1140-1169.

Beirne, P., 1987b: Between Classicism and Positivism: Crime and Penalty in the Writings of Gabriel Tarde. In: Criminology. 25. Jg., S. 785-819.

Belina, B., 2009: Broken Windows Redux: Stimmt's also doch? In: Kriminologisches Journal. 41. Jg., S. 58-62.

Bennington, G./Derrida, J., 1994: Jacques Derrida. Frankfurt a.M.

Bereswill, M., 2010: Strafhaft als biographischer Einschnitt. Befunde zum Jugendstrafvollzug aus der Perspektive seiner Insassen. In: B. Dollinger/H. Schmidt-Semisch (Hg.): Handbuch Jugendkriminalität. Wiesbaden. S. 545-556.

Bereswill, M./Döll, M./Koesling, A./Neuber, A., 2007: „Ich weiß gar nicht, warum die das mit mir machen" – Sozialtherapeutische Behandlungsmaßnahmen aus der Sicht inhaftierter junger Männer. In: Zeitschrift für Jugendkriminalrecht und Jugendhilfe. 18. Jg., S. 48-55.

Bergmann, J.R., 2003: Ethnomethodologie. In: U. Flick/E. von Kardorff/I. Steinke (Hg.): Qualitative Forschung. 2. Aufl. Reinbek bei Hamburg. S. 118-135.

Bernard, T.J., 2001: Integrating Theories in Criminology. In: R. Paternoster/R. Bachman (Hg.): Explaining criminals and crime. Los Angeles, Calif. S. 335-346.

Bernfeld, S., 1994: Sämtliche Werke. Bd. 2: Jugendbewegung und Jugendforschung. Weinheim/Basel.

Besnard, P., 1988: The true nature of anomie. In: Sociological Theory. 6. Jg., S. 91-95.

Biermann, B./Bock-Rosenthal, E./Doehlemann, M./Grohall, K.-H./Kühn, D. (Hg.), 2004: Soziologie. 4. Aufl. München.

Bittscheidt, D./Lindenberg, M., 1998: Zero Tolerance im Umgang mit Jugenddelinquenz? In: Neue Kriminalpolitik. 10. Jg., S. 23-28.

Blankenburg, E., 1974: Karl Marx und der „Labeling"-Ansatz. In: Kriminologisches Journal. 6. Jg., S. 313-319.

Blumer, H., 1975: Soziale Probleme als kollektives Verhalten. In: Hondrich, K.O.: Menschliche Bedürfnisse und soziale Steuerung. Eine Einführung in die Sozialwissenschaft. Reinbek b. Hamburg. S. 102-113.

Boatcă, M., 2003: Kulturcode Gewalt. In: S. Lamnek/M. Boatcă (Hg.): Geschlecht - Gewalt - Gesellschaft. Opladen. S. 55-70.

Bock, M., 1995: Kriminologie. 5. Aufl. München.

Boers, K./Kurz, P., 1997: Kriminalitätseinstellungen, soziale Milieus und sozialer Umbruch. In: K. Boers/G. Gutsche/K. Sessar (Hg.): Sozialer Umbruch und Kriminalität in Deutschland. Opladen. S. 187-253.

Boers, K./Pöge, A., 2003: Wertorientierungen und Jugenddelinquenz. In: S. Lamnek/M. Boatcă (Hg.): Geschlecht - Gewalt - Gesellschaft. Opladen. S. 246-268.

Boers, K./Reinecke, J. (Hg.), 2007: Delinquenz im Jugendalter. Münster.

Boers, K./Schaerff, M., 2008: Abschied vom Primat der Resozialisierung im Jugendstrafvollzug? In: Zeitschrift für Jugendkriminalrecht und Jugendhilfe. 19. Jg., S. 316-324.

Bohle, H.H., 1975: Soziale Abweichung und Erfolgschancen. Die Anomietheorie in der Diskussion. Darmstadt/Neuwied.

Böhnisch, L., 1999: Abweichendes Verhalten. Weinheim.

Böhnisch, L., 2008: Sozialpädagogik der Lebensalter. 5. Aufl. Weinheim.

Böhnisch, L./Arnold, H./Schröer, W., 1999: Sozialpolitik. Eine sozialwissenschaftliche Einführung. Weinheim/München.

Bohnsack, R., 2007: Rekonstruktive Sozialforschung. 6. Aufl. Opladen.

Böllinger, L., 1993: Soziale Disziplinierung und Moralstrafrecht – Illegaler Drogenkonsum und BtMG. In: D. Frehsee/G. Löschper/K.F. Schumann (Hg.): Strafrecht, soziale Kontrolle, soziale Disziplinierung. Opladen. S. 271-280.

Bonnell, V.E./Hunt, L. (Hg.), 1999a: Beyond the Cultural Turn. Berkeley, Calif.

Bonnell, V.E./Hunt, L., 1999b: Introduction. In: V.E. Bonnell/L. Hunt (Hg.): Beyond the Cultural Turn. Berkeley, Calif. S. 1-32.

Boogaart, H.d.v./Seus, L., 1991: Radikale Kriminologie. Pfaffenweiler.

Bornewasser, M./Eifler, S./Reichel, K., 2007: Wie allgemein ist die „General Theory of Crime"? In: Monatsschrift für Kriminologie und Strafrechtsreform. 90. Jg., S. 443-465.

Böschen, S., 2007: Wissenschaft und Gesellschaft. In: R. Schützeichel (Hg.): Handbuch Wissenssoziologie und Wissensforschung. Konstanz. S. 751-763.

Bourdieu, P., 1985: Sozialer Raum und „Klassen". Frankfurt a.M.

Bourdieu, P., 1998: Die biographische Illusion. In: ders.: Praktische Vernunft. Zur Theorie des Handelns. Frankfurt a.M. S. 75-83.

Bradt, L./Bie, M.B.-D., 2009: Social Work and the Shift from 'Welfare' to 'Justice'. In: British Journal of Social Work. 39. Jg., S. 113-127.

Brentel, H., 1999: Soziale Rationalität. Entwicklungen, Gehalte und Perspektiven von Rationalitätskonzepten in den Sozialwissenschaften. Opladen/Wiesbaden.

Bröckling, U., 2004: Prävention. In: U. Bröckling/S. Krasmann/T. Lemke (Hg.): Glossar der Gegenwart. Frankfurt a.M. S. 210-215.

Bröckling, U., 2007: Das unternehmerische Selbst. Frankfurt a.M.

Bröckling, U./Krasmann, S./Lemke, T. (Hg.), 2000: Gouvernementalität der Gegenwart. Frankfurt a.M.

Brown, S., 2006: The criminology of hybrids. Rethinking crime and law in technosocial networks. In: Theoretical Criminology. 10. Jg., S. 223-244.

Brumlik, M., 1989: Zur Trivialisierung einer wissenschaftlichen Revolution. Die Rezeptionsgeschichte des Etikettierungsansatzes in der sozialpädagogischen Metatheorie. In: T. Olk/H.-U. Otto (Hg.): Soziale Dienste im Wandel 2. Entwürfe sozialpädagogischen Handelns. Neuwied/Frankfurt a.M. S. 19-47.

Brusten, M., 1999: Kriminalität und Delinquenz als soziales Problem. In: G. Albrecht/A. Groenemeyer/F.W. Stallberg (Hg.): Handbuch soziale Probleme. Opladen. S. 507-555.

Buestrich, M./Burmester, M./Dahme, H.-J./Wohlfahrt, N. (Hg.), 2008: Die Ökonomisierung sozialer Dienste und sozialer Arbeit. Baltmannsweiler.

Bundesministerium des Inneren/Bundesministerium der Justiz (BMI/BMJ), 2006: Zweiter Periodischer Sicherheitsbericht. Berlin.

Bundesministerium für Familie, Senioren, Frauen und Jugend (BMFSFJ), 2006: Zwölfter Kinder- und Jugendbericht. Berlin.

Bundeskriminalamt (BKA), 2008: Polizeiliche Kriminalstatistik 2007. Wiesbaden.

Bundeszentrale für gesundheitliche Aufklärung (BzgA), 2004: Die Drogenaffinität Jugendlicher in der Bundesrepublik Deutschland 2004. Teilband illegale Drogen. Köln.

Bundeszentrale für gesundheitliche Aufklärung (BzgA), 2008: Die Drogenaffinität Jugendlicher in der Bundesrepublik Deutschland 2008. Köln.

Burchell, G./Gordon, C./Miller, P. (Hg.), 1991: The Foucault Effect. Studies in Governmentality. London u.a.

Bussmann, K.-D., 2000: Evolution und Kriminalität. In: Monatsschrift für Kriminologie und Strafrechtsreform. 83. Jg., S. 233-246.

Bussmann, K.-D./Kreissl, R. (Hg.), 1996: Kritische Kriminologie in der Diskussion. Opladen.

Butler, J., 1998: Haß spricht. Zur Politik des Performativen. Berlin.

Butler, J., 2001: Psyche der Macht. Frankfurt a.M.

Butler, J., 2009: Was ist Kritik? Ein Essay über Foucaults Tugend. In: R. Jaeggi/T. Wesche (Hg.): Was ist Kritik? Frankfurt a.M. S. 221-246.

Bütow, B./Chassé, K.A./Hirt, R. (Hg.), 2008: Soziale Arbeit nach dem sozialpädagogischen Jahrhundert. Opladen.

Butterwegge, C., 2005: Krise und Zukunft des Sozialstaates. 2. Aufl. Wiesbaden.

Carrington, K./Hogg, R. (Hg.), 2002: Critical criminology. Devon.

Casale, R., 2009: Kultur. In: S. Andresen/R. Casale/T. Gabriel/R. Horlacher/S. Larcher Klee/J. Oelkers (Hg.): Handwörterbuch Erziehungswissenschaft. Weinheim. S. 520-529.

Cassirer, E., 1961: Zur Logik der Kulturwissenschaften. 2. Aufl. Darmstadt.

Cassirer, E., 1980: Substanzbegriff und Funktionsbegriff. 5. Aufl. Darmstadt.

Cassirer, E., 1942/2008: Der Gegenstand der Kulturwissenschaften. In: U. Wirth (Hg.): Kulturwissenschaft. Frankfurt a.M. S. 155-190.

Christie, N., 1995a: Grenzen des Leids. 2. Aufl. Münster.

Christie, N., 1995b: Kriminalitätskontrolle als Industrie. Pfaffenweiler.

Christie, N., 2005: Wieviel Kriminalität braucht die Gesellschaft? München.

Clarke, A., 2007: Grounded Theory: Critiques, Debates, and Situational Analysis. In: W. Outhwaite/S.P. Turner (Hg.): The Sage handbook of social science methodology. Los Angeles, Calif. S. 423-442.

Cloos, P., 2008: Die Inszenierung von Gemeinsamkeit. Weinheim.

Cohen, A., 1968: Mehr-Faktoren-Ansätze. In: F. Sack/R. König (Hg.): Kriminalsoziologie. Frankfurt a.M. S. 219-225.

Cohen, A./Short, J.F., 1968: Zur Erforschung delinquenter Subkulturen. In: F. Sack/R. König (Hg.): Kriminalsoziologie. Frankfurt a.M. S. 372-394.

Cornel, H., 2010: Der Erziehungsgedanke im Jugendstrafrecht: Historische Entwicklungen. In: B. Dollinger/H. Schmidt-Semisch (Hg.): Handbuch Jugendkriminalität. Wiesbaden. S. 455-473.

Cremer-Schäfer, H., 1985: Biographie und Interaktion. Selbstdarstellungen von Straftätern und der gesellschaftliche Umgang mit ihnen. München.

Cremer-Schäfer, H., 1998: Weshalb Arme so leicht kriminell werden müssen. In: Neue Kriminalpolitik. 10. Jg., S. 33-37.

Cremer-Schäfer, H., 2002: Formen sozialer Ausschließung. Über den Zusammenhang von „Armut" und „Kriminalisierung". In: R. Anhorn/F. Bettinger (Hg.): Kritische Kriminologie und soziale Arbeit. Weinheim/München. S. 125-146.

Cremer-Schäfer, H., 2006: Neoliberale Produktionsweise und der Umbau des Sozialstaats. In: C. Schweppe (Hg.): Sozialpädagogik im Übergang. Weinheim/München. S. 157-173.

Cremer-Schäfer, H., 2010: Die Jugendkriminalitätswelle und andere Kriminalisierungsereignisse. In: B. Dollinger/H. Schmidt-Semisch (Hg.): Handbuch Jugendkriminalität. Wiesbaden. S. 187-201.

Cremer-Schäfer, H./Stehr, J., 1990: Der Normen- & Werte-Verbund. Strafrecht, Medien und herrschende Moral. In: Kriminologisches Journal. 22. Jg., S. 82-104.

Cremer-Schäfer, H./Steinert, H., 1997: Die Institution „Verbrechen & Strafe". Über die sozialkulturellen Bedingungen von sozialer Kontrolle und sozialer Ausschließung. In: Kriminologisches Journal. 29. Jg., S. 244-255.

Cremer-Schäfer, H./Steinert, H., 1998: Straflust und Repression. Zur Kritik der populistischen Kriminologie. Münster.

Cullen, F.T., 2005: The twelve people who saved rehabilitation: How the science of criminology made a difference. In: Criminology. 43. Jg., S. 1-42.

Dahme, H.-J./Wohlfahrt, N. (Hg.), 2005: Aktivierende Soziale Arbeit. Baltmannsweiler.

Dahme, H.-J./Otto, H.-U./Trube, A./Wohlfahrt, N. (Hg.), 2003: Soziale Arbeit für den aktivierenden Staat. Opladen.

Dahme, H.-J./Wohlfahrt, N., 2008: Der Effizienzstaat: die Neuausrichtung des Sozialstaats durch Aktivierungs- und soziale Investitionspolitik. In: B. Bütow/K.A. Chassé/R. Hirt (Hg.): Soziale Arbeit nach dem sozialpädagogischen Jahrhundert. Opladen. S. 43-58.

Dahrendorf, R., 2002: Karl Marx (1818-1883). In: D. Kaesler (Hg.): Klassiker der Soziologie. Bd. 1. 3. Aufl. München. S. 58-73.

Daniel, U., 2002: Kompendium Kulturgeschichte. 3. Aufl. Frankfurt a.M.

Deleuze, G., 1979: Der Aufstieg des Sozialen. In: J. Donzelot: Die Ordnung der Familie. Frankfurt a.M. 246-252.

Deleuze, G., 1992: Woran erkennt man den Strukturalismus? Berlin.

Deleuze, G., 2007: Differenz und Wiederholung. 3. Aufl... Paderborn.

Deleuze, G./Guattari, F., 1977: Rhizom. Berlin.

Denzin, N.K., 2003: Symbolischer Interaktionismus. In: U. Flick/E. von Kardorff/I. Steinke (Hg.): Qualitative Forschung. 2. Aufl. Reinbek bei Hamburg. S. 136-150.

Derrida, J., 1983: Grammatologie. Frankfurt a.M.

Derrida, J., 1988: Signatur Ereignis Kontext. In: P. Engelmann (Hg.): Jacques Derrida: Randgänge der Philosophie. Wien. S. 291-314.

Derrida, J., 2004a: Die différance. In: P. Engelmann (Hg.): Postmoderne und Dekonstruktion. Stuttgart. S. 76-113.

Derrida, J., 2004b: Marx' Gespenster. Frankfurt a.M.

Derrida, J., 2004c: Semiologie und Grammatologie. In: P. Engelmann (Hg.): Postmoderne und Dekonstruktion. Stuttgart. S. 140-164.

Detel, W., 2007: Wissenskulturen. In: R. Schützeichel (Hg.): Handbuch Wissenssoziologie und Wissensforschung. Konstanz. S. 670-678.

Ditton, J./Farrall, S. (Hg.), 2000: The fear of crime. Aldershot.

Dölling, D., 2007: Kinder- und Jugenddelinquenz. In: H.J. Schneider (Hg.): Internationales Handbuch der Kriminologie. Bd. 1: Grundlagen der Kriminologie. Berlin. S. 469-507.

Dollinger, B., 2002: Drogen im sozialen Kontext. Augsburg.

Dollinger, B., 2006a: Die Pädagogik der sozialen Frage. (Sozial-)Pädagogische Theorie vom Beginn des 19. Jahrhunderts bis zum Ende der Weimarer Republik. Wiesbaden.

Dollinger, B., 2006b: Prävention. Unintendierte Folgen guter Absichten. In: B. Dollinger/J. Raithel (Hg.): Aktivierende Sozialpädagogik. Wiesbaden. S. 145-154.

Dollinger, B., 2007a: Sozialpolitik als Instrument der Lebenslaufkonstitution. Argumente für eine Perspektivenveränderung. In: Zeitschrift für Sozialreform. 53. Jg., S. 147-164.

Dollinger, B., 2007b: Meritokratische Inklusion und sozialpädagogische Reaktion. Oder: Teilhabe durch Leistungsnachweis. In: Zeitschrift für Sozialpädagogik. 5. Jg., S. 300-319.

Dollinger, B., 2007c: Reflexive Individualisierung als Mythologem pädagogischer Zeitdiagnostik. Skepsisdefizite und Reflexionsaufforderungen. In: Zeitschrift für Erziehungswissenschaft. 10. Jg., S. 75-89.

Dollinger, B., 2008a: Reflexive Sozialpädagogik. Struktur und Wandel sozialpädagogischen Wissens. Wiesbaden.

Dollinger, B., 2008b: Problem attribution and intervention. The interpretation of problem causations and solutions in regard of Brickman et al. In: Journal of Social Work. 11. Jg., S. 279-294.

Dollinger, B., 2010a: Ansatzpunkte eines reflexiven Begriffs von Jugendkriminalität. Eine kulturtheoretische Annäherung. In: B. Dollinger/H. Schmidt-Semisch (Hg.): Handbuch Jugendkriminalität. Wiesbaden. S. 173-186.

Dollinger, B., 2010b: Jugendkriminalität zwischen Sozial- und Kriminalpolitik. Ein lebenslaufbezogener Blick auf den Umgang mit sozialer Auffälligkeit. In: B. Dollinger/H. Schmidt-Semisch (Hg.): Handbuch Jugendkriminalität. Wiesbaden. S. 125-135.

Dollinger, B./Raithel, J. (Hg.), 2006: Aktivierende Sozialpädagogik. Wiesbaden.

Dollinger, B./Schmidt-Semisch, H. (Hg.), 2010: Handbuch Jugendkriminalität. Wiesbaden.

Dollinger, B./Ziegler, H., 2009: Investive Kriminalpolitik und die Rückkehr der défense sociale. In: Sozial Extra. 28. Jg., S. 42-46.

Donohue, E./Moore, D., 2009: When is an offender not an offender? Power, the client and shifting penal subjectivities. In: Punishment & Society. 11. Jg., S. 319-336.

Dotter, D., 2002: Creating deviance: scenarios of stigmatization in postmodern media culture. In: Deviant Behavior. 23. Jg., S. 419-448.

Downes, D./Hansen, K., 2006: Welfare and punishment. The relationship between welfare spending and imprisonment. (Crime and Society; http://www.crimeandjustice.org. uk/opus303/Welfare_and_Punishment_webversion.pdf; Zugriff am 15.04.2009).

Dülfer, E., 1991: Organisationskultur. 2. Aufl. Stuttgart.

Dülmen, R.v. (Hg.), 2001: Entdeckung des Ich. Die Geschichte der Individualisierung vom Mittelalter bis zur Gegenwart. Köln.

Dünkel, F., 2006: Die Reform des Jugendstrafvollzugs in Deutschland. In: T. Feltes/C. Pfeiffer/G. Steinhilper (Hg.): Kriminalpolitik und ihre wissenschaftlichen Grundlagen. Heidelberg. S. 549-570.

Durkheim, E., 1895/1984: Die Regeln der soziologischen Methode. Frankfurt a.M.

Durkheim, E., 1897/1983: Der Selbstmord. Frankfurt a.M.

237

Eickelpasch, R./Rademacher, C., 2004: Identität. Bielefeld.

Eifler, S., 2002: Kriminalsoziologie. Bielefeld.

Ericson, R.V./Doyle, A. (Hg.), 2003: Risk and morality. Toronto.

Evers, A./Nowotny, H., 1987: Über den Umgang mit Unsicherheit. Die Entdeckung der Gestaltbarkeit von Gesellschaft. Frankfurt a.M.

Feest, J./Bammann, K., 2010: Jugendstrafvollzugsgesetze: Anspruch und Umsetzung. In: B. Dollinger/H. Schmidt-Semisch (Hg.): Handbuch Jugendkriminalität. Wiesbaden. S. 535-543.

Feltes, T., 2008a: Null-Toleranz. In: H.-J. Lange (Hg.): Kriminalpolitik. Wiesbaden. S. 231-250.

Feltes, T., 2008b: Kriminalprävention. In: H.-J. Lange (Hg.): Kriminalpolitik. Wiesbaden. S. 251-267.

Ferchhoff, W., 2005: Jugendkulturen. In: U. Deinet/B. Sturzenhecker (Hg.): Handbuch Offene Kinder- und Jugendarbeit. 3. Aufl. Wiesbaden. S. 113-124.

Ferchhoff, W., 2007: Jugend und Jugendkulturen im 21. Jahrhundert. Wiesbaden.

Ferrell, J., 1997a: Criminological *verstehen:* Inside the immediacy of crime. In: Justice Quarterly. 14. Jg., S. 3-23.

Ferrell, J., 1997b: Youth, Crime, and Cultural space. In: Social Justice. 24. Jg., S. 21-38.

Ferrell, J., 2003: Cultural Criminology. In: M.D. Schwartz/S. Hatty (Hg.): Controversies in critical criminology. Cincinnati OH. S. 71-84.

Ferrell, J., 2004: Boredom, crime and criminology. In: Theoretical Criminology. 8. Jg., S. 287-302.

Ferrell, J., 2005a: Cultural Criminology. In: R.A. Wright (Hg.): Encyclopedia of criminology. 1. Bd. New York. S. 358-360.

Ferrell, J., 2005b: Crime and culture. In: C. Hale/K. Hayward/A. Wahidin/E. Wincup (Hg.): Criminology. 2. Aufl. Oxford. S. 139-155.

Ferrell, J., 2007: For a ruthless cultural criticism of everything existing. In: Crime, Media, Culture. 3. Jg., S. 91-100.

Ferrell, J./Hayward, K.J./Young, J., 2008: Cultural criminology. London.

Ferrell, J./Websdale, N. (Hg.), 1999: Making trouble. New York.

Ferri, E.(., 2004: Causes of criminal behavior. In: E. McLaughlin/J. Muncie/G. Hughes (Hg.): Criminological perspectives. 2. Aufl. London. S. 52-57.

Figal, G., 2009: Verstehen - Verdacht - Kritik. In: R. Jaeggi/T. Wesche (Hg.): Was ist Kritik? Frankfurt a.M. S. 339-352.

Fischer, A., 1923/1954: Die Struktur des sozialen Bewusstseins. In: ders.: Leben und Werk. Bd. 3/4: Gesammelte Abhandlungen zur Soziologie, Sozialpädagogik und Sozialpsychologie. München. S. 351-374.

Fischer-Rosenthal, W., 1995: William I. Thomas & Florian Znaniecki: „The Polish Peasant in Europe and America". In: U. Flick (Hg.): Handbuch qualitative Sozialforschung. 2. Aufl. Weinheim. S. 115-118.

Flam, H., 2007: Migranten in Deutschland. Konstanz.

Förtig, H., 2002: Jugendbanden. München.

Foucault, M., 1968: Psychologie und Geisteskrankheit. Frankfurt a.M.

Foucault, M., 1987: Das Subjekt und die Macht. In: H.L. Dreyfus/P. Rabinow (Hg.): M. Foucault. Jenseits von Strukturalismus und Hermeneutik. Frankfurt a.M. S. 241-261.

Foucault, M., 1991: Die Ordnung des Diskurses. Frankfurt a.M.

Foucault, M., 1993: Technologien des Selbst. In: L.H. Martin/H. Gutman/P.H. Hutton (Hg.): Technologien des Selbst. Frankfurt a.M. S. 24-62.

Foucault, M., 1998: Überwachen und Strafen. Die Geburt des Gefängnisses. 12. Aufl. Frankfurt a.M.

Foucault, M., 2001: Das Leben der infamen Menschen. Berlin.

Foucault, M., 2004a: Sicherheit, Territorium, Bevölkerung. Frankfurt a.M.

Foucault, M., 2004b: Die Geburt der Biopolitik. Frankfurt a.M.

Frehsee, D., 2001: Korrumpierung der Jugendarbeit durch Kriminalprävention? In: T. Freund/W. Lindner (Hg.): Prävention. Opladen. S. 15-50.

Frehsee, D./Löschper, G./Smaus, G. (Hg.), 1997: Konstruktion der Wirklichkeit durch Kriminalität und Strafe. Baden-Baden.

Freudenberger, S./Sandkühler, H.J. (Hg.), 2003: Repräsentation, Krise der Repräsentation, Paradigmenwechsel. Frankfurt a.M.

Freund, G., 2009: Strafrecht, allgemeiner Teil. 2. Aufl. Berlin.

Freund, T./Lindner, W. (Hg.), 2001: Prävention. Opladen.

Frevel, B., 2008: Kriminalpolitik im institutionellen System der Bundesrepublik Deutschland. In: H.-J. Lange (Hg.): Kriminalpolitik. Wiesbaden. S. 103-120.

Frister, H., 2008: Strafrecht. Allgemeiner Teil. 3. Aufl. München.

Fuchs, W., 1983: Jugendliche Statuspassage oder individualisierte Jugendbiographie. In: Soziale Welt. 34. Jg., S. 341-371.

Galuske, M., 2008: Fürsorgliche Aktivierung - Anmerkungen zu Gegenwart und Zukunft Sozialer Arbeit im aktivierenden Staat. In: B. Bütow/K.A. Chassé/R. Hirt (Hg.): Soziale Arbeit nach dem sozialpädagogischen Jahrhundert. Opladen. S. 9-28.

Game, A., 1991: Undoing the Social. Towards a Deconstructive Sociology. Buckingham.

Garfinkel, H., 1977: Bedingungen für den Erfolg von Degradierungszeremonien. In: K. Lüderssen/F. Sack (Hg.): Seminar: Abweichendes Verhalten III. Die gesellschaftliche Reaktion auf Kriminalität. Bd. 2. Frankfurt a.M. S. 31-40.

Garland, D., 1985: Punishment and welfare. Aldershot.

Garland, D., 1996: The Limits of the Sovereign State. Strategies of Crime Control in Contemporary Society. In: British Journal of Criminology. 36. Jg., S. 445-471.

Garland, D., 2001a: The culture of control. Chicago.

Garland, D. (Hg.), 2001b: Mass Imprisonment. London u.a.

Garland, D., 2003: The Rise of Risk. In: R.V. Ericson/A. Doyle (Hg.): Risk and morality. Toronto. S. 48-86.

Garland, D., 2004: Die Kultur der „High Crime Societies". Voraussetzungen einer neuen Politik von „Law and Order". In: D. Oberwittler/S. Karstedt (Hg.): Soziologie der Kriminalität. Wiesbaden. S. 36-68.

Garland, D., 2006: Concepts of culture in the sociology of punishment. In: Theoretical Criminology. 10. Jg., S. 419-447.

Garland, D., 2007: High Crime Societies and Cultures of Control. In: Kriminologisches Journal. 9. Beiheft., S. 231-249.

Gebhardt, W., 2006: Vielfältiges Bemühen. Zum Stand kultursoziologischer Forschung im deutschsprachigen Raum. (http://www.uni-koblenz.de/~instso/kuso-dgs/debatte/gebhardt.htm; Zugriff am 03.05.2009).

Geertz, C., 1997: Spurenlesen. Der Ethnologe und das Entgleiten der Fakten. München.

Geertz, C., 1973/2008: Dichte Bescheidung. Bemerkungen zu einer deutenden Theorie von Kultur. In: U. Wirth (Hg.): Kulturwissenschaft. Frankfurt a.M. S. 453-487.

Geißler, R., 1995: „Ausländerkriminalität" ist und bleibt ein gefährliches Unwort. In: Aus Politik und Zeitgeschichte. B 43., S. 36-39.

Gergen, K., 1990: Die Konstruktion des Selbst im Zeitalter der Postmoderne. In: Psychologische Rundschau. 41. Jg., S. 191-199.

Gergen, K., 1996: Das übersättigte Selbst: Identitätsprobleme im heutigen Leben. Heidelberg.

Goffman, E., 1980: Rahmen-Analyse. Frankfurt a.M.

Goffman, E., 2006: Asyle. 15. Aufl. Frankfurt a.M.

Göppinger, H., 1980: Kriminologie. 4. Aufl. München Beck.

Göppinger, H./Bock, M., 2008: Kriminologie. 6. Aufl. München.

Gottfredson, M.R./Hirschi, T., 1990: A general theory of crime. Stanford, Calif.

Graebsch, C., 2004: „Evidence-based Crime Prevention". Anspruch und Praxisbeispiele einer Kriminalpolitik nach medizinischem Modell. In: Kriminologisches Journal. 36. Jg., S. 266-283.

Graebsch, C., 2008: Sicherungsverwahrung im Jugendstrafrecht. In: Zeitschrift für Jugendkriminalrecht und Jugendhilfe. 19. Jg., S. 284-287.

Graebsch, C., 2010: What works? – Nothing works? – Who cares? „Evidence-based Criminal Policy" und die Realität der Jugendkriminalpolitik. In: B. Dollinger/H. Schmidt-Semisch (Hg.): Handbuch Jugendkriminalität. Wiesbaden. S. 137-147.

Greer, C., 2005: Crime and media: Understanding the connections. In: C. Hale/K. Hayward/A. Wahidin/E. Wincup (Hg.): Criminology. 2. Aufl. Oxford. S. 157-182.

Greve, W./Montada, L., 2008: Delinquenz und antisoziales Verhalten im Jugendalter. In: R. Oerter/L. Montada (Hg.): Entwicklungspsychologie. 6. Aufl. Weinheim. S. 837-858.

Groenemeyer, A., 2008: Institutionen der Normativität. In: A. Groenemeyer/S. Wieseler (Hg.): Soziologie sozialer Probleme und sozialer Kontrolle. Wiesbaden. S. 70-97.

Grondin, J., 2009: Hermeneutik. Göttingen.

Gusfield, J.R., 1989: Introduction. In: Kenneth Burke: On Symbols and Society. Chicago/London. S. 1-49.

Haan, W. de/Loader, I., 2002: On the emotions of crime, punishment ans social control. In: Theoretical Criminology. 6. Jg., S. 243-253.

Hafeneger, B./Lindner, W./May, M./Rose, L./Scherr, A./Schröder, A./Sturzenhecker, B., 2008: Jugendhäuser als Verstärker von Gewalt? In: Zeitschrift für Jugendkriminalrecht und Jugendhilfe. 19. Jg., S. 361-366.

Hall, S./Winlow, S., 2005: Anti-nirvana: Crime, culture and instrumentalism in the age of insecurity. In: Crime, Media, Culture. 1. Jg., S. 31-48.

Hall, S./Winlow, S., 2007: Cultural criminology and primitive accumulation: A formal introduction for two strangers who should really become more intimate. In: Culture, Media, Crime. 3. Jg., S. 82-90.

Halsey, M./Young, A., 2006: „Our desires are ungovernable". Writing graffiti in urban space. In: Theoretical Criminology. 10. Jg., S. 275-306.

Hamburger, F., 2008: Einführung in die Sozialpädagogik. 2. Aufl. Stuttgart.

Hanak, G., 1986: Infrastruktur der Moral. Kontingenzen der Normgeltung und Normanwendung. In: Kriminologisches Journal. 1. Beiheft., S. 157-176.

Hannah-Moffat, K., 1999: Moral agent or actuarial subject: Risk and Canadian women's imprisonment. In: Theoretical Criminology. 3. Jg., S. 71-94.

Hannah-Moffat, K., 2005: Criminogenic needs and the transformative risk subject. Hybridizations of risk/need in penalty. In: Punishment & Society. 7. Jg., S. 29-51.

Hanses, A./Homfeldt, H.G. (Hg.), 2008: Lebensalter und Soziale Arbeit. Baltmannsweiler.

Hassemer, W., 2008: Strafrecht. Berlin.

Hassemer, W., 2009: Warum Strafe sein muss. Berlin.

Hayward, K./Morrison, W., 2005: Theoretical criminology: a starting point. In: C. Hale/K. Hayward/A. Wahidin/E. Wincup (Hg.): Criminology. 2. Aufl. Oxford. S. 61-88.

Hayward, K./Young, J., 2004: Cultural criminology: Some notes on the script. In: Theoretical Criminology. 8. Jg., S. 259-273.

Hegel, G.W.F., 1821/1986: Grundlinien der Philosophie des Rechts oder Naturrecht und Staatswissenschaft im Grundrisse. Frankfurt a.M.

Heidbrink, L./Hirsch, A., 2006: Verantwortung in der Zivilgesellschaft. Frankfurt a.M.

Heinz, W., 2003: Jugendkriminalität in Deutschland. Kriminalstatistische und kriminologische Befunde. (http://www.uni-konstanz.de/rtf/kik/Jugendkriminalitaet-2003-7-e.pdf; Zugriff am 16.03.2005).

Heinz, W., 2006: Kriminelle Jugendliche - gefährlich oder gefährdet? Konstanz.

Heinz, W., 2008: Stellungnahme zur aktuellen Diskussion um eine Verschärfung des Jugendstrafrechts. In: Zeitschrift für Jugendkriminalrecht und Jugendhilfe. 19. Jg., S. 87-96.

Heitmeyer, W./Collmann, B./Conrads, J./Matuschek, I./Kraul, D./Kühnel, W./Möller, R./Ulbrich-Herrmann, M., 1995: Gewalt. Schattenseiten der Individualisierung. Weinheim/München.

Henry, S./Milovanovic, D., 2003: Constitutive Criminology. In: M.D. Schwartz/S. Hatty (Hg.): Controversies in critical criminology. Cincinnati OH. S. 57-69.

Hering, S./Münchmeier, R., 2003: Geschichte der Sozialen Arbeit. 2. Aufl. Weinheim/München.

Hermann, D., 2003: Werte und Kriminalität. Wiesbaden.

Herriger, N., 1983: Präventive Jugendkontrolle – eine staatliche Strategie zur Kolonialisierung des Alltags. In: Zeitschrift für Pädagogik. 18. Beiheft., S. 231-236.

Herrmann, U., 1982: Was heißt „Jugend"? Jugendkonzeptionen in der deutschen Sozialgeschichte. In: H.-G. Wehling (Hg.): Jugend, Jugendprobleme, Jugendprotest. Stuttgart. S. 11-27.

Hess, H., 1999a: Zur Wertproblematik in der Kriminologie. In: Kriminologisches Journal. 31. Jg., S. 167-186.

Hess, H., 1999b: Fixing Broken Windows and Bringing Down Crime. In: Kritische Justiz. 32. Jg., S. 32-57.

Hess, H., 2007: Einleitung. David Garlands ‚Culture of Control' und die deutsche Kritische Kriminologie. In: Kriminologisches Journal. 8. Beiheft., S. 6-22.

Hess, H./Ostermeier, L./Paul, B. (Hg.), 2007: Kontrollkulturen. Weinheim.

Hess, H./Scheerer, S., 1997: Was ist Kriminalität? Skizze einer konstruktivistischen Kriminalitätstheorie. In: Kriminologisches Journal. 29. Jg., S. 83-155.

Hess, H./Scheerer, S., 2004: Theorie der Kriminalität. In: D. Oberwittler/S. Karstedt (Hg.): Soziologie der Kriminalität. Wiesbaden. S. 69-92.

Hess, H./Stehr, J., 1987: Die ursprüngliche Erfindung des Verbrechens. In: Kriminologisches Journal. 2. Beiheft., S. 18-56.

Hirtenlehner, H., 2006: Kriminalitätsfurcht - Ausdruck generalisierter Ängste und schwindender Gewissheiten? In: Kölner Zeitschrift für Soziologie und Sozialpsychologie. 58. Jg., S. 307-331.

Hirtenlehner, H./Karazman-Morawetz, I., 2004: Hintergründe kriminalitätsbezogener Unsicherheitsgefühle. In: Journal für Strafrecht. 2. Jg., S. 120-123, 161-166.

Hitzler, R./Bucher, T./Niederbacher, A., 2005: Leben in Szenen. Formen jugendlicher Vergemeinschaftung heute. 2. Aufl. Wiesbaden.

Hitzler, R./Honer, A., 1994: Bastelexistenz. Über subjektive Konsequenzen der Individualisierung. In: U. Beck/E. Beck-Gernsheim (Hg.): Riskante Freiheiten. Frankfurt a.M. S. 307-315.

Hitzler, R./Honer, A./Pfadenhauer, M., 2008: Posttraditionale Gemeinschaften. Wiesbaden.

Hitzler, R./Peters, H. (Hg.), 1998: Inszenierung: Innere Sicherheit. Daten und Diskurse. Opladen.

Hofer, H. von, 2004: Die Entwicklung der Gefangenenraten in achtzehn europäischen Ländern, 1983-2002 – ein Ausdruck für neue Straflust? In: R. Lautmann/D. Klimke/F. Sack (Hg.): Punitivität. Weinheim. S. 193-202.

Hofmann, M.L./Korta, T.F./Niekisch, S. (Hg.), 2006: Culture Club II. Klassiker der Kulturtheorie. Frankfurt a.M.

Hogeveen, B.R., 2005: „If we are tough on crime, if we punish crime, then people get the message". Constructing and governing the punishable young offender in Canada during the late 1990s. In: Punishment & Society. 7. Jg., S. 73-89.

Holstein, J.A., 1992: Producing People. Descriptive Practice in Human Service Work. In: Current Research on Occupations and Professions. 7. Jg., S. 23-39.

Holstein, J.A./Miller, G., 1997: Introduction: Social Problems as Work. In: G. Miller/J.A. Holstein (Hg.): Social Problems in Everyday Life. Studies of Social Problems Work. Greenwich/London. S. IX-XXI.

Holstein, J.A./Miller, G., 2003: Social Constructionism and Social Problems Work. In: J.A. Holstein/G. Miller (Hg.): Challenges and Choices. Constructionist Perspectives on Social Problems. New York. S. 70-91.

Hope, T., 2005: What do crime statistics tell us? In: C. Hale/K. Hayward/A. Wahidin/E. Wincup (Hg.): Criminology. 2. Aufl. Oxford. S. 39-59.

Hornstein, W., 1989: Entstehung, Wandel, Ende der Jugend. In: R. Nave-Herz/M. Markefka (Hg.): Handbuch der Familien- und Jugendforschung. Bd. 2: Jugendforschung. Neuwied. S. 3-18.

Höynck, T./Hagemann, N./Kapteina, B.-M./Klimaschewski, K./Lübke, V./Luu, N./Riechey, F., 2008: Jugendstrafvollzugsgesetze der Länder. In: Zeitschrift für Jugendkriminalrecht und Jugendhilfe. 19. Jg., S. 159-166.

Hudson, B., 2008: Difference, diversity and criminology: The cosmopolitan vision. In: Theoretical Criminology. 12. Jg., S. 275-292.

Humphreys, K./Rappaport J., 1993: From the Community Mental Health Movement to the War on Drugs. A Study in the Definition of Social Problems. In: American Psychologist. 48. Jg., S. 892-901.

Hurrelmann, K./Grundmann, M./Walper, S. (Hg.), 2008: Handbuch Sozialisationsforschung. 7. Aufl. Weinheim.

Hußmann, M., 2010: Diagnose und Individualprognose als Kernproblem des Umgangs mit Jugendkriminalität. In: B. Dollinger/H. Schmidt-Semisch (Hg.): Handbuch Jugendkriminalität. Wiesbaden. S. 335-350.

Hutchinson, S., 2006: Countering catastrophic criminology. In: Punishment & Society. 8. Jg., S. 443-467.

Janssen, H./Kaulitzky, R./Michalowski, R. (Hg.), 1988: Radikale Kriminologie. Bielefeld.

Jehle, J.-M./Heinz, W./Sutterer, P., 2003: Legalbewährung nach strafrechtlichen Sanktionen. Eine kommentierte Rückfallstatistik. Mönchengladbach. (http://www.bmj.de/media/archive/443.pdf; Zugriff am 07.06.2009).

Kaiser, G., 1993a: Kriminalität. In: G. Kaiser/H.-J. Kerner/F. Sack/H. Schellhoss (Hg.): Kleines kriminologisches Wörterbuch. 3. Aufl. Heidelberg. S. 238-246.

Kaiser, G., 1993b: Kriminalpolitik. In: G. Kaiser/H.-J. Kerner/F. Sack/H. Schellhoss (Hg.): Kleines kriminologisches Wörterbuch. 3. Aufl. Heidelberg. S. 280-286.

Kalthoff, H./Hirschauer, S./Lindemann, G. (Hg.), 2008: Theoretische Empirie. Frankfurt a.M.

Kandel, D.B. (Hg.), 2002: Stages and Pathways of Drug Involvement. Examining the Gateway Hypothesis. Cambridge.

Kane, S.C., 2004: The unconventional methods of cultural criminology. In: Theoretical Criminology. 8. Jg., S. 303-321.

Kappeler, M., 2000: Prävention als Fetisch (in) der Jugendhilfe. In: Neue Kriminalpolitik. 12. Jg., S. 23-27.

Kappeler, M., 2007: Du sollst selbständig werden! – aber bitte so, wie es sich gehört. In: B. Dollinger/H. Schmidt-Semisch (Hg.): Sozialwissenschaftliche Suchtforschung. Wiesbaden. S. 289-307.

Karstedt, S., 1998: Kann eine allgemeine Kriminalitätstheorie kritisch sein - oder soll sie das nicht? In: Kriminologisches Journal. 30. Jg.

Karstedt, S., 2007: Die Vernunft der Gefühle: Emotion, Kriminalität und Strafrecht. In: H. Hess/L. Ostermeier/B. Paul (Hg.): Kontrollkulturen. Weinheim. S. 25-45.

Katz, J., 1988: Seductions of crime. New York.

Katz, J., 2002: Start here: Social ontology and research strategy. In: Theoretical Criminology. 6. Jg., S. 255-278.

Kaufmann, F.-X., 1997: Herausforderungen des Sozialstaates. Frankfurt a.M.

Kaufmann, F.-X., 1999: Konzept und Formen sozialer Intervention. In: G. Albrecht/A. Groenemeyer/F.W. Stallberg (Hg.): Handbuch soziale Probleme. Opladen. S. 921-940.

Kaufmann, F.-X., 2003a: Sozialpolitisches Denken. Frankfurt a.M.

Kaufmann, F.-X., 2003b: Sicherheit. In: S. Lessenich (Hg.): Wohlfahrtsstaatliche Grundbegriffe. Frankfurt/Main. S. 73-104.

Kaufmann, F.-X., 2005: Sozialpolitik und Sozialstaat. 2. Aufl. Wiesbaden.

Keckeisen, W., 1974: Die gesellschaftliche Definition abweichenden Verhaltens. Perspektiven und Grenzen des labeling approach. München.

Keller, R., 2008: Wissenssoziologische Diskursanalyse. 2. Aufl. Wiesbaden.

Kelling, G.L., 2001: „Broken windows" and the culture wars: a response to selected critiques. In: R. Matthews/J. Pitts (Hg.): Crime, disorder, and community safety. Repr. London; New York. S. 120-144.

Kemmesies, U., 2004: Zwischen Rausch und Realität. Wiesbaden.

Kessl, F., 2005: Die Organisation des Sozialen. In: C. Schweppe/W. Thole (Hg.): Sozialpädagogik als forschende Disziplin. Weinheim. S. 217-232.

Kessl, F., 2006: Aktivierungspädagogik statt wohlfahrtsstaatlicher Dienstleistung? In: Zeitschrift für Sozialreform. 52. Jg., S. 217-232.

Kessl, F./Reutlinger, C./Ziegler, H. (Hg.), 2007: Erziehung zur Armut? Soziale Arbeit und die „neue Unterschicht". Wiesbaden.

Kettner, M., 2008: Kulturreflexion und die Grammatik kultureller Konflikte. In: D. Baecker/M. Kettner/D. Rustemeyer (Hg.): Über Kultur. Theorie und Praxis der Kulturreflexion. Bielefeld. S. 17-27.

Keupp, H., 1997: Diskursarena Identität: Lernprozesse in der Identitätsforschung. In: H. Keupp/R. Höfer (Hg.): Identitätsarbeit heute. Frankfurt a.M. S. 11-39.

Keupp, H./Ahbe, T./Gmür, W./Höfer, R./Mitzscherlich, B./Kraus, W./Straus, F., 2006: Identitätskonstruktionen. 3. Aufl. Reinbek bei Hamburg.

Kirton, D., 2005: Young people and crime. In: C. Hale/K. Hayward/A. Wahidin/E. Wincup (Hg.): Criminology. 2. Aufl. Oxford. S. 385-402.

Klimke, D., 2008: Wach- & Schließgesellschaft Deutschland. Sicherheitsmentalitäten in der Spätmoderne. Wiesbaden.

Kneer, G., 2008: Institution/Organisation. Über die Paradoxie des Organisierens. In: S. Moebius/A. Reckwitz (Hg.): Poststrukturalistische Sozialwissenschaften. Frankfurt a.M. S. 124-140.

Knorr Cetina, K., 1992: Zur Unterkomplexität der Differenzierungstheorie. In: Zeitschrift für Soziologie. 21. Jg., S. 406-419.

Knorr Cetina, K., 2002: Die Fabrikation von Erkenntnis. Zur Anthropologie der Naturwissenschaft. 2. Aufl. Frankfurt a.M.

Koenen, E.J., 1999: Individualisierung als Abweichung. Zum veränderten Umgang mit neuen Formen von Devianz. In: Kriminologisches Journal. 31. Jg., S. 243-264.

Kohl, K.-H., 2002: Dialogische Anthropologie - eine Illusion? In: I. Därmann/C. Jamme (Hg.): Fremderfahrung und Repräsentation. Weilerswist. S. 209-225.

König, R., 1984: Einleitung. In: E. Durkheim: Die Regeln der soziologischen Methode. Frankfurt a.M. S. 21-82.

Krähnke, U., 2007: Selbstbestimmung. Weilerswist.

Krämer, S., 2007: Was also ist eine Spur? Und worin besteht ihre epistemologische Aufgabe? Eine Bestandsaufnahme. In: S. Krämer/W. Kogge/G. Grube (Hg.): Spur. Spurenlesen als Orientierungstechnik und Wissenskunst. Frankfurt a.M. S. 11-33.

Krappmann, L., 1973: Soziologische Dimensionen der Identität. Strukturelle Bedingungen für die Teilnahme an Interaktionsprozessen. 3. Aufl. Stuttgart.

Krasmann, S., 2003: Die Kriminalität der Gesellschaft. Zur Gouvernementalität der Gegenwart. Konstanz.

Kreissl, R., 2000: Was zeichnet eine Reflexive Kriminologie aus? In: Kriminologisches Journal. 32. Jg., S. 271-273.

Kreissl, R., 2005: Gesellschaft, Körper, Kriminalität. Überlegungen zum Verhältnis von Bio- und Sozialwissenschaften in der Kriminologie. In: Kriminologisches Journal. 37. Jg.

Kreissl, R., 2010: Neurowissenschaftliche Befunde, ihre Wirkung und Bedeutung für ein Verständnis der Jugendkriminalität. In: B. Dollinger/H. Schmidt-Semisch (Hg.): Handbuch Jugendkriminalität. Wiesbaden. S. 113-123.

Kretschmann, A., 2008: Anything goes? Eine kritische Betrachtung der Cultural Criminology. In: Kriminologisches Journal. 40. Jg., S. 200-217.

Kreuzer, A., 1993: Jugendkriminalität. In: G. Kaiser/H.-J. Kerner/F. Sack/H. Schellhoss (Hg.): Kleines kriminologisches Wörterbuch. 3. Aufl. Heidelberg. S. 182-191.

Kreuzer, A., 2008: Ursprünge, Gegenwart und Entwicklungen des deutschen Jugendstrafrechts. In: Zeitschrift für Jugendkriminalrecht und Jugendhilfe. 19. Jg., S. 122-131.

Kriminologisches Journal: Diskussion: „Punitive Turn". Heft 3. 41. Jg.

Kriminologisches Journal, 1986: Kritische Kriminologie heute. (1. Beiheft). Weinheim.

Krüger, H.-H./Grunert, C. (Hg.), 2002: Handbuch Kindheits- und Jugendforschung. Opladen.

Kunz, K.-L., 2004: Kriminologie. 4. Aufl. Bern u.a.

Kunz, K.-L., 2008: Die wissenschaftliche Zugänglichkeit von Kriminalität. Ein Beitrag zur Erkenntnistheorie der Sozialwissenschaften. Wiesbaden.

Kunz, K.-L./Besozzi, C., 2003: Zur Einführung. In: K.-L. Kunz/C. Besozzi (Hg.): Soziale Reflexivität und qualitative Methodik. Bern. S. 7-14.

Kury, H./Kania, H./Obergfell-Fuchs, J., 2004: Worüber sprechen wir, wenn wir über Punitivität sprechen? In: R. Lautmann/D. Klimke/F. Sack (Hg.): Punitivität. Weinheim. S. 51-88.

Kury, H. (Hg.), 2008: Fear of crime - punitivity. Bochum.

Kury, H./Ferdinand, T.N. (Hg.), 2008: International perspectives on punitivity. Bochum.

Kury, H./Obergfell-Fuchs, J., 2008: Measuring the Fear of Crime. How Valid are the Results? In: H. Kury (Hg.): Fear of crime - punitivity. Bochum. S. 53-84.

Kury, H./Obergfell-Fuchs Joachim, 2006: Punitivität in Deutschland – Zur Diskussion um eine neue Straflust. In: T. Feltes/C. Pfeiffer/G. Steinhilper (Hg.): Kriminalpolitik und ihre wissenschaftlichen Grundlagen. Heidelberg. S. 1021-1043.

Laclau, E., 2004: Glimpsing the future. In: S.J. Critchley/O. Marchart (Hg.): Laclau. A critical reader. London/New York. S. 279-328.

Laclau, E., 2007: Emanzipation und Differenz. 2. Aufl. Wien.

Laclau, E./Mouffe, C., 2006: Hegemonie und radikale Demokratie. 3. Aufl. Wien.

Lahusen, C./Stark, C., 2003: Integration. In: S. Lessenich (Hg.): Wohlfahrtsstaatliche Grundbegriffe. Frankfurt/Main. S. 353-371.

Lamnek, S., 2005: Qualitative Sozialforschung. Weinheim/Basel.

Lamnek, S., 2007: Theorien abweichenden Verhaltens I. 8. Aufl. Paderborn.

Lamnek, S., 2008: Theorien abweichenden Verhaltens II. 3. Aufl. Paderborn.

Lange, H.-J. (Hg.), 2008: Kriminalpolitik. Wiesbaden.

Lange, S./Gläser, J., 2007: Governance der Wissenschaft. In: R. Schützeichel (Hg.): Handbuch Wissenssoziologie und Wissensforschung. Konstanz. S. 773-782.

Latour, B., 2007: Eine neue Soziologie für eine neue Gesellschaft. Frankfurt a.M.

Laubenthal, K.H., 2006: Jugendstrafrecht. Berlin u.a.

Laue, C., 1999: Anmerkungen zu Broken Windows. In: Monatsschrift für Kriminologie und Strafrechtsreform. 82. Jg., S. 277-290.

Lautmann, R., 2005: Das Kaninchen und die Schlange. Der sozialwissenschaftliche Rationalismus ratlos vor dem Verbrechen. In: Kriminologisches Journal. 37. Jg., S. 252-267.

Lautmann, R./Klimke, D./Sack, F. (Hg.), 2004: Punitivität. Weinheim.

Lee, M., 2001: The genesis of „fear of crime". In: Theoretical Criminology. 5. Jg., S. 467-485.

Lemert, E.M., 1951/1981: Primary and Secondary Deviation. In: E. Rubington/M.S. Weinberg (Hg.): Deviance. The interactionist perspective. 4. Aufl. New York Macmillan. S. 407-409.

Lemert, E.M., 1982: Der Begriff der sekundären Devianz. In: K. Lüderssen/F. Sack (Hg.): Seminar: Abweichendes Verhalten I. Die selektiven Normen der Gesellschaft. 2. Aufl. Frankfurt a.M. S. 433-476.

Lemke, T., 1997: Eine Kritik der politischen Vernunft. Foucaults Analyse der modernen Gouvernementalität. Berlin/Hamburg.

Lemke, T., 2000: Neoliberalismus, Staat und Selbsttechnologien. Ein kritischer Überblick über die governmentality studies. In: Politische Vierteljahresschrift. 41. Jg., S. 31-47.

Lenk, H./Spinner, H.F., 1989: Rationalitätstypen, Rationalitätskonzepte und Rationalitätstheorien im Überblick. Zur Rationalismuskritik und Neufassung der „Vernunft heute". In: H. Stachowiak (Hg.): Pragmatik. Handbuch pragmatischen Denkens. Bd. 3: Allgemeine philosophische Pragmatik. Hamburg. S. 1-31.

Lessenich, S., 1995: Wohlfahrtsstaatliche Regulierung und die Strukturierung von Lebensläufen. In: Soziale Welt. 46. Jg., S. 51-69.

Lessenich, S., 2008: Die Neuerfindung des Sozialen. Bielefeld.

Levy, Z., 2007: Die Rolle der Spur in der Philosophie von Emmanuel Levinas und Jacques Derrida. In: S. Krämer/W. Kogge/G. Grube (Hg.): Spur. Spurenlesen als Orientierungstechnik und Wissenskunst. Frankfurt a.M. S. 145-154.

Liebl, K., 2008: Kriminalpolitik und kriminologische Forschung. In: H.-J. Lange (Hg.): Kriminalpolitik. Wiesbaden. S. 405-430.

Lilly, J.R./Cullen, F.T./Ball, R.A., 2007: Criminological theory. 4. Aufl. Thousand Oaks.

Lindenberg, M./Schmidt-Semisch, H., 1995: Sanktionsverzicht statt Herrschaftsverlust: Vom Übergang in die Kontrollgesellschaft. In: Kriminologisches Journal. 27. Jg., S. 2-17.

Lipp, W., 1975: Selbststigmatisierung. In: M. Brusten/J. Hohmeier (Hg.): Stigmatisierung 1. Zur Produktion gesellschaftlicher Randgruppen. Neuwied/Darmstadt. S. 25-53.

Liszt, F. von, 1882/1905: Der Zweckgedanke im Strafrecht. 1. Bd. 1875-1891. Berlin. (http://koriath.jura.uni-saarland.de/textsammlung/uploads/Autoren/Zweckgedanke.pdf; Zugriff am 11.09.2009).

Loseke, D.R./Kusenbach, M., 2008: The Social Construction of Emotion. In: J.A. Holstein/J.F. Gubrium (Hg.): Handbook of constructionist research. New York. S. 511-529.

Lösel, F./Bender, D./Jehle, J.-M. (Hg.), 2007: Kriminologie und wissensbasierte Kriminalpolitik. Mönchengladbach.

Lüdemann, C./Ohlemacher, T., 2002: Soziologie der Kriminalität. Weinheim.

Lüdemann, S., 2004: Metaphern der Gesellschaft. München.

Ludwig-Mayerhofer, W., 1997: Postmodernes Denken und kritische Kriminologie. In: D. Frehsee/G. Löschper/G. Smaus (Hg.): Konstruktion der Wirklichkeit durch Kriminalität und Strafe. Baden-Baden. S. 494-521.

Ludwig-Mayerhofer, W., 2000: Kriminalität. In: J. Allmendinger/W. Ludwig-Mayerhofer (Hg.): Soziologie des Sozialstaats. Gesellschaftliche Grundlagen, historische Zusammenhänge und aktuelle Entwicklungstendenzen. Weinheim/München. S. 321-350.

Ludwig-Mayerhofer, W., 2005: Arbeitslosigkeit und sozialer Ausschluss. In: R. Anhorn/F. Bettinger (Hg.): Sozialer Ausschluss und Soziale Arbeit. Wiesbaden. S. 203-218.

Luedtke, J., 2008: Abweichendes Verhalten. In: H. Willems (Hg.): Lehr(er)buch Soziologie. Wiesbaden. S. 185-228.

Luhmann, N., 1995/2008: Kultur als historischer Begriff. In: U. Wirth (Hg.): Kulturwissenschaft. Frankfurt a.M. S. 537-5559.

Lutter, C./Reisenleitner, M., 2008: Cultural studies. 6. Aufl. Wien.

Lyng, S., 2004: Crime, edgework and corporeal transaction. In: Theoretical Criminology. 8. Jg., S. 359-375.

Mannheim, K., 1929/1995: Ideologie und Utopie. 8. Aufl. Frankfurt a.M.

Mansel, J./Klocke, A., 1996: Zwischen Stigma, Wirklichkeit, Selbstanspruch und Ideal. In: J. Mansel/A. Klocke (Hg.): Die Jugend von heute. Selbstanspruch, Stigma und Wirklichkeit. Weinheim. S. 7-16.

Mante, G., 2003: Spuren lesen: Die Relevanz kriminalistischer Methoden für die archäologische Wissenschaft. In: U. Veit/T.L. Kienlin/C. Kümmel/S. Schmidt (Hg.): Spuren und Botschaften: Interpretationen materieller Kultur. Münster. S. 157-172.

Marchart, O., 2008: Cultural studies. Konstanz.

Martinson, R., 1974: What works? - questions and answers about prison reform. In: Public Interest. 35. Jg., S. 22-54.

Martinson, R., 1979: New Findings, New Views: A Note of Caution Regarding Sentencing Reform. In: Hofstra Law Review. 7. Jg., S. 243-258.

Matsueda, R.L., 2001: Labeling Theory: Historical Roots, Implications, and Recent Developments. In: R. Paternoster/R. Bachman (Hg.): Explaining criminals and crime. Los Angeles, Calif. S. 223-241.

Matza, D., 1964: Delinquency and Drift. New York u.a.

Mayer, K.U., 2001: Lebensverlauf. In: B. Schäfers/W. Zapf (Hg.): Handwörterbuch zur Gesellschaft Deutschlands. 2. Aufl. Opladen. S. 446-460.

McLaughlin, E./Muncie, J./Hughes, G. (Hg.), 2004: Criminological perspectives. 2. Aufl. London.

Meier, F., 2007: Organisationen der wissenschaftlichen Wissensproduktion. In: R. Schützeichel (Hg.): Handbuch Wissenssoziologie und Wissensforschung. Konstanz. S. 783-793.

Melossi, D., 2000: Changing representations of the criminal. In: British Journal of Criminology. 40. Jg., S. 296-320.

Melossi, D., 2001: The cultural embeddedness of social control. In: Theoretical Criminology. 5. Jg., S. 403-424.

Menzel, B., 1997: Devianz im Wandel. Definitionstheoretisch orientierte Devianzsoziologie und die Gewaltthematik. In: Soziale Probleme. 8. Jg., S. 189-198.

Merchel, J., 2005: Organisationsgestaltung in der Sozialen Arbeit. Weinheim.

Messmer, H., 1996: Kriminalität als dekontextualisiertes Konzept. Wirklichkeitskonstruktionen im Strafprozeß. In: K.-D. Bussmann/R. Kreissl (Hg.): Kritische Kriminologie in der Diskussion. Opladen. S. 211-236.

Messmer, H./Hitzler, S., 2007: Die soziale Produktion von Klienten - Hilfeplangespräche in der Kinder- und Jugendhilfe. In: W. Ludwig-Mayerhofer/O. Behrend/A. Sondermann (Hg.): Fallverstehen und Deutungsmacht. Opladen. S. 41-73.

Meuser, M., 2006: Interpretatives Paradigma. In: R. Bohnsack/W. Marotzki/M. Meuser (Hg.): Hauptbegriffe Qualitativer Sozialforschung. Opladen/Farmington Hills. S. 92-94.

Mezger, E./West, K.W. (Hg.), 2000: Aktivierender Sozialstaat und politisches Handeln. 2. Aufl. Marburg.

Miebach, B., 2007: Organisationstheorie. Wiesbaden.

Miller, G./Holstein, J.A. (Hg.), 1997: Social Problems in Everyday Life. Studies of Social Problems Work. Greenwich/London.

Miller, W., 1968: Die Kultur der Unterschicht als ein Entstehungsmilieu für Bandendelinquenz. In: F. Sack/R. König (Hg.): Kriminalsoziologie. Frankfurt a.M. S. 339-359.

Milovanovic, D., 1988: Radikale Semiotik als Grundlage für die Analyse von Ideologie und Recht. In: H. Janssen/R. Kaulitzky/R. Michalowski (Hg.): Radikale Kriminologie. Bielefeld. S. 145-166.

Mitterauer, M., 1986: Sozialgeschichte der Jugend. Frankfurt a.M.

Moebius, S., 2003: Die soziale Konstituierung des Anderen. Frankfurt/New York.

Moebius, S., 2009: Kultur. Bielefeld.

Moebius, S./Quadflieg, D. (Hg.), 2006: Kultur: Theorien der Gegenwart. Wiesbaden.

Moebius, S./Reckwitz, A., 2008: Einleitung: Poststrukturalismus und Sozialwissenschaften: Eine Standortbestimmung. In: S. Moebius/A. Reckwitz (Hg.): Poststrukturalistische Sozialwissenschaften. Frankfurt a.M. S. 7-23.

Moffitt, T.E., 1993: Adolescence-Limited and Life-Course-Persistent Antisocial Behavior: A Development Taxonomy. In: Psychological Review. 100. Bd., S. 674-701.

Moore, D., 1992: Deconstructing „Dependence": An Ethnographic Critique of an Influential Concept. In: Contemporary Drug Problems. 19. Jg., S. 459-490.

Morel, J./Bauer, E./Meleghy, T./Niedenzu, H.J./Preglau, M./Staubmann, H. (Hg.), 2007: Soziologische Theorie. 8. Aufl. München.

Morrison, W., 1997: Theoretical criminology. 2. Aufl. London/Sidney.

Müller-Tuckfeld, J.C., 1997: Wahrheitspolitik. Anmerkungen zum Verhältnis von Kontingenz und Kritik in der kritischen Kriminologie. In: D. Frehsee/G. Löschper/G.

248

Smaus (Hg.): Konstruktion der Wirklichkeit durch Kriminalität und Strafe. Baden-Baden. S. 458-493.

Münch, R., 2002a: Soziologische Theorie. Bd. 1: Grundlegung durch die Klassiker. Frankfurt a.m./New York.

Münch, R., 2002b: Soziologische Theorie. Bd. 2: Handlungstheorie. Frankfurt a.m./New York.

Münch, R., 2004: Soziologische Theorie. Bd. 3: Gesellschaftstheorie. Frankfurt a.m./New York.

Muncie, J., 2005: The globalization of crime control - the case of youth and juvenile justice. In: Theoretical Criminology. 9. Jg., S. 35-64.

Muncie, J., 2008: The 'Punitive Turn' in Juvenile Justice: Cultures of Control and Rights Compliance in Western Europe and the USA. In: Youth Justice. 8. Jg., S. 107-121.

Münker, S./Roesler, A., 2000: Poststrukturalismus. Stuttgart.

Murphy, S./Waldorf, D./Reinarman, C., 1998: Drifting into Dealing: Wie man zum Kokainhändler wird. In: B. Paul/H. Schmidt-Semisch (Hg.): Drogendealer. Ansichten eines verrufenen Gewerbes. Freiburg i.Br. S. 127-147.

Murray, C., 1990/2004: The underclass. In: E. McLaughlin/J. Muncie/G. Hughes (Hg.): Criminological perspectives. 2. Aufl. London. S. 127-141.

Musner, L./Wunberg, G./Lutter, C. (Hg.), 2001: Cultural Turn. Zur Geschichte der Kulturwissenschaften. Wien.

Naplava, T., 2008: Jugendliche Intensivtäter als Kriminalitätsproblem und Problemkonstruktion. In: A. Groenemeyer/S. Wieseler (Hg.): Soziologie sozialer Probleme und sozialer Kontrolle. Wiesbaden. S. 193-214.

Narr, W.-D., 2004: Die herrschaftssichernde Funktion von Polizei und Geheimdiensten. In: H. Aden (Hg.): Herrschaftstheorien und Herrschaftsphänomene. Wiesbaden. S. 73-88.

Nash, K., 2001: The „Cultural Turn" in Social Theory: Towards a Theory of Cultural Politics. In: Sociology. 35. Jg., S. 77-92.

Nassehi, A., 2008: Rethinking Functionalism. Zur Empiriefähigkeit systemtheoretischer Soziologie. In: H. Kalthoff/S. Hirschauer/G. Lindemann (Hg.): Theoretische Empirie. Frankfurt a.M. S. 79-106.

Nell, W., 2006: Vom Nutzen und Nachteil des „Kultur"-Begriffs in interkulturellen Arbeitsansätzen. In: T. Badawia/H. Luckas/H. Müller (Hg.): Das Soziale gestalten. Wiesbaden. S. 327-345.

Neubacher, F., 2006: An den Grenzen des Strafrechts - Stalking, Graffiti, Weisungsverstöße. In: Zeitschrift für die gesamte Strafrechtswissenschaft. 118. Bd., S. 855-877.

Niemeyer, C., 2005: Klassiker der Sozialpädagogik. 2. Aufl. Weinheim/München.

Nogala, D., 2000: Erscheinungs- und Begriffswandel von Sozialkontrolle eingangs des 21. Jahrhunderts. In: H. Peters (Hg.): Soziale Kontrolle. Zum Problem der Normkonformität in der Gesellschaft. Opladen. S. 111-131.

Nolte, P., 2004: Generation Reform. Bonn.

Nolte, P., 2006: Riskante Moderne. Bonn.

O'Malley, P./Mugford, S., 1991a: Moral Technology. The Political Agenda of Random Drug Testing. In: Social Justice. 18. Jg., S. 122-146.

O'Malley, P./Mugford, S., 1991b: The Demand for Intoxicating Commodities: Implications for the „War on Drugs". In: Social Justice. 18. Jg., S. 49-75.

O'Neill, P., 2005: The Ethics of Problem Definition. In: Canadian Psychology. 46. Jg., S. 13-20.

Oberwittler, D., 2000: Von der Strafe zur Erziehung? Jugendkriminalpolitik in England und Deutschland (1850 – 1920). Frankfurt a.M.

O'Brien, M., 2005: What is cultural about cultural criminology? In: British Journal of Criminology. 45. Jg., S. 599-612.

Oelkers, J., 2001a: Einführung in die Theorie der Erziehung. Weinheim/Basel.

Oelkers, J., 2001b: Ein Essay über den schwindenden Sinn des Gegensatzes von „Ideengeschichte" und „Sozialgeschichte" in der pädagogischen Geschichtsschreibung,. In: Zeitschrift für pädagogische Historiographie. 7. Jg., S. 21-25.

Oelkers, N./Otto, H.-U./Schrödter, M./Ziegler, H., 2008: „Unerziehbarkeit" - Zur Aktualität einer Aussonderungskategorie. In: M. Brumlik/S.K. Amos (Hg.): Ab nach Sibirien? Weinheim. S. 184-216.

Oelkers, N./Ziegler, H., 2009: Punitivität, Verantwortung und Soziale Arbeit. In: Zeitschrift für Jugendkriminalrecht und Jugendhilfe. 20. Jg., S. 38-44.

Oerter, R./Dreher, E., 2008: Jugendalter. In: R. Oerter/L. Montada (Hg.): Entwicklungspsychologie. 6. Aufl. Weinheim. S. 271-332.

Opielka, M., 2004: Sozialpolitik. Grundlagen und vergleichende Perspektiven. Reinbek b. Hamburg.

Opp, K.-D., 1972: Die „alte" und „neue" Kriminalsoziologie. Eine kritische Analyse einiger Thesen des labeling approach. In: Kriminologisches Journal. 4. Jg., S. 32-52.

Orrù, M., 1987: Anomie: history and meanings. London u.a.

Ortmann, G., 2008: Organisation und Welterschließung. 2. Aufl. Wiesbaden.

Ortmann, P., 2000: Abweichendes Verhalten und Anomie. Freiburg i.Br.

Ortner, H./Pilgram, A./Steinert, H. (Hg.), 1998: New Yorker „Zero-Tolerance"-Politik. Baden-Baden.

Oschmiansky, F., 2003: Faule Arbeitslose? Zur Debatte über Arbeitsunwilligkeit und Leistungsmissbrauch. In: Aus Politik und Zeitgeschichte. Bd. 6-7., S. 10-16.

Ostendorf, H., 2007a: Das Ziel des Jugendstravfollzugs nach zukünftigem Recht. In: J. Goerdeler/P. Walkenhorst (Hg.): Jugendstrafvollzug in Deutschland. Neue Gesetze, neue Strukturen, neue Praxis? Mönchengladbach. S. 100-113.

Ostendorf, H., 2007b: „Intensivtäterbekämpfung" auf Abwegen. In: Zeitschrift für Jugendkriminalrecht und Jugendhilfe. 18. Jg., S. 300f.

Ostendorf, H., 2010: Strafverschärfungen im Umgang mit Jugendkriminalität. In: B. Dollinger/H. Schmidt-Semisch (Hg.): Handbuch Jugendkriminalität. Wiesbaden. S. 91-104.

Oswald, H., 2008: Sozialisation in Netzwerken Gleichaltriger. In: K. Hurrelmann/M. Grundmann/S. Walper (Hg.): Handbuch Sozialisationsforschung. 7. Aufl. Weinheim. S. 321-332.

Othold, F., 2003: Jugendcliquen und Jugenddelinquenz. In: K.F. Schumann (Hg.): Delinquenz im Lebensverlauf. Weinheim. S. 123-144.

Peirce, C.S., 1929/2008: Raten. In: U. Wirth (Hg.): Kulturwissenschaft. Frankfurt a.M. S. 268-281.

Peukert, D.J.K., 1986: Grenzen der Sozialdisziplinierung. Aufstieg und Krise der deutschen Jugendfürsorge 1878 bis 1932. Köln.

Peters, F. (Hg.), 2002: Diagnosen - Gutachten - hermeneutisches Fallverstehen. 2. Aufl. Frankfurt/Main.

Peters, H., 1996: Als Partisanenwissenschaft ausgedient, als Theorie aber nicht sterblich: der labeling approach. In: Kriminologisches Journal. 28. Jg., S. 107-115.

Peters, H., 1997: Distanzierung von der Praxis in deren Namen. Empfehlung, an einer definitionstheoretisch orientierten Kriminalsoziologie festzuhalten. In: Kriminologisches Journal. 29. Jg., S. 267-274.

Peters, H. (Hg.), 2000: Soziale Kontrolle. Zum Problem der Normkonformität in der Gesellschaft. Opladen.

Peters, H., 2009: Devianz und soziale Kontrolle. 3. Aufl. Weinheim/München.

Pettit, B./Western, B., 2004: Mass Imprisonment and the Life Course: Race and Class Inequality in the U.S. Incarceration. In: American Sociological Review. 69. Jg., S. 151-169.

Pfeiffer, C./Rabold, S./Baier, D., 2008a: Sind Freizeitzentren eigenständige Verstärkungsfaktoren der Jugendgewalt? In: Zeitschrift für Jugendkriminalrecht und Jugendhilfe. 19. Jg., S. 258-268.

Pfeiffer, C./Rabold, S./Baier, D., 2008b: Fördert der Besuch von Freizeitzentren die Jugendgewalt? In: Zeitschrift für Jugendkriminalrecht und Jugendhilfe. 19. Jg., S. 366-368.

Pfeiffer, C./Wetzels, P., 2006: Kriminalitätsentwicklung und Kriminalpolitik: Das Beispiel Jugendgewalt. In: T. Feltes/C. Pfeiffer/G. Steinhilper (Hg.): Kriminalpolitik und ihre wissenschaftlichen Grundlagen. Heidelberg. S. 1095-1127.

Plewig, H.-J., 2007/2008: Neue deutsche Härte - Die „Konfrontative Pädagogik" auf dem Prüfstand. In: Zeitschrift für Jugendkriminalrecht und Jugendhilfe. 18. u. 19. Jg., S. 363-369 (2007); 34-43 (2008).

Plewig, H.-J., 2010: „Konfrontative Pädagogik". In: B. Dollinger/H. Schmidt-Semisch (Hg.): Handbuch Jugendkriminalität. Wiesbaden. S. 427-439.

Polanyi, M., 1964/1969: The logic of tacit inference. In: ders.: Knowing and Being. Chicago.

Pope, W., 1976: Durkheim's Suicide. A classic analyzed. Chicago/London.

Popitz, H., 1968: Über die Präventivwirkung des Nichtwissens. Dunkelziffer, Norm und Strafe. Tübingen.

Prätorius, R., 2009: Neubestimmung der amerikanischen Strafvollzugspolitik: Rehabilitation der Rehabilitation oder Glauben an den Glauben? In: Zeitschrift für Jugendkriminalrecht und Jugendhilfe. 20. Jg., S. 209-213.

Pratt, T.C., 2009: Addicted to incarceration. Los Angeles.

Preisendörfer, P., 2008: Organisationssoziologie. 2. Aufl. Wiesbaden.

Presdee, M., 2004: Cultural criminology: The long and winding road. In: Theoretical Criminology. 8. Jg., S. 275-285.

Putzke, H., 2006: Was ist gute Kriminalpolitik? – Eine begriffliche Klärung. In: T. Feltes/C. Pfeiffer/G. Steinhilper (Hg.): Kriminalpolitik und ihre wissenschaftlichen Grundlagen. Heidelberg. S. 111-122.

Quensel, S., 1986: Let's abolish theories of crime: Zur latenten Tiefenstruktur unserer Kriminalitätstheorien. In: Kriminologisches Journal. 1. Beiheft., S. 11-22.

Quensel, S., 2004: Das Elend der Suchtprävention. Wiesbaden.

Quinney, R., 1970: The Social Reality of Crime. Boston.

Reckwitz, A., 2006a: Die Transformation der Kulturtheorien. 2. Aufl. Weilerswist.

Reckwitz, A., 2006b: Das hybride Subjekt. Weilerswist.

Reckwitz, A., 2008a: Unscharfe Grenzen. Perspektiven der Kultursoziologie. Bielefeld.

Reckwitz, A., 2008b: Subjekt. Bielefeld.

Reder, R./Ziegler, H., 2010: Kriminalprävention und Soziale Arbeit. In: B. Dollinger/H. Schmidt-Semisch (Hg.): Handbuch Jugendkriminalität. Wiesbaden. S. 365-377.

Redhead, S., 1993: The Politics of Ecstacy. In: S. Redhead (Hg.): Rave Off. Politics and deviance in contemporary youth culture. Aldershot u.a. S. 7-27.

Rehbein, B./Saalmann, G. (Hg.), 2009: Verstehen. Konstanz.

Rehberg, K.-S., 2007: Kultur. In: H. Joas (Hg.): Lehrbuch der Soziologie. 3. Aufl. Frankfurt/Main. S. 73-105.

Rehberg, K.-S., 2008: Der unverzichtbare Kulturbegriff. In: D. Baecker/M. Kettner/D. Rustemeyer (Hg.): Über Kultur. Theorie und Praxis der Kulturreflexion. Bielefeld. S. 29-43.

Reichertz, J., 2007: Die Spur des Fahnders oder: Wie Polizisten Spuren finden. In: S. Krämer/W. Kogge/G. Grube (Hg.): Spur. Spurenlesen als Orientierungstechnik und Wissenskunst. Frankfurt a.M. S. 309-332.

Reinecke, J., 2007: Street-Art. Eine Subkultur zwischen Kunst und Kommerz. Bielefeld.

Reuband, K.-H., 1990: Vom Haschisch zum Heroin? Soziokulturelle Determinanten der Drogenwahl. In: Suchtgefahren. 36. Jg., S. 1-17.

Reuband, K.-H., 2004: Konstanz und Wandel im Strafbedürfnis der Bundesbürger – 1970 bis 2003. In: R. Lautmann/D. Klimke/F. Sack (Hg.): Punitivität. Weinheim. S. 89-103.

Reuband, K.-H., 2007a: Steigende Kriminalitätsbedrohung, Medienberichterstattung und Kriminalitätsfurcht der Bürger. In: H. Hess/L. Ostermeier/B. Paul (Hg.): Kontrollkulturen. Weinheim. S. 71-86.

Reuband, K.-H., 2007b: Strafverfolgung als Mittel der Generalprävention? In: B. Dollinger/H. Schmidt-Semisch (Hg.): Sozialwissenschaftliche Suchtforschung. Wiesbaden. S. 131-168.

Reuband, K.-H., 2010: Einstellungen der Bevölkerung gegenüber jugendlichen Straftätern. Eine empirische Analyse ihrer Erscheinungsformen und Determinanten. In: B. Dollinger/H. Schmidt-Semisch (Hg.): Handbuch Jugendkriminalität. Wiesbaden. S. 507-531.

Rheinberger, H.-J./Wahrig-Schmidt, B./Hagner, M., 1997: Räume des Wissens Repräsentation, Codierung, Spur. In: H.-J. Rheinberger/M. Hagner/B. Wahrig-Schmidt (Hg.): Räume des Wissens. Berlin. S. 7-21.

Riemann, G., 1987: Das Fremdwerden der eigenen Biographie. Narrative Interviews mit psychiatrischen Patienten. München.

Rose, N., 2000: Tod des Sozialen? Eine Neubestimmung der Grenzen des Regierens. In: U. Bröckling/S. Krasmann/T. Lemke (Hg.): Gouvernementalität der Gegenwart. Frankfurt a.M. S. 72-109.

Rosin, H., 1902: Volksbildung und Volkssittlichkeit im Lichte der Statistik. In: Die Deutsche Schule. 6. Jg., S. 22-40.

Roth, A., 1991: Die Entstehung eines Jugendstrafrechts. In: Zeitschrift für Neuere Rechtsgeschichte. 13. Jg., S. 17-40.

Roth, L., 1983: Die Erfindung des Jugendlichen. München.

Roxin, C., 2006: Strafrecht. Allgemeiner Teil. Bd. 1. 4. Aufl. München.

Rusche, G./Kirchheimer, O., 1981: Sozialstruktur und Strafvollzug. Frankfurt a.M.

Sack, F., 1968: Neue Perspektiven in der Kriminologie. In: F. Sack/R. König (Hg.): Kriminalsoziologie. Frankfurt a.M. S. 431-475.

Sack, F., 1972: Definition von Kriminalität als politisches Handeln: der labeling approach. In: Kriminologisches Journal. 4. Jg., S. 3-31.

Sack, F., 1978: Der interaktionistische Ansatz. In: K.M. Bolte (Hg.): Materialien aus der soziologischen Forschung. Verhandlungen des 18. Deutschen Soziologentages vom 28. September bis 1. Oktober in Bielefeld. München. S. 676-682.

Sack, F., 1993: Dunkelfeld. In: G. Kaiser/H.-J. Kerner/F. Sack/H. Schellhoss (Hg.): Kleines kriminologisches Wörterbuch. 3. Aufl. Heidelberg. S. 99-107.

Sack, F., 2002: Einführende Anmerkungen zur Kritischen Kriminologie. In: R. Anhorn/F. Bettinger (Hg.): Kritische Kriminologie und soziale Arbeit. Weinheim/München. S. 27-45.

Sack, F., 2007: Abweichung und Kriminalität. In: H. Joas (Hg.): Lehrbuch der Soziologie. 3. Aufl. Frankfurt/Main. S. 183-215.

Sack, F., 2010: Symbolische Kriminalpolitik und wachsende Punitivität. In: B. Dollinger/H. Schmidt-Semisch (Hg.): Handbuch Jugendkriminalität. Wiesbaden. S. 63-89.

Salomon, A., 1908: Soziale Frauenbildung. Leipzig/Berlin.

Salomon, A., 1916/2000: Jugendgruppen und moderne Jugendbewegung. In: dies.: Frauenemanzipation und soziale Verantwortung. Ausgewählte Schriften. Bd. 2: 1908-1918. Neuwied u.a. S. 436-455.

Sandkühler, H.J., 2009: Kritik der Repräsentation. Frankfurt a. M.

Santen, E.v./Seckinger, M., 2003: Kooperation: Mythos und Realität einer Praxis. Opladen.

Schäfers, B., 2001: Jugendsoziologie. 7. Aufl. Opladen.

Scherr, A., 2006a: Jugenden. In: A. Scherr (Hg.): Soziologische Basics. Wiesbaden. S. 86-90.

Scherr, A., 2006b: Soziale Arbeit und die Ambivalenz sozialer Ordnungen. In: T. Badawia/H. Luckas/H. Müller (Hg.): Das Soziale gestalten. Wiesbaden. S. 135-148.

Scherr, A., 2007: Jugendhilfe, die bessere Form des Strafvollzugs? Chancen und Risiken. In: W. Nickolai/C. Wichmann (Hg.): Jugendhilfe und Justiz. Freiburg i.Br. S. 68-83.

Scherr, A., 2010: Jugendkriminalität – eine Folge sozialer Armut und sozialer Benachteiligung? In: B. Dollinger/H. Schmidt-Semisch (Hg.): Handbuch Jugendkriminalität. Wiesbaden. S. 203-212.

Schetsche, M., 1996: Die Karriere sozialer Probleme. München.

Schetsche, M., 2008: Empirische Analyse sozialer Probleme. Wiesbaden.

Schetsche, M./Hoffmeister, M., 2005: Mörderische Motive. Kriminalpsychologische Sinnsuche und die soziologischen Grenzen des Verstehens. In: Kriminologisches Journal. 37. Jg., S. 268-284.

Schmidt, B., 2008: Eigenverantwortung haben immer die Anderen. Bern.

Schmidt, L., 2007: Problemarbeit im institutionellen Kontext. In: Soziale Probleme. 17. Jg., S. 26-41.

Schmidt, M.G., 2005: Sozialpolitik in Deutschland. 3. Aufl. Wiesbaden.

Schmidt-Semisch, H., 2002: Kriminalität als Risiko. München.

Schmidt-Semisch, H., 2004: Risiko. In: U. Bröckling/S. Krasmann/T. Lemke (Hg.): Glossar der Gegenwart. Frankfurt a.M. S. 222-227.

Schmidt-Semisch, H./Nolte, F., 2000: Drogen. Hamburg.

Schneider, H.J., 2007: Theorien der Kriminalität (Kriminalitätsursachen). In: H.J. Schneider (Hg.): Internationales Handbuch der Kriminologie. Bd. 1: Grundlagen der Kriminologie. Berlin. S. 125-181.

Schöch, H., 2007: Kriminalpolitik in Zeiten komplexer Bedrohungsformen. In: F. Lösel/D. Bender/J.-M. Jehle (Hg.): Kriminologie und wissensbasierte Kriminalpolitik. Mönchengladbach. S. 45-64.

Schröder, A./Leonhardt, U., 1998: Jugendkulturen und Adoleszenz. Neuwied.

Schröer, W., 2009: Jugend. In: S. Andresen/R. Casale/T. Gabriel/R. Horlacher/S. Larcher Klee/J. Oelkers (Hg.): Handwörterbuch Erziehungswissenschaft. Weinheim. S. 452-463.

Schröer, W./Struck, N./Wolff, M. (Hg.), 2002: Handbuch Kinder- und Jugendhilfe. Weinheim/München.

Schüler-Springorum, H., 1991: Kriminalpolitik für Menschen. Frankfurt a. M.

Schüler-Springorum, H., 2004: Internationale Jugendkriminalpolitik? In: Schweizerische Zeitschrift für Strafrecht. 122. Bd., S. 189-204.

Schumann, K.F. (Hg.), 2003: Delinquenz im Lebensverlauf. Weinheim.

Schumann, K.F., 2004: Kriminalpolitik zwischen Empirie und Ideologie – der Fall Berufsbildung im Jugendstrafvollzug. In: Kriminologisches Journal. 36. Jg., S. 249-265.

Schütz, A., 1971: Zur Methodologie der Sozialwissenschaft. In: ders.: Gesammelte Aufsätze. Bd. 1: Das Problem der sozialen Wirklichkeit. Den Haag. S. 1-110.

Schützeichel, R. (Hg.), 2007: Handbuch Wissenssoziologie und Wissensforschung. Konstanz.

Schwartz, M.D./Hatty, S. (Hg.), 2003: Controversies in critical criminology. Cincinnati OH.

Schwind, H.-D., 2007: Kriminologie. 7. Aufl. Heidelberg.

Seelmeyer, U., 2008: Das Ende der Normalisierung? Weinheim.

Sessar, K./Herrmann, H./Keller, W./Weinrich, M./Breckner, I., 2004: Insecurities in European Cities. Crime-Related Fear Within the Context of New Anxieties and Community-Based Crime Prevention. (http://www2.jura.uni-hamburg.de/instkrim/kriminologie/Projekte/INSEC/InSec%20Final%20Report.doc; Zugriff am 11.02. 2009).

Sewell, W.H., 1999: The Concept(s) of Culture. In: V.E. Bonnell/L. Hunt (Hg.): Beyond the Cultural Turn. Berkeley, Calif. S. 35-61.

Silbereisen, R., 1999: Entwicklungspsychologische Aspekte von Alkohol- und Drogengebrauch. In: S. Höfling (Hg.): Kampf gegen Sucht und Drogen. München. S. 217-237.

Simon, J., 2007: Governing through crime. Oxford.

Singelnstein, T./Stolle, P., 2008: Die Sicherheitsgesellschaft. 2. Aufl. Wiesbaden.

Smaus, G., 1986: Versuch um eine materialistisch-interaktionistische Kriminologie. In: Kriminologisches Journal. 1. Beiheft., S. 179-199.

Sonnen, B.-R., 2010: Neuere Interventionsformen im Jugendstrafrecht. In: B. Dollinger/H. Schmidt-Semisch (Hg.): Handbuch Jugendkriminalität. Wiesbaden. S. 483-492.

Sotirovic, M., 2003: How Individuals Explain Social Problems: The Influences of Media Use. In: Journal of Communication. 53. Jg., S. 122-137.

Stabile, C.A., 2006: White victims, black villains. New York.

Stäheli, U., 2000: Poststrukturalistische Soziologien. Bielefeld.

Stapel, H., 2009: Das Auge der Macht? Videoüberwachungskameras im öffentlichen Raum. In: Kriminologisches Journal. 41. Jg., S. 46-57.

Stark, C./Lahusen, C. (Hg.), 2002: Theorien der Gesellschaft. München.

Statistisches Bundesamt, 2008: Justiz auf einen Blick. Wiesbaden. (http://www.destatis.de/jetspeed/portal/cms/Sites/destatis/Internet/DE/Content/Publikationen/Broschueren/JustizBlick,property=file.pdf; Zugriff am 25.03.2009).

Stehr, J., 1997: Die Relevanz der Moral in der alltäglichen Konstruktion der Gefahr. In: D. Frehsee/G. Löschper/G. Smaus (Hg.): Konstruktion der Wirklichkeit durch Kriminalität und Strafe. Baden-Baden. S. 369-391.

Stehr, J., 2005: Soziale Ausschließung durch Kriminalisierung: Anforderungen für eine kritische Soziale Arbeit. In: R. Anhorn/F. Bettinger (Hg.): Sozialer Ausschluss und Soziale Arbeit. Wiesbaden. S. 273-285.

Steinert, H., 1981: Dringliche Aufforderung, an der Studie von Rusche und Kirchheimer weiterzuarbeiten. In: G. Rusche/O. Kirchheimer: Sozialstruktur und Strafvollzug. Frankfurt a.M. S. 314-336.

Stelly, W./Thomas, J., 2005: Kriminalität im Lebenslauf. Tübingen. (http://w210.ub.uni-tuebingen.de/dbt/volltexte/2005/2078/pdf/Stelly_Thomas_Kriminalitaet.pdf; Zugriff am 29.11.2006).

Sting, S./Sturzenhecker, B., 2005: Bildung und Offene Kinder- und Jugendarbeit. In: U. Deinet/B. Sturzenhecker (Hg.): Handbuch Offene Kinder- und Jugendarbeit. 3. Aufl. Wiesbaden. S. 230-247.

Strasser, P., 2005: Verbrechermenschen. Zur kriminalwissenschaftlichen Erzeugung des Bösen. 2. Aufl. Frankfurt a.M.

Straub, M., 1991: Identitätstheorie im Übergang? In: Sozialwissenschaftliche Literaturrundschau. 14. Jg., S. 49-71.

Streng, F., 2007: Die Wirksamkeit strafrechtlicher Sanktionen - Zur Tragfähigkeit der Austauschbarkeitsthese. In: F. Lösel/D. Bender/J.-M. Jehle (Hg.): Kriminologie und wissensbasierte Kriminalpolitik. Mönchengladbach. S. 65-92.

Sutton, J.R., 2000: Imprisonment and Social Classification in Five Common-Law Democracies, 1955-1985. In: American Journal of Sociology. 106. Jg., S. 350-386.

Sutton, J.R., 2002: Imprisonment and Labour Market Outcomes: Evidence from 15 Affluent Western Democracies. (http://www.soc.ucsb.edu/faculty/sutton/Design/Assets/Compris4.pdf ; Zugriff am 18.04.2006).

Sutton, J.R., 2004: The Political Economy of Imprisonment in Affluent Western Democracies, 1960-1990. In: American Sociological Review. 69. Jg., S. 170-189.

Sykes, G.M./Matza, D., 1968: Techniken der Neutralisierung: Eine Theorie der Delinquenz. In: F. Sack/R. König (Hg.): Kriminalsoziologie. Frankfurt a.M. S. 360-371.

Tannenbaum, F., 1938/1973: The Dramatization of Evil. In: Rubington, E./M.S. Weinberg (Hg.): Deviance. The Interactionist Perspective. 2. Aufl. New York. S. 214f.

Thome, H., 2003: Das Konzept sozialer Anomie als Analyseinstrument. In: P. Waldmann (Hg.): Diktaturen, Demokratisierung und soziale Anomie. München. S. 37-59.

Thompson, E.P., 1985: Whigs and Hunters. The Origin of the Black Act. Harmondsworth.

Tittle, C.R., 2001: Control Balance. In: R. Paternoster/R. Bachman (Hg.): Explaining criminals and crime. Los Angeles, Calif. S. 315-334.

Tittle, C.R., 2004: Refining control balance theory. In: Theoretical Criminology. 8. Jg., S. 395-428.

Tittle, C.R./Ward, D.A./Grasmick, H.G., 2004: Capacity for Self-Control and Individuals' Interest in Exercising Self-Control. In: Journal of Quantitative Criminology. 20. Jg., S. 143-172.

Toews, D.: The New Tarde. Sociology after the End of the Social. In: Theory, Culture & Society. 20. Jg.

Toscano, A., 36: Powers of pacification: state and empire in Gabriel Tarde. In: Economy and Society. 2007. Jg., S. 597-613.

Tossmann, H.P./Boldt, S./Tensil, M.D., 2001: Ecstasy – „Einbahnstraße" in die Abhängigkeit? Drogenkonsummuster in der Techno-Party-Szene und deren Veränderung in längsschnittlicher Perspektive. Köln (BZgA).

Trapper, T., 2007: „Projekt Chance" im CJD Creglingen. In: W. Nickolai/C. Wichmann (Hg.): Jugendhilfe und Justiz. Freiburg i.Br. S. 84-99.

Treptow, R., 2001: Kulturtheorie. In: H.-U. Otto/H. Thiersch (Hg.): Handbuch Sozialarbeit, Sozialpädagogik. 2. Aufl. Neuwied/Kriftel. S. 1110-1118.

Trotha, T. v., 1977: Ethnomethodologie und abweichendes Verhalten. Anmerkungen zum Konzept des „Reaktionsdeppen". In: Kriminologisches Journal. 9. Jg., S. 98-115.

Trotha, T. v., 1982: Zur Entstehung von Jugend. In: Kölner Zeitschrift für Soziologie und Sozialpsychologie. 34. Jg., S. 254-277.

Uggen, C./Manza, J./Thompson, M., 2006: Citizenship, Democracy, and the Civic Reintegration of Criminal Offenders. In: The Annals of the American Academy of Political and Social Science. 605. Jg., S. 281-310.

Uglow, S., 2005: The criminal justice system. In: C. Hale/K. Hayward/A. Wahidin/E. Wincup (Hg.): Criminology. 2. Aufl. Oxford. S. 447-469.

Vobruba, G., 1983: Vobruba, G., 1983: Prävention durch Selbstkontrolle. In: M.M. Wambach (Hg.): Der Mensch als Risiko. Zur Logik von Prävention und Früherkennung. Frankfurt a.M. S. 29-48.

Vogt, I., 2007: Doing Gender: Zum Diskurs um Geschlecht und Sucht. In: B. Dollinger/H. Schmidt-Semisch (Hg.): Sozialwissenschaftliche Suchtforschung. Wiesbaden. S. 235-257.

Vold, G.B./Bernard, T.J., 1980: Theoretical criminology. 2. Aufl. New York.

Vold, G.B./Bernard, T.J./Snipes, J.B., 2002: Theoretical criminology. 5. Aufl. New York.

Volkmann, U., 1999: Broken Windows, Zero Tolerance und das deutsche Ordnungsrecht. In: Neue Zeitschrift für Verwaltungsrecht. 18. Jg., S. 225-232.

Wacquant, L., 2009: Bestrafen der Armen. Opladen.

Wacquant, L.J.D., 1997: Vom wohltätigen zum strafenden Staat: Über den politischen Umgang mit dem Elend in Amerika. In: Leviathan. 25. Jg., S. 50-66.

Wacquant, L.J.D., 2000: Elend hinter Gittern. Konstanz.

Wacquant, L.J.D., 2001: Deadly symbiosis: When ghetto and prison meet and mesh. In: D. Garland (Hg.): Mass Imprisonment. London u.a. S. 82-120.

Waldenfels, B., 2006: Grundzüge einer Phänomenologie des Fremden. Frankfurt a.M.

Walter, J., 2009: Jugendstrafvollzug in freier Form. In: Zeitschrift für Jugendkriminalrecht und Jugendhilfe. 20. Jg., S. 192-201.

Walter, M., 1998: „New York" und „broken windows": Zeit zum Umdenken im Jugendstrafrecht? In: Deutsche Richterzeitung. 76. Jg., S. 354-360.

Walter, M., 2003: Probleme einer kriminalpolitischen Gewalttäter-Typisierung: das Beispiel jugendlicher „Intensivtäter". In: S. Lamnek/M. Boatcă (Hg.): Geschlecht - Gewalt - Gesellschaft. Opladen. S. 318-330.

Walter, M., 2005: Jugendkriminalität. 3. Aufl. Stuttgart u.a.

Ward, G./Kupchik, A., 2009: Accountable to what? Professional orientations towards accountability-based juvenile justice. In: Punishment & Society. 11. Jg., S. 85-109.

Webber, C., 2007: Background, foreground, foresight: The third dimension of cultural criminology? In: Crime, Media, Culture. 3. Jg., S. 139-157.

Weber, M., 1904/2008: Die „Objektivität" sozialwissenschaftlicher Erkenntnis. In: U. Wirth (Hg.): Kulturwissenschaft. Frankfurt a.M. S. 128-136.

Wehrheim, J., 2006: Gefährdungen großstädtischer Individualität. In: B. Dollinger (Hg.): Individualität als Risiko? Berlin. S. 124-133.

Western, B., 2006: Punishment and inequality in America. New York.

Weyers, S., 2004: Moral und Delinquenz. Weinheim.

Weyers, S., 2006: Verantwortung/Eigenverantwortung. In: B. Dollinger/J. Raithel (Hg.): Aktivierende Sozialpädagogik. Wiesbaden. S. 217-233.

Wilmers, N./Enzmann, D./Schaefer, D./Herbers, K./Greve, W./Wetzels, P., 2002: Jugendliche in Deutschland zur Jahrtausendwende: gefährlich oder gefährdet? Baden-Baden.

Wilson, J.Q./Kelling, G.L., 1996: Polizei und Nachbarschaftssicherheit: Zerbrochene Fenster. In: Kriminologisches Journal. 28. Jg., S. 121-136.

Wirth, U. (Hg.), 2008a: Kulturwissenschaft. Frankfurt a.M.

Wirth, U., 2008b: Vorüberlegungen zu einer Logik der Kulturforschung. In: U. Wirth (Hg.): Kulturwissenschaft. Frankfurt a.M. S. 9-67.

Wolfgang, M.E./Ferracuti, F., 1967: The Subculture of Violence. London u.a.

Wyneken, G., 1914a: Die neue Jugend. Ihr Kampf um Freiheit und Wahrheit in Schule und Elternhaus, in Religion und Erotik. München.

Wyneken, G., 1914b: Die Freideutsche Jugend. In: Freideutsche Schulgemeinde. 4. Jg., S. 34-45.

Wyneken, G., 1919: Revolution und Schule. Leipzig.

Wyneken, G., 1928: Schule und Jugendkultur. 2. Aufl. Jena.

Yinger J.M., 1960: Contraculture and Subculture. In: American Sociological Review. 25. Jg.

Young, J., 1999: The exclusive society. London.

Young, J., 2003: Merton with energy, Katz with structure: The sociology of vindictiveness and the criminology of transgression. In: Theoretical Criminology. 7. Jg., S. 389-414.

Young, J., 2004: Voodoo Criminology and the Numbers Game. In: J. Ferrell/K. Hayward/W. Morrison/M. Presdee (Hg.): Cultural criminology unleashed. London. S. 13-28.

Ziegler, H., 2003: Jugendhilfe als Prävention. Die Refiguration sozialer Hilfe und Herrschaft in fortgeschritten liberalen Gesellschaftsformationen. (http://bieson.ub.uni-bielefeld.de/volltexte/2004/533/; Zugriff am 28.03.2009).

Ziegler, H., 2005: Soziale Arbeit als Garant für „das Soziale" in der Kontrolle? In: Kriminologisches Journal. 37. Jg., S. 163-182.

Zima, P.V., 2004: Was ist Theorie? Tübingen.

Zinnecker, J., 2004: Jugend. In: D. Benner/J. Oelkers (Hg.): Historisches Wörterbuch der Pädagogik. Weinheim/Basel. S. 482-496.

Handbücher Soziale Arbeit

Kirsten Aner / Ute Karl (Hrsg.)

Handbuch Soziale Arbeit und Alter

2009. ca. 550 S. Br. ca. EUR 49,90
ISBN 978-3-531-15560-9

Soziale Arbeit für und mit älteren und alten Menschen meint mehr als nur Altenhilfe. Vor dem Hintergrund des demografischen Wandels, der vor allem eine Zunahme der Altenpopulation mit sich bringt, eröffnet sich ein breites Handlungsfeld für die Soziale Arbeit. Mit dem Handbuch werden zum einen die gegenwärtigen Strukturprobleme sozialer Altenarbeit aufgezeigt und gleichzeitig wird das Spektrum, das weit über die reine ‚Altenpflege' hinaus geht, vorgestellt.

Bernd Dollinger / Henning Schmidt-Semisch (Hrsg.)

Handbuch Jugendkriminalität
Kriminologie und Sozialpädagogik im Dialog

2010. ca. 700 S. Br. ca. EUR 49,90
ISBN 978-3-531-16067-2

Kriminalität Jugendlicher erweist sich regelmäßig als mediales und politisches Ereignis. Wenig relevant sind in diesen Zusammenhängen kriminologische und sozialpädagogische Befunde, die wissenschaftlich fundiert tatsächlich vorliegen. An einer Schnittstelle von Sozialpädagogik und Kriminologie setzt dieses Handbuch an und fasst die gegenwärtigen Diskurse für die (Fach-)Öffentlichkeit zusammen. Thematisiert werden zentrale Diskussionsfelder der aktuellen Auseinandersetzung um die Erscheinung und Bearbeitung jugendlicher Kriminalität.

Ulrich Deinet / Benedikt Sturzenhecker (Hrsg.)

Handbuch Offene Kinder- und Jugendarbeit

3., völlig überarb. Aufl. 2005. 662 S. Geb. EUR 59,90
ISBN 978-3-8100-4077-0

Barbara Kavemann / Ulrike Kreyssig (Hrsg.)

Handbuch Kinder und häusliche Gewalt

2., durchges. Aufl. 2007. 475 S. Br. EUR 39,90
ISBN 978-3-531-15377-3

Werner Thole (Hrsg.)

Grundriss Soziale Arbeit
Ein einführendes Handbuch

2., überarb. und akt. Aufl. 2005. 983 S. Br. EUR 44,90
ISBN 978-3-531-14832-8

Der „Grundriss Soziale Arbeit" ist ein sozialpädagogisches Lehrbuch mit der Funktionalität eines Nachschlagewerks und ein sozialpädagogisches Nachschlagewerk mit ausgesprochenem Lehrbuchcharakter.

www.vs-verlag.de

VS VERLAG FÜR SOZIALWISSENSCHAFTEN

Abraham-Lincoln-Straße 46
65189 Wiesbaden
Tel. 0611.7878 - 722
Fax 0611.7878 - 400

Soziale Passagen –
Journal für Empirie und Theorie Sozialer Arbeit

MIX
Papier aus verantwortungsvollen Quellen
Paper from responsible sources
FSC® C105338

If you have any concerns about our products,
you can contact us on
ProductSafety@springernature.com

In case Publisher is established outside the EU,
the EU authorized representative is:
**Springer Nature Customer Service Center GmbH
Europaplatz 3, 69115 Heidelberg, Germany**

Printed by Libri Plureos GmbH
in Hamburg, Germany